本书系国家社会科学基金重大项目
“基于区域治理的京津冀协同发展重大理论与实践问题研究”
（17ZDA059）的阶段性成果

— 京津冀协同发展研究丛书 —

首都高端智库报告

京津冀协同发展的战略重点研究

RESEARCH ON STRATEGIC FOCUS OF COLLABORATIVE DEVELOPMENT OF BEIJING-TIANJIN-HEBEI REGION

叶堂林　祝尔娟 等　著

编撰者简介

顾问：

文　魁　首都经济贸易大学原校长、教授、博士生导师

主要作者：

叶堂林　首都经济贸易大学教授、博士生导师

祝尔娟　首都经济贸易大学教授、博士生导师

张贵祥　首都经济贸易大学教授、博士生导师

吴殿廷　北京师范大学教授、博士生导师

张耀军　中国人民大学教授、博士生导师

邬晓霞　首都经济贸易大学副教授、硕士生导师

戚晓旭　首都经济贸易大学讲师、博士后

李青淼　首都经济贸易大学讲师、博士

齐　喆　首都经济贸易大学博士生

鲁继通　首都经济贸易大学博士生

卢　燕　首都经济贸易大学博士生

何皛彦　首都经济贸易大学博士生

王雪莹　首都经济贸易大学博士生

潘　鹏　首都经济贸易大学硕士生

张　莹　首都经济贸易大学硕士生

李　晶　首都经济贸易大学硕士生

吴丹丹　首都经济贸易大学硕士生

前　言

2014～2016年，正是京津冀协同发展上升为国家重大战略、《京津冀协同发展规划纲要》出台、区域协同发展进入全面推进重点突破的重要阶段。京津冀协同发展既迎来千载难逢的历史机遇，也面临一系列新挑战和新问题：如何通过有序疏解北京非首都功能，在人口经济高度密集地区走出一条既能破解“大城市病”，又能带动周边、缩小区域差距的新路子；如何通过优化空间布局，在交通、生态、产业、城镇、公共服务等重点领域取得战略性突破；如何通过体制改革和制度创新，为推进区域协同发展提供动力和保障；如何加快转型升级步伐，建设具有国际竞争力的世界级城市群和能够引领、支撑全国经济社会发展的新引擎……这些都是我们当前亟待破解的新课题，急需理论界做出回答。课题组在进行大量文献梳理、实地调研和专题研讨的基础上，将探讨规律、分析现状、探索实现战略重点的突破路径和制度保障作为研究重点。

本书由战略目标分析、发展现状分析、战略重点分析、体制机制分析、典型案例分析5篇共14章内容构成，40万字左右。第一篇，战略目标分析（第一章至第三章），系统阐述了京津冀协同发展的战略意义、战略目标、战略思路与战略重点，并从理论依据和国际借鉴两个方面，探讨了世界级城市群形成发展规律、区域协同发展与协同创新理论、区域协同发展的动力机制和保障机制，为研究京津冀协同发展的战略重点提供理论支撑。第二篇，发展现状分析（第四章至第六章），重点运用指数分析方法分析了京津冀协同发展的基础与现状，运用大数据分析方法分析了京津冀协同发展的新进展和新动向，运用空间分析方法分析了京津冀地区的人口、产业、城镇、生态等空间结构变化，为研究京津冀协同发展战略重点提供现实依据。第三篇，战略重点分析（第七章至第十二章），分别对京津冀协同发展全面推进中的战略重点进行了专题研究，重点分析了北京非首都功能疏解以及在推进交通一体化、推进生态一体化、推进产业协同发展、优化城镇布局、优化公共服务布局等一体化进程中的障碍问题、目标思路与实现路径。第四篇，体制机制分析（第十三章），针对制约区域协同发展的体制机制障碍，重点从完善京津冀协同发展的动力机制和保障机制两个方面进行了探讨，提出相应的政策建议。第五篇，典型案例分析（第十四章），重点剖析了集成创新模式（以中关村国家自主创新示范区为例）、开放市场模式（以天津自由贸易试验区为例）和异地升级模式（以沧州渤海新区为例）。

本书的主要建树与创新如下。

（1）系统阐述了“以协同创新推进协同发展”的战略思路及理论分析框架。创新点有三：一是拓展了区域协同创新的内涵，探讨了协同创新与协同发展的关系，指出二者是手段与目的、无序与有序、相互作用的关系，二者共同推动区域发展由低级阶段向高级阶段演进；二是构建了区域协同创新的理论框架，首次提出区域协同创新的含义，即以实现区域协同发展为目的，突破发展壁垒，推动要素和结构组成“新组合”，形成区域发展新格局，并构建了包括微观层面的要素“新组合”、中观层面的结构“新组合”和宏观层面的制度“新组合”在内的区域协同创新理论分析框架；三是探讨了推进区域协同创新的关键与路径，提出关键要把握好三个环节，即弄清协同创新的潜在利益，找到制约协同发展的主要障碍，通过整合创新资源实现新组合、开创新局面。

（2）重点构建并研究了京津冀“发展指数”、“人口发展指数”、“企业发展指数”和“生态文明指数”等指标体系。根据京津冀协同发展的现实需要和理论研究需要，构建了由支撑力、驱动力、创新力、凝聚力、辐射力等“五个力”组成的“发展指数”指标体系，构建了由人口活力、人口结构、人口质量组成的“人口发展指数”指标体系，构建了由企业实力、企业活力和企业创新力等组成的“企业发展指数”指标体系，构建了由生态状况、环境质量、资源利用、经济社会进步状况、环保制度及政策等组成的“生态文明指数”指标体系等，目的是为政府监测运行、发现问题、评估政策、预测前景和衡量目标提供客观依据。报告运用所构建的指标体系，对京津冀协同发展的基础和现状进行测度，得出一些很有决策参考价值的基本判断。如“发展指数”研究得出如下初步结论：从发展指数综合水平来看，北京核心地位稳固，津冀差距呈缩小趋势；从支撑力来看，北京实力最强，天津增长迅猛；从驱动力来看，北京领先但增速下降，河北与京津差距较大；从创新力来看，北京创新优势明显，津冀创新力有所提升；从凝聚力来看，北京呈下降态势，天津平稳波动，河北明显不足；从辐射力来看，北京辐射力最强，河北快速上升，天津有待提升。又如，“企业发展指数”研究得出如下初步结论：从京津冀44个市区县企业指数综合得分看，前10位中北京占7位，明显优于津冀；从分项指数得分看，北京在三个分项指数排名前10位中均占7位；天津企业发展不均衡，滨海新区“一枝独秀”，其他区县实力较弱；河北的石家庄、保定企业实力较强，其他地级市大多居于中游。

（3）采用企业大数据分析，重点监测和分析了京津冀协同发展的新进展与新动向，得出以下基本判断：京津冀重点产业分工格局初步形成；三地相互投资活跃，北京外溢效应显著；三地互投助力产业协同；三地投资向产业轴和发展带集聚；京津冀产业转型升级步伐加快；等等。

（4）采用空间分析方法，重点分析了京津冀地区的人口、产业、城镇、生态等空间格局变化，得出以下基本结论。人口空间格局及变化：京津郊区化明显，河北进入城镇化加速阶段。产业空间格局及变化：第二产业集中于“两带”，第三产业集中于核心城市中心区；人均与地均高产值地区集中于北京市区及天津至唐山一线；产值增速最快地区集中在天津滨海新区、武清及北京顺义；产业轴带初步形成“一核、两翼、一带”格局。城镇空间格局及变化：已初步形成京津两大都市圈，并正向“多核”城市群发展；依托产业的城市分工初步形成。生态环境状况及变化：空气质量基本稳定、略有改善；地表水质状况总体堪忧；湿地公园数量增加，人工造林成绩显著；等等。

（5）对战略重点非首都功能疏解进行研究。创新点有三。一是从产业疏解和产业承接两个视角，对北京非首都功能疏解展开研究。在产业疏解研究方面，报告根据五个投入要素（人口聚集程度、能源消耗程度、土地占用程度、经济增长贡献度、财政税收贡献度等）对北京现有产业进行实证分析，在此基础上提出北京应优先疏解的产业、调整升级的产业和保留发展的产业以及北京产业调整疏解的时序（短期、中期、长期），提出应根据人口聚集程度和能源消耗程度两个指标来考虑短期内北京应疏解的行业；根据土地占用程度、经济增长贡献度和财政税收贡献度三个指标来考虑北京在中期内应疏解的行业；综合5项指标来考虑北京长期内应调整和疏解的行业。在产业承接研究方面，主要基于产业梯度和比较优势，对京津冀三地的产业承接地进行了分析。二是对北京医疗功能疏解进行深入研究。重点分析了北京医疗功能分布现状、分布不合理的原因、现行政策和疏解成效，在此基础上进行政策研究。三是对北京非首都功能疏解提出综合性政策建议，如建立区域产业疏解的地区生产总值分计、税收分享制度；通过完善区域基础设施、提升区域公共服务来促进产业疏解；将优质医疗资源疏解至城市发展新区，培育新增长点；鼓励养老机构外迁，并与社会公共服务疏解配套推进。

(6) 对战略重点交通一体化进行研究。该专题的创新点主要体现在对京津冀交通发展现状特征、综合交通承载力、快速轨道交通影响等进行实证分析和综合评估，得出一些很有参考价值的结论和判断。一是对京津冀交通不同运输方式进行分析并得出结论：铁路发展迅速，但随着城市群经济社会发展，承载能力趋于紧张；城市群交通需求过分依赖公路运输，不利于交通运输可持续发展；海港间同质化竞争严重，已成为制约港口群整体承载能力提高的瓶颈；空港发展正在由不平衡向平衡转变，协同效应逐步显现。二是对京津冀综合交通承载力进行分析并得出结论：综合交通基础设施承载力持续增强，但仍然存在薄弱环节；综合交通运输能力的提高对城市群经济社会发展具有缓慢而显著的支撑和引导作用；潜在运输需求日趋强劲，综合交通运输系统的承载压力逐步增大。三是对快速轨道交通进行影响分析，基于节点重要度评价、城市联系势能测算、不同运输方式对节点中心度的影响、城市群交通紧凑度和网络集中度计算得出的结论是：引入快速轨道交通后，以京津为中心向外围城市的辐射扩散效应开始显现；北京和天津的节点中心度进一步提高；基于快速轨道交通的城市群网络比基于高速公路的城市群网络交通紧凑度和中介集中度更高。基于以上分析，报告提出相应的政策建议，如加快城市、城际轨道交通建设；整合区域内机场资源，打造亚太地区国际航空枢纽；加强海空港间协作，共建国际航运、物流、客运中转枢纽；等等。

(7) 对战略重点生态一体化进行研究。在分析机遇与挑战的基础上，报告明确提出，京津冀生态环境的建设重点是画定生态红线与加强重点区域环境治理，构建全时空大气污染治理网络，加快清洁能源和循环经济发展，构建人口密集区节水护水和动态双向生态补偿机制。报告提出的政策建议是，探索成立京津冀生态协同共建管委会；建立生态发展基金，搭建生态补偿资源共享平台；构建以生态红线为基础的环境防护安全网；采取以联防联控为前提的环保治理模式；建立以区域环评为依据的综合调控机制。

（8）对战略重点产业协同发展进行研究。根据《京津冀协同发展规划纲要》提出的要将京津冀地区打造成为世界级城市群，要通过产业转型升级、产业转移对接和产业互动合作来推进产业协同发展，首先分析了京津冀产业协同发展中存在的突出问题，指出当前影响和制约京津冀产业协同发展的主要障碍有：产业集聚度不够，尚未形成世界级产业集群；产业转型升级过程中尚未形成基于区域创新生态系统的联动机制；产业转移对接过程中存在产业梯度落差大等障碍；产业互动合作过程中尚未形成有效的协调机制。对此提出对策建议：以打造世界级产业集群为目标，促进产业集聚与协同发展；以创新驱动来推动京津冀产业转型升级；改善产业发展环境，加快产业对接转移；建立健全政策协调机制，推动产业互动合作；等等。

（9）对战略重点优化城镇布局进行研究。该专题创新点有三。一是从城市群的规模结构、空间结构、制度环境以及资源环境四个方面分析了京津冀城市群的主要特征和障碍问题。二是在此基础上提出发展思路，认为优化城镇空间布局是目标；处理好四大关系是根本；实现“五个结合”是取得成效的关键，即将北京非首都功能疏解与破解“大城市病”、与支持河北大城市建设、加快大都市周边新城建设和河北的中小城市发展结合起来，将北京的部分满足全国需求的教育医疗等社会公共服务机构向外疏解与完善周边基础设施、公共服务、生态环境结合起来，将打造产业轴与城镇轴建设结合起来。三是提出优化城镇布局的具体建议：第一，北京可通过四条途径来发挥在区域协同发展中的核心引领带动作用，即在“瘦身”中“强体”、在“合作”中“增能”、在“输出”中“带动”、在“整合”中“引领”；第二，强化京津“双核”，打造世界级城市群的“双引擎”，在空间布局上应采取“相向”发展战略，率先实现同城化发展；第三，河北应通过产业轴和城镇轴联动发展，打造区域性中心城市和节点城市，加强四大功能区建设；第四，注重开发区建设，带动工业企业向郊区转移。

（10）对战略重点优化公共服务布局进行研究。首先剖析了现状特征及症结障碍，指出目前京津冀公共服务布局存在的突出问题有：公共教育资源配置不均，教育发展水平差距显著；医疗卫生资源呈“断崖”式分布，医保体系对接不畅；公共文化发展不平衡，相互之间衔接程度低；社会保障标准落差较大，缺乏社保一体化的配套体系。其主要症结是：三地经济发展水平和财力差距过大；各级政府事权与财权不匹配；公共服务供给单一与市场化不足；制度缺失与法律保障不到位；等等。在明确发展目标和战略重点的基础上，提出相应的政策建议。如健全公共服务法律体系，为基本公共服务均等化提供法治保障；完善公共财政制度，实现基本公共服务政府事权和财权匹配；推进公共服务市场化改革，提升公共服务的市场化效率与质量；加强统筹规划，促进地区间公共服务制度对接与信息共享；构建公共服务均等化的考核体系，强化政府的权责；通过综合试点改革，逐步缩小区域间基本公共服务的差距。

（11）对协同发展制度保障进行研究。本专题创新点突出表现在构建了以动力机制为主、以保障机制为辅的区域协同发展机制，提出可从政策引导、创新驱动、基础支撑和文化推动四个方面形成区域协同发展的动力机制，可从信息传导、组织协调和利益保障三个方面形成区域协同发展的保障机制，并针对京津冀协同发展体制机制方面存在的主要问题，提出可通过制度创新和机制创新来完善京津冀协同发展的动力机制和保障机制。在制度创新方面，提出可从以下几个方面挖掘动力源，如建立首都财政和首都圈财政，完善财政转移支付制度；完善基于功能分区、综合指标体系和多元评估主体的政绩考核制度；建立京津冀共同发展基金，设立区域开发银行，完善多元化融资保障机制；完善对特殊区域（环首都贫困区、工业衰退区以及首都非核心功能疏解区）的援助政策；完善总体控规立法、公众参与以及各专业领域的区域法律制度；等等。在机制创新方面，提出建立以横向协商为基础、纵向协调为补充的区域协调组织框架；完善税收分享、成本分摊和生态补偿等多层次、多形式的协调机制；发挥中关村国家自主创新示范区、天津自由贸易试验区等政策资源共享机制；完善要素市场和生态资源有偿使用制度，构建包括排放权交易、专项基金、税收奖惩、政府购买等多元化的区域生态补偿机制和体系。

（12）对典型案例进行剖析和总结。报告重点对京津冀协同发展进程中出现的一些典型案例进行剖析，在此基础上总结概括出三种模式，即集成创新模式（以中关村国家自主创新示范区为例）、开放市场模式（以天津自由贸易试验区为例）、异地升级模式（以沧州渤海新区为例），并分别剖析了三种模式的发展概况、基本特征以及经验借鉴。

本书是以首都经济贸易大学“京津冀研究团队”为主，与北京师范大学、中国人民大学教授通力合作、共同完成的智慧结晶。

目　录

第一篇　战略目标分析

第二篇　发展现状分析

第三篇　战略重点分析

第四篇 体制机制分析

第五篇 典型案例分析

第一篇

战略目标分析

第一章 目标与思路

一 战略意义

（一）宏观背景

1. 国际视角——世界经济在深度调整，新一轮科技革命和产业变革蓄势待发，绿色发展成为时代潮流

世界经济在深度调整中曲折复苏。国际金融危机深层次影响在相当长时间依然存在，国际产业分工格局正在加快调整。发达国家推动制造业回归，德国的“工业4.0”、美国的“再工业化”、日本的“再兴战略”、韩国的“新增动力战略”等正在积极实施。国际产业竞争加剧，新兴经济体参与全球产业分工，中国面临发达国家和发展中国家“双向挤压”。新一轮科技革命和产业变革正在兴起。以信息、生物、智能、新材料、低碳为代表的新技术正在加速融合，不断引发制造、能源、健康等新兴产业领域的颠覆性革命，战略性新兴产业成为新一轮竞争的制高点。美欧国家立足科技创新优势，在移动互联网、新能源、新材料、生物医药、智能机器人等领域正寻求重大突破，以引领世界进入绿色智能发展新时代。在我国，以物联网、云计算和信息技术深度应用为特征的电子信息产业将进一步发展壮大，新产业、新模式、新业态层出不穷。绿色发展成为时代潮流。以绿色发展技术为代表的新一轮科技革命正在全球孕育繁衍。目前国内在部分绿色发展技术上已经与世界基本同步，如绿色能源中最重要的风电、核电、智能电网以及低碳技术、高速铁路等，都步入了大踏步发展阶段。绿色经济要求传统资源型城市注重技术创新，提升资源综合利用率，形成节能、减排、提升附加值的资源开发产业绿色链条，实现经济效益和社会效益的和谐统一。对于一个地区或城市群来说，只有符合和顺应世界的发展趋势，抓住战略机遇，打造并形成自己的核心竞争力，才有可能在国家乃至世界战略格局中占据制高点，从而实现自身的战略目标。

2. 国内视角——我国经济发展进入新常态，正在按照创新、协调、绿色、开放、共享五大发展理念全面建成小康社会

我国经济发展进入新常态，经济增长的内涵、动力、路径、格局都将发生重大变化。经济增长速度要从高速转向中高速，发展方式从规模速度型转向质量效率型，经济结构调整从增量扩能为主转向调整存量、做优增量并举，发展动力从主要依靠资源和低成本劳动力等要素投入转向创新驱动。这一切意味着我国经济社会发展将全面转向遵循经济规律的科学发展、遵循自然规律的可持续发展、遵循社会规律的包容性发展。“十三五”时期是我国按照创新、协调、绿色、开放、共享的发展理念全面建成小康社会的决胜阶段，是我国“四化”同步的转型跨越期、转变发展方式的爬坡过坎期、支撑长期发展的动力转换期、实现中华民族伟大复兴中国梦的重要承载期。我国发展仍处于可以大有作为的重要战略机遇期，经济发展的基本面是好的，潜力大，韧性强，回旋余地大；同时也面临诸多矛盾叠加、风险隐患增多的严峻挑战，特别是结构性产能过剩比较严重。我国正在按照五大发展理念全面建成小康社会，努力实现更高质量、更有效率、更加公平、更可持续的发展。对于一个地区或城市群发展来讲，必须以这五大发展理念为指导，将其贯彻落实于经济社会发展全过程和各方面。

3. 区域视角——京津冀协同发展进入全面推进、重点突破的关键阶段

京津冀协同发展是我国在新阶段与“一带一路”建设和“长江经济带”发展同期推出的三大国家举措之一。2013 年，习近平总书记先后到天津、河北调研，强调要推动京津冀协同发展。2014 年 2 月 26 日，习近平总书记在北京考察工作时发表重要讲话，全面深刻阐述了京津冀协同发展战略的重大意义，为推进京津冀协同发展指明了方向。此后，习近平总书记又多次发表重要讲话，强调京津冀协同发展是个大思路、大战略。① 2015 年 4 月 30 日中共中央政治局会议审议通过《京津冀协同发展规划纲要》（以下或简称《规划纲要》），明确了京津冀协同发展的目标定位、空

---

① 《京津冀协同发展是大思路大战略——京津冀协同发展领导小组办公室负责人答记者问》，《经济日报》2015 年 8 月 24 日，第 7 版。

间布局、推进思路、战略重点、时间表和路线图，标志着京津冀协同发展的顶层设计已经完成，目前已进入全面推进、重点突破的实质性操作阶段。

《规划纲要》的颁布，既是京津冀推进区域协同发展千载难逢的历史机遇，也带来一系列新挑战、新课题。比如，如何在京津冀这个人口经济高度密集地区，通过有序疏解北京非首都功能，优化区域空间布局，走出一条既能破解首都“大城市病”又能带动周边发展、缩小区域差距的新路子；如何在京津冀这个资源配置行政色彩浓厚、市场机制作用不充分的地区，通过体制改革和制度创新，在全国率先探索和构建一套适合跨省区域协调、合作共赢的新体制和新机制；如何在京津冀这个重化工业比重大、资源环境超载、产业结构调整升级任务艰巨的地区，加快转型升级，在全国率先探索和实现创新驱动发展的新模式和新路子；如何用15年时间，把京津冀建设成为具有国际影响力和竞争力的世界级城市群，成为能够引领和支撑全国经济社会发展的新引擎。这些都是我们当前亟待破解的新课题。

（二）战略意义

京津冀协同发展意义重大。对这个问题的认识，要上升到国家战略层面。京津冀协同发展不仅仅是解决北京发展面临的矛盾和问题的需要，也不仅仅是解决天津、河北发展面临的矛盾和问题的需要，还是优化国家发展区域布局、优化社会生产力空间结构、打造新的经济增长极、形成新的经济发展方式的需要，是一个重大国家战略。从国家战略层面看，推进京津冀协同发展具有多重战略意义。

1. 打造以首都为核心的世界级城市群

在当今时代，无论世界还是中国，都已经进入“城市时代”，而且已由过去城市之间、地区之间的竞争阶段进入城市群之间的竞争阶段。中国作为世界第二大经济体，已经成为引领带动世界经济发展的重要引擎，迫切需要建设若干个具有世界影响力的城市群，为我国在全球范围内进行优质资源集聚和配置、产业重构和升级提供核心平台，并通过发挥其集聚、辐射和带动作用，引领中国经济的科学持续发展。京津冀人口1.1亿，面积21.6万平方公里。2014年，京津冀城市群以占全国2.3%的地域面积，承载了全国8%的人口，创造了10.4%的经济总量[①]，是我国最重要的政治、经济、文化与科技中心，本身拥有完整齐备的现代产业体系，是国家自主创新战略的重要承载地，是我国未来经济最具活力、开放程度最高、创新能力最强、吸纳人口最多的地区之一，也最有条件打造成为拉动我国经济发展的重要引擎和中国具有国际竞争力和影响力的世界级城市群。

2. **构筑中国乃至世界的研发创新、高端服务和“大国重器”的集聚区**

京津冀地区是中国自主创新、高端服务、现代制造的核心区域，在加快中国工业化、信息化进程中担负着科技引领、产业支撑的重要使命。首都北京的产业已呈现服务主导和创新主导特征，如服务业占地区生产总值的比重为近80%，研发产业产值规模为全国最大，技术市场交易量占全国的40%，文化创意产业位居全国前列，是区域现代制造的研发中心、创新中心、营销中心及管理控制中心，占据产业链条的高端位置。天津的产业正在向高端制造和技术集约方向发展，航空航天、高端装备制造等八大优势产业产值已占工业的九成，正在着力建设全国先进制造研发基地、北方国际航运中心、物流中心、贸易中心和金融中心。河北省产业目前呈现资源加工、资本密集特征，正在加快产业转型升级，积极打造现代制造产业带和沿海重化工产业带，向现代高端装备制造重要基地和现代商贸物流重要基地方向发展。京津冀地区在加快中国工业化、信息化进程中担负着科技引领、产业支撑的重要使命。

3. **带动环渤海经济圈发展的核心区和引领支撑全国经济社会发展的重要引擎**

环渤海经济圈以京津冀地区为核心，以山东半岛和辽东半岛为两翼，腹地广阔，对外辐射东北亚，对内辐射三北，其经济总量和对外贸易占到全国的1/4，是中国乃至世界上城市群、产业群、港口群以及科技人才最为密集的区域之一。京津冀作为环渤海经济圈核心区，其协同发展和快速崛起，可进一步辐射带动“两翼”，促进环渤海经济圈的形成和发展；而环渤海经济圈的振兴，又对缩小我国东西和南北差距、促进全国区域协调发展具有特别重要的意义。

---

① 根据《中国统计年鉴2015》中数据计算得出。

4. 带动中国北方向东北亚、西亚、中亚、欧洲全方位开放的门户地区

“一带一路”建设是我国新时期推出的统筹国内国际两个大局、全方位对外开放的重大举措。建设“新丝绸之路经济带”，是中国转移过剩产能、提升国家综合实力、带动中国北方对东北亚、中亚、俄罗斯以及欧洲全方位开放的重大举措；“海上丝绸之路”也是我国走向蓝色海洋的重大举措，有利于带动我国周边新兴国家和发展中国家的经济增长，扩大中国经济的影响范围，形成以中国为核心的亚欧大陆经济圈，同时努力实现海上贸易通道的畅通，这关系到国家安全大局。京津冀地区正处于东北亚经济圈的中心地带和连接欧亚大陆桥的战略要地，推进京津冀协同发展，可与“一带一路”建设形成相互支持的呼应态势，意义重大。

5. 探索区域空间优化、科学持续发展、协同发展、互利共赢的示范区

习近平总书记强调，实现京津冀协同发展“是面向未来打造新的首都经济圈、推进区域发展体制机制创新的需要，是探索完善城市群布局和形态、为优化开发区域发展提供示范和样板的需要，是探索生态文明建设有效路径、促进人口经济资源环境相协调的需要，是实现京津冀优势互补、促进环渤海经济区发展、带动北方腹地发展的需要”①。京津冀地区既有首都经济圈面临的特殊区情，又有我国东部沿海发达地区面临的共性问题，探索京津冀协同发展的新路子，可在三个方面发挥全国示范效应：一是针对京津冀跨省区域合作的体制机制等深层次矛盾和问题，着力探索跨界治理、“抱团”发展、政府与市场调节相结合的新机制；二是针对首都北京面临的“首堵”、雾霾、水资源短缺等“大城市病”，着力探索人口经济高度密集地区通过功能疏解、空间优化实现中心城市与周边地区合作共赢的新路子；三是针对京津冀地区经济社会快速发展与资源环境形势严重的突出矛盾，着力探索建设生态友好、环境优美、宜居宜业、社会和谐的区域发展新模式。这些都可以为全国区域协同发展树立新典范，创造新经验。

（三）研究重点

探讨规律。即从理论研究和国际借鉴两方面探讨和把握大都市圈发展规律。《规划纲要》明确提出，京津冀地区未来的发展目标是建设以首都

---

① 《习近平关于社会主义经济建设论述摘编》，中央文献出版社，2017，第247页。

为核心的世界级城市群，成为能够引领和支撑全国经济社会发展的新引擎。为此，有必要研究和探讨大都市圈发展规律，借鉴世界大都市圈的成功经验，为推进京津冀协同发展提供理论指导和经验借鉴。

摸清底数。《规划纲要》的出台，进一步明确了功能定位、顶层设计、总体规划，为全面推进京津冀协同发展指明了方向，下一步的重点是通过政府的政策调控引导和落实规划。而政府调控的前提是要准确把握京津冀地区的发展现状和协同发展进程，摸清底数。本研究拟将企业大数据、统计数据与空间数据有机结合，对京津冀的人口、企业、产业、城镇、生态、公共服务等领域的发展现状进行摸底和评估，以期为战略重点研究提供客观依据和决策参考。

探索路径。要全面落实京津冀协同发展的总体规划，在全面推进中实现重点突破，离不开创新和改革。京津冀协同发展的战略目标之一是要建成整体协同发展改革先行区，可以说，创新和改革必将贯穿协同发展的始终。本研究提出，应通过协同创新来推进协同发展，而要协同创新，需把握好三个环节：一是找到协同创新利益的契合点和潜在利益；二是找到发展短板与影响和制约协同发展的障碍；三是整合资源，找到协同发展的实现路径。本课题将在探讨规律、摸清底数、找准问题的障碍的基础上，围绕战略重点探索创新突破的实现路径。

二　战略目标

2015 年 4 月 30 日，中共中央政治局会议审议通过《京津冀协同发展规划纲要》。《规划纲要》由中共中央、国务院印发后，为贯彻落实《规划纲要》，中央各部委分别颁布了交通、产业、生态等领域协同发展的专项规划。

（一）指导思想

推动京津冀协同发展要以有序疏解北京非首都功能、解决北京“大城市病”为基本出发点，坚持问题导向，坚持重点突破，坚持改革创新，立足各自比较优势、现代产业分工要求、区域优势互补原则、合作共赢理念，以资源环境承载能力为基础，以京津冀城市群建设为载体，以优化区域分工和产业布局为重点，以资源要素空间统筹规划利用为主线，以构建长效体制机制为抓手，着力调整优化经济结构和空间结构，着力构建现代化交通网络系统，着力扩大环境容量生态空间，着力推进产业升级转移，着力推动公共服务共建共享，着力加快市场一体化进程，加快打造现代化新型首都圈，努力形成京津冀目标同向、措施一体、优势互补、互利共赢的协同发展新格局，打造中国经济发展新的支撑带。

基本原则：一是改革引领，创新驱动；二是优势互补，一体发展；三是市场主导，政府引导；四是整体规划，分步实施；五是统筹推进，试点示范。

（二）功能定位

京津冀区域的整体定位是“以首都为核心的世界级城市群、区域整体协同发展改革引领区、全国创新驱动经济增长新引擎、生态修复环境改善示范区”。三省市定位分别为：北京市——“全国政治中心、文化中心、国际交往中心、科技创新中心”；天津市——“全国先进制造研发基地、北方国际航运核心区、金融创新运营示范区、改革开放先行区”；河北省——“全国现代商贸物流重要基地、产业转型升级试验区、新型城镇化与城乡统筹示范区、京津冀生态环境支撑区”。

（三）发展目标

近期到 2017 年，有序疏解北京非首都功能取得明显进展，在符合协同发展目标且现实急需、具备条件、取得共识的交通一体化、生态环境保护、产业升级转移等重点领域率先取得突破，深化改革、创新驱动、试点示范有序推进，协同发展取得显著成效。中期到 2020 年，北京市常住人口控制在 2300 万人以内，北京“大城市病”等突出问题得到缓解；区域一体化交通网络基本形成，生态环境质量得到有效改善，产业联动发展取得重大进展。公共服务共建共享取得积极成效，协同发展机制有效运转，区域内发展差距趋于缩小，初步形成京津冀协同发展、互利共赢新局面。远期到 2030 年，首都核心功能更加优化，京津冀区域一体化格局基本形成，区域经济结构更加合理，生态环境质量总体良好，公共服务水平趋于均衡，成为具有较强国际竞争力和影响力的重要区域，在引领和支撑全国经济社会发展中发挥更大作用。

（四）空间布局

按照“功能互补、区域联动、轴向集聚、节点支撑”的思路，以“一核、双城、三轴、四区、多节点”为骨架，推动有序疏解非首都功能，构建以重要城市为支点，以战略性功能区平台为载体，以交通干线、生态廊道为纽带的网络型空间格局。

推动京津冀协同发展，任务繁重，难度很大，既要有明确的长远目标，又要从现实出发，分步稳妥推进。京津冀协同发展领导小组第一次会议提出，对看准的事情要先做起来，对符合目标导向、现实急需、具备条件的领域要先行启动，对一些带动性、互补性、融合性强的重大项目要抓紧实施，争取早起作用、早见实效，并要求在交通、生态环保、产业三个重点领域集中力量推进，力争率先取得突破。

三 战略思路

本研究认为，全面推进京津冀区域协同发展应紧紧抓住交通、生态、产业、城镇、公共服务等领域进行结构优化与制度创新，并将其作为实现战略目标的战略重点。本研究以问题解决、实现目标为导向，立足京津冀区情，在运用相关经济理论的已有成果、借鉴国际经验的基础上，重点探讨了推进交通一体化、生态一体化、产业协同发展、优化城镇布局和优化公共服务布局的目标与路径。

（一）交通建设先行——构建高效便捷、现代化立体式综合交通体系

基于“优化交通网络，推进联动发展”的理念，按照统一规划，对区域内现有交通资源进行有效整合，实现多种交通方式的互联互通，建设快速便捷、高效安全、大容量、低成本的互联互通综合交通网络。打通大动脉，完善微循环，实现网络化布局、智能化管理、一体化服务；加强超大城市和特大城市市内轨道交通与市郊铁路建设，提升区域路网密度；实现区域内大中小城市互联互通，构建“一小时”交通圈、“半小时”通勤圈，实现区域公交“一卡通”、客运服务“一票式”、货运服务“一单制”；加

强区域内国际机场群建设，共同打造国际航空枢纽；加强区域内港口群合作，共同建设国际航运中心；呼应“一带一路”建设，加强国际铁路和公路建设与衔接，打造“12 小时”交通圈。提高交通运营管理水平，促进区域内人流、物流自由流动，进而推动非首都功能疏解和城镇布局优化。

（二）生态共建共享——建设生态良好、环境优美的宜居之区

基于“扩大环境容量，提高资源环境承载力”的理念，共同打造生态良好、环境优美、绿色低碳的宜居家园。明确生态功能分工与定位，划定城市增长边界和生态红线，优化区域生态空间格局，构建环京津冀城市群森林圈，促进生态环境建设和联防联控。共建国家级生态合作示范区，完善多元化生态补偿机制、大气环境联防联控机制、碳排放权及排污权市场运作机制、生态环境危机管理机制等，探索区域生态环境共建共享的新模式。扩大环境容量和绿色空间，实现生产、生活、生态“三生空间”合理布局，以保障不同功能区都能实现公平、和谐的良性发展。

（三）产业协同发展——打造具有国际影响力的世界级产业集群

基于“科技创新引领，产业分工对接”的理念，坚持市场主导、政府引导，明确三省市产业发展方向，理顺产业发展链条；加快产业转型升级，推动产业转移对接，加强产业协作，促进产业集聚、产业链接与产业融合。科技和产业的协同创新是支撑未来经济增长的根本动力。要充分发挥北京作为国家科技创新中心的引领作用，通过构建跨区域、跨行业、多领域、多机构的协同创新体系，增强区域的自主创新、技术传导和产业协作能力，建设具有全球影响力的研发创新、高端服务和“大国重器”的集聚区。通过“强点、成群、拉链、结网”，推进京津冀科技产业协同创新。打造科技创新共同体，建设科技创新合作示范区，发展优势产业集聚区，搭建跨区域的产业创新服务平台，完善产业创新生态环境，促进产业链上下游联动与产业集群快速发展。打造立足区域、服务全国、辐射全球的优势产业集聚区。

（四）优化城镇布局——打造创新能力最强的世界级城市群

基于“人口有序转移，城镇合理布局”的理念，打造“一核、双城、

三轴、四区、多节点”的空间格局。明确各地功能定位，发挥各自的比较优势，抓住北京非首都功能疏解的重大契机，通过核心城市的引领带动作用，促进人口、产业和功能有序迁移和合理布局；促进产城融合，优化综合环境，增强新城及中小城镇的吸纳力；重点打造若干个区域中心城市和区域节点城市，打造中心与外围共生互动、多中心网络化的城镇体系。

（五）优化公共服务布局——优化空间布局，推进基本公共服务均等化

基于“基本公共服务均等化、社会政策一体化”的理念，努力实现基本公共服务“底线公平”。在核心城市功能疏解过程中，鼓励和支持京津优质公共服务资源向周边地区辐射。从改革体制和完善财政转移制度入手，抓住北京非首都功能疏解的重大契机，在区域合作示范区内，率先推进社会保障、医疗保险、养老等社会政策的有效对接。通过试点经验的推广，设立区域基本公共服务统一标准，稳步推进地区间社会保障对接与基本公共服务待遇互认。

（六）制度创新作保障——建立市场与政府有机结合的区域协调机制

基于“市场调节与政府引导相结合、公平与效率兼顾”的理念，重点推进制度创新、机制创新和模式创新，为区域协同发展保驾护航。通过协同创新，建立横向协商与纵向协调相结合、市场与政府有机互动的区域治理协调机制。微观层面完善要素流动的市场机制，中观层面构建有利于区域交通设施共建、产业优化布局、生态共建共享、基本公共服务均等化的运行机制，宏观层面构建跨省市协调机制，完善财政税收、投融资等配套制度，为推进京津冀协同发展保驾护航。

四　战略重点

本书重点围绕如何优化中观层面的产业、交通、城镇、生态、公共服务等结构与布局，从多角度探讨协同创新的着力点与实现路径。

（一）推进交通一体化，构建便捷高效的现代化综合交通体系

推进京津冀区域协同发展，交通必须先行。交通协同创新的关键是在统一规划的前提下，对现有交通基础设施进行整合与对接，通过“联”促进“流”。一是统一规划建设京津冀交通体系，实现网络化布局、智能化管理、一体化服务。以建设京津冀交通一体化为目标，按照多种运输方式无缝衔接、交通设施共建共享、区域内外互联互通的原则，统一规划、统一建设和统一管理，建设快速便捷、高效安全、大容量、低成本的互联互通综合交通网络。力争到2020年京津冀交通体系建设实现“五个一体化”：公路网络一体化、交通运输枢纽一体化、交通运输管理一体化、交通运输服务一体化、物流发展一体化。二是打通大动脉，完善微循环，加强超大城市和特大城市市内轨道交通与市郊铁路建设，实现区域内大中小城市互联互通。超大城市和特大城市应提高市内轨道交通密度，加快市郊铁路建设，完善区域内各节点城市之间的交通通道，实现快速铁路市市通、高速公路县县通，减少迂回运输、过境交通对各市市区的干扰。京津冀要促进铁路、公路、空港、港口、管道、轨道交通等相互对接，完善路网密度及路网配套设施，协同打通断头路，提高交通通达性和服务水平。三是构建“一小时”交通圈、“半小时”通勤圈，实现区域公交“一卡通”、客运服务“一票式”、货运服务“一单制”。未来京津冀应重点形成京、津、石之间以及相邻的城市之间“一小时”交通圈、主要城市与周边的卫星城市之间“半小时”通勤圈，提升区域整体交通承载能力。在区域内实现公交“一卡通”、客运服务“一票式”、货运服务“一单制”。四是加强区域内国际机场群建设，共同打造国际航空枢纽。综合分析区内各机场的等级与空间位置，优化空港布局，打造一个区内整体的“分布式大机场”，优化区内航线布局，建设支撑京津冀协同发展的“空中走廊”，逐步形成规模、功能、布局合理的机场体系。五是加强区域内港口群合作，共同建设国际航运中心。组建天津港、秦皇岛港、唐山港、黄骅港等港口战略联盟，形成集装箱枢纽港、工业港、能源港和地方港协调发展的区域港口群，共同打造具有国际竞争力的北方国际航运中心。六是加强国际铁路和公路建设与衔接，打造“12小时”交通圈。加强国际铁路和公路系统与周边国家主要城市的衔接，形成“12小时”交通圈，向

西衔接第二欧亚大陆桥。

（二）推进生态一体化，共建生态良好、环境优美的宜居家园

生态建设协同创新，重点从以下几方面入手。一是统一规划建设区域生态体系，划定资源利用上线、环境质量底线和生态保护红线。倡导绿色发展理念，强化资源和环境约束，根据区域资源环境如水、土地、生态等的承载能力，划定资源利用上线、环境质量底线和生态保护红线；积极推进风沙源治理、水源保护、三北防护林建设、大气污染治理等工程，加强湿地保护和自然保护区建设，加大造林绿化、退耕还林还湖力度等。二是共建国家级生态合作示范区。借鉴鄱阳湖生态经济区、黄河三角洲高效生态经济区经验，争取国家支持，以张承地区为主体，包括北京、天津的北部和西部山区，设立国家级生态合作示范区，共同探索人口资源环境与经济社会发展相协调的发展新模式。三是明确城市增长边界，构建环京津冀城市群森林圈。设置绿色隔离带，设立开发强度的上线和生态空间的底线，保持合理的生产空间、生活空间和生态空间比例。对大气、水污染进行分区控制，建立区域风沙防御体系。在北京六环和城市外环建设具有较大宽厚度、集中连片的环京森林带，建设一批环京国家公园，形成绿屏相连、绿廊相通、绿环相绕、绿心镶嵌的生态格局。四是拓宽资金渠道，探索多元化生态补偿机制。资金来源可包括财政转移支付、征收汽车尾气碳排放税、高碳能源使用税、区域生态共建共享基金、优惠贷款、政府购买生态服务等。探索以培训代补偿、以工作代补偿、以投资代补偿、以合作代补偿、以市场代补偿等多元化的生态补偿方式。五是尽快建立碳排放权、排污权的区域交易市场。完善生态资源有偿使用制度，建立碳排放权、排污权的区域交易市场，使生态涵养区可以通过提供清洁的水资源、涵养水源地、植树造林、风沙整治、湿地保护等服务来得到碳汇和生态的价值补偿，进而实现生态保护、地方发展和居民收入提高“多赢”目标。六是建立生态环境危机管理体系。对重大区域性污染源信息实施联合通报，以立法的形式加强土地整治与保护，防治土地内部及周围的环境污染和生态破坏，建立降低水源污染和提高供水保障能力的水资源危机的应对机制，建立地震、火灾等危机的应对机制。

（三）推进产业协同发展，打造具有国际竞争力的世界级产业集群

按照产业创新生态系统“研究、开发、应用”三大群落构成，形成一个“研发—转化—生产”良性循环的区域产业生态系统，最终将京津冀建设成为“科技创新 + 研发转化 + 高端制造 + 高端服务”分工合作的世界级城市群。一是编制京津冀产业协同发展专项规划。以京津冀产业协同发展和建成世界级产业创新中心为总目标，结合三地的发展定位，编制三地产业发展的中长期规划，从总体上实现三地产业发展的融合和对接，形成产业链上梯度有序分布，不同产业集群在空间价值链上错位发展。二是按照“强点、成群、拉链、结网”的路径，设立产业创新引导基金实现京津冀产业协同创新。强化创新节点、创新要素建设，培育、壮大行业领军企业，发展创新型的、具有成长力的中小科技型企业；进一步优化环境与降低创新要素流动成本，促进本地创新要素的联合互动，促进产学研合作，推动产业集群向创新集群转变；以“缺链补链、短链拉链、弱链强链、同链错链”为思路，将三地产业子模块统一起来，“黏合”形成一个多主体的集聚体，形成产业链的相互融合与无缝对接；围绕产业链、创新链、科技链，使企业之间及企业与高校、科研院所、金融机构、中介机构、政府之间形成相对稳定的创新网络，形成从北京知识、技术创新源到天津创新转化基地再到河北先进制造的协同创新网络架构。三是搭建跨区域的产业协同创新平台。借鉴中关村协同创新平台模式，由三地政府组织，汇集企业、高校、科研机构、金融机构、服务中介等搭建京津冀产业协同创新平台，促进重大行业资源整合、金融资源集聚、创新服务资源聚合等。四是设立产业创新引导基金。三地共同出资，联合设立产业创新引导基金，并成立创新基金管理委员会。创新基金主要投于高端制造、新材料新能源、航空航天、新一代信息技术等战略新兴产业领域，资助对象包括京津冀三地的大学、科研机构、科技型企业等。五是完善产业创新生态环境。研究、建立跨区域、跨机构的协同创新政策，破解产业发展和示范建设中存在的体制机制性障碍；营造京津冀协同发展的文化氛围、创新氛围；实现产业、科技、市场、人才、金融等管理模式的创新，根据产业发展变化和具体区域要求实行不同的创新政策进行引导和支持。

（四）推进优化城镇布局，建设以首都为核心的世界级城市群

城市群是区域协同发展的重要依托。京津冀城市群的建设目标是建设世界级城市群，未来应逐步形成“双核、多中心、网络型”的空间格局。协同创新可从以下几方面入手。一是明确城市功能定位与规划对接，优化经济人口空间布局。立足各地比较优势和资源环境承载力，科学制定区域内各城市的功能定位，做好京津冀协同创新的总体规划，统筹区域内交通、产业、生态、人口、土地利用等专项规划，促进三地战略与区域规划顶层设计对接。二是优化城镇体系，打造“双核、多中心、网络型”的空间格局。推进城镇体系的协同创新，关键要处理好京津“双核”关系，着力建设石家庄、唐山、保定等区域性中心城市，并打造各自的都市圈。三是发挥核心城市的引领带动作用，通过功能疏解促进人口及产业在空间上的优化布局。核心城市要通过功能疏解，一方面，突破自身的发展瓶颈，拓展发展空间，实现阶段跃升；另一方面，带动周边城市和地区发展，缩小北京与环首都贫困带的发展鸿沟，在全国率先闯出一条“中心与外围”共生互动的新路子。四是促进产城融合，推进新城及中小城市健康发展。通过制定鼓励和限制政策，引导超大和特大城市的人口、产业向周边新城及中小城镇有序转移，特别是要抓住北京城市产业转移和功能疏解的重大契机，进一步完善新城及中小城镇的公共服务配套设施，优化生态环境，打造宜居宜业环境，以增强中小城镇的吸引力和集聚力。五是建立人口流动信息监测平台，实现高效率的人口管理。建立流动人口网络管理中心、信息存储中心、应用控制中心、安全管理中心，实现京津冀流动人口统一数据存储及统一管理。

（五）推进优化公共服务布局，实现基本公共服务均等化

统筹区域内社会政策与公共服务对接，可从以下几方面入手。一是制定京津冀公共服务发展目标。近期，应通过逐步缩小教育、医疗、社会保障等公共服务的地域差距，推进基本公共服务均等化；中期，在资源共享、制度对接、待遇互认、流转顺畅等方面，初步建立起一体化的制度框架，基本实现区域公共服务一体化；远期，通过实现不同区域和不同社会群体之间公共服务制度的统一、公共服务设施的共享和保障标准的一致

等，全面实现公共服务一体化。二是在京津冀各科技、产业、生态合作示范区内，率先实现社会政策与公共服务对接和基本公共服务均等化。通过试点经验的推广，尽快形成区域公共服务均等化的制度体系和法律框架。为解决各县（区）财力不均衡的问题，创立“区域基本公共服务一体化专项统筹资金”，实行横向转移支付；为实现基本公共服务“底线公平”，设立统一的区域基本公共服务标准。三是稳步推进地区间社会保障对接与基本公共服务待遇互认。积极探索养老、医疗、教育、社会保障等民生领域的合作。在区域内实现基本公共服务待遇互相承认，实现医疗保险异地结算、职工养老保险互联、居民养老保险互通等，逐步形成京津冀公共服务的协同管理机制。

（六）推进体制机制模式创新，为区域协同发展提供制度保障

在体制创新方面，积极探索建立首都财政、首都圈财政和税收分享制度等；在主体功能区划分的基础上，调整和完善政绩考核制度；建立共同发展基金，设立首都圈发展银行；完善区域法律制度；等等。在机制创新方面，探索建立横向协商与纵向协调相结合的区域协调机制架构；完善税收分享、成本分摊和生态补偿等多层次、多形式的协调机制；完善区域要素市场及碳排放权交易等市场化运作机制。在模式创新方面，探索区域协同创新的新模式，如共同体模式、示范区模式、市场交易模式、集成创新模式、异地升级模式等。

第二章　理论依据

一　城市群形成机理及规律探讨

区域中心城市的形成发展与所在区域存在相互依托、相互促进的内在联系。当今世界公认的全球性世界城市——伦敦、纽约、东京、巴黎等，无不依托城市所在区域来增强其国际影响力，发挥对全球经济活动的重要协调控制作用。京津冀协同发展的目标之一是打造成为世界级城市群，而世界级城市群必须以区域内一个或多个世界级中心城市为依托。因此，要实现这个目标，首先要对区域中心城市和所在区域协同发展的内在机制进行研究，从而发现区域中心城市与所在区域协同发展的客观规律。

（一）区域中心城市的崛起离不开所在区域的支撑

1. 区域为中心城市的发展提供强大支撑

任何一个世界城市，都不是一个独立维持的个体，而是更多地体现为“城市—区域”这一空间形态。它是在全球化高度发展的基础上，以经济联系为基础，由中心城市及其周边腹地经济实力较为雄厚的二级城市扩展联合而形成的一种独特空间现象，是一种新的城市组织形式。国际经验表明，世界城市必须依托它所辐射的区域来汲取和释放“能量”，它的发展程度受所在区域的发展程度的推动或制约。经济实力越雄厚、腹地面积越大、经济基础越好、城市化水平和区域一体化程度越高的区域，越有可能产生经济能量高、辐射力强的中心城市，而当中心城市辐射力和影响力扩大到整个区域乃至世界范围时，其就会发展成为世界城市。巨型城市群或都市圈是世界城市经济、文化、政治的载体和基础，决定了世界城市在世界城市体系中的地位和作用。

2. 中心城市是区域内要素集聚的核心地带

根据都市圈理论，集聚和扩散是世界城市及其所在区域（城市群、都市圈）发展和演进的重要机制。一般而言，在集聚与扩散两种力量的相互作用下，人口的向心迁移和离心迁移贯穿于城市化发展的全过程。在城市化发展的不同阶段，中心城市的集聚与扩散的相互作用力不同，它与周边地区的关系也有很大不同。在集聚远大于扩散的城市化初期阶段，二者的关系更多地表现为中心对外围的要素“虹吸”和外围对中心的支持和服务，其结果是拉大了二者的发展差距；而在集聚与扩散并存，甚至扩散大于集聚的城市化加速发展阶段，二者的关系更多地表现为中心与外围的“互动”：一方面，中心辐射带动周边发展，对整个区域发挥着产业传导、技术扩散、智力支持、区域服务和创新示范等带动作用；另一方面，周边对中心则发挥疏解人口压力、承接扩散产业、提供生态屏障、基础设施共建、扩张发展空间等作用。

3. 中心城市对区域经济的影响力和控制力有赖于区域分工与整体实力

中心城市的本质特征是拥有对所在区域经济发展的控制能力。其金融中心、管理中心是中心城市最重要的经济功能。中心城市强大的经济实力和广泛的影响力，远远超出了一个普通城市的水平，仅靠自身的力量发展是不可能达到的。区域中心城市形成的基本动力来自劳动地域分工和区域的整体经济实力。如纽约金融、贸易等功能在美国独占鳌头，费城的重化工业比较发达，波士顿的微电子工业比较突出，巴尔的摩的有色金属和冶炼工业地位十分重要，而华盛顿的首都功能则为整个大都市圈抹上了浓重的政治中心色彩。显然，世界各大型城市的发展靠单打独斗是不可能实现的，其对全球经济的影响力和控制力有赖于所在区域合理分工和整体实力。

（二）中心城市是所在区域的核心中枢、科技先导和增长引擎

纽约、东京、伦敦、巴黎等世界城市及其大都市圈发展历程虽然各具特色，但在其形成和演进过程中，都经历了“中心城市壮大”“单中心都市圈建成”“多中心都市圈合作发展”“大都市圈协调发展”四个阶段，显示了世界城市及其大都市圈由小到大、由低级向高级发展的基本历程。在世界城市与所在大都市圈形成、发展、壮大的过程中，作为中心城市的

世界城市，始终发挥着主导、核心和带动作用。

1. 中心城市向服务经济转型，促进单中心都市圈形成

在城市化发展的初期，由于中心城市强大的集聚作用，产业和人口不断由周边地区向中心城市集聚。当中心城市规模达到一定程度时，城市内部高密度集聚和空间有限之间的矛盾带来各种“大城市病”（集聚不经济），于是出现了产业和人口向外扩散的内在动力和发展态势。这种要素和产业的疏散，在空间上表现为沿主要交通轴线圈层状的蔓延，既保证了中心城市本身规模的适度和产业结构的优化，又加速了周边地区的发展，并与次一级的中心城市融合形成更大一级的都市圈。显然，正是中心城市的集聚效应以及率先实现产业升级，通过产业、功能的向外扩散和疏解，促进了都市圈内的产业分工格局和城市功能分工体系的形成，因此，中心城市是都市圈形成发展的核心力量。

中心城市的发展历程显示，在中心城市将已经失去比较优势的传统生产制造业向周边扩散转移的同时，在经济全球化的背景下，各种高端要素及现代服务业如跨国公司总部、生产型服务业、科技信息产业、国际商务活动、文化与旅游产业、国际会议及国际组织等也在大量、迅速地向它集聚。正是通过产业升级和向服务经济转型，中心城市不再直接生产工业产品，而是成为积累和扩散国际资本的基点，并通过复杂的全球城市体系成为整合全球生产和市场的指挥者和协调者，同时其经济的影响力由都市圈扩展到国家再扩展到全世界，其城市功能逐步上升为全球经济活动“控制中心”，进而发展成为世界城市。可以说，中心城市向服务经济转型，是中心城市—区域形成的开端。萨森认为，全球城市是经济全球化驱动下生产空间分散式集中和全球管理与控制的结合，代表了一种特定历史阶段的社会空间。全球城市不仅是全球性协调的节点，更是全球性生产控制中心，因此应当更加重视全球城市的生产者服务（producer service）功能。①

2. 中心城市向创新经济转型，促进多中心都市圈合作发展

区域的中心城市首先是创新城市，而创新能力是世界城市的灵魂和生命。只有具备创新属性的世界城市，才能顺应外部环境条件的变化，通过内部激发出的活力和创造力，吸收和融合新的外部推动力量。

---

① Saskia Sassen, *The Global City: New York, London, Tokyo*, Princeton University Press, 2013.

在由单中心都市圈向多中心都市圈发展演进过程中，中心城市的创新活动起着关键性、决定性作用。中心城市的创新活动，首先使中心城市新产业不断涌现或占据产业的高端部分，中心城市向周边城市的产业转移加快，不但转移资本密集型的制造业，也将标准化服务业向周边转移，并就非标准化知识（稀缺资源）与周边展开竞争，形成在创新驱动下的都市圈专业化分工体系。从世界城市的发展路径来看，一种形式是在跨国公司和国有公司的地方化需求驱动下，在中心城市的边缘地区形成新的城市形态，它与中心城市实现数字化连接，逐渐成长为大都市区边缘的新增长中心。① 而新增长中心的出现，又会吸引相关产业的集聚，从而增加新增长中心的集聚经济利益。在新增长中心的周边形成次级的“中心—外围”结构，中心的辐射能力不断向更远的周边扩散，把更远的周边区域变成中心的腹地区域，这是单个中心在点上不断扩大的过程。另一种形式是两个或两个以上距离很近的增长中心，在不断扩展的过程中，把对方的周边纳入自己的范围，使周边在两个或两个以上辐射源的带动下深化分工，这些中心逐渐融合成一个更大的经济增长中心。增长中心由一个点变成一个面，这个面的辐射能力更强，更能抵挡外部对增长中心发展的不利因素，从而将更大范围的周边纳入自己的辐射范围，形成更大的“中心—外围”结构。

在多中心都市区（圈）形成阶段，随着专业化分工的加强和交通运输、通信网络的完善，中心城市和周边地区间的空间相互作用逐步增强，但仍以垂直分工为主。一方面，随着中心城市日益成为技术与制度创新的中心，中心城市对周边地区的辐射和带动作用日益明显，包括产业扩散和创新扩散，周边一些位于交通轴线上、区位条件较好的地区或城镇，在中心城市扩散作用力的影响下，承接了标准化的服务业发展成为次中心，并逐步被纳入中心城市发展过程中来。另一方面，随着中心都市圈的扩展，它也会与周边的其他都市圈发生交叉和重叠。当区域内多个中心彼此相互作用与融合，并最终形成一个有机联系的城市群落时，城市区域呈现大范围扩散、小范围集聚的特点，内部城市体系以网络化、多中心为特征，城市区域内部职能分工明显，联系得到加强，网络化大都市的

① Saskia Sassen, *The Global City: New York, London, Tokyo*, Princeton University Press, 2013.

雏形也就显现出来。

3. 中心城市向信息经济转型，促进多中心网络化大都市圈协调发展

这一阶段的城市化特征集中表现为网络化。网络化城市体系与中心地体系的区别在于，前者强调城市间要素、信息的交互性，淡化中心城市。一是信息技术的网络化。这导致形成多中心的空间格局。世界城市处于新全球化经济下的地方与全球交互之中，经济高度“信息化”，信息技术的发展是前提。纽约、洛杉矶、伦敦、东京就是通过复杂的计算机、海底光缆、当地电话和微波线路以及通信卫星组成的网络彼此联系的。在这些城市中发生的交易、会议等不必限定于一个地方，而可以通过先进的电子通信系统与全球其他城市相连接。地理学者已经认为电子通信方式打破了集中与分散之间的张力，信息服务部门倾向于分散在多中心的空间形式之中。[①] 二是交通的网络化。在多中心的格局下，世界城市建立起了由高速公路、高速铁路、大型航港、通信干线、运输管道、电力运输等构成的区域性交通基础设施网。通过快速交通设施等将城市的多个中心以及分散的新城联系起来，加速了区域间资源的整合，促进了世界城市内部人员、物资、资金和信息的流动，形成了网络状的空间组织结构。即时通信技术和交通网络化极大地降低了交通成本，刺激企业和家庭搬往边缘地区，从而促进城市向外扩张。同时，这种趋势增加了对分散式营运的控制和协调需求，并进一步推动了专业管理活动在战略地点上重新集中的趋势。网络化城市体系的空间形成过程并不是简单的二分法（分散或者集聚），创新中心会形成，同时又会转移；技术创新会扩散，同时又会重新集聚。世界城市不但占据了全球网络中重要节点的地位，而且在很大程度上控制了世界经济得以运作所需的人员、物资、资金及信息等的流动，是产业指挥控制中心（企业总部）、金融机构及许多高级服务业的集中地，是将地方资源与经济活动纳入全球体系的中心地点，更是在全球化进程中影响地方经济发展的媒介中心，成百上千个地方被连接到这个全球性的信息处理和决策网络中，在全球化与地方化相互作用中，形成世界城市区域。

多中心网络化大都市圈协调发展阶段是大都市区域发展的高级阶段。

① K. E. Portney, J. M. Berry, *Urban Advocacy Groups, City Governance, and the Pursuit of Sustainability in American Cities*, Social ence Electronic Publishing, 2010.

此时，中心城市与周边城市根据各自不同的城市职能与资源禀赋有机联系、互为补充，使整个区域内的社会经济融为一体。区域中心城市之间通过彼此的吸引与辐射，以及经济流、信息流、人流和物流等交互作用，实现了对区域内资源的有效整合和协调，同时促进了区域内网络化城市体系的整体协调发展。

（三）城市群为中心城市提供要素、拓展空间和发展平台等支持

中心城市的发展受制于或依赖于它所依托的区域，区域兴则兴，区域衰则衰。所在区域是中心城市经济、文化、政治的载体和区域基础，区域的相对发展水平对中心城市形成起决定作用，同时也决定该中心城市在全国经济格局中的地位与作用。

1. 中心城市集聚极化阶段，所在区域为中心城市提供要素支持

中心城市首先是区域内最有影响力的城市，需要一个发达的区域进行支撑，通过区域来发挥它的控制力和影响力。中心城市凭借其特有的资源禀赋和先发优势，通过对周边腹地的人流、物流、信息流的吸引，将区域内最优质的资源、收益率最高的产业集聚其中，这为区域中心城市的形成奠定了良好的基础。中心城市拥有多种区位优势，为发展成为世界城市、参与国际分工和发展对外贸易提供基础；同时具有高度开放的市场，相对丰富的自然资源、人才和技术等资源条件和良好的经济发展态势，为世界城市产业集聚提供必要的生产要素。随着交通运输条件的改善和制度创新加快，经济活动的壁垒逐渐消除，为经济中心向周边扩散创造了条件（见图2－1）。当然，这种集聚会带来经济极化和两极分化，使中心城市与周边腹地的经济落差进一步拉大。

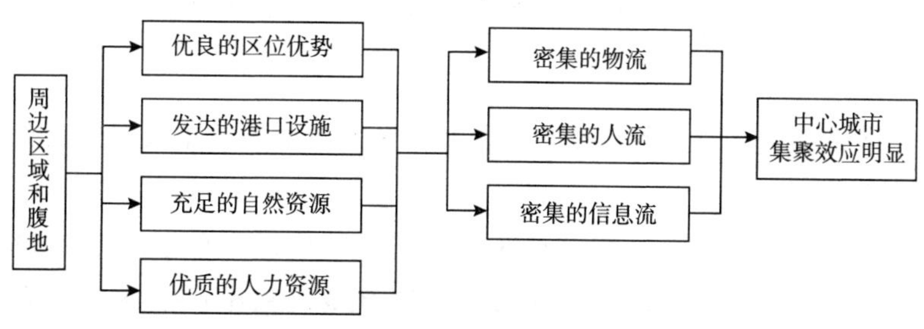

图2－1 所在区域对中心城市的支持方式

资料来源：笔者整理归纳所得。

2. **单核心都市圈形成阶段，所在区域为中心城市疏解压力、拓展空间**

中心城市凭借在区域内集聚力上升以及在国内的影响力增强，必将成为国际分工中的集聚中心。中心城市规模继续扩张，当收益递增效应基础上的向心力被拥挤带来的离心力超过时，中心城市的人口和产业开始向周边临近地区疏解，“中心—外围”的都市圈结构开始形成，以产业的区域重组为基础，人口、工业和商业及城市的各项基础设施也开始向周边扩散，进入圈层扩散阶段。中心城市借助广阔腹地的巨大承载力，实现产业转移和产业升级，提升城市功能，强化其在国际分工中的地位与世界影响力。与此同时，周边地区通过承接产业和人口获得新的集聚利益，实现经济增长和繁荣。周边良好的基础设施、产业基础、市场需求、公共服务以及发展空间，是中心城市得以缓解承载压力，实现产业升级、功能优化，进而实现阶段跃升的重要前提（见图 2－2）。

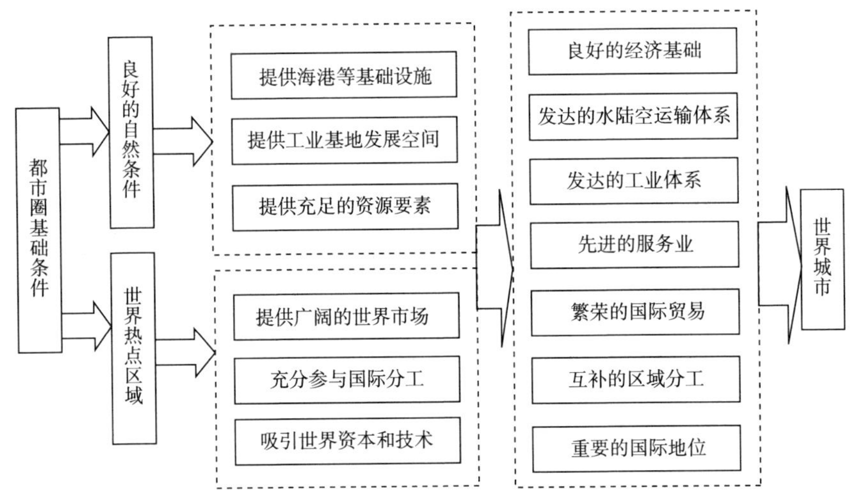

图 2－2　都市圈基础条件对世界城市形成发展的影响路径

资料来源：笔者整理归纳所得。

3. **多中心网络化大都市圈阶段，所在区域与中心城市共同向世界级城市群迈进**

随着单中心都市圈向多中心网络化都市圈发展，中心城市的辐射半径圈层化外扩，首位城市、二级城市、三级城市和小城镇逐步构成相互作用的城市体系，城市体系内部既有纵向联系又有横向联系，形成城市网络。首位城市将进一步以创新驱动经济发展，吸引更多世界产业集聚，成为世界城市；二级城市不断成长，形成多个具有国际影响力的集聚中心，多个都市圈连接、交叠，构成更大范围的大都市圈。区域内部的不同等级城市在分享大都市圈的整体利益的同时，发展各自的优势产业，成为城市体系中重要的节点，逐步进入世界城市区域的成熟阶段（见图2－3）。

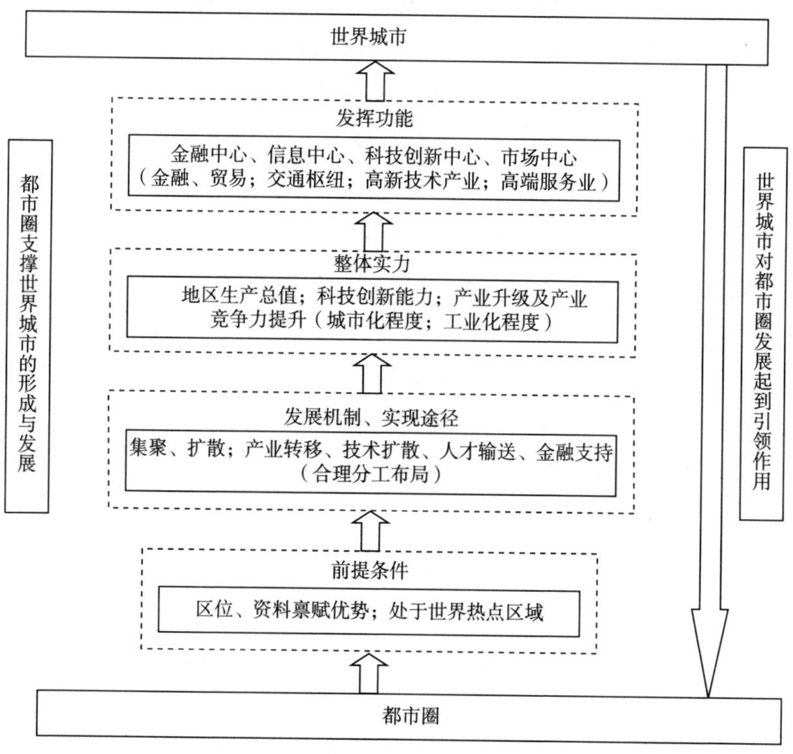

图2－3 世界城市与都市圈的相互作用

资料来源：笔者整理归纳所得。

二 区域协同发展与协同创新

（一）区域协同发展是京津冀发展的方向和目标

京津冀协同发展既要坚持问题导向又要坚持目标导向。三地地缘相接、人缘相亲、文化一脉，历史渊源深厚、交往半径相宜，协同发展基础雄厚，在国家战略格局中担负着重要的历史使命。从亟待破解的问题看，北京、天津、河北三地都存在自身发展的瓶颈和亟待破解的突出问题。比如北京要建设好首都，要破解“大城市病”，需要在大空间里解决小空间难以解决的问题，天津、河北都面临转型升级，需要在更大区域范围内寻求支持和新的发展动力。京津冀区域整体也共同面临资源环境承载超限、市场发育不足、城市布局不合理和公共服务水平落差大等突出问题。从要实现的战略目标看，《规划纲要》中明确提出，京津冀地区整体定位是“以首都为核心的世界级城市群、区域整体协同发展改革引领区、全国创新驱动经济增长新引擎、生态修复环境改善示范区”。因此，京津冀协同发展正是我们通过破解发展难题实现战略目标的过程。可以说京津冀协同发展既是区域发展的内在要求同时更是国家战略的需要。

京津冀协同发展是区域内各经济主体相互配合、共同发展的动态过程。协同发展不同于过去的协调发展、可持续发展，更强调按照优势互补、互利共赢、区域一体原则，以京津冀城市群建设为载体，以优化区域分工和产业布局为重点，以资源要素空间统筹规划利用为主线，以构建长效体制机制为抓手，在更广的区域范围内和更深的合作层次上加快协同发展。我们理解的区域协同发展是包括基础设施、要素流动、产业布局、城镇布局、生态建设、公共服务布局和体制机制政策等全方位的“一体化”（统一规划、优化布局、政策对接）。

在全面推进中实现重点突破需要协同创新。京津冀协同发展已经进入“全面推进、重点突破”的关键阶段，而在现行的体制下，需要创新开路，打破各种发展障碍，释放发展潜能，开辟发展新局面，以实现把京津冀打造成为“区域整体协同发展改革引领区”的战略目标。这就要求我们转变发展思路，创新发展理念，探索发展新路径，构建发展新机制，以协同创新驱动区域协同发展。

（二）区域协同创新是实现协同发展的重要途径

要准确把握协同创新的内涵特征，需要从“协同”和“创新”两个角度入手。

协同——推进系统从无序到有序演进，产生超越各自功能总和的更大能级。“协同”在汉语中意为齐心协力、相互配合，在英文中有 synergy、collaboration、cooperation、coordination 等多层含义。根据系统协同学理论，协同现象存在于任何一个系统内。系统内各种子系统（要素）之间相互协作、相互影响及有序组合，有可能形成一种大大超过各自功能总和的新功能，产生 1 +1 >2 的协同效应，最终实现系统由无序状态向有序状态、低级阶段向高级阶段的演进。因此，协同就是协调两个或多个不同要素或个体，共同完成某一目标，以达到个个获益、整体加强、共同发展的结果。

创新——打破原有秩序，形成创新要素“新组合”，释放更大的发展潜能。“创新”一词来源于拉丁语“Novus”，其意思是引进新的事物或者提出新的思想。按照熊彼特的创新理论，创新就是将一种生产要素和生产条件的“新组合”引入生产体系，其本质是通过要素的“新组合”释放更大的发展潜能。创新包括引进新产品、引进新技术、开辟新市场、控制原材料的供应来源和实现企业的新组织五种情况。此后，创新概念的范围由技术性创新进一步扩展到非技术性创新，包括观念创新、制度创新等。

区域协同创新——以实现区域协同发展为目的，突破发展壁垒，推动要素和结构“新组合”，形成区域发展新格局。从区域角度来看，协同创新指以实现区域协同发展为目标，以区域创新要素自由流动为基础，通过推动要素和结构的“新组合”，突破发展瓶颈，释放发展潜能，实现区域创新效应最大化。从协同创新的内容看，协同创新有狭义和广义之分。狭义协同创新特指技术创新的协同，是技术创新通过在各区域的联动发展，推动各区域的高校、科研机构、研发项目及中介科技组织等创新主体在区域内协同合作，促进技术在整个区域的扩散、转化和应用以及资源整合，优化区域科技创新环境，最终实现区域科技创新协同效应的发挥和区域技术创新能力的提升。广义协同创新是指整个系统内多领域、多层次、多主体、多形式的协同创新。区域协同创新存在比任何创新都更为复杂的关系，既包括横向跨区域、跨行业、跨部门、跨隶属的多领域协同创新，又包括消费者之间、企业之间、行业之间、部门之间、政府之间及其相互之间的双重、三重、多重交叉的多主体协同创新，还包括产品创新、技术创新、市场创新、组织创新、管理创新、模式创新、制度创新等多形式协同创新。本书所研究的协同创新，是广义协同创新。

（三）协同创新与协同发展的关系

我们理解的区域协同创新，就是在一定区域内，通过协同各地区、各领域的创新资源要素产生新的最优组合方式，实现各领域、各系统相互协作、相互影响，实施新理念，创造新价值，从而使整个区域协同创新系统由低级阶段向高级阶段过渡，使各区域创新系统有序发展，进而实现区域协同发展。区域协同创新与区域协同发展既相互区别又相互联系。一是手段与目的的关系。区域协同创新是区域协同发展的动力和手段，通过促进微观层面的要素流动和新组合（如人口、资源、技术、信息、资本等）、中观层面的结构优化（如交通、产业、城镇、生态、公共服务等布局）、宏观层面的制度创新（如机制、体制、政策等），推动整个区域由无序向有序协同状态演进；而区域协同发展是区域协同创新运行发展的过程和结果。二是无序与有序的关系。区域协同创新是先破后立，从有序到无序，即针对各子系统制约发展的“短板”进行创新，通过打破系统已有格局，对系统进行重组，最大限度地释放经济潜能。而区域协同发展则是从无序到有序，按照区域协同发展的目标，通过各子系统不断调整，在创新过程中逐步趋于一体化，整个区域经济社会系统逐步形成互利共赢、和谐共生的发展格局。三是二者相互作用，推动区域发展由低级阶段向高级阶段演进。区域协同创新与区域协同发展是手段与目的的关系，二者相互作用，从打破原有格局入手，用新系统代替旧系统，从而推动整个经济社会系统实现螺旋式上升，由低级阶段向高级阶段不断演进。

（四）区域协同创新的理论框架

1. 理论框架构建

根据以上理论分析和认识，我们构建的区域协同创新理论分析框架，是包括微观层面、中观层面和宏观层面在内的综合协同创新体系（见图2－4）。

微观层面的区域协同创新，本质是优化配置、提高效率；手段为通过开放市场（对内对外），打破各种影响要素流动的人为障碍，促进劳动力、技术、资本、信息等要素流动；目标是实现资源配置优化和资源利用效率最大化。中观层面的区域协同创新，本质是结构优化、和谐共生；手段为在明确区域内各主体功能分工、优势互补的前提下，通过弥补“短板”，促进人口、产业、城镇、交通、公共服务、生态等布局优化；目标是形成和谐共生、互动发展的良好格局。宏观层面的区域协同创新，本质是优化制度、释放潜能；手段为通过思想观念创新、发展模式创新、运行机制创新、制度政策创新等，为微观层面、中观层面的区域协同创新扫清障碍、保驾护航；目标是实现区域协同发展、合作共赢。

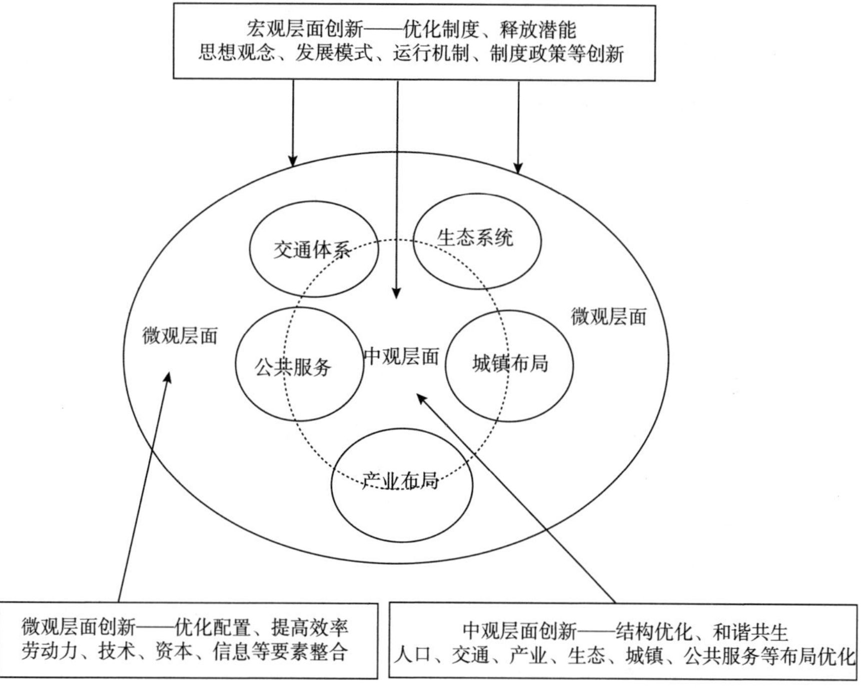

图 2-4 区域协同创新的理论框架

资料来源：笔者整理归纳所得。

我们构建包括微观层面、中观层面和宏观层面在内的区域协同创新体系框架，主要基于以下几点考虑。

一是体现了创新的本质，即通过“新组合”（如新的要素组合、新的结构布局、新的制度安排），释放被抑制的经济潜能。如微观层面创新就是要打破各种阻碍要素自由流动的人为障碍，通过完善合作平台、市场机制实现要素的配置优化，以实现资源配置效率的最大化；中观层面创新是要通过明确各经济主体的功能定位与分工，在产业布局、交通布局、生态布局、城镇布局、基础设施以及公共服务布局等方面实现“新格局”，以实现和谐共生；宏观层面创新就是要通过观念、机制、制度、政策等创新，实现区域的协同发展、合作共赢。

二是体现了协同创新的基本特征，即整体性、开放性、集成性和结构性。三个层面的协同创新是为实现共同目标，通过对内对外开放，对原有的要素资源、结构布局、制度安排进行集成创新或“再造重组”，注入新要素、形成新格局，弥补结构短板，冲破制度羁绊，以实现区域协同发展。

三是体现了区域协同创新是一个有机的复合系统。在区域协同创新体系中，微观层面的协同创新是基础，中观层面的协同创新是主体，宏观层面的协同创新是统帅。区域协同创新，不仅要促进微观层面的要素流动和重新组合，更要针对中观层面的结构性问题，如交通布局、产业布局、城镇布局、公共服务布局、生态布局等问题，进行优化重组。但在三个层面的协同创新中，宏观层面的协同创新最为重要。它统领全局，影响着经济、社会、生态等各个领域和方方面面，无论对微观层面的要素配置，还是对中观层面的结构优化，都起着决定性作用。要推进区域协同创新，必须针对微观层面和中观层面在协同发展中存在的突出问题，从宏观层面的制度创新入手，破除制度羁绊，这样才有可能从根本上解决问题。

2. 区域协同创新的路径探讨

区域协同创新关键要把握好三个环节。一是弄清实现协同创新的潜在利益，取得相关各方对协同创新的共识；二是弄清制约协同发展的障碍，寻找消除障碍的路径，这是协同创新的主要任务；三是整合创新资源及创新活动，重视集成创新，以获得双赢、多赢的整体创新收益。这三个环节，哪一个环节都非常复杂，处理各种关系的难度极大，都需要认真研究、周密策划、精心组织，而这一切离不开协同创新理论的研究和指导。京津冀协同创新的实践是区域协同创新理论形成的沃土，这片沃土为区域协同创新理论提供了丰富的实际资料和理论来源，同时理论对实践的指导，也更能彰显协同创新理论的魅力和价值。

区域协同创新要重点把握好四个协同。一是理论创新与实践创新的协同。协同创新实践应该有协同创新理论的论证和指导；协同创新理论研究虽然应该适度超前，但也必须预见并满足协同创新实践提出的需求。二是顶层设计与基层探索的协同。任何创新活动都是人类的自觉行为。但个体和局部的自觉创新，对于整体和全局来说充满了自发性，因此，要克服整体自发，实现整体自觉，就必须有协调、整合分散自觉的力量。京津冀协同发展中人们对顶层设计强烈的呼唤，就在于对整体自觉的追求。但我们必须清醒地认识到，计划经济虽然实现了整体自觉，却丧失了国民经济微观主体的活力。给微观企业以更多、更大的自主权，是改革开放以来的重要经验，因此，我们在强调京津冀协同发展的顶层设计时，还必须始终保持微观活力，既要有共同利益的顶层设计蓝图，又要有积极主动的基层探索，把二者有机结合起来，注重顶层设计与基层探索的协同。三是高端协调与地方作为的协同。京津冀协同发展，有了顶层设计，就有了发展蓝图。但只有蓝图是不够的，还必须有高于三地的高端协调，来统筹三地的协同发展。同时，也离不开省市各级地方的积极作为，高端协调与地方的积极作为肯定存在各种矛盾，但完全可以一致，关键是要搞好高端协调与地方作为的协同。而高端协调与地方作为的协同，在于各方对创新信息的共享和对创新决策权的合理分配。四是政府与市场的协同。京津冀协同创新的机制，说到底是政府与市场的协同。从创新主体从事创新的动力系统、信息结构、决策机制，到克服创新的阻力、组织创新活动的路径以及创新成果的分享，无非是政府和市场各自在创新活动中的功能定位和相互组合。创新活动既不可能单纯依靠市场，也不可能单纯依靠政府，而一定是政府与市场各司其职、各尽所能、取长补短、有机协同。

区域协同创新的目标是构建“和而不同”的大格局。区域合作与发展一般要经历由“不和不同”到“同而不和”再到“和而不同”的过程。“不和不同”是经济发展初期区域间缺乏联系的各自自我发展阶段；“同而不和”是区域协同发展的初级阶段，各地虽然有形式上的合作，如产业对接、公交一卡通、客运一票式等，但各自仍强调自身利益，尚未形成利益共同体；“和而不同”是区域合作的高级阶段，各有分工，目标一致，是一个有机的利益整体。目前，京津冀发展正在经历从“不和不同”向“同而不和”阶段转变，最终的目标是形成基于资源禀赋和发展条件的“和而不同”大格局。

三　区域协同发展与制度保障

（一）区域协同发展需要有完善的制度保障

区域协同发展首先需要构建一套动力机制。从根本上来说，各经济主体追求利益最大化是区域协同发展的主要驱动力。而这个驱动力的来源主要是区域比较优势、区域经济联系、区域产业和功能分工三个因素的相互作用形成的协同发展内在动力。要素禀赋的差异性构成区域比较优势基础，而要素流动产生区域经济联系，进而在不断循环的信息交流和要素集聚中形成区域专业化分工。三者相互作用，共同引导区域经济实现从无序、不规则的状态至高效、有序、高级阶段的状态转变。因此，实现区域协同发展，需要我们从各个方面挖掘发展潜力，形成区域经济协同增长持续推动力。

区域协同发展需要制定一套长效的制度保障体系。区域协同发展需要培育经济增长的内部驱动力，更需要制定相应的制度保障体系来促进内生动力发挥作用。保障机制有利于促使区域经济系统按照一定的政策规则运行，解决协同发展中出现的区域性问题，创造有利于经济系统协同发展的条件，保障经济系统协同运行。首先，要建立统筹规划的发展战略，激活各个子区域经济系统内各个经济要素之间的关联，产生各自的协同效应；其次，要构建区域利益协调机制，协调各方经济利益，实现经济利益的最大化；最后，要制定完善的配套政策，确保规划和各项制度的顺利实施。

（二）协同发展需要有一套健全的动力与保障机制

区域协同发展机制主要包括动力机制与保障机制两个部分。其中，动力机制是主机制，是协同发展的主要动力来源；保障机制是维系机制，是辅助机制，它包括信息传导机制、组织协调机制和利益保障机制，它们与动力机制一起构成了区域协同发展四大机制（见图 2 - 5）。

1. 动力机制——内部驱动力和外部推动力

内部驱动力是各主体追求自身利益最大化。根据协同学的观点，系统内各子系统之间的协同取决于发展的目标，而系统参与主体的本质追求是经济或社会利益最大化。一方面区域内各子系统协同发展就能实现整个区域及各主体的利益最大化，另一方面区域内各子系统不能相互协调必然带来各协同主体利益受损。因此，追求利益最大化是维系协同发展的关键动力源和直接动力源，在区域协同发展初级阶段起着关键作用。经济、社会和资源环境各子系统的区域协同效应见图 2 - 6。

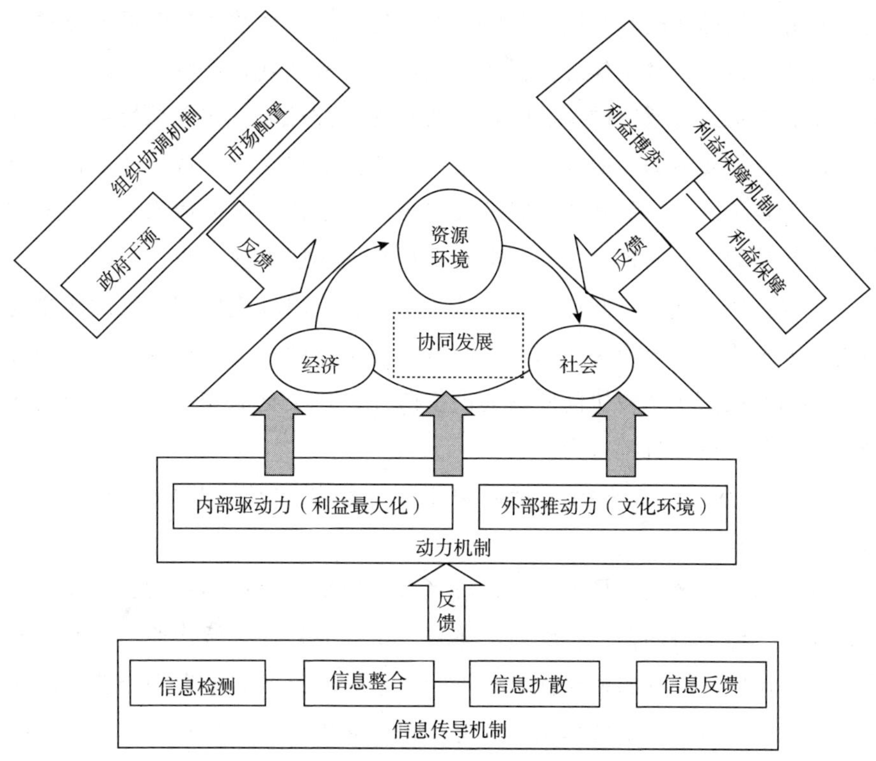

图 2－5　区域协同发展的机制框架

资料来源：笔者整理归纳所得。

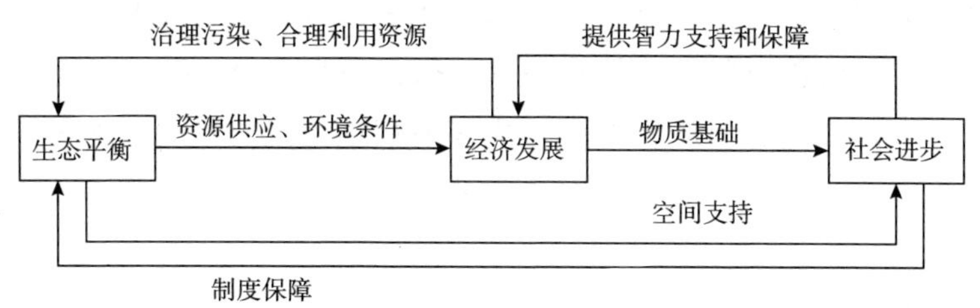

图 2－6　经济、社会和资源环境各子系统的区域协同效应

资料来源：笔者整理归纳所得。

外部推动力是促进区域协同发展的文化环境。哈肯认为，在社会系统的演进过程中文化是重要的序参量。文化作为一种积极的意识形态，在人类认识世界和改造世界的过程中具有积极的指导作用，对公民个人的成长、企业的发展甚至经济发展、社会进步具有深远影响。有关区域协同发展文化的形成，能够引导区域发展主体的价值取向和行为导向。协同文化是系统在长期的适应和演进过程中所形成的为系统多数成员共同遵循的最高目标价值标准、基本信念和行为规范等的总和及其在系统中的反映。因此，文化是促进区域协同发展的长期而深远的推动力。在区域协同发展的初级阶段，需要借助政府部门的力量促使协同发展文化形成，政府部门可通过多种宣传方式，如强化协同发展意识和展示协同发展成果等，形成宣传和弘扬协同发展的社会风气，提高全社会的协同发展意识，形成良好氛围。大力宣传区域内不同地区或经济、社会、资源环境协同发展的成果与效益，通过协同发展成果展示，在区域发展主体间形成楷模效应，鼓励其参与协同发展。在区域协同发展的高级阶段，在文化的作用下，协同发展成为区域各主体的自觉行为。

具体来说，动力来源包括政策引导、创新驱动、基础支撑和文化推动。

政策引导。政策引导就是通过政策来实现协同价值的放大，从而激发区域协同主体的协同需求，促使主体自发协同。根据区域产业结构和产业布局规划制定引导性的财税优惠政策，对企业的跨区域投资和产业的跨区域转移能起到事半功倍的作用，这将实现协同价值的成倍扩大，同时也能促进区域经济资源的合理配置。

创新驱动。实施创新驱动是推动区域协同发展的战略选择和根本动力。创新驱动主要是依靠科学技术创新带来高收益，从而实现经济的高效率增长。区域创新驱动就是在明确区域内不同主体的科技创新优先领域基础上，整合区域创新资源，形成区域创新公共体，从而实现区域内创新的合理分工和有序协作，形成区域创新发展格局，完善区域创新体系建设。

基础支撑。基础设施的完善是实现区域内人口合理流动和产业转移的前提，具体包括公共服务基础设施和交通基础设施。在公共服务基础设施方面，如医院、学校等都能有效地引导人口的合理流动和企业的跨区域转移。在交通基础设施方面，要优化城市道路网，加强微循环和支路网建设，打通区域内的“断头路”，加快建设城际铁路、市域（郊）铁路等，通过提升区域运输服务能力实现区域内人口的合理流动和产业空间布局优化。

文化推动。协同文化是协同发展高级阶段的动力源，同时文化也是动力生成机制，起到动力助推器的作用。它能够给物质生产、交换、分配、消费以思想、理论、舆论的引导，在一定程度上影响了经济发展的方向和发展方式，具有社会导向作用。区域协同发展动力机制框架见图2－7。

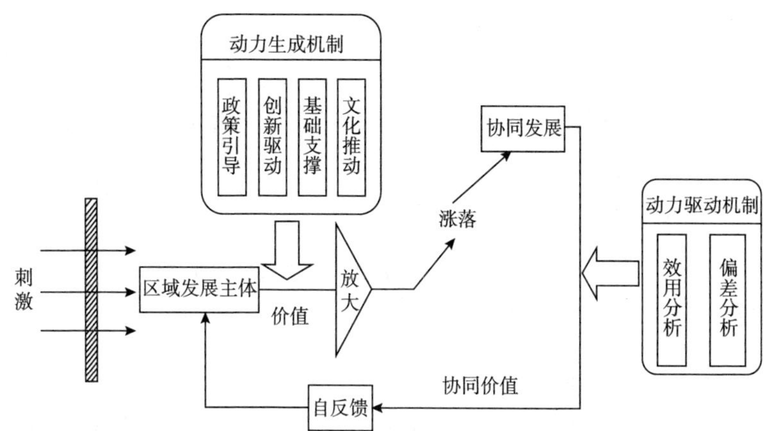

图2－7 区域协同发展动力机制框架

资料来源：笔者整理归纳所得。

2. 保障机制——信息传导机制、组织协调机制和利益保障机制

（1）信息传导机制

区域协同发展信息传导机制包括信息检测、信息整合、信息扩散和信息反馈四个方面。信息检测主要包括根据检测内容构建检测指标体系、确定信息获取渠道（如直接获取、信息购买等）、传递至信息处理中心三道程序。信息整合主要包括根据信息接收主体的需求确定信息整合标准和信息转化两个方面的内容，区域协同发展应构建涵盖经济、社会和资源环境全方位，包含区域整体、省市级、区县级的多层次的信息共享平台。在经济发展方面，应包括产业、行业、企业多层次一体化的信息平台以及人才、科技资源、能源等经济发展要素的信息共享平台等。信息扩散主要包括梳理扩散渠道、选择扩散手段。信息反馈主要包括信息反馈形式的选择和信息反馈的利用方式等。信息交流平台通过政府职能部门对信息中心的反馈及信息中心对政府职能部门的反馈两个部分的内容，形成反馈建议或报告，提交政府职能部门，为政府组织协调工作提供决策依据，体现了其作为政府区域发展决策辅助机构的作用。区域协同发展信息传导机制原理见图2－8。

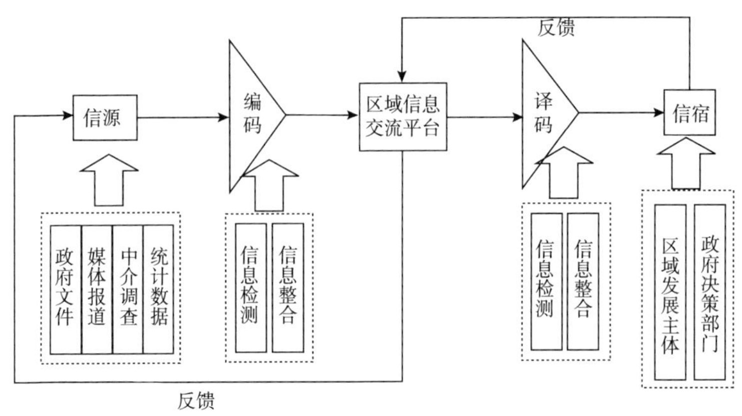

图2-8 区域协同发展信息传导机制的原理分析

资料来源：笔者整理归纳所得。

(2) 组织协调机制

区域协同发展的组织协调机制包括组织协调主体、组织协调客体和组织协调层次三个方面。一是组织协调主体——市场主导、政府引导。组织协调机制建设的重点在于通过各项制度安排实现市场机制与政府配置机制的协调运行。市场利用价格机制、供求机制和竞争机制支配区域活动主体的行为，实现区域协同发展。由于外部效应等市场失灵现象的存在，政府需要通过有效的干预弥补市场失灵现象，同时政府干预也需符合“干预效益大于干预成本”的经济效益原则。二是组织协调客体——统筹人力、物力、财力。在市场主导、政府引导的组织协调机制下，统筹区域内的人力资源、物力资源和财力资源，为区域协同发展提供服务。其中，人力资源的组织协调主要是为了实现人力资源在域内有效配置和合理流动；物力资源的组织协调主要是为了统筹交通基础设施和公共服务资源；财力资源的组织协调主要是为了建立统一的区域金融市场，鼓励区域内跨省市的投资，实现区域内资金的合理配置。三是组织协调层次——实现宏观、中观、微观层次相协调。宏观协调层面是通过思想观念创新、发展模式创新、运行机制创新、制度政策创新等，为微观层面、中观层面的协同发展扫清障碍、保驾护航。中观协调层面是在明确区域内各主体功能分工、优势互补的前提下，促进人口、产业、城镇、交通、公共服务、生态等布局优化。微观协调层面是通过市场开放，打破各种影响要素流动的人为障碍，促进劳动力、技术、资本、信息等要素流动。

（3）利益保障机制

利益保障机制是区域协同发展保障机制的核心环节。所有的区域矛盾和冲突，都是地方财政、税收、就业等利益驱动的外在表现与结果。按照市场和政府相结合、近期利益与远期利益相结合、区域整体利益与城市个体利益相结合的原则，推动相关资源或重大项目空间配置的均衡化，妥善处理不同省市之间的利益矛盾，是跨区域治理的核心。一般来说，要实现协同发展，其利益保障机制应该包括分享机制、分摊机制和补偿机制，其中：分享机制是指能够带来收益的项目如何实现各区域主体的利益均沾；分摊机制主要是指该项目不会带来直接收益，但对区域环境或基础设施至关重要，直接影响区域协同建设的进展，那么这些项目就要设立相应的成本分摊机制；补偿机制主要是指区域协同主体一方采取了某个行为，这个行为不会对其自身带来太多收益，甚至会亏损，但会为区域其他协同主体带来收益，即该项目具有外部正效应，在这种情况下利益受益方就应该给利益受损方相应的补偿，最终要使双方均能获利，只有这样这个项目才能够得到执行。

3. 动力机制与保障机制的内在联系

在区域协同发展过程中，动力机制与保障机制既相互联系又各有侧重：第一，动力机制提供动力，动力来源主要包括通过协同作用实现利益最大化（协同价值）的内部驱动和政府权力与市场机制作用的外部推动，动力机制通过刺激和引导系统动力源，激发系统动力，实现系统运行；第二，在系统运行过程中，信息传导机制起到信息传递和信息反馈的作用，动力的激发、相互协同的子系统之间或区域发展主体之间的沟通协调以及利益保障等各种规章制度的传达等都需要信息传导机制；第三，组织协调机制的主要作用是在系统活动中，通过市场配置与政府干预的协同配合使分散的各类系统要素组合起来，共同为区域协同发展服务，同时要保障系统运行的秩序；第四，利益保障机制的主要功能是保证协同发展的各方参与主体的利益博弈实现均衡，并为系统利益保障提供制度依据。

第三章　国际借鉴

2015 年 4 月 30 日中共中央政治局会议审议通过《京津冀协同发展规划纲要》，标志着京津冀协同发展的顶层设计和总体方针基本完成，以此为基本遵循，《“十三五”时期京津冀国民经济和社会发展规划》指出，把京津冀作为一个区域整体统筹规划，在城市群发展、产业转型升级、交通设施建设、社会民生改善等方面进行一体化布局，努力形成京津冀目标同向、措施一体、优势互补、互利共赢的发展新格局。经过多年的探索与实践，京津冀协同发展已经进入加速推进阶段，取得了一系列重大成果，但仍存在产业同构化、交通网络不完善、生态环境恶化、区域治理能力薄弱等诸多亟待解决的问题。相比之下，首尔都市圈、东京都市圈、伦敦都市圈、巴黎都市圈、纽约都市圈（见表 3－1）已经发展成为具有一定国际影响力和竞争力的都市圈，通过采取产业链式发展、打造立体化交通网络、编制衔接连贯的区域规划、出台生态保护机制、提升区域治理能力等途径促进区域城市联动效应的最大化。因此，研究国外都市圈协同发展的经验与做法，有助于破解京津冀协同发展面临的难题，进一步优化资源配置，促进京津冀地区经济社会更好更快发展。

表 3－1　世界著名都市圈基本情况

都市圈	地域范围	面积（万 km^2）	人口（万人）	形成时间
东京都市圈	东京都、神奈川县、千叶县、埼玉县、茨城县、栃木县、群马县以及山梨县	3.7	4280	1965 年
首尔都市圈	首尔特别市、仁川广域市、京畿道行政区及其下属的 64 个次级地方行政区	1.18	2361.6	20 世纪 60 年代
伦敦都市圈	以伦敦－利物浦为轴线，包括伦敦、伯明翰、谢菲尔德、曼彻斯特、利物浦等大城市和众多中小城镇	4.5	3650	20 世纪 70 年代

续表

都市圈	地域范围	面积（万 km^2）	人口（万人）	形成时间
巴黎都市圈	由巴黎市、上塞纳、塞纳－圣丹尼斯、瓦－德－马赫勒、依夫里勒、艾索勒、瓦．德奥赛等7个省市组成	1.2	1216	20世纪30年代
纽约都市圈	波士顿、纽约、费城、华盛顿、巴尔的摩等，圈内包括40个城市	13.8	6500	20世纪20年代

资料来源：笔者整理。

一　国外都市圈协同发展现状

（一）产业布局

世界著名都市圈的产业布局圈层明晰，可划分为核心区、近郊区、远郊区，并已形成明显的专业化分工（见表3－2）。其中都市圈核心区以金融保险业、信息服务业、商品零售业等服务业为支柱产业，通过积极开发利用智力资源，实现核心区的实体经济空心化。近郊区主要发展轻工业、商贸、物流等产业，并通过信息服务业与中心城市紧密联系。远郊区则以机械、汽车等传统制造业以及部分轻工业为主导产业。

表3－2　世界著名都市圈产业布局现状

都市圈	核心区	近郊区	远郊区
东京都市圈	金融保险业、出版印刷业、精密仪器制造业、商品零售业及交通物流业	物流和轻工业	机械制造业等重化工业以及部分轻工业
伦敦都市圈	金融保险、创意设计等产业	研发、轻工业、物流、商贸等	汽车制造、生物制药等高技术产业和旅游业、休闲娱乐业
巴黎都市圈	金融保险业、商业性服务业		工业
纽约都市圈	向以金融信息为主的高端服务业转型	商贸、物流、休闲娱乐	向商贸、物流、休闲娱乐转型

资料来源：笔者整理。

此外，各国积极推进都市圈内产业优化升级。20世纪50年代以来，伦敦都市圈经历了“重化工业—现代服务业—文化创意产业”的演进历程。伦敦市政府积极推进文化创意产业，以创新求发展，英国政府专门成立文化、媒体和体育部，实施“创意伦敦”的概念运作。目前，文化创意产业已成为伦敦缔造财富的主要产业和第二大就业产业。就纽约都市圈而言，为避免城市中心功能过度集中，纽约市政府将钢铁、机械等传统制造业外迁，核心区向以金融信息为主的高端服务业转型，之后，在近郊区完善商贸等服务业，构建大型购物中心，使郊区功能日益专业化。与此同时，纽约都市圈远郊区也向商贸、物流、休闲娱乐等产业转型。

（二）交通基础设施

日本东京都市圈的综合交通体系分为两个层次：一是以东京站为中心50公里范围的“东京交通圈”；二是距离东京150公里范围，包括东京周边7个县的首都圈地区。东京都市圈采用以轨道公共交通为主、多种交通方式有机结合的发展策略，结构性高速公路以及铁路交通网络密布，通过引导城市人口转向郊外应对大城市过度集聚。

首尔都市圈轨道交通建设采取由近及远、逐步外扩、设施配套等策略，其中首尔有8条地铁线路，总长287公里，年运送乘客达到25亿人次。[①] 首尔的公共交通从功能层次上分为市区线和市郊线，市区线主要服务首尔市范围，平均站间距相对较短，客流负荷强度较大；市郊线主要联系首尔市与外围新城，以解决首尔市与外围新城的通勤客流。此外，首尔还开通了往返于各居民小区与地铁、轻轨车站的巴士专线，使小区居民可以轻松地获得乘坐地铁的服务。

伦敦都市圈采取轨道交通与道路交通相衔接、地上地下相结合的发展策略，形成了集地铁、火车、轻轨、公交、出租汽车于一体的立体化公共交通网络。其中，大伦敦区建有9条从伦敦出发的放射状高速公路和一条环形高速公路，形成“一环九射”的高速公路网。都市圈内部城市之间通过高速公路、城轨和铁路联系，促进了整个都市圈的要素流动。

巴黎都市圈、纽约都市圈通过建造快速、大容量的地铁系统、城际轨道、高速铁路交通网连通整个都市圈，还积极发展轮渡和航空等运输方式，进一步完善都市圈的交通体系。

---

① 胡春斌、池利兵：《首尔都市圈轨道交通建设对我国的启示》，中国城市交通规划2012年年会暨第26次学术研讨会，2012。

（三）空间布局

东京都市圈：由“单中心”向“多中心”转变。东京市政府自第一次都市圈规划开始，便从政策上鼓励发展都市圈卫星城市，以此缓解东京城市职能过度集中的现状。第二次规划提出建设近郊50公里整备地带，构建多中心体系。第三次和第四次规划，提出建立区域多中心城市分散型网络结构，加强外围次中心城市建设。第五次规划提出构建高密度的“分散型网络区域空间结构”。通过对东京都市圈的五次规划可以发现，东京都市圈的空间结构呈现由“单中心”向“多中心”、由圈层结构向网络结构演进的特征。伴随着经济的高速发展，人口和产业迅速向首都集中，形成高度依存东京中心的巨大都市圈。“一极依存”结构形成的人口、产业过密引发通勤、住宅、交通、环境、对近郊绿地的蚕食等一系列大都市问题。1976年的东京都市圈第三次基本规划到1999年的东京都市圈第五次基本规划，旨在缓解城市功能向东京都心地区集中的“一极依存”形态，提出分散中枢管理功能，建立区域多中心城市分散型网络结构的设想，并形成“区域多中心城市复合体”。

首尔都市圈：由“双核心”向“多中心”转变。为完善城市间分工与合作，1963年首尔政府制定《特定地区开发制度》，划定首尔—仁川特区，并同其他六个特区共同编制10～30年长期开发规划。1972～2000年共出台四次国土综合开发规划，明确首都圈的发展目标、发展战略及实施举措，形成首尔以现代服务业为主、仁川以工业及交通运输业为主的“双核心”的空间结构，但随着以首尔、仁川为核心的首都经济圈出现“大城市病”，韩国政府开始疏解首尔的行政职能，将部分中央部门、研究机构等迁移到世宗市，打造新型行政中心，形成“首尔—仁川—世宗”的“多中心”空间结构，由此，首尔都市圈的空间结构由“双核心”向“多中心”演进。

伦敦都市圈：由“单中心”向“多中心”演进。1944年出台第一次伦敦都市圈规划，建设四个同心圈，由内到外依次为城市内环、郊区环、绿带环和乡村外环，规划结构为单中心同心圆封闭式系统，采取放射路与同心环路直交的交通网络进行连接。1946年开始，伦敦通过新城建设，形成大伦敦区的多中心格局。

巴黎都市圈：由“单核”向“组团式”发展。20 世纪 60 年代以前，巴黎都市圈以巴黎市区为中心形成同心圆向外扩展，造成市中心功能过度集聚。1960 年政府对巴黎都市圈进行重新规划，利用企业扩大和产业转移的机会向郊区扩展，重构城市空间格局。巴黎近郊重点发展 9 个副中心城市，远郊重点发展 5 个新城，新城均建有完善的文化生活设施，提供多种就业机会，并和老城之间建立便捷的交通体系，促使新老城区有机融合，优化巴黎都市圈的空间格局。

纽约都市圈：由单中心向分散的多中心格局转变。纽约都市圈空间格局演进经历了居住功能郊区化、商业功能和产业功能郊区化以及建立边缘城三个阶段。目前，纽约都市圈已从原有的单一中心格局转变为分散性多中心的大都市区格局，都市圈的外围地区成为居住、就业的重要区域。

（四）生态保护

伦敦都市圈：由“雾都”到“绿城”。在生态保护方面，伦敦都市圈经历了生态文明缺失、生态文明意识萌芽和生态文明指导伦敦都市圈规划三个阶段。伴随生态文明意识的转变，伦敦由“雾都”转变为“绿城”。为促进伦敦都市圈的环境保护，1938 年英国议会制定了《绿带法》。按照《绿带法》的要求，伦敦都市圈的第三环建设成为一个直径为 16 公里的绿带环，作为城市居民休闲场所。同时，伦敦都市圈在空气质量监测、废弃物处理、防止噪声污染、污染治理等方面均实施严格措施，极大改善了生态环境，促进了伦敦都市圈生态的可持续发展。2000 年以后，生态文明思想已经贯穿到整个伦敦都市圈的规划理念中，伦敦市政府把气候变化、低碳经济、减排计划等作为规划的核心，着力将伦敦打造为绿色城市。

巴黎都市圈：保护具有生态价值的自然环境。其十分重视出台规划保护生态环境。1934 年巴黎进行第一次大都市圈规划，限定可建设用地范围，有效保护了现有绿地和历史景观地段。《巴黎地区国土开发计划》（1956 年）、《巴黎地区国土开发与空间组织总体计划》（1960 年）、《巴黎大区国土开发与城市规划指导纲要（1965—2000)》（1965 年）、《法兰西之岛地区国土开发与城市规划指导纲要（1975—2000)》（1976 年）均提出建设卫星城、新城等措施，整治和改善环境。《法兰西岛地区发展指导纲要（1990—2015）》（1994 年）将保护自然环境作为首要目标，指出要尊重自然环境与自然景观，保护历史文化古迹，保留城镇周围的森林、大区内的绿色山谷、农村景色，保护具有生态作用的自然环境。

（五）区域治理

伦敦都市圈：双层治理模式。2000 年建立的大伦敦都市区治理体系实行双层制模式，即上下两层政府分别负责区域性职能和地方性职能，并无行政等级差别，有各自的财税来源。大伦敦议会作为战略性管理机构主要承担行政管理和综合协调工作，其中绝大部分业务职能由大都市区警察局、伦敦交通局、伦敦火灾和紧急事务处理局以及伦敦发展局四大附属职能机构行使，上述四大职能机构共同构成大伦敦政府的组织主体。在大伦敦政府内部，市长和议会各司其职，有明确的职能分工。大伦敦都市区内的区级政区主要承担本区的日常事务，具体包括教育、社会服务、住宅建设、公路维护、区域规划、街道清扫和垃圾处理、文化和休闲等。

巴黎都市圈：多元治理模式。巴黎都市圈的规划由政府、民间团体、企业共同承担。为保证规划资金的有效供给，巴黎大区政府允许民间团体、企业注入资金参与都市圈规划过程，与政府共同完成城市治理。公众参与途径扩充到民众满意度调查和直接进入规划编制过程，非政府组织和公众的高效参与有助于城市治理满足公众利益。

二　国外首都圈协同发展经验

通过归纳总结世界著名都市圈的协同发展历程，可以看出，世界著名都市圈在优化产业布局、改善交通网络、完善空间规划、重视生态文明、强化区域治理等方面均具备协同发展的有益经验。

（一）政府调控作用显著，产业联动效应突出

1. 合理开展分工协作，发挥都市圈内产业联动效应

都市圈内各大城市应结合区位比较优势和市场机制等因素，差异化发

展，相互支撑，形成合理的区域分工格局和产业链，实现产业联动发展。在纽约都市圈中，纽约市的产业结构以生产性服务业和知识性服务业为主，并为圈内其他城市提供高效的服务。同时，都市圈内城市间的分工协作可促使整个都市圈的综合功能远远大于单个城市功能的简单叠加。东京都市圈形成了明显的区域职能分工体系，即各核心城市根据自身基础和特色，承担不同的职能，在分工合作、优势互补的基础上，共同发挥整体集聚优势（见表3－3）。

表3－3　东京都市圈的产业分工现状

地区	业务核心区域	职能
东京中心部	区部	国家政治、行政、金融、信息、经济、文化中心
多摩自立都市圈	八王子市、立川市	高科技产业、研发机构、大学集聚地
神奈川自立都市圈	横滨市、川崎市	工业集聚地，国际港湾，部分企业总部和国家行政机关的集聚地
埼玉自立都市圈	大宫市、浦和市	接纳东京部分政府职能的转移，居住地
千叶自立都市圈	千叶市	国际空港、港湾、工业集聚地
茨城南部自立都市圈	土浦市、筑波地区	大学、研究机构集聚地

资料来源：卢明华、李国平、孙铁山《东京大都市圈内各核心城市的职能分工及启示研究》，《地理科学》2003年第2期。

2. 政府注重调控产业空间布局

政府实施有力的宏观调控措施，在尊重客观规律的基础上制定产业发展规划，是都市圈建设的共同经验。日本东京都市圈的产业集聚在很大程度上得益于政府出台的产业规划和产业政策。在纽约都市圈曼哈顿金融服务业集群发展过程中，纽约市政府采取了一系列调控手段，改善投资环境，增强纽约吸引外资的能力。

（二）优先发展公交系统，重视构建立体交通网络

1. 构建完善立体化、综合化的交通网络

国外首都圈均十分重视构建完善立体化、综合化的交通网络，引导和促进区域整体有序开发，将区域内各城市有机连接起来，减少区域内市场运行的交易成本和物流成本，提高整个都市圈经济布局的合理性。同时，积极推进城市群内区域轨道交通建设，增强中心城市的辐射力，加强城市

间的联系。通过区域轨道交通网的建设，促进都市圈内中小城市和城镇的发展，构建合理的城市等级体系。

2. 优先发展公共交通

纽约都市圈、东京都市圈的发展经验表明，优先发展快速铁路、地铁、轻轨等轨道交通和快速道路系统保障了大都市的运转效率。“公交优先”需要政府加大对交通基础设施的投资力度，也需要政府推出鼓励民众采用公共交通作为出行方式的政策措施。优先发展公共交通，不仅可以促进都市圈人口向交通沿线两侧集聚，还可以促使区域经济结构发生变化。

3. 完善定价机制，重视各种交通方式的衔接和换乘

国外首都圈在规划交通线路时，多数将铁路、城市轨道交通、高速公路、公交等统筹到交通网络系统中。其中，东京都市圈倾向于以高速铁路为基础，多种交通方式结合，重视换乘枢纽点的建设。此外，为降低中低收入阶层的交通费用，东京市政府制定完善的定价机制，采用“同一通道上多条线路”的做法，让不同收入阶层有多种出行方式可选择。

（三）空间规划层级分明，注重规划的衔接性和连贯性

1. 空间规划覆盖多个层级

东京都市圈、巴黎都市圈、纽约都市圈均出台层级分明的空间规划，并赋予规划完善的法律保障，促进都市圈空间布局规划顺利实施。以东京都市圈为例，其空间规划覆盖了从国家层面到街区层面的维度。在国家层面，《国土形成规划法》规定了首都圈规划范围，提出东京都市圈规划必须基于全国规划的指导思想和目标。在区域层面，《首都圈整备法》为东京都市圈规划提供了直接依据。在城市层面，同样有相关法律指导和保障都市圈内各城市的规划和开发，如 1958 ~ 1959 年分别出台《首都圈市街地开发区域整备法》和《首都圈建成区工业限制法》，以保证东京都市圈规划中整体规划与局部规划的有效衔接。

2. 多次规划衔接有序

国外首都圈均经历了数轮区域规划，历次区域规划的编制均具有不同的时代背景，每一轮新规划的地域空间结构均在上一次规划编制和实施基础上根据实际情况对部分规划元素进行修正，使都市圈空间结构转变具有较强的衔接性和连贯性。

（四）重视生态文明建设，细化生态管理机构

1. 建立多层次的生态环境保护管理机构

纽约都市圈、首尔都市圈在生态文明建设过程中，通过建立多层次的生态环境保护管理机构，明确各管理机构的分工，细化生态环境保护职责，保障各项生态环境保护措施的顺利实施。

2. 以生态文明理念规划都市圈

国外首都圈十分重视以生态文明理念开展区域规划。其中伦敦都市圈的效果最为显著。1940 年以前，伦敦为大力发展工业而忽视了生态文明建设的重要性，导致环境恶化程度严重，人居环境质量急剧下降。《大伦敦规划（1944）》基于生态文明理念，按《绿带法》拓宽原有城市绿带，规划建设森林公园、大型公园绿地，为整个地区居民提供休闲活动场所，有效改善了大伦敦地区的生态环境。2000 年以后，伦敦都市圈在整个规划中均贯穿人与自然、环境和谐相处的思想，明确把气候变化、低碳经济、减排计划等作为规划核心。

（五）区域治理多元化，治理模式灵活化

1. 主张多元化、网络化的治理层次

参与区域治理的主体力量趋向于区域内不同层次政府间以及各层次政府与公民团体间形成的社会网络，其共同组建区域治理的协作性或合作性组织，采取多种形式来解决公共问题。

2. 强调灵活、弹性的区域协作组织模式

国外首都圈强调在区域层面建立灵活、弹性的区域治理协作机构，以跨区域公共事务治理与协作网络为基础，通过合作、协商、平等伙伴关系，采用多层次的政策制定和执行过程、基于认同与共识的治理方式，共同实现区域发展目标。在这种发展理念的指导下，一些国家对城市与区域规划和治理体系进行了改革，例如 2000 年经过 33 个行政单元的全民公决，大伦敦地区重新建立了统一的“大伦敦政府”（Greater London Authority，简称“GLA”）。

3. 强调公众实际参与区域治理

通过区域内多元主体间契约性的伙伴关系和游戏规则的制度化，来保

证公众参与制度、公众表决以及各种民主法制、秩序的形成。国外首都圈多倾向于在规划编制初期吸纳公众意见，在完成规划编制后通过公众满意度调查推进公众参与。21 世纪以来，巴黎市政府率先将都市圈的建设项目下放至民间资本手中，既保证了都市圈建设的资金来源，又使非政府组织和民间团体切实进入都市圈的编制过程中，有利于政府充分听取公众意见。

三　对京津冀协同发展的启示

京津冀地区需要在明确区域职能分工、加大交通基础设施网络建设力度、明确连贯的空间规划目标、建立多层次生态环境保护管理机构、完善区域治理体系等五个方面借鉴国外首都圈发展经验，促进京津冀地区协同发展。

第一，明确区域整体定位及三地职能分工。京津冀协同发展领导小组应在《京津冀协同发展规划纲要》的基础上，结合京津冀三地的资源禀赋和比较优势，制定产业发展规划，合理进行分工协作，实现京津冀地区城市间的产业联动。另外，京津冀地区应通过产业链来优化分工与合作，降低三地企业间的交易成本，通过打造高新区作为技术创新的载体促进都市圈产业升级。

第二，加大交通基础设施网络建设力度。京津冀地区应通过重点建设京津冀城际轨道交通、铁路客运专线和高速公路，加快形成京津冀综合交通大通道。重点加强港口后方铁路、公路、空运建设，形成综合性、多功能的现代化港口集疏运体系。加强沿海产业带交通联系，重点建设环渤海铁路和公路，形成纵贯南北的综合交通网络体系。促进生产要素在京津冀都市圈内整合。

第三，确立具有连贯性和衔接性的空间规划目标。与国外首都圈相比，我国缺乏都市圈规划相关法律法规。有鉴于此，急需制定符合京津冀地区都市圈规划的相关法律法规，并把京津冀都市圈建设纳入正式的法律轨道。在符合顶层设计的前提下，分别编制京津冀协同发展的远期规划、中期规划和近期规划，并根据京津冀地区协同发展的实际进程不断加以调整，保证多次规划间的衔接性和连贯性。

第四，建立多层次生态环境保护管理机构。首先，应由三地政府和民间组织共同制定京津冀经济区生态系统的发展战略，协调各利益群体的关系，同时三地还应建立生态信息分享平台。其次，京津冀都市圈建设过程中也应以生态文明理念作为规划的原则，从源头对京津冀地区进行生态环境保护。最后，三地还应注意发挥民间组织对生态环境保护管理机构的监督作用，提高民众生态文明意识。

第五，完善京津冀区域治理体系。在京津冀层面建立一个具有组织能力的治理机构，吸纳不同层次政府间及其与公民团体间形成的社会网络，并通过合作、协商、确立共同目标的方式实施治理，加强非政府组织力量在协同发展过程中所发挥的作用，鼓励公众和非政府组织参与到区域治理当中。目前京津冀地区非政府组织力量多集中在产业中的行业协会和行业组织，而在京津冀规划编制的实际过程中，非政府组织发挥作用仍显不足。对此，京津冀协同发展领导小组可以借鉴国际经验，将部分项目建设下放至民间资本手中，充分发挥非政府组织力量机制灵活、协调性强等特点，充分考虑公众意见，提高公众对区域治理的满意度。

第二篇

发展现状分析

本篇通过三个维度来分析京津冀协同发展的现状、进程及空间变化：一是运用指数分析方法来分析京津冀协同发展的现状；二是运用大数据分析方法来监测京津冀协同发展的进程；三是运用空间分析方法来观察京津冀协同发展的空间布局变化。

第四章　指数分析——发展现状

京津冀协同发展是国家的一个重大战略，摸清京津冀协同发展的现状、问题及其进展，可以为落实规划、监控进程、实现目标等提供客观依据。在推进京津冀协同发展过程中，政府的政策引导和推动作用是市场不能替代的。在市场经济条件下，政府的作用主要体现在规划制定、政策调控、运行监测和法律保障等方面，而政府调控的依据和前提在于能准确地把握现状、了解进程。需要从数据整合、信息共享、协同监测入手，构建京津冀协同发展的监测指标体系，为监测京津冀协同发展进程和衡量发展目标提供科学依据。京津冀协同发展所面对的问题具有复杂多样性和相互联系性等特点，因而需要采用指标体系来进行监测和研究。本研究将京津冀作为一个整体，对其综合发展水平、人口发展能力、企业发展能力和生态文明状况进行测度与分析，得出一些初步判断和结论。

一　研究思路与测度方法

（一）研究思路

我们把京津冀作为一个有机整体，通过设定各种相互联系的指标来分析和测度京津冀协同发展各个方面相互依存和相互制约的关系，从而对京津冀的发展现状做出基本的判断。本研究在构建指标体系的基础上，尝试进行指数研究，运用指数来测定社会经济现象的总动态，分析社会经济现象总变动中各因素变动的影响程度。在构建指标体系过程中，我们遵循以下原则。

1. 坚持创新、协调、绿色、开放、共享五大发展理念

用全新的发展理念以及相关标准和指标来监测京津冀协同发展的全过

程。我们构建的指标体系是按照五大发展理念，选取创新力、协同度、生态文明指数、辐射力和凝聚力等各项指标，对京津冀协同发展进程进行全面监测。按照创新发展理念，设置创新力这一综合指标加以衡量，具体指标包括当年新设立企业数、新增商标注册数量等。按照协调发展理念，设置协同度这一指标加以衡量，具体包括城乡协同发展、城际协同发展和城域协同发展三大指标。按照绿色发展理念，设置生态文明指数这一综合指标以及一整套指标体系来加以测度。按照开放发展理念，设置辐射力这一综合指标加以衡量，具体指标包括技术市场成交额、货物周转量、旅客周转量等。按照共享发展理念，设置凝聚力这一综合指标进行测度，具体指标包括每百人公共图书馆藏书、城镇人均可支配收入占人均地区生产总值的比重、城镇职工参加基本养老保险占比、在岗职工平均工资水平、每千人拥有医疗机构床位数等。

2. 坚持问题导向与目标导向相结合

京津冀协同发展战略的实施，既要坚持问题导向，又要坚持目标导向，即从解决突出问题入手（如“大城市病”、区域差距大、资源生态环境超载等），通过探索新机制、新模式、新路径，最终实现京津冀协同发展的战略目标，因此，在构建监测指标体系时，首先要从监测问题入手，既要监测已有问题解决的进展及程度，又要通过运行监测及时发现新问题和发展“短板”，为政府的政策调控和规划引导提供决策依据。同时，还要注重衡量京津冀区域的总体目标、京津冀三地定位目标以及一些重点领域目标的实现程度。需要设置一些目标性指标，如反映支撑力的地区生产总值占国内生产总值的比重、反映发展水平的人均地区生产总值、反映科技创新力和辐射带动力的相关指标，以衡量京津冀建成世界级城市群、引领和支撑全国经济社会发展新引擎两大目标的实现程度。

3. 坚持整体监测与重点监测相结合

发展是核心，协同是关键，可持续是前提。因此，我们构建了以发展指数、协同指数和生态文明指数“三大指数”为基础的综合监测指标体系，将三大指数作为构成京津冀整体监测体系的三个基本子系统，涉及经济与社会（发展指数）、人与人（协同指数）、人与自然（生态文明指数）等基本关系。通过对三者的长期监测和综合监测，可以基本把握京津冀协同发展的总体进程和发展趋势。同时，我们把人口和企业作为两个重要变量来进行监测，构建了人口发展指数和企业发展指数两个重点监测子系统。因为人口是一个综合指标，可以反映城镇、产业、公共服务等综合变化；企业是创造财富的基本单元，是支撑区域发展的重要载体和基本力量。将三大基本指数与两大重点指数结合起来进行监测和研究，能够更加全面真实地反映一个区域的发展全貌及其重点领域的变化。

4. 坚持统计数据分析与大数据分析相结合

统计指标具有规范性、代表性、稳定性和综合性等特点，便于进行长期性、跟踪性、趋势性研究和跨区域的横向比较研究。而大数据拥有海量信息，具有客观性、及时性、鲜活性、多样性等特征。运用大数据分析，可以发现一些用传统统计手段难以发现的重要现象和问题，是统计指标的重要补充，可避免主观评价对评价结果产生的影响。由于京津冀协同发展是一个包括交通、产业、生态、城镇、公共服务等全方位、多层次、长期性的协同发展过程，所以，我们要构建的监测指标体系，既需要以规范性、稳定性、可比性、综合性的统计指标为基础，又需要具有客观性、鲜活性、及时性等特征的大数据作为补充。在实际操作中，本研究的发展指数和生态文明指数多采用统计指标，而企业发展指数多采用大数据来进行测度。

5. 坚持纵向分析和长期监测与结构分析和综合监测相结合

监测平台的一个重要职能就是监测运行、把握动向、揭示趋势。通过监测，发现一些相对稳定的、长期的影响因素，可以前瞻性地预测京津冀协同发展的基本趋势，为政府重大战略性决策提供客观依据。同时又要注重结构分析和综合监测，如在发展指数分析中，采用了支撑力、驱动力、创新力、凝聚力、辐射力五大结构性指标从不同方面进行测度；在企业发展指数总体分析中，采用企业实力、企业活力和企业创新力三个结构性指标进行分析，从而有利于发现“短板”，为政府采取有效措施提供依据。

（二）分析框架

本课题基于衡量定位目标、监测协同进程、测度承载状况的考虑，来构建京津冀协同发展指标体系，主要包括三个基本指数（发展指数、协同指数以及生态文明指数）和两个重点指数（人口发展指数和企业发展指数）（见表4－1）。将三大基本指数与两大重点指数结合起来进行监测和研究，能够更加全面真实地反映一个区域的发展全貌及其重点领域的变化。

表4－1　三个基本指数和两个重点指数的分析框架

<table>
<tr><th>指数类型</th><th>一级指标</th><th>二级指标</th><th>三级指标</th></tr>
<tr><td rowspan="13">基本指数</td><td rowspan="5">发展指数</td><td>支撑力</td><td>地区生产总值、人均地区生产总值、地方一般预算财政收入、城镇化率、地区生产总值占国内生产总值的比重等</td></tr>
<tr><td>驱动力</td><td>全社会固定资产投资总额、社会消费品零售总额、外贸进出口总额、实际利用外资金额、知识密集型企业数量占比等</td></tr>
<tr><td>创新力</td><td>每万人发明专利授权量、当年新设立企业数、新增商标注册数量、R&D经费支出占地区生产总值的比重等</td></tr>
<tr><td>凝聚力</td><td>每百人公共图书馆藏书、城镇人均可支配收入占人均地区生产总值的比重、城镇职工参加基本养老保险占比、在岗职工平均工资水平、人均道路面积、每万人拥有公交车数量、每千人拥有执业医师数、每千人拥有医疗机构床位数、教育经费占财政支出的比重、建成区绿化覆盖率等</td></tr>
<tr><td>辐射力</td><td>技术市场成交额、货物周转量、旅客周转量、金融机构存款余额、金融机构贷款余额、入境游客数等</td></tr>
<tr><td rowspan="3">协同指数</td><td>城乡协同发展</td><td rowspan="3">暂用京津冀三地企业相互投资规模、增速及行业分布来反映协同进展</td></tr>
<tr><td>城际协同发展</td></tr>
<tr><td>城域协同发展</td></tr>
<tr><td rowspan="5">生态文明指数</td><td>生态状况</td><td>森林覆盖率、人均林木蓄积量（生物生产量）、受保护国土占比、建成区绿化覆盖率、城市人均绿地面积等</td></tr>
<tr><td>环境质量</td><td>工业废水排放达标率、工业三废综合利用率、城市大气环境良好率、农村安全饮用水保证率、生活垃圾无害化处理率、主要污染物（二氧化硫、化学需氧量和氨氮）排放减少比例等</td></tr>
<tr><td>资源利用</td><td>单位耕地化肥施用量、单位耕地农药施用量、单位GDP能耗减少比例、水资源重复利用率、农业灌溉用水有效利用系数、耕地保有量减少比例等</td></tr>
<tr><td>经济社会进步状况</td><td>人均地区生产总值、城镇化率、服务业增加值占地区生产总值的比重、建设用地利用效率、居民平均预期寿命等</td></tr>
<tr><td>环保制度及政策</td><td>人均环保投入、环境污染治理投资占固定资产投资的比重、水土流失治理率等</td></tr>
</table>

续表

指数类型	一级指标	二级指标	三级指标
重点指数	人口发展指数	人口活力	人口经济弹性、城镇登记失业率、人口自然增长率、净迁移率等
		人口结构	第三产业就业人员比重、城镇化水平、人口老龄化程度等
		人口质量	每万人拥有医院床位数、每万人拥有卫生技术人员数、高等学校专任教师数、普通高等学校在校学生数等
	企业发展指数	企业实力	存续企业数量、存续商标数量、注册资本总额等
		企业活力	新增企业数量、新增外资金额、现代服务企业数占企业总数的比重、民营企业数占企业总数的比重、外资企业数占企业总数的比重等
		企业创新力	新增专利数、新增商标注册数、三项专利数、高新技术企业数占企业总数的比重等

资料来源：历年京津冀三省市统计年鉴、《中国城市统计年鉴》，龙信数据有限公司。

（三）指标体系

本章采用指数分析方法，重点通过发展指数、人口发展指数、企业发展指数、生态文明指数四个指数，对京津冀协同发展的基础和现状进行纵向分析与横向比较，而对京津冀协同发展的最新进展，则主要采用大数据分析方法，在下一章进行重点测度和分析。

1. 发展指数

发展指数包括支撑力、驱动力、创新力、凝聚力和辐射力等五个方面。支撑力反映的是一个城市或地区的综合实力和发展水平，它决定一个城市或地区在国家经济格局中的地位。我们主要采用地区生产总值、人均地区生产总值、地方一般预算财政收入、城镇化率、地区生产总值占国内生产总值的比重等指标来反映和衡量区域的总体实力、发展水平以及在全国经济发展中的地位。驱动力反映的是一个城市或区域发展的主要动力。我们主要采用全社会固定资产投资总额、社会消费品零售总额、外贸进出口总额、实际利用外资金额、知识密集型企业数量占比等指标进行衡量。创新力反映的是一个城市或区域的创造力和经济活力，我们主要采用每万人发明专利授权量、当年新设立企业数、新增商标注册数量、R&D 经费支出占地区生产总值的比重等指标进行衡量。凝聚力反映的是一个城市或地区集聚优质资源的综合环境和吸引程度。我们主要采用每百人公共图书馆藏书、城镇人均可支配收入占人均地区生产总值的比重、城镇职工参加基本养老保险占比、在岗职工平均工资水平、人均道路面积、每万人拥有公交车数量、每千人拥有执业医师数、每千人拥有医疗机构床位数、教育经费占财政支出的比重、建成区绿化覆盖率等指标来进行衡量。辐射力反映的是一个城市或地区对周边地区乃至全国的影响力和功能作用，我们主要采用技术市场成交额、货物周转量、旅客周转量、金融机构存款余额、金融机构贷款余额、入境游客数等指标来衡量。这“五个力”相互关联、相互支持。驱动力和创新力对支撑力起着强化和支持作用；支撑力对辐射力起到影响和支持作用，而凝聚力又会促进创新力和驱动力的提升。这“五个力”共同支持“发展”这个核心，最终服务于城市或区域居民福祉水平的提升（见图 4－1）。

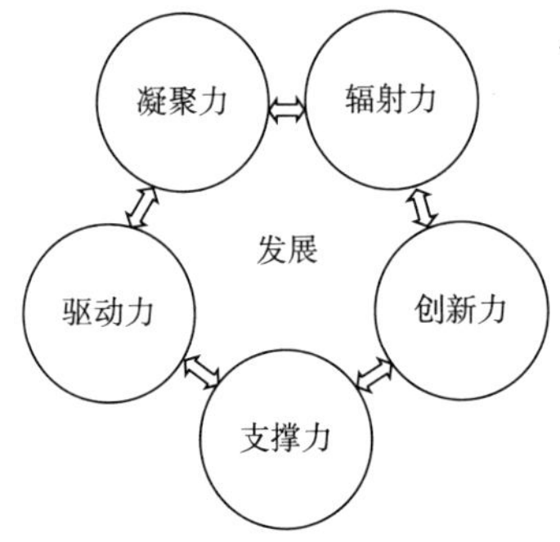

图 4－1　发展指标体系内在逻辑关系示意

资料来源：笔者归纳整理所得。

2. 人口发展指数

基于发展需要依靠人、发展是为了人的原则，本书对人口发展指标体系的构建，采用人口活力、人口结构、人口质量等三个二级指标。人口活力包括人口经济活力、人口增长活力、人口迁移活力三个部分。人口结构包括自然结构、地域结构和社会结构三个要素。人口质量包括身体健康、文化教育和思想道德三个方面（见表 4－2）。

3. 企业发展指数

本书在企业发展指数方面采用了企业实力、企业活力和企业创新力三个指标。企业实力能为企业活力及创新力提供基础，主要采用存续企业数量、存续商标数量、注册资本总额三个指标。企业活力能为企业的未来发展提供持续动力，为企业创新力提供支持，主要采用新增企业数量、新增外资金额、现代服务企业数占企业总数的比重、民营企业数占企业总数的比重、外资企业数占企业总数的比重五个指标。企业创新力能够为增强企业实力提供技术支持，并促进企业潜力更大程度的发挥，主要采用新增专利数、新增商标注册数、三项专利数、高新技术企业数占企业总数的比重四个指标（见表4－1）。企业发展指数研究思路见图4－2。

表4－2　人口发展指数研究思路

一级指标层面	二级指标层面	二级指标主要内容
人口发展指数	人口活力	人口经济活力、人口增长活力、人口迁移活力
	人口结构	自然结构、地域结构、社会结构
	人口质量	身体健康、文化教育、思想道德

资料来源：笔者归纳整理所得。

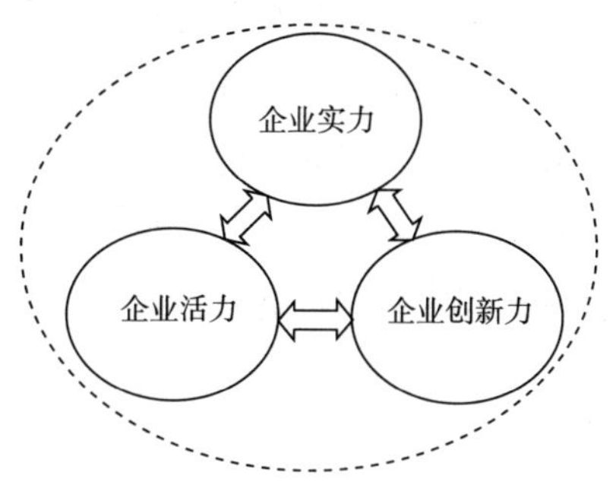

图4－2　企业发展指数研究思路

资料来源：笔者归纳整理所得。

4. 生态文明指数

生态文明指数包括生态状况、环境质量、资源利用、经济社会进步状况、环保制度及政策等五大指标。其中，生态状况、资源利用和环境质量三个子系统是生态文明指数的核心和主体，经济社会进步状况和环保制度及政策是实现生态文明的支撑系统（见图4－3）。生态状况反映了人类活动对森林、草原等自然生态环境的影响，包括森林覆盖率、人均林木蓄积量（生物生产量）、受保护国土占比、建成区绿化覆盖率、城市人均绿地面积等；环境质量反映了在一个具体的环境内，环境的总体或环境的某些要素对人的生

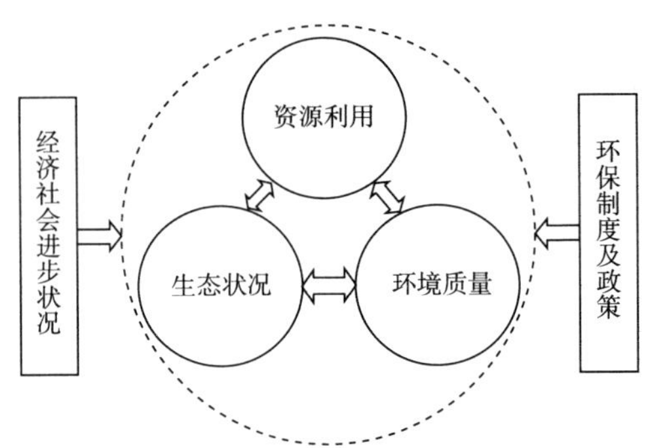

图 4-3 生态文明指标体系内在逻辑关系

资料来源：笔者归纳整理所得。

存和繁衍以及社会的经济发展的适宜程度，包括工业废水排放达标率、工业三废综合利用率、城市大气环境良好率、农村安全饮用水保证率、生活垃圾无害化处理率、主要污染物（二氧化硫、化学需氧量和氨氮）排放减少比例；资源利用包括单位耕地化肥施用量、单位耕地农药施用量、单位 GDP 能耗减少比例、水资源重复利用率、农业灌溉用水有效利用系数、耕地保有量减少比例等；经济社会进步状况反映了经济社会发展阶段及其基本特征，包括人均地区生产总值、城镇化率、服务业增加值占地区生产总值的比重、建设用地利用效率、居民平均预期寿命等；环保制度及政策方面采用人均环保投入、环境污染治理投资占固定资产投资的比重和水土流失治理率等指标。

（四）测度方法

本研究主要采用层次分析法。在完成指标体系的构建后，对各项指标进行指数化处理，并依据其自身性质，分为正向指标、中间适度指标和逆向指标。在层次分析法基础上进行赋权。本课题采用熵值法确定各指标的权重。在层次分析法基础上，各专题研究方法又略有不同。

二 测度结果与基本判断

（一）发展指数——测度与结论

1. 指标体系构建

本研究构建了由支撑力、驱动力、创新力、凝聚力、辐射力等“五个力”组成的综合发展指标体系。京津冀发展指标体系（省市级）的二级指标分为支撑力、驱动力、创新力、凝聚力、辐射力五个维度，三级指标共计 30 个（见表 4-3）。

表 4-3　京津冀发展指标体系（省市级）

一级指标	二级指标	三级指标	指标解释
发展指数	支撑力	地区生产总值（亿元）	指按市场价格计算的一个地区所有常住单位在一定时期内生产活动的最终成果
		人均地区生产总值（元）	指京津冀三地在核算期内（通常为一年）实现的生产总值与所属范围内的常住人口的比值
		地方一般预算财政收入（亿元）	包括：（1）税收收入；（2）社会保险基金收入；（3）非税收入；（4）贷款转贷回收本金收入；（5）转移性收入
		城镇化率（%）	指京津冀三地城镇人口占常住人口的比重
		地区生产总值占国内生产总值的比重（%）	指京津冀三地的地区生产总值占国内生产总值的比重
	驱动力	全社会固定资产投资总额（亿元）	以货币表现的建造和购置固定资产活动的工作量，用来反映固定资产投资规模、速度、比例关系和使用方向
		社会消费品零售总额（亿元）	指批发和零售业、住宿和餐饮业以及其他行业直接售给城乡居民和社会集团的消费品零售额
		外贸进出口总额（万美元）	指京津冀三地进出口数量，是衡量一国或地区对外贸易状况的重要的经济指标
		实际利用外资金额（万美元）	指批准的合同外资金额的实际执行数，外国投资者根据批准外商投资企业的合同（章程）的规定实际缴付的出资额和企业投资总额内外国投资者以自己的境外自有资金实际直接向企业提供的贷款
		知识密集型企业数量占比（%）	指京津冀三地金融、商务租赁、信息及软件、科学研发企业占三地企业数量的比重
	创新力	每万人发明专利授权量（个）	指京津冀三地平均每万人常住人口拥有的发明专利数量
		当年新设立企业数（个）	指京津冀三地年末新增企业数量
		新增商标注册数量（个）	指京津冀三地年末新增商标注册数量
		R&D 经费支出占地区生产总值的比重（%）	指京津冀三地 R&D 经费支出占地区生产总值的比重

续表

一级指标	二级指标	三级指标	指标解释
发展指数	凝聚力	每百人公共图书馆藏书（册）	指图书馆已编目的古籍、图书、期刊和报纸的合订本、小册子、手稿以及缩微制品、录像带、录音带、光盘等视听文献资料数量总和
		城镇人均可支配收入占人均地区生产总值的比重（%）	指反映居民家庭全部现金收入中能用于安排家庭日常生活的那部分收入占人均地区生产总值的比重
		城镇职工参加基本养老保险占比（%）	指报告期末按照法律、法规和有关政策规定参加城镇基本养老保险并在社保经办机构已建立缴费记录档案的职工人数与离休、退休和退职人员的人数占常住人口的比重
		在岗职工平均工资水平（元）	指各单位在一定时期内直接支付给本单位在岗职工的劳动报酬平均数。包括计时工资、计件工资、奖金、津贴和补贴、加班加点工资和其他工资
		人均道路面积（平方米）	指京津冀三地经过铺筑的路面宽度在3.5米以上（含3.5米）的道路，包括高级、次高级道路和普通道路的面积与三地常住人口的比值
		每万人拥有公交车数量（辆）	指常住人口中每万人拥有的城市公共交通企业可参加营运的全部车辆数
		每千人拥有执业医师数（人）	指京津冀三地常住人口中每千人拥有的医师数量
		每千人拥有医疗机构床位数（张）	指常住人口中每千人拥有的各级各类医院本年10月底的固定实有床位（非编制床位）
		教育经费占财政支出的比重（%）	反映政府教育事务支出占财政支出的比重
		建成区绿化覆盖率（%）	指城市建成区用于绿化的乔、灌木和多年生草本植物的垂直投影面积
	辐射力	技术市场成交额（亿元）	指登记合同成交总额中，明确规定属于技术交易的金额。即从合同成交总额中扣除所提供的设备、仪器、零部件、原材料等非技术性费用后实际技术交易额

续表

一级指标	二级指标	三级指标	指标解释
发展指数	辐射力	货物周转量（亿吨公里）	指一定时期内，运输部门实际运送的货物吨数和它的运输距离的乘积
		旅客周转量（亿人公里）	反映交通部门一定时期内旅客运输工作量的指标，指旅客人数与运送距离的乘积
		金融机构存款余额（亿元）	指居民个人和企业在银行的存款额
		金融机构贷款余额（亿元）	指居民个人和企业在银行的贷款额
		入境游客数（万人次）	指报告期内来中国（内地）观光、度假、探亲访友、就医疗养、购物、参与会议或从事经济、文化、体育、宗教活动的外国人、港澳台同胞等游客（入境旅游人数）。统计时，入境游客按每入境一次统计1人次

注：数据时间范围为2004~2013年，数据为北京、天津、河北总体数据。

资料来源：历年《中国城市统计年鉴》《河北经济年鉴》、龙信数据有限公司。

2. 研究方法及测度结果

根据熵值法计算原理，分别测算出2004~2013年京津冀各省单项及综合得分，并将各项得分及综合得分进行排序（见表4-4、图4-4）。

表4-4　京津冀发展指数单项及综合得分（2004~2013）（规模）

年份	地区	支撑力	驱动力	凝聚力	辐射力	创新力	综合得分
2004	北京	89.0481	93.2734	98.5303	69.7599	100	85.0249
	天津	54.3175	44.4564	50.7996	30.7184	30.4007	37.2197
	河北	66.1102	44.4815	25.2279	33.2490	20.4897	32.7888
2005	北京	87.3080	93.3929	98.4643	66.1582	100	83.1505
	天津	53.7144	43.2236	49.8894	29.5501	30.9531	36.4311
	河北	66.5375	45.5016	26.2437	36.6106	19.5207	34.3817
2006	北京	87.4354	94.3505	98.3972	67.4003	100	83.7579
	天津	55.2557	44.4122	51.1228	28.8957	32.9638	36.9510
	河北	66.5154	43.4052	25.2245	36.8766	20.8832	34.6443

续表

年份	地区	支撑力	驱动力	凝聚力	辐射力	创新力	综合得分
2007	北京	87.0672	92.8516	97.3537	67.9205	100	83.9302
	天津	52.8039	42.2871	51.4465	30.8289	32.0109	37.2257
	河北	67.2278	47.7936	26.8554	34.2470	19.8690	34.0470
2008	北京	86.1948	88.7337	97.2558	79.3325	100	88.9715
	天津	56.7531	41.4766	52.1779	22.1686	33.5397	35.0056
	河北	66.5947	43.9584	27.7970	36.4876	20.7038	34.6687
2009	北京	89.5015	84.9468	96.9593	77.1932	100	87.6024
	天津	62.0666	43.7311	50.2052	31.9641	33.0309	38.9706
	河北	65.0931	43.6212	29.3648	31.6781	24.0719	33.6287
2010	北京	88.6823	83.0492	96.7814	77.9777	100	87.3925
	天津	66.6013	44.9590	49.2951	30.1909	35.9672	39.2037
	河北	66.8452	42.0134	29.9905	33.1201	22.0591	33.6788
2011	北京	85.7664	82.6334	96.3085	79.1498	100	87.2817
	天津	67.7123	46.2866	49.0141	26.8260	37.2663	37.9675
	河北	68.6557	40.0402	28.6781	35.5512	22.1945	34.2131
2012	北京	85.6045	81.8837	95.9578	78.2153	100	86.8178
	天津	71.6602	41.3766	49.6424	24.0962	38.2815	36.7633
	河北	68.6221	47.7222	29.5237	37.8481	23.2127	36.5586
2013	北京	86.8238	79.7250	96.4931	71.3200	99.9483	83.0846
	天津	74.6708	47.4302	50.3541	18.3550	38.7952	34.5942
	河北	67.1867	42.2910	29.4507	41.9989	28.5343	38.5399

资料来源：笔者根据历年《中国统计年鉴》、龙信大数据计算所得。

所选指标中规模指标较多，河北省的规模与体量明显大于京津两地，因此我们对上述指标体系进行处理，除以三地常住人口数，由规模指标转化为人均指标（见表4－5、图4－5）。

3. 几点结论

（1）从总体发展水平来看，北京核心地位稳固，津冀差距呈缩小趋势

从发展指数综合得分来看，无论规模视角还是人均视角，北京都远高于津冀，北京的综合得分处于80以上，天津处于30~50，河北处于20~40，充分显示了北京作为京津冀地区核心城市的发展实力和总体水平与津冀

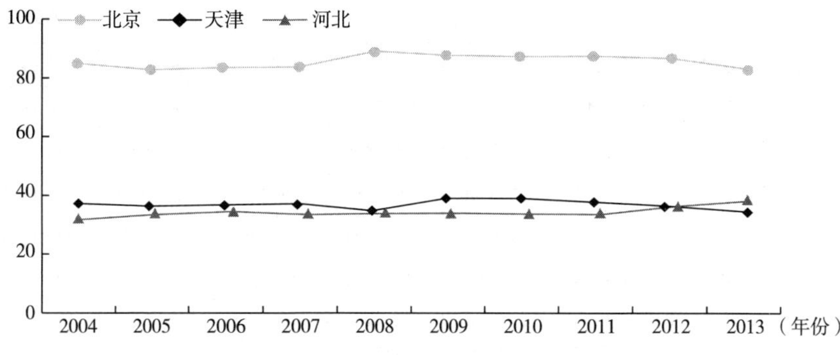

图 4－4　京津冀发展指数综合得分（2004～2013）（规模）

资料来源：笔者根据历年《中国统计年鉴》、龙信大数据计算所得。

表 4－5　京津冀发展指数单项及综合得分（2004～2013）（人均）

年份	地区	支撑力	驱动力	凝聚力	辐射力	创新力	综合得分
2004	北京	95.4479	96.3196	98.5806	73.4854	100.0000	87.5148
	天津	58.3489	74.3200	50.3055	34.3987	30.4007	44.1125
	河北	33.8348	15.3627	24.4245	25.4721	20.4897	23.5040
2005	北京	94.6952	92.5382	98.5252	70.1650	100.0000	85.2865
	天津	59.6712	72.1416	49.3783	33.3731	30.9531	43.3661
	河北	34.8154	14.3811	25.3076	28.6748	19.5207	24.7291
2006	北京	94.7917	92.7511	98.4836	71.3677	100.0000	85.8046
	天津	61.7011	72.2433	50.3715	33.4404	32.9638	44.3562
	河北	34.9881	13.7009	24.0051	29.1342	20.8832	24.7978
2007	北京	94.5383	88.9522	97.5244	71.6651	100.0000	85.4176
	天津	59.8464	70.4010	50.6228	36.0224	32.0109	44.9014
	河北	35.4742	15.9956	25.3100	27.4196	19.8690	24.3818
2008	北京	94.2377	84.0593	97.4326	82.0244	100.0000	89.3865
	天津	63.1582	69.0084	51.9567	29.8439	33.5397	43.6825
	河北	35.2615	13.1191	26.1924	28.6238	20.7038	24.3632
2009	北京	95.8709	78.8155	97.2205	80.0436	100.0000	87.5339
	天津	68.5931	70.9993	49.5741	39.4007	33.0309	47.9495
	河北	34.3792	12.8166	27.0885	25.2694	24.0719	23.6431
2010	北京	95.6752	74.9788	97.0831	80.6653	100.0000	86.7757
	天津	74.1877	70.7108	48.4327	37.9274	35.9672	48.3305
	河北	36.0285	12.6067	27.3224	26.9521	22.0591	23.8937

续表

年份	地区	支撑力	驱动力	凝聚力	辐射力	创新力	综合得分
2011	北京	94.2516	72.9181	96.6623	81.4905	100.0000	86.3157
	天津	76.1936	71.0919	48.1844	33.8727	37.2663	46.9259
	河北	36.9185	12.5946	26.0251	29.2780	22.1945	24.7063
2012	北京	94.1673	74.5430	96.8305	80.7957	100.0000	86.3683
	天津	80.3545	67.6586	49.7112	31.7859	38.2814	46.0447
	河北	37.5719	17.9312	26.5352	31.3387	23.2127	26.8457
2013	北京	94.7888	72.5887	96.7319	73.6425	99.9483	82.8873
	天津	83.3271	72.5404	51.6849	26.4277	38.7952	44.5544
	河北	36.6068	13.5233	26.6431	37.2831	28.5343	29.5010

资料来源：笔者根据历年《中国统计年鉴》、龙信大数据计算所得。

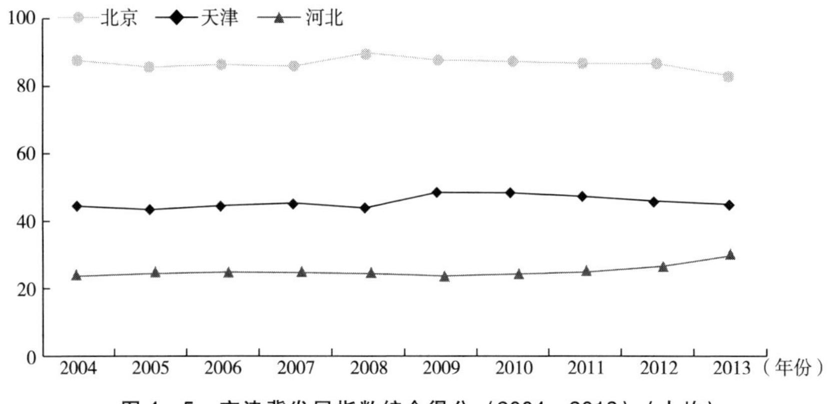

图 4－5　京津冀发展指数综合得分（2004～2013）（人均）

资料来源：笔者根据历年《中国统计年鉴》、龙信大数据计算所得。

处于不同的档次，核心地位十分突出。从规模视角来看，2013 年河北的发展指数综合得分（38.5399）略高于天津（34.5942）（见表 4－4），但是从人均视角来看，2013 年天津和河北分别为 44.5544 和 29.5010（见表 4－5），天津的发展指数综合得分远高于河北，自 2010 年以来河北呈递增趋势，与天津的差距在逐步缩小（见图 4－5）。

（2）从支撑力来看，北京实力最强，天津增长迅猛

从支撑力指数得分来看，天津上升态势明显。从规模视角看，京津冀三地处在不同的档次，但差距不大，2013 年支撑力指数得分北京 86.8238，天津 74.6708，河北 67.1867（见表 4－4）；但从人均视角看，天津远高于河北，

2013 年北京为 94.7888，天津为 83.3271，河北仅为 36.6068（见表 4－5）。

从支撑力指数（人均）变化趋势看，天津呈快速上升态势，河北平稳波动。天津的支撑力指数近年来增长很快，从 2004 年的 58.3489 上升到 2013 年的 83.3271（见表 4－5），增幅达到 42.81%，远高于京冀，反映了天津的经济体量及其在区域中的占比在 2010 年以后超过规模较大的河北，直逼北京。与京津两地的快速发展相比，河北的发展指数水平一直维持在 30～40，呈现平稳波动的变化趋势（见图 4－6），反映了支撑河北未来发展的基本动力还有待于挖掘和提升。

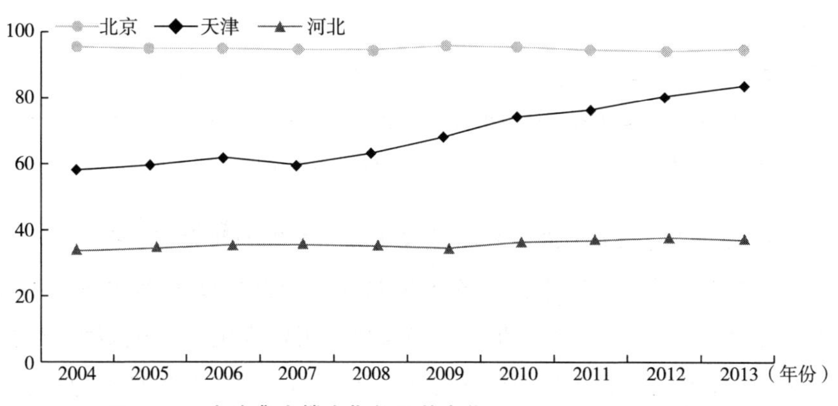

图 4－6　京津冀支撑力指数及其变化（2004～2013）（人均）

资料来源：笔者根据历年《中国统计年鉴》与龙信大数据计算所得。

（3）从驱动力来看，北京领先但增速下降，河北与京津差距较大

从驱动力指数得分来看，北京远高于津冀。从规模视角看，2013 年驱动力指数得分北京 79.7250，天津 47.4302，河北 42.2910（见表 4－4）；从人均视角看，2013 年天津几乎与北京持平，但河北与京津差距较大，北京驱动力指数得分为 72.5887，天津得分 72.5404，河北得分 13.5233（见表 4－5）。

从驱动力（人均）指数变化趋势看，2004～2013 年，北京驱动力指数呈现持续下降趋势，2013 年京津两地驱动力得分几乎持平，而河北驱动力得分保持在 10～20 指数水平（见图 4－7），起步低、变化幅度小。随着北京非首都功能疏解进程的深入，北京的新旧动能转换正面临由投资驱动、消费驱动向创新驱动转换的重大机遇，因此驱动力指数进入短期下降的过渡期。津冀目前仍以投资和出口等传统驱动力为主，主要靠钢铁化工、汽

车装备、航空航天等现代制造业的大项目投资来驱动，正在向创新驱动转变，三地均处于新旧驱动力更替的“换挡期”。

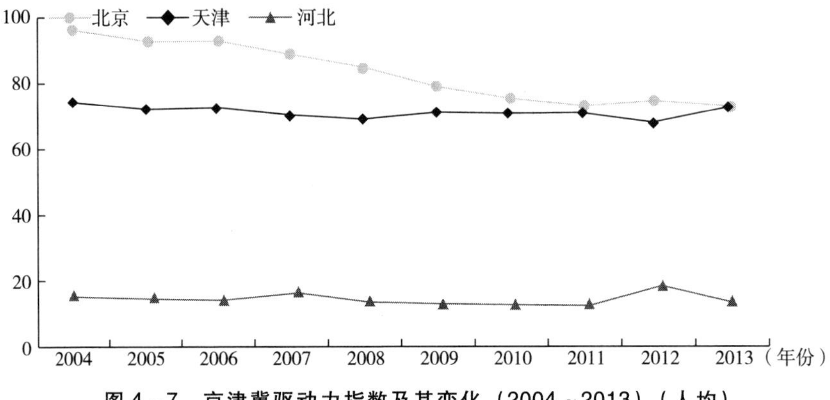

图 4－7　京津冀驱动力指数及其变化（2004～2013）（人均）

资料来源：笔者根据历年《中国统计年鉴》与龙信大数据计算所得。

（4）从创新力来看，北京创新优势明显，津冀创新力有所提升

从创新力指数人均视角看，2013 年北京创新力得分为 99.9483，遥遥领先于天津（38.7952）和河北（28.5343）。天津和河北的创新力指数一直呈现稳定上升态势，天津的创新力指数从 2004 年的 30.4007 快速增长到 2013 年的 38.7952；河北创新力起点低，增长快，从 2004 年的 20.4897 快速增长到 2013 年的 28.5343（见表 4－5）。目前北京作为创新中心的地位稳固，天津和河北的创新力较北京还有较大差距（见图 4－8）。

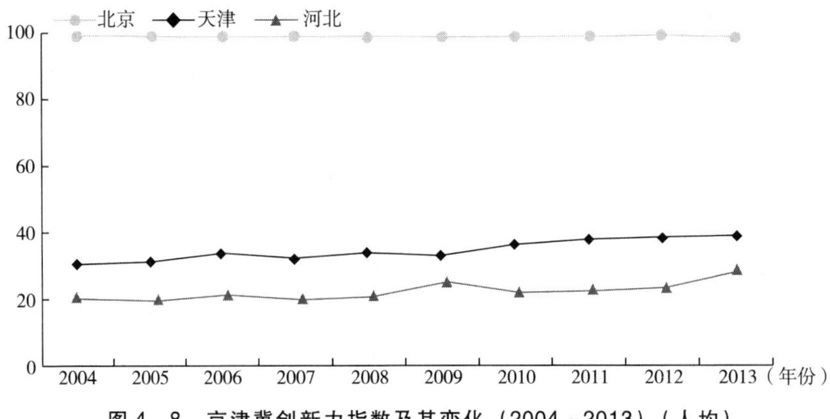

图 4－8　京津冀创新力指数及其变化（2004～2013）（人均）

资料来源：笔者根据历年《中国统计年鉴》与龙信大数据计算所得。

(5) 从凝聚力来看，北京呈下降态势，天津平稳波动，河北明显不足

从人均视角来看，2013 年北京凝聚力指数得分（96.7319）远高于津冀（51.6849 和 26.6431），但在 2004～2013 年，北京与天津的凝聚力呈现平稳发展态势，略有小幅波动，河北凝聚力有所提高，但与京津相比仍有较大差距（见图 4－9）。

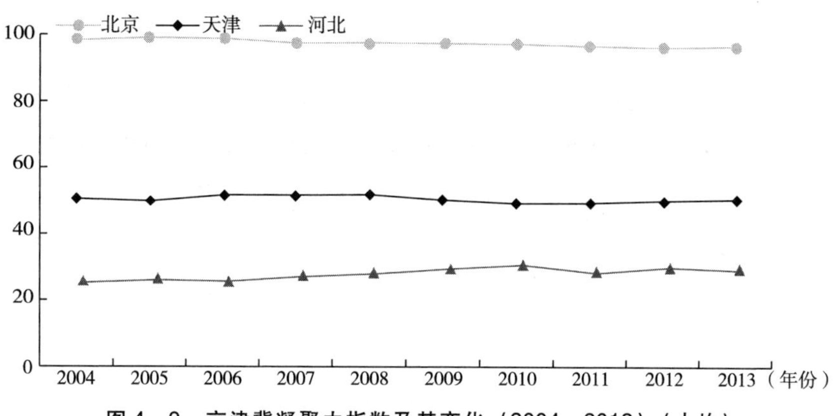

图 4－9 京津冀凝聚力指数及其变化（2004～2013）（人均）

资料来源：笔者根据京津冀三省市历年统计年鉴计算所得。

(6) 从辐射力来看，北京辐射力最强，河北快速上升，天津有待提升

从规模视角来看，河北高于天津，2013 年北京 71.3200，天津 18.3550，河北 41.9989（见图 4－10）；从人均视角来看，2013 年北京辐射力指数得分为 73.6425，河北为 37.2831，天津为 26.4277。北京的辐射力远高于津冀，反映了北京作为区域“核心”地位稳固，辐射作用突出。从辐射力指数（人均）变化趋势看，河北的辐射力快速上升，而天津自 2010 年以来呈明显下降趋势（见图 4－11），反映了天津的辐射作用和影响力与作为区域中心城市的地位还不相称，辐射力有待提升。

(7) 京津冀三地的综合分析（规模视角）

北京：各分项指数均高于津冀，核心地位稳固，转型升级有坚实基础。2013 年北京的发展指数各分项及综合得分，都远高于津冀，特别是创新力指数和凝聚力指数最高，说明创新力和凝聚力是推动北京发展的主要力量。北京支撑能力强也为其经济转型发展提供了基础条件、发展空间和重要支持。北京驱动力领先，但自 2007 年起逐年下降，这意味着驱动北京经济社会发展的传统驱动力正在衰落，经济正处于“换挡期”，亟待培育

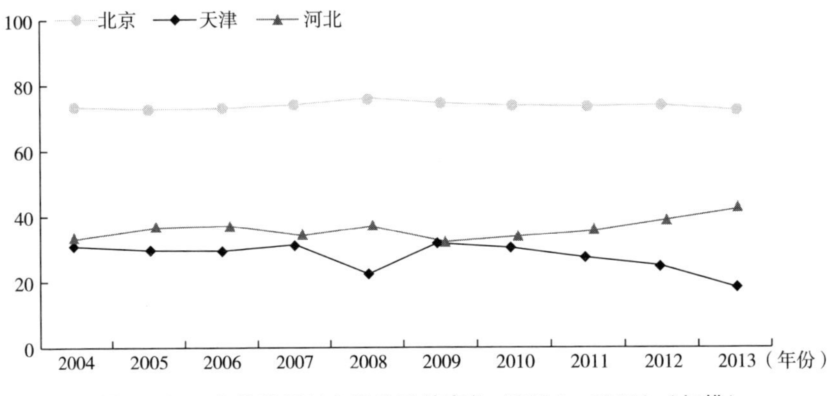

图 4－10　京津冀辐射力指数及其变化（2004～2013）（规模）

资料来源：笔者根据历年《中国统计年鉴》计算所得。

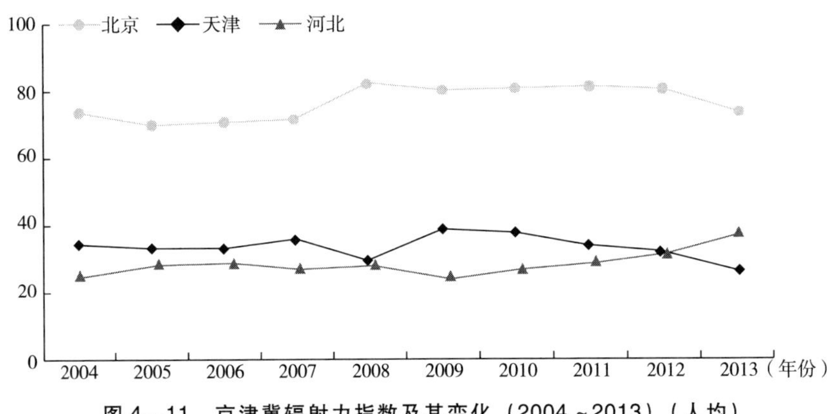

图 4－11　京津冀辐射力指数及其变化（2004～2013）（人均）

资料来源：笔者根据历年《中国统计年鉴》计算所得。

新的经济增长点和新的驱动力，其中科技创新中心的打造是北京经济社会转型中的重中之重和关键所在。北京创新力得分最高，为北京经济转型发展、构建高精尖经济体系、打造科技创新中心提供了技术和发展能力的支持。2013 年北京辐射力较 2004 年有所上升，说明北京对区域的影响力在提升，与周边经济联系日益密切，这为北京非首都功能疏解提供了很好的条件和前期基础。北京凝聚力在“五个力”中得分较高，但呈现较为明显的下降趋势，这反映了北京深受“大城市病”困扰，正在由对周边地区“虹吸”为主转为扩散为主。加快转型升级，通过疏解非首都功能来缓解“大城市病”，在推进京津冀协同发展中寻求更大的发展空间和新的动力，成为北京经济社会健康发展的关键所在。

天津：创新力上升较快，凝聚力平稳波动，驱动力仍以投资为主，辐射力不足。2013年，天津支撑力较强，远高于河北。但驱动力在“五个力”中得分相对较低，而且驱动力仍以投资为主，这说明天津要想实现更好更快的发展，亟须找到新的经济驱动力，显然，加快向创新驱动、消费驱动转型势在必行。创新力指数呈现持续快速上升的发展态势，这为天津产业转型升级和打造先进制造业基地提供了有力支持和创新动力。凝聚力指数得分相对较高，正在成为进一步集聚优势资源、实现大发展的有力保障。辐射力指数得分最低，反映了天津仍处于要素集聚、产业转型升级的发展阶段，对周边的集聚效应大于扩散效应，其作为区域经济中心城市对周边的辐射作用和影响力还明显不足。综合分析，加快经济转型和产业升级，在推进京津冀协同发展进程中进一步集聚优质资源，增强区域的辐射力和影响力，是天津未来经济社会健康发展的关键所在。

河北：支撑力指数最高，创新力起步低增长快，凝聚力明显不足。在2013年河北发展指数内部结构的“五个力”中，支撑力指数最高，而创新力指数增幅最大，反映了河北的创新力起步低但发展快，有巨大发展潜力。驱动力指数平稳波动，经济的驱动力仍以投资为主，加快转型升级势在必行。凝聚力指数在“五个力”中得分较低，是影响河北快速发展的明显“短板”。辐射力起步低但上升快，2013年的指数得分超过了天津。综合分析，河北省近十年来经济发展进入较快发展阶段，除驱动力外，支撑力、凝聚力、创新力和辐射力都有较大幅度增长，特别是石家庄、唐山、邯郸、廊坊、沧州等，在“五个力”增幅方面各有突出表现，是河北未来最具发展潜力的新增长点。但一些数据也显示出河北仍存在投资驱动为主、规模数量型的发展方式以及凝聚力不足等突出问题，这些越来越成为制约河北未来发展的关键因素。因此，加快向创新驱动转型、改善环境以增强凝聚力、培育新的增长点是河北未来更好更快发展的必然选择（见图4-12）。

（二）人口发展指数——测度与结论

1. 指标体系的构建

为了客观评估京津冀人口发展水平，把握京津冀人口发展态势，本研究在指标体系构建上坚持两个导向：一是体现指标体系的科学性和前瞻

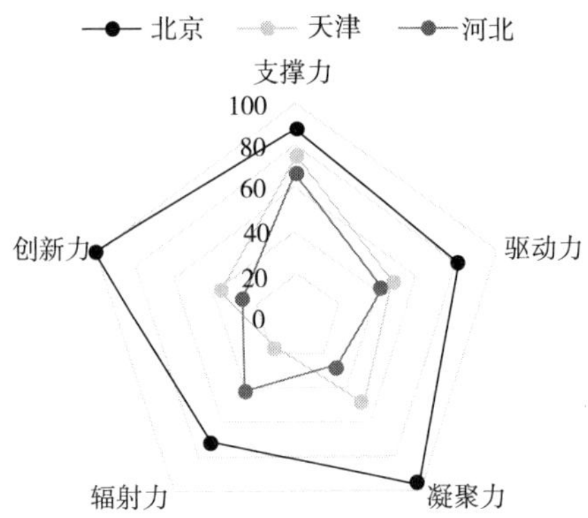

图 4-12　2013 年京津冀发展指数（规模）

资料来源：笔者根据历年《中国统计年鉴》、京津冀三省市统计资料与龙信大数据计算所得。

性；二是体现系统性和可操作性。在此基础上，本研究构建了综合反映京津冀人口发展不同属性、不同层面、三层结构的人口发展指标体系。在综合考虑数据可获得性与指标体系信效度的基础上，构建了由人口活力、人口结构和人口质量 3 个二级指标、11 个三级指标组成的京津冀人口发展评价操作指标体系（见表 4-6）。

表 4-6　京津冀人口发展评价操作指标体系

一级指标	二级指标	三级指标
人口发展指数	人口活力（B_1）	人口经济弹性（C_1）
		城镇登记失业率（C_2）
		人口自然增长率（C_3）
		净迁移率（C_4）
	人口结构（B_2）	第三产业就业人员比重（C_5）
		城镇化水平（C_6）
		人口老龄化程度（C_7）
	人口质量（B_3）	每万人拥有医院床位数（C_8）
		每万人拥有卫生技术人员数（C_9）
		高等学校专任教师数（C_{10}）
		普通高等学校在校学生数（C_{11}）

注：表中括号中的大写字母为指标代号。

资料来源：C_1、C_4 数据由笔者依据京津冀三省市历年统计年鉴计算得出；其余数据均来源于京津冀三省市历年统计年鉴。

2. **测度方法**

通过指数化和层次分析法加权，得出京津冀地区人口活力、人口结构、人口质量三个子系统各自指标得分，将其加权平均得到人口发展指数的得分。本研究重点计算了2000年、2005年、2010年、2013年四个关键年份的京津冀人口发展指数，以便动态监测京津冀各城市人口发展过程中的总体状况和发展趋势，为决策制定提供依据。

3. **基本结论**

通过对京津冀地区“2+11”城市人口发展指数的测算，得出以下基本结论。

（1）从综合水平来看，北京、天津、石家庄排在前三位

根据数据测算，2013年北京人口发展综合指数为0.821，稳居第一，是第二名天津的1.5倍。天津和石家庄分别以0.543和0.51排在第二、三位，邢台、承德、邯郸、廊坊、唐山、秦皇岛、沧州等七市人口发展指数位于0.3~0.5，而保定、衡水、张家口则在0.3以下（见图4-13）。

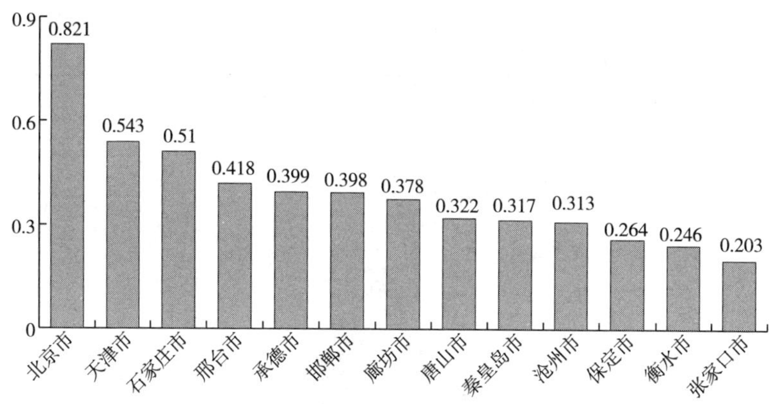

图4-13 2013年京津冀地区“2+11”城市人口发展指数排名

资料来源：笔者依据京津冀三地统计年鉴计算所得。

（2）从变化趋势来看，天津、唐山、承德、邢台、秦皇岛排名明显上升，石家庄、保定、衡水、邯郸、沧州、廊坊则明显下降

根据2000年以来四个时间节点人口发展指数的城市排名变化，将京津冀“2+11”城市分为三类。第一类为排名上升显著的城市，包括天津、唐山、承德、邢台、秦皇岛；第二类为排名明显下降的城市，包括石家

庄、保定、衡水和邯郸、沧州、廊坊；第三类为排名较为稳定的城市，包括北京、张家口（见表4－7、图4－14）。

表4－7　2000～2013年京津冀各地级市人口发展指数排名变化情况

	城　市	2000年排名情况	2013年排名情况
排名上升	天　津	4	2
	唐　山	12	8
	承　德	10	5
	邢　台	6	4
	秦皇岛	11	9
排名稳定	北　京	1	1
	张家口	13	13
排名下降	石家庄	2	3
	保　定	7	11
	衡　水	8	12
	邯　郸	3	6
	沧　州	9	10
	廊　坊	5	7

资料来源：2000年、2013年京津冀各地级市统计年鉴数据。

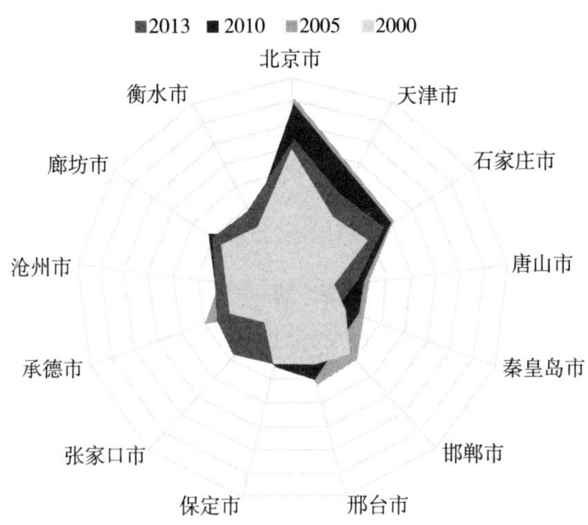

图4－14　京津和河北各地级市人口发展指数

资料来源：根据原始数据计算得出。

（3）从内部结构看，人口活力与人口结构波动较大，人口质量格局较为稳定

从人口活力指数来看，承德、张家口和邢台人口活力大幅提升。2000年和2013年的时间节点数据显示，受政策、人口迁移和经济发展因素的影响，承德、张家口和邢台的人口活力指数有明显提升，保定和衡水的人口活力大幅下降，北京的人口活力有所回落，其他城市均呈现波动上升的态势（见图4－15）。

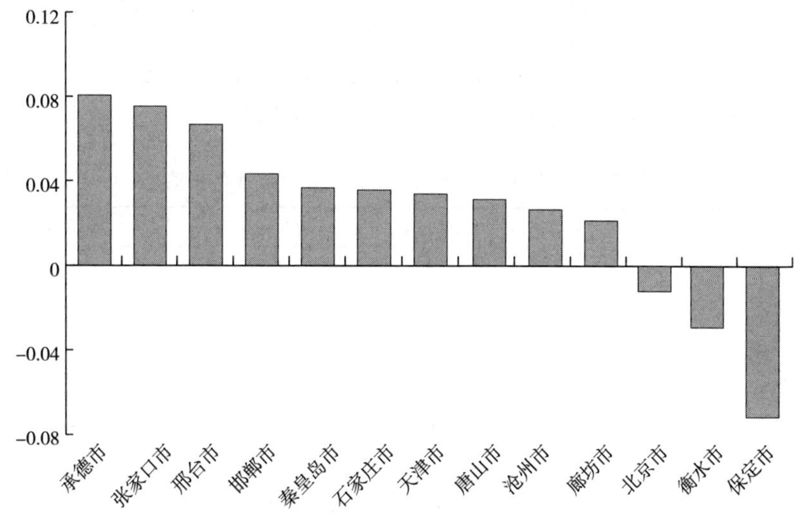

图4－15　2000～2013年人口活力指数变化幅度分析

资料来源：笔者根据京津冀各省市历年统计年鉴计算所得绘制。

从人口结构指数来看，北京与天津的人口结构大大改善（见图4－16）。对于北京来说，由于大量青壮年劳动力流入，在一定程度上缓解了北京人口老龄化和本地居民劳动力短缺的压力，人口结构指数显著提高；对于天津来说，城镇化的快速发展以及由此带动的第三产业发展，大大改善了天津的人口分布与就业结构，人口结构由劣势转变为优势。

从人口质量指数来看，京、津、石三市稳居前三位。北京、天津、石家庄由于历史原因与先发优势，高等教育发展较为成熟，医疗公共服务较为完善，牢牢占据着前三的位置。2013年，唐山、邯郸、张家口、承德的人口质量指数排名有所下降，衡水则较为落后（见表4－8）。

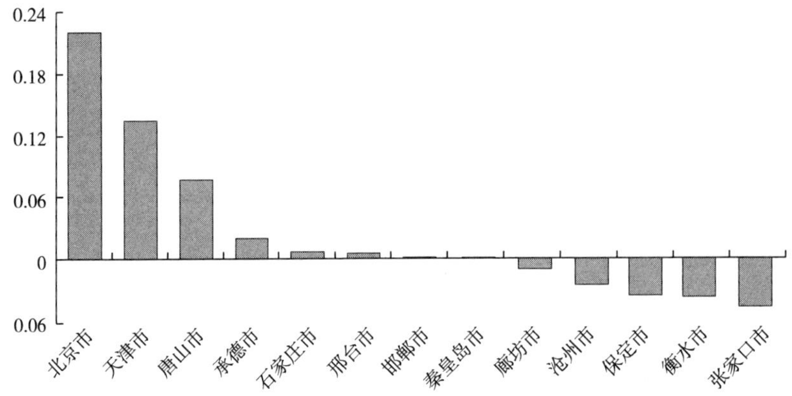

图 4 –16　2000 ~2013 年人口结构指数变化幅度分析

资料来源：笔者根据京津冀各省市历年统计年鉴计算所得绘制。

表 4 –8　2000 ~2013 年人口质量指数排名一览

	2000 年	2005 年	2010 年	2013 年
北京市	1	1	1	1
天津市	2	2	2	2
石家庄市	3	3	3	3
唐山市	4	4	4	5
秦皇岛市	5	6	5	4
邯郸市	8	7	10	12
邢台市	11	11	12	10
保定市	9	5	8	6
张家口市	7	9	9	9
承德市	6	10	6	7
沧州市	12	12（并列）	11	11
廊坊市	10	8	7	8
衡水市	13	12（并列）	13	13

资料来源：根据 2000 ~2013 年《中国城市统计年鉴》、《河北经济年鉴》、京津及河北各地级市统计公报计算得出。其中 2005 年使用全国 1% 抽样调查数据。

（三）企业发展指数——测度与结论

1. 指标体系

本研究构建了由企业实力、企业活力和企业创新力 3 个二级指标和 12 个三级指标所组成的企业发展指数评价体系（见表 4 –9）。

表 4-9 京津冀企业发展指数评价体系

一级指标	二级指标	三级指标	指标解释
企业发展指数	企业实力	存续企业数量（个）	一个地区当年存续的企业数量
		存续商标数量（个）	一个地区存续的企业在当年新申请的商标数
		注册资本总额（亿元）	一个地区当年存续企业的注册资本总数
	企业活力	新增企业数量（家）	一个地区当年新增的企业数量
		新增外资金额（亿元）	一个地区存续企业当年对区域内与区域外的投资，如投资设立分公司、投资子公司等
		现代服务企业数占企业总数的比重	按北京工商局的口径来统计
		民营企业数占企业总数的比重	按企业性质来定
		外资企业数占企业总数的比重	企业登记信息中的外资企业占比
	企业创新力	新增专利数（项）	一个地区新增企业在当年所申请的专利数
		新增商标注册数（项）	一个地区新增企业在当年申请的商标数
		三项专利数（项）	一个地区存续企业在当年申请的专利总和
		高新技术企业数占企业总数的比重	按北京工商局的口径来统计

注：数据为北京和天津总体及各个区县、河北总体及各地级市的数据。

资料来源：龙信数据有限公司。

2. 测度结果

根据熵值法，对北京 17 个区（其中开发区为亦庄开发区，以下均简称为“开发区”）、天津 16 个区县、河北 11 个地级市进行了分项及综合测评，以总测评得分降序排列，如表 4-10 所示。

表 4-10 2014 年京津冀各市、区、县企业发展水平测评

序号	市、区、县	企业实力	企业活力	企业创新力	总测评得分
1	海淀区	0.842208	0.628255	0.877718	0.795015
2	朝阳区	0.874683	0.931809	0.564573	0.765961

续表

序号	市、区、县	企业实力	企业活力	企业创新力	总测评得分
3	西城区	0. 506408	0. 676573	0. 422389	0. 521433
4	滨海新区	0. 274544	0. 355059	0. 476072	0. 379026
5	东城区	0. 241165	0. 410930	0. 194220	0. 271037
6	石家庄市	0. 299636	0. 283947	0. 180053	0. 246865
7	丰台区	0. 277223	0. 269065	0. 207447	0. 246718
8	开发区	0. 081254	0. 246579	0. 189955	0. 172661
9	昌平区	0. 138259	0. 142093	0. 189604	0. 160082
10	武清区	0. 063644	0. 124831	0. 208392	0. 139654
11	西青区	0. 050391	0. 146157	0. 194424	0. 136055
12	石景山区	0. 105850	0. 160691	0. 140020	0. 135410
13	通州区	0. 145922	0. 135302	0. 111025	0. 128785
14	保定市	0. 126337	0. 143042	0. 082802	0. 113572
15	顺义区	0. 089232	0. 169102	0. 083905	0. 110049
16	邢台市	0. 101319	0. 158373	0. 065728	0. 103362
17	唐山市	0. 122083	0. 116907	0. 068435	0. 098944
18	大兴区	0. 105253	0. 100626	0. 084963	0. 095734
19	邯郸市	0. 115889	0. 126351	0. 049915	0. 092273
20	怀柔区	0. 063393	0. 124250	0. 077068	0. 086411
21	廊坊市	0. 090348	0. 127951	0. 053437	0. 086265
22	津南区	0. 035088	0. 096098	0. 114538	0. 084695
23	北辰区	0. 039330	0. 103397	0. 101168	0. 082708
24	河西区	0. 034807	0. 143952	0. 075694	0. 082693
25	沧州市	0. 097431	0. 115276	0. 046895	0. 082168
26	和平区	0. 042622	0. 173176	0. 030483	0. 075265
27	平谷区	0. 055912	0. 102518	0. 070405	0. 075163
28	宝坻区	0. 020695	0. 062691	0. 123967	0. 074448
29	东丽区	0. 039336	0. 093409	0. 083672	0. 072777
30	密云区	0. 048750	0. 098990	0. 060180	0. 067810
31	衡水市	0. 077309	0. 103911	0. 034799	0. 067803
32	门头沟区	0. 045053	0. 079434	0. 074349	0. 066762
33	房山区	0. 063207	0. 067884	0. 065042	0. 065293
34	河东区	0. 024659	0. 144380	0. 038938	0. 064848

续表

序号	市、区、县	企业实力	企业活力	企业创新力	总测评得分
35	南开区	0.037613	0.106354	0.047016	0.061174
36	秦皇岛市	0.065631	0.085303	0.034639	0.058781
37	张家口市	0.056586	0.083829	0.021378	0.050211
38	红桥区	0.010576	0.079244	0.048304	0.045548
39	承德市	0.047600	0.073868	0.020950	0.044398
40	河北区	0.019394	0.077193	0.034498	0.042110
41	静海县	0.032141	0.061359	0.031473	0.040273
42	蓟县	0.012117	0.049376	0.045437	0.036278
43	延庆区	0.015533	0.057386	0.035075	0.035454
44	宁河县	0.014897	0.046648	0.024601	0.027944

资料来源：笔者根据京津冀三省市历年统计年鉴、统计公报与龙信大数据计算所得。

3. 几点结论

运用企业大数据，采用熵值法和聚类分析法，对北京17个区、天津16个区县、河北11个地级市共44个市区县的企业发展水平进行了分项及综合测度，得出以下基本结论。

（1）企业发展水平综合得分：排名前10位中北京占7位，明显优于津冀

根据熵值法，对2014年京津冀三地44个市区县的企业总体发展水平进行测评得分排名。排名前10位的城区中，北京占7位，说明北京的企业综合发展水平明显优于津冀。在天津的16个区县中，滨海新区的企业发展水平最优，居总体排名第4位，武清区在综合排名中居于第10位。河北的石家庄市进入前10位，企业发展水平居于第6位（见表4－10、图4－17）。

（2）北京在企业实力、企业活力和企业创新力三个指标前10位中均占7位

从企业实力和企业活力来看，北京朝阳区最强，均居分项指数的第一位；从企业创新力来看，海淀区得分最高。从空间结构看，北京的城市功能拓展区（海淀区、朝阳区）和城市核心区（西城区、东城区）是京津冀企业综合发展水平最强的集聚区。通过综合聚类分析发现，北京首都功能核心区和功能拓展区居于第一序列（见图4－18、图4－19、图4－20）。

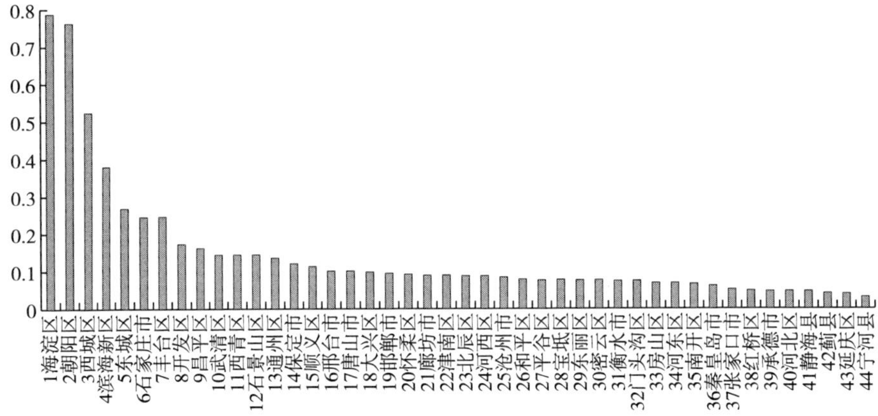

图 4－17　2014 年京津冀各市、区、县企业总测评得分排名

资料来源：笔者根据京津冀三省市历年统计年鉴与各市区统计公报计算所得绘制。

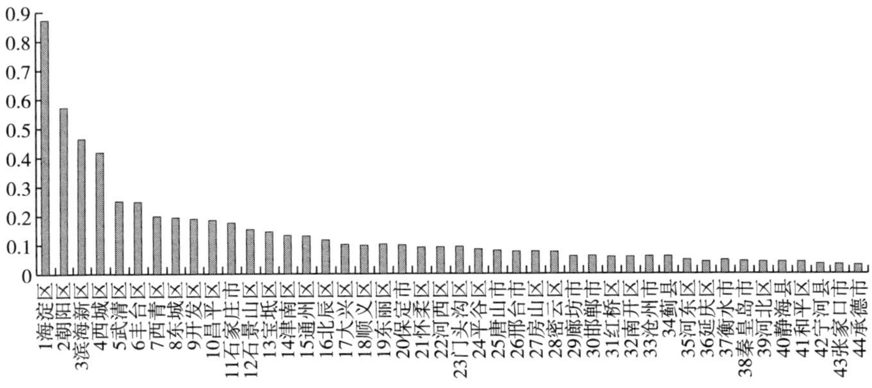

图 4－18　2014 年京津冀各市区县企业创新力得分排名

资料来源：根据龙信大数据计算所得。

（3）天津创新力呈增长态势，滨海新区“一枝独秀”，其他区县实力较弱

企业活力排名前 10 位中，天津占 2 位（滨海新区居第 5 位，和平区居第 9 位）；企业实力排名前 10 位中，天津占 1 位（滨海新区居第 6 名）；企业创新力排名前 10 位中，天津占 3 位（滨海新区居第 3 位，武清区居第 5 位，西青区居第 7 位）。但天津企业发展非常不均衡，除了滨海新区各项分项指数均能进入前 10 位以外，其他区县企业的总体水平较弱，在京津冀 44 个市区县企业排名中位次靠后，如在企业实力排名中，天津有 9 个区县落入后 10 位（见图 4－18、图 4－19、图 4－20）。

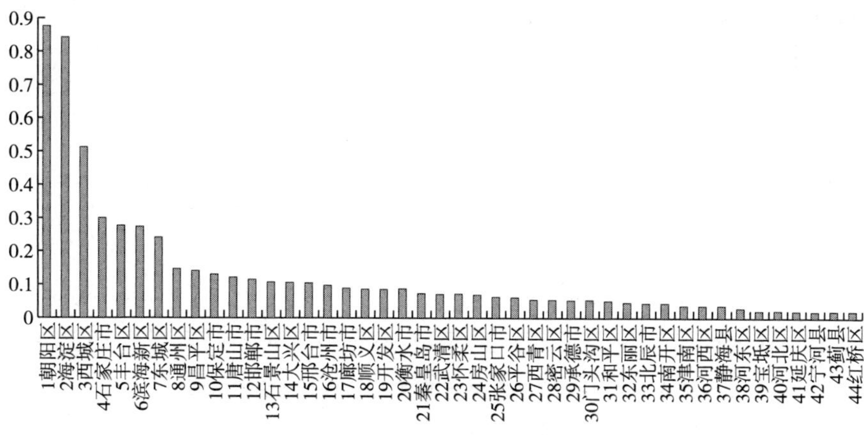

图 4－19　2014 年京津冀各市区县企业实力得分排名

（4）河北石家庄、保定企业实力较强，其他地级市大多居于中游

在企业实力排名中，河北的石家庄、保定进入前 10 位；在企业活力排名前 10 位中，石家庄居第 6 位；在企业创新力排名前 10 位中，河北没有城市进入，有 4 位落入后 10 名。总体来看，河北大多数地级市的企业得分居于中游水平。如果我们对三级指标做进一步分析的话，可以发现一个可喜的现象，即河北的新增企业数量和新增外资金额自 2012 年以来呈现迅猛增长趋势，反映了近年来在全国经济下行的大背景下，河北的企业活力却在不断增强，发展势头强劲（见图 4－18、图 4－19、图 4－20、图 4－21、图 4－22）。

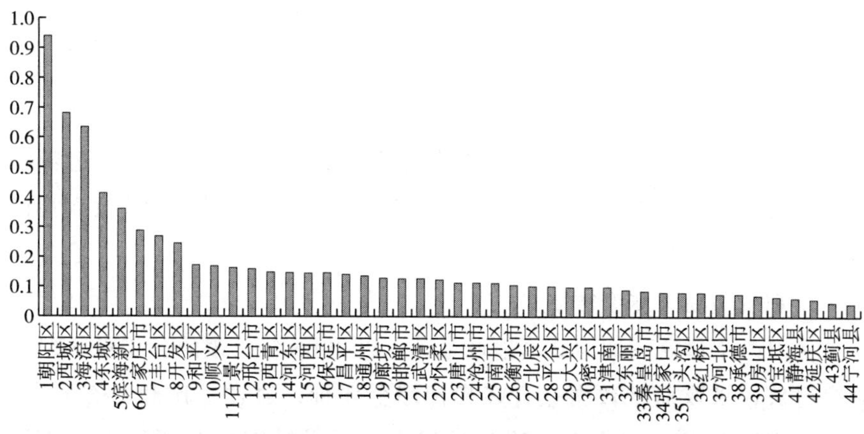

图 4－20　2014 年京津冀各市区县企业活力得分排名

资料来源：笔者根据龙信大数据计算所得绘制。

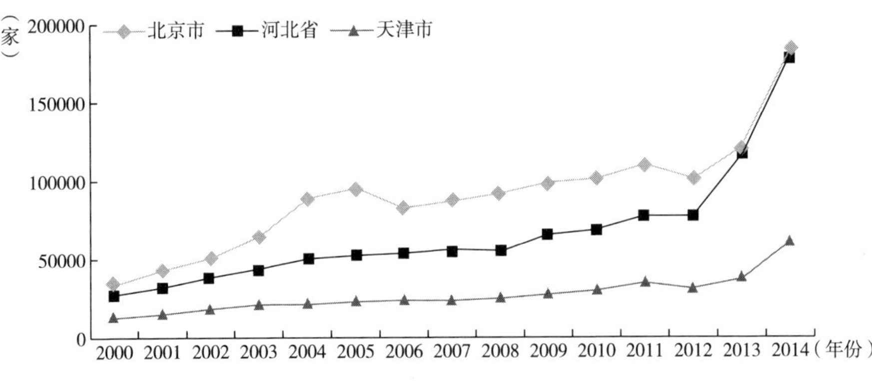

图 4－21　2000～2014 年京津冀三地新增企业数量

资料来源：笔者根据龙信大数据计算所得绘制。

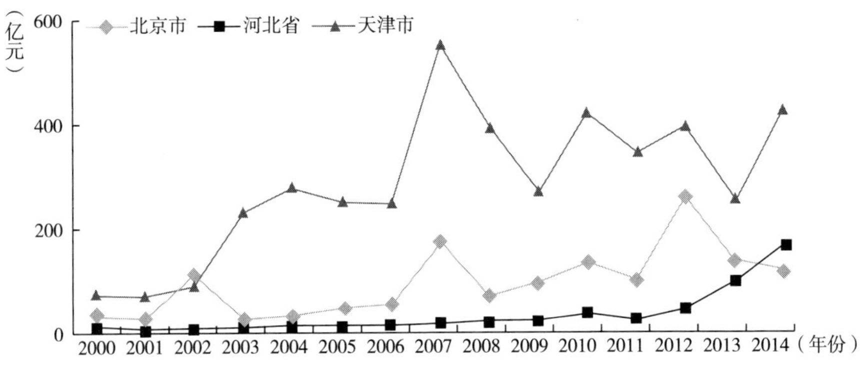

图 4－22　2000～2014 年京津冀三地新增外资金额

资料来源：笔者根据京津冀三省市统计年鉴绘制。

（四）生态文明指数——测度与结论

1. 指标体系

本研究构建了由生态状况、环境质量、资源利用、经济社会进步状况、环保制度及政策等 5 个二级指标和 27 个三级指标构成的生态文明指标体系（见表 4－11）。

2. 研究方法与测度结果

我们以京津冀三地为基本地域单元，以 2005 年以来的各年份数据为观察对象，采取面板数据进行多指标综合评价，通过对比和动态考察，来说明京津冀三地在生态文明建设过程中所做的努力和所取得的成果（见表 4－12）。

表 4－11　京津冀生态文明指数指标体系

一级指标	二级指标	三级指标		单位	指标性质（正或负）
生态文明指数	经济社会进步状况	1. 人均地区生产总值		元	正
		2. 城镇化率		%	正
		3. 服务业增加值占地区生产总值的比重		%	正
		4. 建设用地利用效率		%	正
		5. 居民平均预期寿命		岁	正
	生态状况	6. 森林覆盖率		%	正
		7. 人均林木蓄积量（生物生产量）		m^3	正
		8. 受保护国土占比		%	正
		9. 建成区绿化覆盖率		%	正
		10. 城市人均绿地面积		m^2	正
	环境质量	11. 工业废水排放达标率		%	正
		12. 工业三废综合利用率		%	正
		13. 城市大气环境良好率		%	正
		14. 农村安全饮用水保证率		%	正
		15. 生活垃圾无害化处理率		%	正
		主要污染物排放减少比例	16. 二氧化硫	%	正
			17. 化学需氧量	%	正
			18. 氨氮	%	正
	资源利用	19. 单位耕地化肥施用量		公斤/公顷	负
		20. 单位耕地农药施用量		公斤/公顷	负
		21. 单位 GDP 能耗减少比例		%	正
		22. 水资源重复利用率		%	正
		23. 农业灌溉用水有效利用系数		%	正
		24. 耕地保有量减少比例		%	负
	环保制度及政策	25. 人均环保投入		元	正
		26. 环境污染治理投资占固定资产投资的比重		%	正
		27 水土流失治理率		%	正

资料来源：笔者自制。

3. 几点结论

本研究重点考察和测度了 2005～2014 年十年间京津冀三地生态文明指数水平变动以及结构变化趋势，得出以下基本结论。

(1) 总体水平：北京最优，天津平稳，河北起点低、增长快

从2005年到2014年的10年间，北京生态文明指数水平基本维持在0.6～0.9；天津生态文明指数稳定地维持在0.4～0.5；河北生态文明指数增长最快，由2005年的0.263跃升到2014年的0.518，超过了天津。2014年北京生态文明指数为0.675，河北为0.518，天津为0.468（见表4－12）

表4－12　2005～2014年京津冀三地生态文明指数

地区	年份	经济社会进步情况	生态状况	资源利用	环保制度及政策	环境质量	生态文明指数
北京	2005	0.256	0.196	0.022	0.115	0.059	0.648
	2006	0.254	0.149	0.033	0.135	0.056	0.627
	2007	0.258	0.116	0.040	0.140	0.051	0.606
	2008	0.262	0.117	0.077	0.137	0.075	0.668
	2009	0.263	0.176	0.055	0.151	0.062	0.706
	2010	0.268	0.165	0.067	0.154	0.074	0.728
	2011	0.274	0.163	0.086	0.161	0.071	0.753
	2012	0.276	0.164	0.094	0.181	0.071	0.786
	2013	0.279	0.169	0.102	0.201	0.068	0.819
	2014	0.283	0.173	0.110	0.051	0.059	0.675
天津	2005	0.103	0.021	0.119	0.083	0.094	0.419
	2006	0.103	0.044	0.138	0.040	0.106	0.429
	2007	0.108	0.042	0.171	0.037	0.106	0.464
	2008	0.112	0.030	0.181	0.027	0.104	0.453
	2009	0.120	0.000	0.188	0.029	0.104	0.441
	2010	0.132	0.007	0.179	0.024	0.098	0.439
	2011	0.141	0.024	0.170	0.026	0.113	0.474
	2012	0.151	0.018	0.163	0.017	0.111	0.461
	2013	0.167	0.019	0.155	0.009	0.110	0.461
	2014	0.181	0.020	0.148	0.000	0.119	0.468
河北	2005	0.000	0.077	0.000	0.185	0.000	0.263
	2006	0.002	0.080	0.012	0.193	0.005	0.293

续表

地区	年份	经济社会进步情况	生态状况	资源利用	环保制度及政策	环境质量	生态文明指数
河北	2007	0.001	0.073	0.021	0.189	0.017	0.301
	2008	0.002	0.095	0.067	0.175	0.051	0.389
	2009	0.013	0.127	0.048	0.177	0.055	0.419
	2010	0.015	0.140	0.048	0.176	0.054	0.432
	2011	0.018	0.119	0.054	0.173	0.048	0.413
	2012	0.022	0.138	0.050	0.187	0.064	0.461
	2013	0.029	0.139	0.046	0.201	0.073	0.488
	2014	0.037	0.142	0.042	0.214	0.083	0.518

资料来源：根据京津冀三地历年统计年鉴计算所得。

（2）发展趋势：京津冀三地生态文明水平差距趋于缩小

北京生态文明指数远高于津冀。而河北生态文明指数水平虽然起点较低，但近年来提升较快。2012 年河北生态文明指数达到 0.461，与天津同步，2013 年超过天津，2014 年突破 0.5，三地差距有缩小趋势（见图 4－23）。

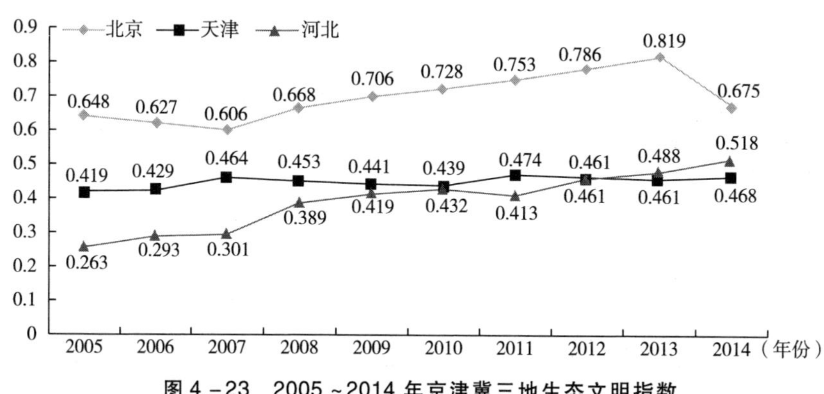

图 4－23　2005～2014 年京津冀三地生态文明指数

（3）内部结构：生态状况北京最好，资源利用和环境质量天津最好

如果对生态文明指标体系中的二级指标如生态状况、资源利用、环境质量等做进一步分析，可以得出以下结论。

生态状况：北京最好，河北次之，天津与京冀有较大差距。2014 年北京生态状况指数为 0.173，河北为 0.142，天津为 0.020。从发展趋势来看，

2005 年到 2014 年十年间，河北生态状况指数呈上升趋势，与北京的差距不断缩小，天津则维持在原有较低水平（见图 4－24）。

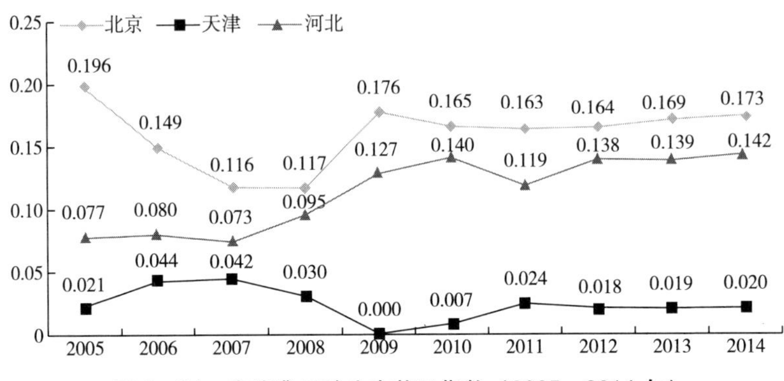

图 4－24　京津冀三地生态状况指数（2005～2014 年）

资料来源：笔者根据京津冀三省市历年统计年鉴整理计算所得绘制。

资源利用：天津最高，北京次之，河北最低。2014 年资源利用指数天津为 0.148，北京为 0.110，河北为 0.042。从发展趋势来看，从 2005 年至 2014 年十年间，天津从 2010 年开始呈下降趋势，北京则快速上升，河北出现缓慢下降态势（见图 4－25）。

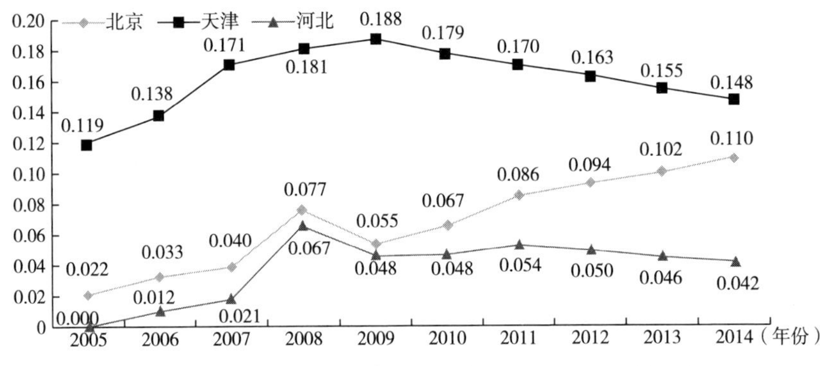

图 4－25　京津冀三地资源利用指数（2005～2014 年）

资料来源：笔者根据京津冀三省市历年统计年鉴整理计算所得绘制。

环境质量：天津最佳，北京相对稳定，河北快速上升。天津一直处于 0.09～0.12 的较高区间；北京大体维持在 0.065 的平均水平；河北变化幅度较大，环境质量指数由 2005 年的 0 快速上升到 2014 年的 0.083，甚至在 2013 年超过北京（见图 4－26）。

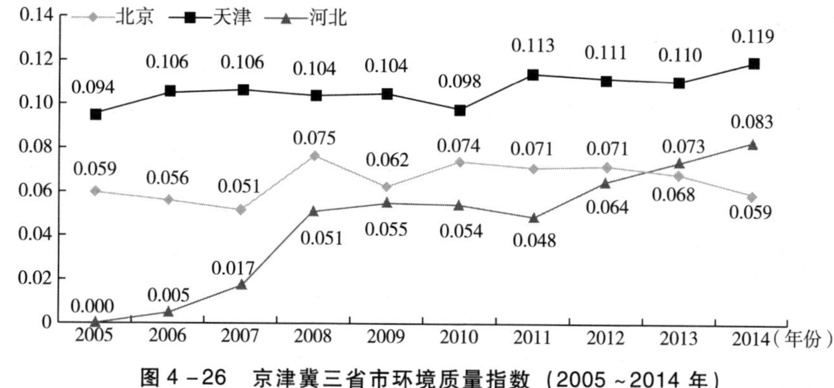

图 4－26　京津冀三省市环境质量指数（2005～2014 年）

资料来源：笔者根据京津冀三省市历年统计年鉴与历年《中国城市统计年鉴》计算所得绘制。

（五）主要问题：转型任务艰巨、资源环境超载、内部差距较大

根据以上发展指数、生态文明指数、企业发展指数、人口发展指数的测度和分析，京津冀地区目前亟待破解的是转型任务艰巨、资源环境超载、内部差距较大等突出问题。

1. 转型任务艰巨

在全国经济进入“新常态”、面临经济下行巨大压力的宏观背景下，京津冀地区经济发展也面临同样的下滑态势。根据本书发展指数分析，近年来北京驱动力指数有所下降，天津和河北的驱动力指数平稳波动，投资驱动仍然是天津和河北经济增长的主要驱动力。通过对三级指标如全社会固定资产投资总额进行分析，2013 年天津的全社会固定资产投资总额是北京的 1.44 倍，河北省 2013 年全社会固定资产投资总额远超京津，但在社会消费品零售总额、外贸进出口总额、实际利用外资金额、知识密集型企业数量占比等方面与京津相比仍有较大差距，反映了天津和河北在转变发展方式、促进产业升级等方面任务艰巨。

2. 资源环境超载

自 2005 年以来，京津冀三地在生态文明建设方面取得了一定的成绩，但在大气和水生态污染、水资源和土地资源的保护利用等方面所面临的形势日趋严峻。在北京的各项指数中，承载力指数最低，已成为制约北京发

展的主要障碍。天津的承载力指数也相对较低，资源环境的刚性约束已成为影响经济社会发展的主要短板。河北的承载力指数近年来呈明显下降趋势，二氧化碳排放量和化学需氧量排放量都处于较高水平，近10年占区域排放总量的70%以上，尤其是二氧化碳排放量占区域总量的近80%，对区域环境构成了重大威胁。

3. **内部差距很大**

如前文所分析，不仅京津冀三地间发展不平衡，而且天津和河北内部也发展不均衡。如从企业发展指数来看，天津滨海新区“一枝独秀”，而天津其他区县企业实力偏弱；河北省内部各地级市的发展水平也很不均衡，石家庄市作为省会城市，综合发展实力居于11个地级市之首，唐山、保定、邯郸三市属于第二梯队，其他地级市发展水平相对较低。特别是公共服务水平、交通等基础设施建设滞后已成为严重阻碍河北快速发展的重要因素。

第五章　大数据分析——协同发展进程

监测京津冀协同发展进程需要构建一套比较完善的指标体系。考虑到目前指标体系的完善性和数据可得性受现有条件的制约，本课题暂用企业大数据分析手段来监测协同发展进程，重点对京津冀三地企业相互投资的规模、行业分布及空间变化进行数据分析①，以期发现京津冀协同发展的新动向和新进展，为政府决策提供依据。

一　产业分工格局

（一）北京在营企业资本占三地的64%

从企业整体来看，截至2015年12月，京津冀地区在营企业222.26万家（不含分支机构），京津冀三地企业资本合计28.87万亿元。其中，北京拥有在营企业110.79万家，占比为49.85%；资本合计18.52万亿元，占比为64.15%。天津拥有企业32.04万家，占比为14.41%；资本合计5万亿

① 【数据说明和相关定义】本报告中所使用基础数据来源于原国家工商行政管理总局经济信息中心，涉及京津冀企业基本登记信息、投资信息、被投资企业基本信息，数据截至2015年12月末。京津冀企业：指在原国家工商行政管理总局经济信息中心数据库中来源于北京市、天津市和河北省工商局节点的企业。投资额：特指京津冀独立法人对被投资企业的直接出资，不包括直接控股子公司的再投资以及非设立公司形式的投资，不包含自然人投资行为；当企业实缴大于注册资本时，替换为企业注册资本额。出资额换算：将出资额按出资当年（出资日期取其中年度）的年度平均汇率换算。投资时间处理：以出资时间为主；出资时间为空或无效，补充被投资企业成立时间，出资时间大于当前时间或小于1900年或早于被投资企业成立时间，补充被投资企业成立时间；出资时间早于投资企业成立时间，替换为投资企业成立时间。行业：依据国家统计局《国民经济行业分类与代码表（GB T4754－2011）》进行分类。行政区划：以住所所在行政区划为主，以工商登记机关和属地监管工商所资料为辅，所用数据涉及投资企业所在县级行政单位，但工商注册企业主体数据库中部分企业相关信息填报不全或有误，为了研究的准确性，将企业所在行政区划统一到市级。

元，占比为17.32%。河北拥有企业79.44万家，占比为35.74%；资本合计5.35万亿元，占比为18.53%（见图5－1）。

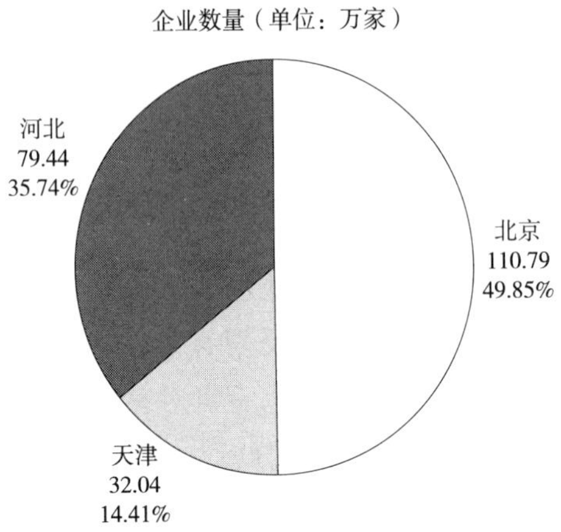

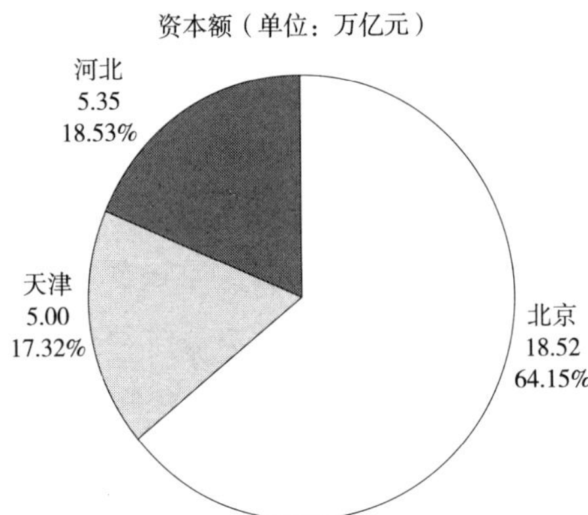

图5－1　截至2015年底京津冀三地企业主体分布情况

资料来源：龙信大数据。

（二）三地企业资本行业分布各有侧重

从行业分布看，截至2015年12月，北京注册资本居首位的是租赁和商务服务业，占北京企业注册资本总额的33.14%，科学研究、技术服务和地质勘查业企业数量最多，占北京企业总量的28.33%；天津注册资本最多的是金融业（25.97%），企业数量最多的是批发和零售业（28.58%）；河北制造业企业注册资本最多（25.77%），批发和零售业企业数量最多（30.95%）（见图5－2）。

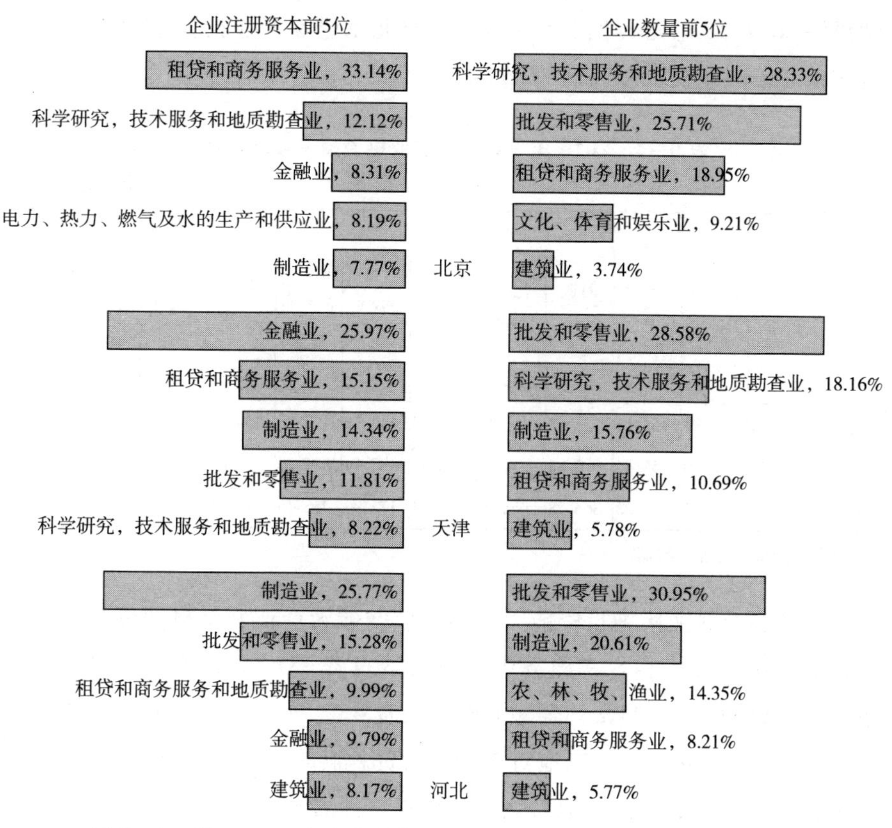

图 5-2　截至 2015 年底京津冀三地企业数量和注册资本的行业分布

资料来源：龙信大数据。

（三）三地重点产业分工格局初步形成

京津冀三地企业对产业投资重点集中，产业吸纳投资流向明显。2015 年京津冀企业相互投资额累计达 11724.6 亿元。根据对京津冀三地 2015 年相互投资的规模（包含本地对本地投资）、结构与空间的分析，三地企业的投资流向与三地各自的功能定位、产业发展方向、空间布局导向整体保持一致，产业投资流向变化基本符合《京津冀协同发展规划纲要》中对三地产业发展的规划要求。

北京在租赁和商务服务业，科学研究、技术服务和地质勘查业领域吸纳投资能力较强。2015 年，租赁和商务服务业吸纳投资 2192.05 亿元，占对北京重点产业投资额的 38.90%；科学研究、技术服务和地质勘查业吸纳投资2037.22亿元（见表5－1），占对北京重点产业投资额的36.15%，占三地对该产业投资总额的86.42%。

表5－1　2015年三地重点产业接受投资额基本情况

单位：亿元

地区	医药产业	航空航天产业	电子信息产业	钢铁产业	化工产业	装备业	金融业	租赁和商务服务业	房地产业	建设业	科学研究、技术服务和地质勘查业	汽车制造业
北京	20.63	1.97	153.15	5.48	25.91	119.52	448.76	2192.05	363.28	260.79	2037.22	1.08
天津	1.33	2.80	51.34	2.84	4.71	6.57	457.14	881.20	92.60	43.23	164.41	25.25
河北	6.42	2.25	49.28	366.28	29.05	54.34	172.90	455.16	173.97	126.46	160.17	307.41

资料来源：龙信大数据。

天津在金融业吸纳投资能力凸显，航空航天产业和金融业领先于北京和河北。2015年，租赁和商务服务业吸纳投资881.20亿元，占对天津重点产业投资额的51.24%；金融业吸纳投资457.14亿元，占对天津重点产业投资额的26.58%，占三地对该产业投资总额的42.37%；航空航天产业吸纳投资2.8亿元，占三地对该产业投资总额的39.89%。

河北钢铁、化工产业和汽车制造业吸纳投资均居于三地首位。2015年，钢铁产业吸纳投资366.28亿元，占三地对该产业投资总额的97.78%，其中对钢铁产业投资的94.15%流向了炼钢领域；化工产业吸纳投资29.05亿元，占三地对该产业投资总额的48.69%；汽车制造业吸纳投资307.41亿元，占三地对该产业投资总额的92.11%，其中对汽车整车制造投资占到97.78%。

二　企业投资动向

（一）三地相互投资大幅增长

三地相互投资增长迅猛。扣除本地企业自身相互投资，仅从三地单向互投情况来看，2015年京津冀三地相互投资额为1948.75亿元，是2014年（609.52亿元）的3.2倍，增幅达220%。

北京对津冀投资呈“井喷”状态。2015 年北京对津冀投资额为 1641.81 亿元，是 2014 年（469.67 亿元）的 3.5 倍，增长了 249.57%（见表 5－2）。

津冀两地相互投资额从 2014 年的 68.39 亿元增长到 2015 年的 68.67 亿元。2015 年天津对河北投资额达 34.89 亿元，同比增长 76.66%；同期，河北对天津投资额为 33.78 亿元，同比下降 30.55%（见表 5－4）。

表 5－2　2014～2015 年北京对津冀两地投资情况

单位：亿元，%

	2014 年	2015 年	同比增幅
北京对天津	308.62	778.46	152.24
北京对河北	161.05	863.34	436.07
合　计	469.67	1641.81	249.57

表 5－3　2014～2015 年津冀两地对北京投资情况

单位：亿元，%

	2014 年	2015 年	同比增幅
天津对北京	27.41	194.38	609.16
河北对北京	44.05	43.89	－0.36
合　计	71.46	238.27	233.43

表 5－4　2014～2015 年津冀两地相互投资情况

单位：亿元

年份	天津对河北	河北对天津
2014	19.75	48.64
2015	34.89	33.78
合　计	54.64	82.42

资料来源：龙信大数据。

（二）北京已成资本净流出地

在 2015 年三地企业相互投资总额（1948.75 亿元）中，北京对津冀两地的投资额（1641.81 亿元）占三地相互投资总额的 84.25%，而同期北京吸纳津冀两地的投资额仅为 238.27 亿元（见表 5－3），不足北京对津冀投资额的 1/6。

三 投资行业分布

（一）北京对天津投资倾向研发和金融，而对河北投资倾向制造

从产业链环节来看，北京对天津的投资倾向于布局研发环节（以科学研究和技术服务为指向）和资本环节（以现代金融服务业为指向）。2015年北京投入天津研发环节和资本环节的投资额分别占北京对津冀该环节投资总额的75.65%和93.88%。北京对河北的投资主要以自然资源和劳动力资源为指向，投资集中布局在制造环节（以制造业为指向），2015年北京投入河北制造环节的投资额占北京对津冀该环节投资总额的62.27%（见图5-3）。

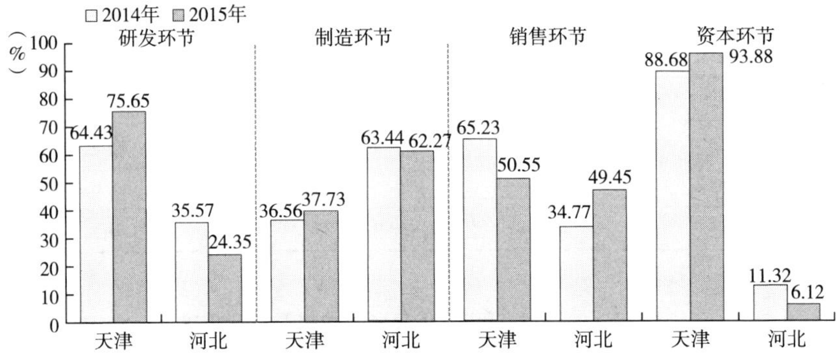

图5-3 2014~2015年北京向津冀两地主要产业链环节投资比重对比情况

资料来源：笔者根据龙信大数据计算所得。

（二）天津对河北的投资主要集中在制造业和商务服务业

从投资行业偏好来看，2015年天津对河北的投资集中在制造业和商务服务业，投资额分别达7.32亿元和2.61亿元，分别占天津对河北全年投资总额的20.98%和7.48%，特别是对制造业的投资占比，2015年比2014年的11.59%提高了9.39个百分点（见表5-5）。

（三）河北对天津的投资主要集中在商务服务业和金融业

从投资行业偏好来看，2015年河北对天津的投资集中在商务服务业和

金融业，投资额分别达 19.06 亿元和 6.36 亿元，分别占河北对天津全年投资总额的 56.42% 和 18.83%（见表 5－6）。

表 5－5 2014～2015 年天津对河北投资重点行业分布对比情况

年份	全行业	制造业		商务服务业	
	投资金额（亿元）	投资金额（亿元）	占比（%）	投资金额（亿元）	占比（%）
2014	19.75	2.29	11.59	3.19	16.15
2015	34.89	7.32	20.98	2.61	7.48

表 5－6 2014～2015 年河北对天津投资重点行业分布对比情况

年份	全行业	金融业		商务服务业	
	投资金额（亿元）	投资金额（亿元）	占比（%）	投资金额（亿元）	占比（%）
2014	48.64	10.13	20.83	17.55	36.08
2015	33.78	6.36	18.83	19.06	56.42

资料来源：龙信大数据。

从三地企业相互投资的行业分布来看，总体朝着北京打造全国科技创新中心、天津打造全国先进制造研发基地和金融创新运营示范区、河北建设产业转型升级试验区方向迈进。三地企业投资互动频繁，产业投资引领产业协作联动。

四 投资空间分布

（一）北京对津冀投资流向滨海新区及唐、石、廊、保

北京对天津投资主要流向滨海新区，其次是武清区。2015 年北京向滨海新区投资高达 648.84 亿元，占对天津全年投资总额的 83.35%；向武清区投资 51.21 亿元，占对天津全年投资总额的 6.58%。二者之和占对天津投资总额的近九成。

北京对河北投资主要流向唐、石、廊、保四地。2015 年北京向唐山投资 480.99 亿元，占对河北投资总额的 55.71%；向石家庄投资 91.95 亿元，

占对河北投资总额的10.65%；向廊坊投资84.50亿元，占对河北投资总额的9.79%；向保定投资49.84亿元，占对河北投资总额的5.77%。

（二）天津对河北投资主要流向秦、保、衡等地

从投资空间流向上来看，天津对河北的投资（2014～2015年两年）主要流向秦皇岛、保定和衡水等地（见表5－7）。

表5－7　2014～2015年天津对河北全省及主要地级市投资情况

单位：亿元

	2014年	2015年	合计
河北省	19.75	34.89	54.64
秦皇岛市	8.03	2.83	10.86
保定市	3.00	6.72	9.72
衡水市	0.03	8.53	8.56
石家庄市	1.51	4.89	6.40
唐山市	3.49	2.81	6.31
廊坊市	1.63	4.23	5.86

资料来源：龙信大数据。

（三）河北对天津的投资集中流向滨海新区

从河北对天津的投资空间流向来看，2015年，92.57%的投资集中流向了滨海新区，投资额高达31.27亿元。

五　转型升级进展

（一）北京：科技、文创成为吸资重点，产业层次趋向高端化

北京依托丰富的智力资源和创新优势，2015年科学研究、技术服务和地质勘查业，租赁和商务服务业吸纳投资额分别占北京吸纳投资总额的29.35%和31.6%。同时，受益于北京大力推动文化创意产业发展，文体娱乐产业迅速成为投资的热点领域，吸纳投资额达58.17亿元，占京津冀文化娱乐产业吸纳投资总额的57.7%，居京津冀三地之首。

（二）天津：先进制造和现代金融为吸资重点，升级步伐加快

2015 年天津制造业接受投资额累计达 123.5 亿元，其中先进制造业累计吸纳资本 45.2 亿元，占制造业吸纳资本总额的 36.6%。现代金融服务业吸纳投资稳居三地之首。2015 年金融及相关服务业累计吸纳投资额达 457.14 亿元，占京津冀三地金融业吸纳投资总额①（1078.81 亿元）的 42.37%，天津金融业吸纳投资额分别为北京和河北的 1.02 倍和 2.64 倍。其中，资本市场服务和货币金融服务两大现代金融服务业吸纳投资额达 369.31 亿元，占金融业吸纳投资总额的 80.79%（见图 5－4）。

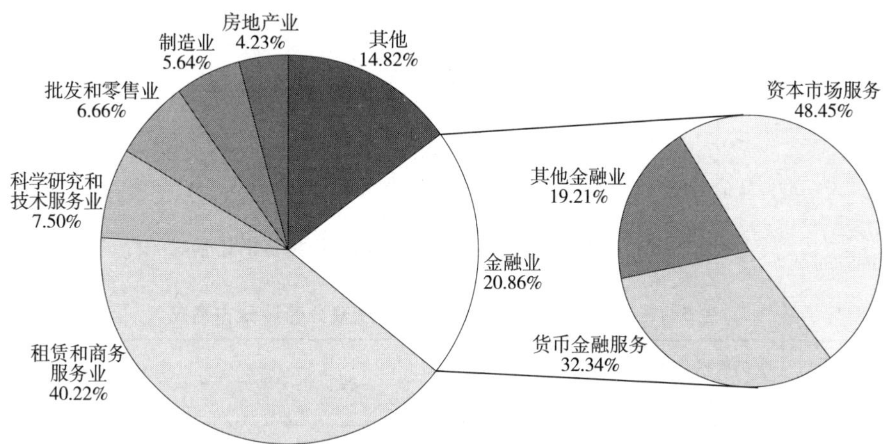

图 5－4　2015 年天津各产业及金融业细分领域吸纳投资额比重

资料来源：龙信大数据。

（三）河北：制造业成为吸资的重点，产业转型升级稳步推进

2015 年河北制造业吸纳投资额达 909.43 亿元，位居三地之首（见图 5－5），其中 37.92% 流向了钢铁深加工，32.4% 流向了汽车整车制造。吸纳投资主要集中在唐山、保定、石家庄、廊坊，这四市 2015 年吸纳投资额达 811.05 亿元，占河北制造业吸纳投资总额的 89.18%。其中，唐山吸纳投资 396.27 亿元（占比 43.57%），91.28% 的投资额集中于钢铁、化工

① 金融业吸纳投资额＝异地对金融业投资额＋本地对金融业投资额。

产业；保定吸纳投资 312.75 亿元（占比 34.39%），93.38% 的投资额集中于汽车制造业的汽车整车制造和汽车零部件及配件制造；石家庄吸纳投资 68.32 亿元，63.98% 的投资额集中于通用装备制造、光电子器件及其他电子器件制造；廊坊吸纳投资 33.72 亿元，55.12% 的投资额集中于木质家具制造、汽车零部件及配件制造、工业自动控制系统装置制造等。这些资本的注入，将加快河北制造业转型升级的步伐（见表 5－8）。

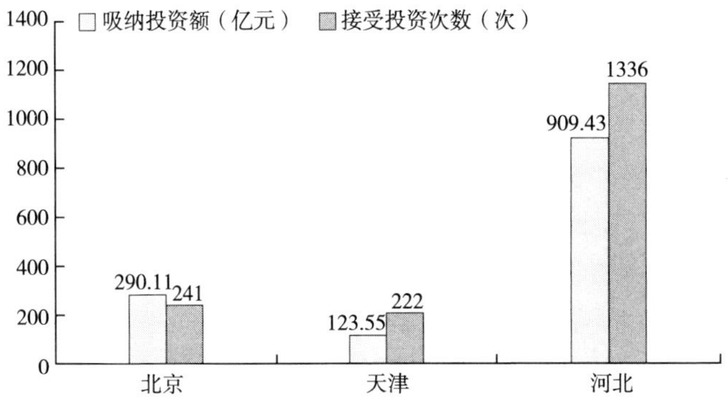

图 5－5　2015 年京津冀三地制造业吸纳投资对比情况

表 5－8　2015 年河北制造业吸纳投资分区域分布情况

区域	吸纳投资次数（次）	吸纳投资额（亿元）	投资集中细分产业领域
唐　山	171	396.27	钢铁、化工
保　定	180	312.75	汽车整车制造、汽车零部件及配件制造
石家庄	215	68.32	通用装备制造、光电子器件及其他电子器件制造
廊　坊	156	33.72	木质家具制造、汽车零部件及配件制造、工业自动控制系统装置制造等

资料来源：笔者根据龙信大数据计算所得。

第六章　空间分析——格局变化

一　人口空间格局及变化

（一）人口分布——山前地区和海河下游是京津冀人口密集区和核心地带

京津冀两市一省是我国人口分布较为稠密的地区。但具体看，该地区内部人口分布格局同样存在比较明显的差异，整体来说，平原地区人口密度普遍高于山区和最北部的坝上高原。人口密集区主要分布在山前地区和海河下游。一是燕山山前（燕山南麓）和太行山山前（太行山西麓）地带。这是京津冀城市群的核心地带，也是未来人口最为稠密的地区，生态压力较大。二是海河下游，即天津市区及其周边。该区是京津冀唯一不在山前冲积平原上的人口密集区，它的区位优势在于是海河水系的“九河下梢”，加上近代以来西方文明的传入，海运地位上升，导致人口集聚。衡水等平原腹地及秦皇岛、唐山、沧州等沿海地区，地势低洼，地形坡度小，土地盐碱化程度较高，人口反而不及山前地带。燕山山区、太行山山区、坝上高原人口密度较低，其中又以坝上高原尤甚。在整个京津冀地区，人口密度最低的县是承德丰宁（每平方公里 46 人），地处坝上高原，其与最高的天津市和平区（每平方公里 36420 人）相比，相差将近 800 倍。河北所有地级市市区人口在各自市域内都是最高的，形成人口空间分布的波峰。

（二）人口变化——京津郊区化明显，河北进入城镇化加速阶段

从过去五年人口变化的情况看，有三个特点。一是人口快速增长的地

区集中于京津超大城市和特大城市市区及其近郊区和河北所有地级市的中心区，这两类地区人口年均增速都在3%以上。二是虽较前一类地区人口增速稍缓，但仍保持快速增长的地区集中于京津部分远郊区县和廊坊市的环北京地区——以安次、广阳、固安、三河为代表，以及邢台、邯郸京广线以东地区，这两类地区人口年均增速为2%～3%。三是人口增速缓慢甚至降低的地区集中于河北部分地级市（如张家口、承德、邢台、邯郸、衡水等）周边邻县和渤海湾北部沿海区县市。

综上分析，根据彼得霍尔的城市群六阶段演进模型，可以得到以下结论：北京、天津处于“相对分散”阶段，而北京的目标是通过非首都功能疏解，进入“绝对分散”阶段；石家庄、保定、邯郸、沧州处于“相对集中”阶段，秦皇岛、衡水、邢台处于“绝对集中”阶段，张家口、承德处于“流失中的集中”阶段。

二　产业空间格局及变化

（一）产业分布——第二产业集中于“两带”，第三产业集中于核心城市中心区

第一产业比重偏高的地区主要集中在山区（特别是北部山区）和坝上高原，此外还包括东南部平原中腹区，基本属于京津冀相对欠发达的地区。从人均产值与第一产业比重的相关系数为-0.572的情况看，二者存在一定的负相关性。

第二产业比重超过60%的地区集中在两条“带”上。一是环京津东部、南部，东起宽城，大致向南经迁西、唐山市区、曹妃甸、滨海新区，再折向西，经大城、任丘、高阳等地，呈现一个“丿”形；二是石家庄东以及邢台、邯郸的西部，沿京广铁路南北延伸。人均产值与第二产业比重的相关系数为-0.005，说明二者几乎没有相关性，这体现了经济发展进入工业化后期乃至后工业化阶段的特点，即经济水平不再主要依靠工业化的推动。

第三产业比重偏高的地区主要集中在超大和特大城市中心城区，其特点是第一产业比重几乎为0，第二产业比重低于第三产业。但在部分欠发

达地区，第三产业比重也较高，如怀来、蔚县、阳原、怀安乃至延庆等部分山区县，这些地区普遍缺乏发展第二产业的条件，或因主体功能区划分导致第二产业被严格限制发展。这类县的特点是第二产业份额基本低于30%，第一产业比例中等，第三产业比重“被动”抬高。

（二）结构变化——多数地区第一产业比重降低、第二产业比重上升

京津冀五年来多数地区第一产业比重是降低的，第一产业比重增加在3个百分点以上的地区，对应增速图来看，其第一产业的年均增速大多保持在15%以上，个别反例如沧州的青县是因为第二产业增速（6.4%）过低，张家口的阳原是因为第二产业增速（10.0%）、第三产业增速（8.9%）均不高。第一产业比重下降在5个百分点以上的地区，其第一产业年均增速大多在10%以下，冀东南平原腹地很多县甚至在5%以下。另外，已完全城市化的大城市中心区，没有第一产业产值，故而年均增速虽为0，但产业比重增量反而位列0～3个百分点的第二档，这点应区别对待。

第二产业比重增加的区县市数量远多于下降的区县市。研究中对第二产业的分级方式与第一产业有所不同，这里保留了比重降低的两档，这些区县市大多是率先“去工业化”的地区，大体位于各都市圈的中心城区，在这些地方，第二产业比重降低是由第三产业比重增加造成的。不过邢台的巨鹿、平乡等地区例外，其第二产业、第三产业比重同时降低，第一产业比重增高，这种情况相对少见。另外，京津冀多数地区第二产业比重五年间还是有所提高的，这说明就整个地区而言“去工业化”的说法言之过早，特别是河北省还处于工业化中期，未来几十年的发展仍可能以工业为主，并接受从北京疏解出来的“非首都功能”。

多数第三产业比重增加的地区是第二产业比重降低的地区。对应第二产业、第三产业比重增量图可以发现，京津冀多数第三产业比重增加的地区其第二产业比重是降低的，而多数第三产业比重降低的地区则第二产业比重增加。这是因为，第一产业比重的变化幅度不大，造就了京津冀第二、第三产业比重变化呈较强的负相关性。2008～2013年，第三产业比重增加最快的地区主要包括京津两座超大、特大城市的近郊，这是因为，两

座城市市中心第三产业增幅最快的阶段已经过去；除此以外，河北主要城市的市中心也是第三产业比重增幅明显的地区。第三产业比重集中降低的地区包括张北以及河北京广铁路沿线，但随着冬奥会的申办成功，这一趋势在“十三五”时期是否会延续仍有待观察。

（三）产值分布——人均与地均高产值地区集中在北京市区及天津至唐山一线

与人口分布相似，产值分布也存在空间不平衡特征。从人均产值看，水平较高的地区主要集中于以下两个地区：一是北京的东城、西城、海淀、朝阳以及顺义，其高产值主要靠第三产业特别是高级生产性服务业来推动；二是天津至唐山一线，其高产值主要依靠制造业推动，其中很多产业是在“十一五”“十二五”期间陆续由北京和天津中心城区疏解过来的。

地均产值格局与人均产值大体相同。考虑到地均产值为人均产值与人口密度之积，加之人均产值与人口密度呈一定的正相关性（相关系数约为0.383），故地均产值分布较人均产值分布，其不平衡性更加突出，地均产值分布在一定程度上是人均产值分布的“夸大”化处理。地均产值分布与人均产值分布的不同之处在于，前者的“波谷”基本位于冀北山区、坝上高原以及冀西山区北段，这里的县域面积较大；后者的“波谷”基本位于冀东南，这里的县域人口相对稠密，导致人均产值下降。

（四）产值变化——增速最快地区主要集中在天津滨海新区、武清及北京顺义

从近五年的产值增速来看，增长最快的地区主要集中在天津滨海新区、武清以及北京顺义等地，其次是北部山区，特别是张北地区。滨海新区近年来始终保持强劲的发展态势，而张北地区五年间的快速增长一方面源于其基数偏低，另一方面可能也与冬奥会申办成功有关。但是在我国整体经济降速的背景下，地区生产总值增速放缓同样是本区域的大势所趋。预计未来十年，年均增速超过20%的县市还会进一步减少，并可能主要集中在欠发达地区。北京、天津这两座超大、特大城市的中心城区，在功能

疏解的要求下，地区生产总值增速可能会降至5%以下。

（五）产业轴带——初步形成“一核、两翼、一带”的产业分布格局

在主体功能分区的基础上，依托各地特色产业，京津冀初步形成了四条较为成熟的产业发展轴带，分别是京津高新技术产业带、京保石邯现代制造产业带、京唐秦产业转型升级发展带和滨海临港重化工产业带。其中，京津高新技术产业带是核心发展轴，京保石邯现代制造产业带、京唐秦产业转型升级发展带构成区域产业发展的两翼，滨海临港重化工产业带是沿海产业发展的重点地带。

一是京津高新技术产业带。该产业带依托京津两个超大、特大城市和沿京津城际交通沿线的众多科研基地、开发区、高新技术产业园区，如中关村科技园区、亦庄开发区、廊坊经济技术开发区、龙河工业园、永清工业园区、固安工业园区、燕郊电子信息产业园、武清科技园、天津经济技术开发区等，已成为京津冀高新产业的发展高地和核心地带，也是承接北京高新技术成果转化和产业化的重要基地，重点包括电子信息、新能源、新材料和生物医药等高新技术制造业和通信网络设备、信息材料、应用软件等现代服务业。未来该产业带应积极承接高新技术转移，推动科技研发成果转化，重点发展现代服务和高端制造等优势产业。

二是京保石邯现代制造产业带。依托京广铁路、京珠高速公路在辖境内的沿线城市，纵穿南北，形成了以汽车为核心的运输装备制造业，以煤炭生产及加工（煤矿开采、电力生产、煤盐化工和钢铁冶炼）为核心的重化工业，以纺织服装和食品加工为代表的轻工业，以及以能源设备制造业、电子设备制造业为代表的战略新兴产业四大产业链条，是华北地区重要的现代制造业产业轴带。

三是京唐秦产业转型升级发展带。分布于京沈高速公路沿线城市，主要包括北京、宝坻、唐山和秦皇岛交通沿线的主要城镇。该产业带依托开滦煤田的资源优势和曹妃甸港、京唐港等区位优势，目前已经形成以钢铁、石化为代表的重型工业，在带动区域发展的同时也带来了诸多环境问题，未来该产业带发展重点在于现有重化工业的转型升级。

四是滨海临港重化工产业带。主要包括天津市和河北省的秦皇岛、唐山和沧州。依托天津港、曹妃甸港（唐海县、滦南县）、黄骅港、京唐港（乐亭县）、秦皇岛港五大港口及沿海公路建立起来的现代化临港重化工产业集聚带，已形成重化工、钢铁、能源三大核心产业以及现代化港口物流仓储基地。未来该产业带重点发展战略新兴产业、先进制造业以及生产性服务业，形成与生态保护相协调的滨海型产业集聚带。

三　城镇空间格局及变化

（一）城市规模分布——小城市过多，河北省中心城市发育不足

根据表6－1，2012年，京津冀城市群中，特大城市以上级别的城市有两个，即北京与天津，发展历史悠久，人口规模庞大，是传统的区域中心城市。中小城市数量众多，但是缺少“二传手”型的城市即省域副中心城市作为核心城市与一般城市之间的纽带。尤其是河北目前只有石家庄1个Ⅰ型大城市，缺少在区域发挥辐射带动作用的副中心城市。城市规模结构不完善，中心城市发育不足。

表6－1　2012年京津冀10万人口以上城市规模分布情况一览

单位：人，个

新标准		规模（市区人口）	城市	数量
超大城市		1000万以上	北京	1
特大城市		500万～1000万	天津	1
大城市	Ⅰ型大城市	300万～500万	石家庄	1
	Ⅱ型大城市	100万～300万	唐山、秦皇岛、邯郸	3
中等城市		50万～100万	邢台、保定、承德、张家口、沧州、廊坊、衡水	7
小城市	Ⅰ型小城市	20万～50万	蓟县、任丘、永年、三河、迁安、大名、涿州、丰润	8
	Ⅱ型小城市	20万以下	静海、定州、高碑店、密云、霸州、魏县、河间、玉田、武安、泊头、赵县、昌黎、临漳、张北、临城（10万以下略）	40以上

资料来源：《中国城市统计年鉴2013》《中国县（市）社会经济统计年鉴2013》。

（二）城市空间布局——初步形成两大都市圈，并向多核城市群发展

目前，京津冀地区已经初步孕育出两大都市圈（首都都市圈、天津都市圈）、三小都市圈（石家庄都市圈、唐秦都市圈、保定都市圈）、两个潜在都市圈（邯邢都市圈、沧衡都市圈），此外环首都都市圈不作为一个独立的都市圈，其主要以首都都市圈的外延形式存在（见表6－2）。

表6－2 京津冀区域各都市圈基本情况

都市圈	范围	中心
首都都市圈	北京市域，廊坊部分地区未来或将以环首都都市圈并入，甚或包括张家口和承德部分地域	北京中心城区为单中心，未来借助新城发展四至五个副中心
环首都都市圈	河北划出的（13＋1）个毗邻北京的区县市	以北京中心城区为中心
天津都市圈	天津市域，廊坊部分地区，未来或将包括承德部分地区	现在以天津中心城区为单中心，未来或以天津中心城区和滨海新区为双中心，并发展两至三个副中心
石家庄都市圈	石家庄市域和邢台北部部分地区	以石家庄市区为单中心，发展两到三个副中心
唐秦都市圈	唐山、秦皇岛市域，未来或将包括承德部分地区	现在以唐山市区为中心，以秦皇岛市区为副中心，未来或发展为双中心，并进一步发展两到三个副中心
保定都市圈	保定市域大部分地区	以保定市区为单中心，未来发展一到两个副中心
邯邢都市圈	邯郸市域和邢台南部地区	以邯郸市区为中心，邢台市区为副中心，未来或发展为双中心，并进一步发展两到三个副中心
沧衡都市圈	沧州和衡水市域	未来以沧州和衡水为双中心，并发展两到三个副中心

资料来源：笔者归纳整理所得。

各都市圈中心城市之间以轴线串联，形成四轴一带城市发展极化地区，极化地区主要连接各都市圈中心城市以及若干副中心城市。“四轴”即京广铁路发展轴、京九铁路发展轴、京沪铁路发展轴、京唐发展轴，

“一带”即滨海发展带。目前京广铁路发展轴有京保石邯现代制造产业带支撑，又有高铁通过，各都市圈联系较为紧密。京沪铁路发展轴也有高铁通过，该线天津以北地区（京廊津）目前城市化发展迅速，各都市圈内部城市建成区有彼此相连的趋势，但天津以南的地区还缺乏一定的产业支撑。京唐发展轴唐山以东部分有高铁通过，以西部分高铁绕道天津，稍显滞后，特别是产业支撑不足，廊坊北三县除房地产外，还应结合环首都都市圈发展机遇，依托高新技术着力培育可持续发展的绿色产业。京九铁路发展轴串联的是河北省平原中相对落后的地区，目前没有高铁通过，经济水平相对滞后，未来要缩小京津冀地区差异，京九铁路发展轴将是工作难点。滨海发展带各个港口均有一定实力，与内地也保持了良好的沟通，不足之处在于港口之间尚未形成良好的专业化分工和横向合作，各个港口的腹地市场没能得到最大化利用。京津冀区域城市群分布基本情况见表6－3。

表6－3　京津冀区域城市群分布基本情况

	涉及都市圈	涉及主要城市
京广铁路发展轴	首都都市圈、环首都都市圈、保定都市圈、石家庄都市圈、邯邢都市圈	北京中心城市、房山；涿州；高碑店、定兴、保定中心城市、定州；新乐、正定、石家庄中心城市、元氏、高邑；柏乡、临城、隆尧、内丘、邢台中心城市、沙河、永年、邯郸中心城市、磁县
京九铁路发展轴	首都都市圈、环首都都市圈、沧衡都市圈	北京中心城市、大兴；固安；雄县、任丘、河间、肃宁、饶阳、深州、衡水中心城市、冀州、枣强、南宫、清河
京沪铁路发展轴	首都都市圈、环首都都市圈、天津都市圈、沧衡都市圈	北京中心城市、大兴；廊坊、武清；天津中心城市、静海；青县、沧州中心城市、泊头、南皮、东光、吴桥
京唐发展轴	首都都市圈、环首都都市圈、唐秦都市圈	北京中心城市、通州；三河、蓟州区；玉田、唐山中心城市、滦县、昌黎、抚宁、秦皇岛中心城市、山海关
滨海发展带	唐秦都市圈、天津都市圈、沧衡都市圈	山海关、秦皇岛中心城市、抚宁、昌黎、乐亭、曹妃甸；滨海新区；黄骅

资料来源：笔者归纳整理所得。

（三）城市职能分工——依托产业的城市分工初步形成

有鉴于京津冀区域内各城市地理区位、资源禀赋、环境承载、经济背景、产业基础、设施条件、人文积淀等并不完全一致，造成不同城市职能各有侧重，本部分采用对应分析的方法研究京津冀地级以上城市的职能分工。以产业部门（共 18 个门类，不包括农林牧渔业和国际组织）从业人员为变量，以北京、天津及河北的 11 座地级市为样本，数据来自 2004 年、2008 年、2013 年第一、二、三次全国经济普查资料中的“法人单位从业人员数”。这里需要指出的是，“三普”中出现了“有证照个体经营户从业人员”的数据，但鉴于“一普”“二普”缺乏该数据，无法纵向对比，故而舍弃（见图 6－1、图 6－2、图 6－3）。

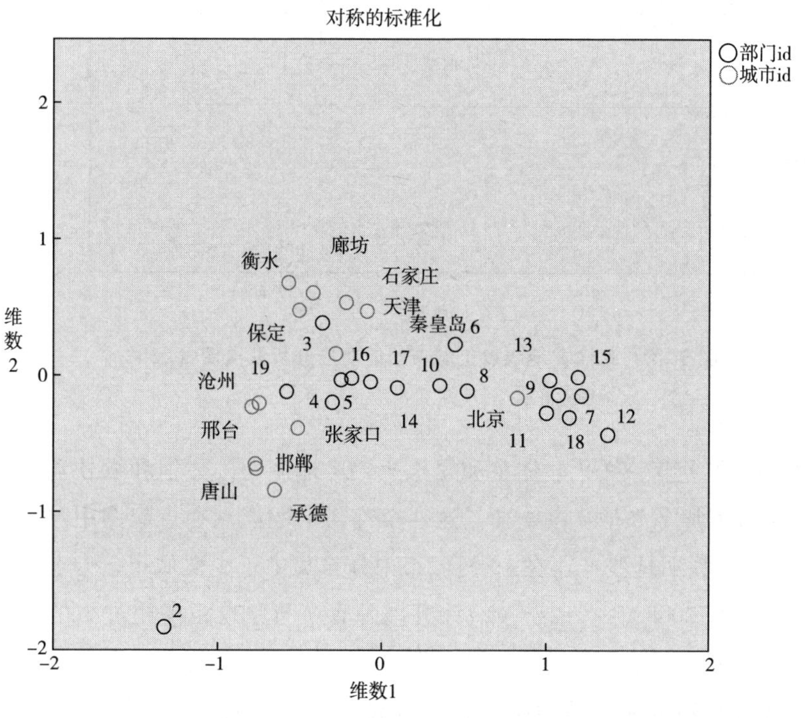

图 6－1 京津冀地级以上城市职能对应分析散点图（2004 年）

注：图中职能点数字代表部门为：2. 采矿业；3. 制造业；4. 电力、热力、燃气及水的生产和供应业；5. 建筑业；6. 交通运输、仓储和邮政业；7. 信息传输、计算机服务和软件业；8. 批发和零售业；9. 住宿和餐饮业；10. 金融业；11. 房地产业；12. 租赁和商务服务业；13. 科学研究、技术服务和地质勘查业；14. 水利、环境和公共设施管理业；15. 居民服务和其他服务业；16. 教育；17. 卫生、社会保障和福利业；18. 文化、体育和娱乐业；19. 公共管理和社会组织。

资料来源：第一次全国经济普查。

从 2004 年“一普”的计算结果看，区域内较为专业化的职能依次包括采矿业，租赁和商务服务业，信息传输、计算机服务和软件业，居民服

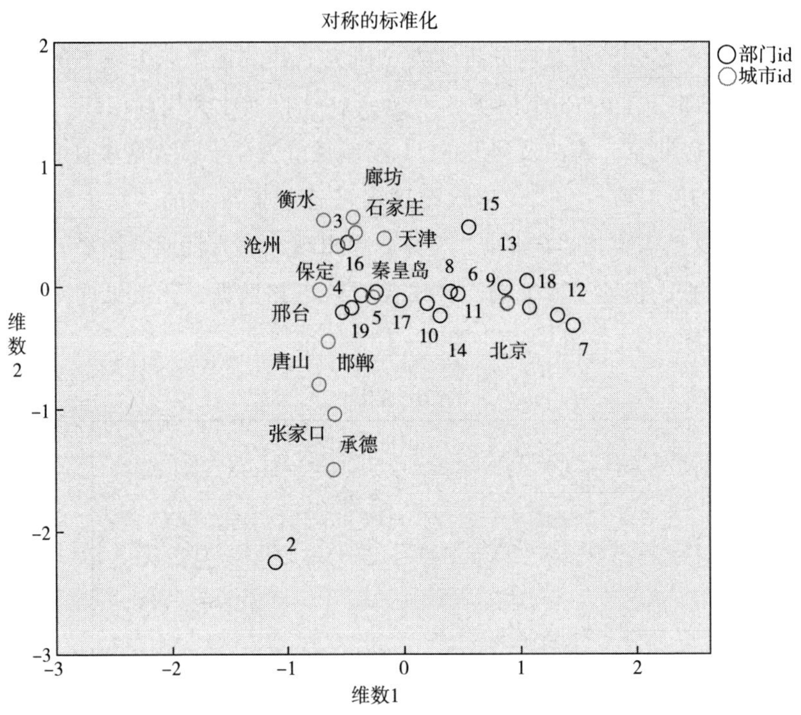

图 6-2　京津冀地级以上城市职能对应分析散点图（2008 年）

资料来源：第二次全国经济普查。

务和其他服务业，文化、体育和娱乐业，房地产业，住宿和餐饮业，科学研究、技术服务和地质勘查业，这八个部门的职能点在点聚图中与原点距离超过 1，说明这些产业在 13 座城市中分布集中于少数城市，专业化特征较明显。从 2008 年“二普”的计算结果看，与原点距离超过 1 的职能部门包括采矿业，信息传输、计算机服务和软件业，租赁和商务服务业，文化、体育和娱乐业，科学研究、技术服务和地质勘查业，说明到了 2008 年，这些职能仍然是区域内较为专业化的职能。距离原点低于 0.3 的职能部门包括卫生、社会保障和福利业，教育，金融业等，这些都是区域内各城市的一般化职能。从 2013 年“三普”的计算结果看，第一维在信息传输、计算机服务和软件业，租赁和商务服务业，采矿业等职能上具有较高的贡献度，其中，与前两个产业正相关，与采矿业负相关。第二维在采矿业职能上具有较高的贡献度，与采矿业负相关。从整体的职能分布看，距离原点超过 1 的职能部门只剩下采矿业，信息传输、计算机服务和软件业，

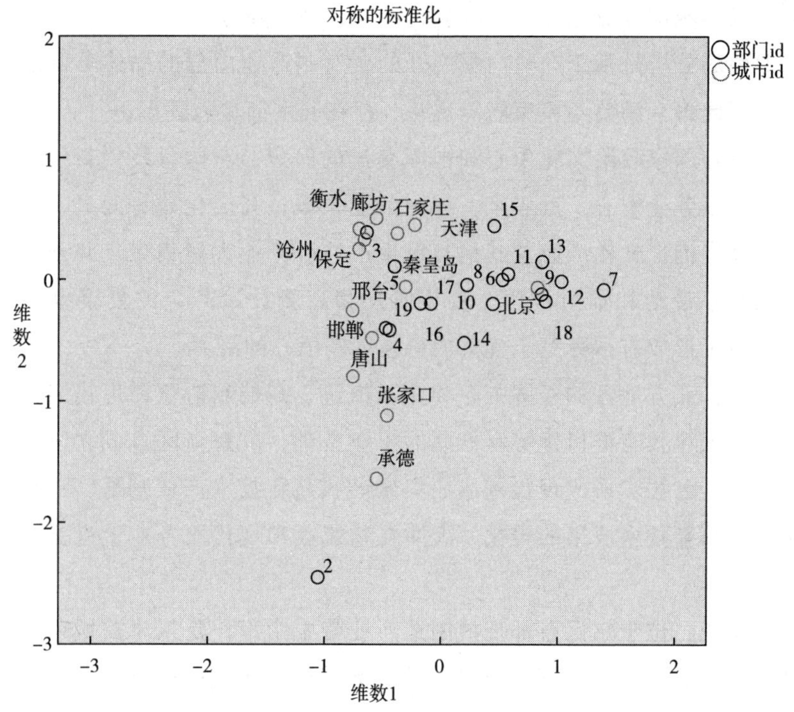

图 6-3 京津冀地级以上城市职能对应分析散点图（2013 年）

资料来源：第三次全国经济普查。

租赁和商务服务业，说明到了 2013 年，专业化的职能部门较 2008 年又有所减少。距离原点较近的职能部门只剩下卫生、社会保障和福利业，教育，金融业。距离原点低于 0.3 的一般化部门在 2013 年也只剩下卫生、社会保障和福利业，教育，批发和零售业。从各城市的职能分工看，北京的服务业在逐步"升级"。天津、石家庄、廊坊、衡水、沧州、保定等城市仍然是"制造业集团"，其中，天津和石家庄的服务业比重稍大。除此以外，邢台、邯郸的能源生产职能，唐山的能源兼矿产职能，承德、张家口的矿产职能，秦皇岛的综合类职能，与 2008 年相比，都几乎没有太大变化。

最后，通过总惯性测度京津冀地区的专业化分工程度，即取各职能点惯性的总和。所谓各职能点的惯性，就是其到原点的距离。总惯性越大，说明各城市之间职能分工越明显，整个区域专业化分工程度越高。测算结果为，2004 年总惯性为 14.029，2008 年为 13.715，2013 年为 13.597，说明区域内各城市专业化分工程度变化不大，略有降低。

上面的分析是基于产业门类展开的，对制造业内部的描述不可能十分准确，因此将京津冀各城市职能现状、存在问题简单叙述如下。

北京：国家政治文化中心和国际交流的门户、全国科技创新中心、京津冀现代服务业中心。近年来，在服务业领域，高端化趋势明显，金融保险、中介咨询、文化产业及其他高级生产性服务业大量集聚，并开始发挥一定的核心带动和辐射作用。科技研发和高新技术产业的集聚也较为显著，具备了形成有国际竞争优势的科技创新中心的潜力。

天津：北方地区的经济中心和交通枢纽、高端制造业和现代服务业的集聚地。天津具有港口优势和雄厚的工业基础，滨海新区自成立以来发展势头迅猛，已初步形成现代制造业集聚区和高新技术产业基地，承接了大量国内外高新技术成果的转化，天津在物流业和现代服务业上也具有一定优势。

石家庄：位于京保石邯现代制造产业带中南部，是京津冀城市群的区域性中心城市之一和“第三极”，也是河北省行政中心。在医药、纺织、化工、装备制造、食品、电子信息、能源电力等七大部门中已形成具备地区比较优势的特色产业集群，是冀中南交通运输枢纽和华北地区重要的物流集散基地。

唐山：京津冀地区原材料工业和重化工基地。具有一定的铁矿、煤炭等资源以及港口优势，钢铁、电力、建材、化工等产业成熟，工业体系完善，产品附加值高。服务业近年来也有一定发展，特别是旅游业，历史文化、自然风光、红色教育等资源丰富，但是制造业中高能耗企业裁汰压力较大。

保定：区域制造业中心和河北省旅游服务业中心。保定市传统的产业特点是轻工业优于重工业，轻工业主要有纺织业、服装业，重工业是以汽车、机电为代表的装备制造业。近年来，重工业后来居上，并出现了以新能源为代表的战略新兴产业。保定市商业在河北省优势明显，加之区位条件优越，未来物流业发展潜力巨大。保定市域内山川景色秀美，历史积淀深厚，自然和人文旅游资源丰富，旅游业发展常年在全省名列前茅，是河北省旅游服务业中心。

张家口：京津冀地区的生态及水源涵养区，在旅游服务、新型能源、食品加工、装备制造、现代物流、电子信息等领域有一定产业基础。未来因冬奥会的召开，市场潜力较大，服务业发展存在很大空间。基于生态环境保护的要求，需要提高制造业准入门槛，降低制造业比重，除环境友好型产业予以保留外，其余产业应逐步外迁。

承德：京津冀地区的生态及水源涵养区。因地处京津冀绝大多数饮用水水库上游，担负地区供水安全责任，故生态环境建设压力较大。目前在钢铁工业、装备制造、能源产业领域有一定基础，产业结构仍呈现比较明显的重工业特征，与其重要的区域生态保育功能并不完全匹配。近年来，通过有针对性地招商引资，在新材料、新能源领域取得了一定突破。在此基础上，还可以重点发展绿色农业，加大农产品产业化力度，积极扶持旅游业，特别是依托避暑山庄、木兰围场发展历史文化旅游业。

秦皇岛：我国最大的能源输出港，玻璃、水泥、煤炭出口专业港。经过多年发展，已形成以建材、金属压延、化学、机电、食品饮料加工为支柱的制造业体系，制造业具有鲜明的临港特色，外向型特征显著。近年来借助招商引资，吸纳了大量高新技术产业。秦皇岛还具有丰富的海洋资源、旅游资源，未来服务业发展潜力巨大。

廊坊：位于京津产业走廊，产业发展依托产、学、研合作，主要承接京津的高新技术产业扩散。产业体系以高新技术、教育科研、会展旅游为主，高新技术产业以汽车制造、计算机和电子通信设备制造为主。近年来，因为北京的限购政策，廊坊的房地产业势头较好，宜居城市建设、社区配套服务领域发展前景广阔。

邯郸：京津冀城市群南部中心城市，地处京津冀城市群与中原经济区交会地带。制造业基础雄厚，以煤炭、冶金、电力、纺织、建材、陶瓷六大支柱产业为主导，辅以机械、化工、医药、食品及其他轻工业。商贸物流业发达，形成了轻纺、汽贸、建材、钢铁等专业物流中心，辐射华北乃至全国市场。

邢台：京津冀地区能源基地。邢台依托地矿资源优势，多年来形成了门类较为齐全的工业体系，即以装备制造、新能源、煤盐化工、汽车工业、新型建材为主导的产业集群，除此以外，纺织服装、食品、医药也是邢台的支柱产业。近年来，邢台服务业发展迅速，在商贸物流、信息服务、电子商务等领域取得了一定成绩。

沧州：京津冀南部陆海交通枢纽和临港制造、现代物流、商贸集散业中心。沧州海洋资源丰富，海水养殖和盐化工产业基础雄厚，前景广阔，同时也是全国三大铸造业基地之一，是我国华北地区重要的石油化工生产基地。多年来形成了石油化工、冶金、机械装备制造、纺织服装、食品加工等主导产业体系。

衡水：京津冀城市群东南部重要节点城市。制造业方面，衡水在装备制造、石化、钢铁、食品加工等领域具备一定基础。第三产业中教育占据全省领先地位，商贸流通业发展态势良好。环保、金融服务、信息技术是衡水近年来的新兴产业；流通领域，依托电商的新型服务业态受到了极大重视。未来衡水还将是京津战略性新兴产业、先进制造业转移的重要目的地。

以下将河北省各县级市主导产业做一下简单整理（见表6－4）。

表6－4　河北省各县级市优势产业

县级市	第二产业	第三产业
辛集市	钢铁机械、化工、皮革	
藁城市	生物医药、装备制造、轻工纺织、食品加工	农业观光旅游
晋州市	纺织、装备制造、化工、装饰建材、食品加工	
新乐市	化工、医药、装备制造、食品加工	
遵化市	钢铁、建材、机械制造、食品加工、电力能源、医药化工	
迁安市	精品钢铁业、装备制造业	现代物流业
霸州市	金属、玻璃、家具	
三河市	印刷装订、食品加工、建筑建材、电子信息、生物制药、新材料	
定州市	生物医药、新能源汽车、高端装备制造、汽车及零部件产业、食品深加工、传统制造（铸造、钢网、体品、塑料）	文化旅游
涿州市	营养健康产业、生物材料产业、生物农业产业、精高端农机装备	文化旅游
安国市	纺织、医药制造、通用设备制造业	
高碑店市	汽车制造业、食品饮品业、机械制造业、建筑业、建材业	
泊头市	铸造、汽车模具、环保设备、工业泵阀	
任丘市	石油化工、电子通信和机械装备制造	

续表

县级市	第二产业	第三产业
黄骅市	五金制造、汽车装备、五金产业、汽车产业、化工产业	现代物流
河间市	汽车配件、电线电缆、保温材料、通信器材、石油化工、汽车配件、玻璃制品、餐具、轻纺化工、新材料、精细化工、机械制造	
冀州市	采暖铸造、化工、复合材料、加工、汽车配件、医疗器械	手表集散地、现代化棉花仓储集散中心
深州市	机械装备制造、食品加工、化学工业、家居制造	
南宫市	羊绒、羊剪绒、棉花加工、食品加工、装备及零部件制造、小家电制造	
沙河市	采掘业、新型建材业、冶金装备制造、医药化工业、纺织	商贸物流和旅游业
武安市	钢铁、冶金工业、建材工业、煤炭工业	文化旅游

资料来源：笔者归纳整理所得。

四 生态环境状况及变化

（一）空气环境——质量基本稳定，近年来略有改善

“十二五”期间，在全社会的共同努力下，通过产业调整、节能减排，在经济快速增长的同时，多数城市空气质量略有改善。2014 年京津冀地级以上城市空气质量优天数最高的为张家口，达到90 天，占了一个季度，排第二、三位的为承德、秦皇岛，分别为 38 天和 36 天，北京 28 天，排第四。其余各城市均为 10 天及以下，衡水市全年无空气质量优天数。仅从空气质量优天数来看，京津冀地区空气质量并不理想，但是优、良天数相加，多数城市保持在 100 天以上，邢台、保定、衡水三地最低，均为 84 天。其中，张家口优、良天数仍排第一，共 310 天，占 84.9%，承德、秦皇岛优、良天数占全年的 2/3 左右，北京和天津优、良天数占比为 45%。污染天数中，绝大多数城市以轻微污染为主，所有城市都呈现出轻微污染天数多于轻度污染、轻度污染天数多于中度污染、中度污染天数多于中度重污染的特点。但有些城市重度污染天数多于中度重污染，甚至多于中度污染。重度污染天数最多的是石家庄，为 42 天，其次是邢台 40 天、保定 36 天。区域空气质量水平不均衡仍然是京津冀未来亟待解决的问题。

（二）地表水环境——水质状况总体堪忧

水质断面监测数据显示，京津冀整体水质状况堪忧。水质最好的河段为漳河岳城水库以上段，但此段上游部分为冀豫交界处，再上游为山西省，与河北省无太大关系。水质稍好的包括滦河迁西县上游段，主要流经承德各县，至迁西的大黑汀水库，水质仍保持Ⅱ级，其支流柳河汇入滦河时为Ⅰ级水质。滦河优越的水质也影响到引滦入津的几条相关河流，如淋河、黎河、沙河等，水质均较好，进入于桥水库前均为Ⅱ级。除此以外，由于对河北省保证进京水质的要求，永定河、潮河、白河、拒马河进京时断面水质较好，除白河进京时水质为Ⅲ级外，其余均保持在Ⅱ级。张家口除洋河以外，多数河流水质中等，属于Ⅲ级，洋河在万全县南的左卫桥断面处为Ⅳ级，较承德滦河水系稍差。唐山、秦皇岛一些直接入海的河流如陡河等水质在入海口也是Ⅲ级。保定的白洋淀、天津海河三岔口等著名的景观区水质基本维持在Ⅳ级。海河在天津境内水质不佳，在经过滨海新区以前，包括黑龙港河、独流减河、潮白新河、北运河等天津境内的断面均为Ⅴ级，延庆的妫水河在进入官厅水库前也为Ⅴ级。水质为劣Ⅴ级的断面主要涉及北京、天津、保定、沧州、邢台和邯郸。如北京北运河榆林庄断面、下游廊坊王家摆断面均为劣Ⅴ级。天津永定新河、海河入海口均为劣Ⅴ级。流经保定市区的府河两处断面均为劣Ⅴ级。沧州大部分河流在入海或出境到天津时为劣Ⅴ级，如南排河、子牙新河、宣惠河等。邢台滏阳河和卫运河断面均为劣Ⅴ级。邯郸卫河两处断面均为劣Ⅴ级，但龙王庙断面为河南省流入。

（三）生态环境——湿地公园数量增加，人工造林成绩显著

京津冀的生态廊道主要由国家级、省级的自然保护区、森林公园、湿地公园组成。自然保护区多分布于山区，少数位于平原。截至2015年，国家自然保护区共18处，其中北京2处，天津3处，河北13处；省级自然保护区共48处，其中北京18处，天津5处，河北25处。自然保护区多位于山区，平原地区主要形式为湖泊、湿地、岸滩等。山区多位于北部的燕山山脉，西部太行山山脉及北部坝上高原分布较少。河北省除廊坊外，各地级市均有自然保护区。对于北京、天津等城市而言，自然保护区分布基

本位于市区核心区两小时通行圈以内。在各类自然保护区中，生态系统类和野生生物类对京津冀生态廊道的建设贡献最大，自然遗迹类中有部分具有地质、地貌价值，生态价值略为逊色。从京津冀地区国家级、省级共66处自然保护区看，生态系统类有35处，野生生物类有7处，自然遗迹类有24处，整体上生态环境价值是非常高的（见表6－5、表6－6）。

表6－5　京津冀国家级自然保护区一览（截至2015年底）

名称	地点	设立时间	类别	面积（公顷）	主管部门
百花山	北京市门头沟区	1985年4月1日	生态系统类	21743.1	林业
北京松山	北京市延庆区	1986年7月9日	生态系统类	4660	林业
古海岸与湿地	天津市、宁河区、滨海新区、东丽区、津南区	1984年12月1日	自然遗迹类	35913	海洋
蓟县中、上元古界地层剖面	天津市蓟县	1984年10月18日	自然遗迹类	900	环保
八仙山	天津市蓟县	1984年12月1日	生态系统类	1049	林业
昌黎黄金海岸	河北省秦皇岛市昌黎县	1990年9月30日	自然遗迹类	30000	海洋
驼梁	河北省石家庄市平山县	2001年3月31日	生态系统类	21311.9	林业
柳江盆地地质遗迹	河北省秦皇岛市抚宁区	1999年5月1日	自然遗迹类	1395	国土
青崖寨	河北省邯郸市武安市	2006年2月1日	生态系统类	15164	林业
小五台山	河北省张家口市蔚县、涿鹿县	1983年11月1日	生态系统类	21833	林业
泥河湾	河北省张家口市阳原县	1997年2月18日	自然遗迹类	1015	国土
大海陀	河北省张家口市赤城县	1999年7月1日	生态系统类	11224.9	环保
河北雾灵山	河北省承德市兴隆县	1988年5月9日	生态系统类	14247	林业
茅荆坝	河北省承德市隆化县	2002年5月29日	生态系统类	40038	林业
围场红松洼	河北省承德市围场满族蒙古族自治县	1994年8月15日	生态系统类	7970	农业
塞罕坝	河北省承德市围场满族蒙古族自治县	2001年8月1日	生态系统类	20029.8	林业
滦河上游	河北省承德市围场满族蒙古族自治县	2002年6月26日	生态系统类	50637.4	林业
衡水湖	河北省衡水市桃城区、冀州市	2000年7月1日	生态系统类	18787	林业

资料来源：《全国国家级自然保护区名录一览表》，2016年5月11日，http：//www.tj.bendibao.com/tour/2016511/76931.shtm。

表 6－6 京津冀省级自然保护区一览（截至 2015 年底）

名称	地点	设立时间	类别	面积（公顷）	主管部门
拒马河	北京市房山区	1996 年 11 月 1 日	野生生物类	1125	农业
石花洞	北京市房山区	2000 年 12 月 1 日	自然遗迹类	3650	国土
蒲洼	北京市房山区	2005 年 3 月 14 日	生态系统类	5397	林业
汉石桥湿地	北京市顺义区	2005 年 4 月 4 日	自然遗迹类	1615	林业
怀沙河怀九河	北京市怀柔区	1996 年 11 月 1 日	野生动物类	111	农业
喇叭沟门	北京市怀柔区	1999 年 12 月 1 日	生态系统类	18483	林业
四座楼	北京市平谷区	2002 年 12 月 29 日	生态系统类	19997	林业
云峰山	北京市密云区	2000 年 12 月 1 日	生态系统类	2233	林业
云蒙山	北京市密云区	2000 年 12 月 1 日	生态系统类	3900	林业
密云雾灵山	北京市密云区	2000 年 12 月 1 日	生态系统类	4152	林业
金牛湖	北京市延庆区	1999 年 12 月 1 日	野生动物类	1000	林业
延庆莲花山	北京市延庆区	1999 年 12 月 1 日	生态系统类	1470	林业
朝阳寺木化石	北京市延庆区	2000 年 12 月 1 日	自然遗迹类	2050	国土
太安山	北京市延庆区	1999 年 12 月 1 日	生态系统类	3470	林业
白河堡	北京市延庆区	1999 年 12 月 1 日	生态系统类	8260	林业
野鸭湖	北京市延庆区	2000 年 12 月 1 日	自然遗迹类	8700	林业
玉渡山	北京市延庆区	1999 年 12 月 1 日	生态系统类	9820	林业
大滩	北京市延庆区	1999 年 12 月 1 日	生态系统类	12130	林业
北大港湿地	天津市滨海新区	1999 年 8 月 24 日	自然遗迹类	34887.13	环保
大黄堡	天津市武清区	2004 年 9 月 21 日	自然遗迹类	11200	林业
青龙湾	天津市宝坻区	2003 年 6 月 27 日	生态系统类	416	林业
团泊鸟类	天津市静海区	1995 年 6 月 22 日	野生动物类	6040	林业
盘山	天津市蓟县	1984 年 12 月 1 日	生态系统类	710	住建
南寺掌	河北省石家庄市井陉县	2011 年 3 月 1 日	生态系统类	3058.5	林业
漫山	河北省石家庄市灵寿县	2001 年 3 月 1 日	野生生物类	12028	林业
嶂石岩	河北省石家庄市赞皇县	2005 年 9 月 1 日	自然遗迹类	23772	林业
石臼坨诸岛	河北省唐山市乐亭县	2002 年 5 月 1 日	自然遗迹类	3774.7	海洋
唐海湿地和鸟类	河北省唐山市唐海县	2003 年 4 月 1 日	自然遗迹类	10081.4	林业
三峰山	河北省邢台市临城县	2012 年 1 月 20 日	生态系统类	5464.4	林业
银河山	河北省保定市阜平县	2012 年 1 月 20 日	生态系统类	36210.9	林业
大茂山	河北省保定市唐县	2012 年 1 月 20 日	生态系统类	1353.33	林业

续表

名称	地点	设立时间	类别	面积（公顷）	主管部门
金华山－横岭子褐马鸡	河北省保定市涞源县、涞水县	1994 年 1 月 1 日	野生生物类	33940	林业
白洋淀湿地	河北省保定市安新县	2002 年 11 月 6 日	自然遗迹类	29696	环保
摩天岭	河北省保定市易县	2012 年 1 月 20 日	生态系统类	31060	林业
黄羊滩	河北省张家口市宣化县	2011 年 2 月 23 日	自然遗迹类	11035	林业
北大山	河北省承德市承德县	2009 年 12 月 11 日	生态系统类	10185	林业
六里坪	河北省承德市兴隆县	2007 年 11 月 27 日	生态系统类	14970	林业
辽河源	河北省承德市平泉县	2003 年 7 月 1 日	生态系统类	45225	林业
白草洼	河北省承德市滦平县	2007 年 11 月 27 日	自然遗迹类	17680	林业
丰宁古生物化石	河北省承德市丰宁满族自治县	2008 年 4 月 1 日	自然遗迹类	5256	国土
滦河源草地	河北省承德市丰宁满族自治县	1997 年 10 月 28 日	自然遗迹类	21500	环保
千鹤山	河北省承德市宽城满族自治县	2003 年 8 月 1 日	野生动物类	14038	环保
都山	河北省承德市宽城满族自治县	2001 年 1 月 1 日	生态系统类	19648	林业
御道口	河北省承德市围场满族蒙古族自治县	2002 年 5 月 1 日	自然遗迹类	32620	农业
南大港湿地	河北省沧州市运河区	1995 年 3 月 1 日	自然遗迹类	13380	林业
小山火山	河北省沧州市海兴县	2003 年 7 月 1 日	自然遗迹类	1381	国土
海兴湿地和鸟类	河北省沧州市海兴县	2005 年 11 月 1 日	自然遗迹类	16800	林业
黄骅古贝壳堤	河北省沧州市黄骅市	1995 年 8 月 1 日	自然遗迹类	117	国土

资料来源：https：//wenku. baidu. com/view/b962a258988fcc22bcd126fff705cc1755275fa3. html#。

截至 2015 年底，京津冀国家森林公园共计 42 处，其中，北京 15 处，天津 1 处，河北 26 处；此外，河北省还有省级森林公园 68 处。省级及以上森林公园均位于山区，其中，太行山山区略多于燕山山区，还有一些位于坝上高原。境内基本为平原的廊坊、沧州、衡水则无国家森林公园分布（见表 6－7、表 6－8）。

表 6－7 京津冀国家级森林公园一览（截至 2015 年底）

名称	地点	设立时间	总面积（公顷）	森林覆盖率（%）	植物种类
北京西山国家森林公园	北京市西郊（海淀、石景山、门头沟）	1992 年 11 月	5926.1	98.5	250
北京上方山森林公园	北京市房山区	1992 年 11 月	340	90	625
北京蟒山国家森林公园	北京市昌平区	1992 年 11 月	8581.53	96	170
北京云蒙山国家森林公园	北京市密云区	1995 年 11 月	2208	95	
北京小龙门国家森林公园	北京市门头沟区	2000 年 2 月	1595		844
北京鹫峰国家森林公园	北京市海淀区	2003 年 12 月	775.12	96.4	800
北京大兴古桑国家森林公园	北京市大兴区	2004 年 12 月	1164.79	95.16	
北京大杨山国家森林公园	北京市昌平区	2004 年 12 月	2106.5	90	400
北京八达岭国家森林公园	北京市延庆区	2005 年 12 月	2940	96	158
北京北宫国家森林公园	北京市丰台区	2005 年 12 月	914.5	68.8	237
北京霞云岭国家森林公园	北京市房山区	2005 年 12 月	21487.4	72.53	1500
北京黄松峪国家森林公园	北京市平谷区	2005 年 12 月	4274	63.15	818
北京崎峰山国家森林公园	北京市怀柔区	2006 年 12 月	4290.18	63.1	635
北京天门山国家森林公园	北京市门头沟区	2006 年 12 月	669.41	90 以上	
北京喇叭沟门国家森林公园	北京市怀柔区	2008 年 1 月	11171.5		
天津九龙山国家森林公园	天津市蓟县	1997 年 12 月	2126	95	360
河北海滨国家森林公园	河北省秦皇岛市北戴河区	1991 年 11 月	1666.67		
河北塞罕坝国家森林公园	河北省承德市围场满族蒙古族自治县	1993 年 5 月	94000	75.2	
河北磬锤峰国家森林公园	河北省承德市双桥区	1993 年 5 月	4020		400
河北翔云岛国家森林公园	河北省唐山市乐亭县	1993 年 5 月	2400		231
河北清东陵国家森林公园	河北省唐山市遵化市	1993 年 5 月	2233.33	71	
河北辽河源国家森林公园	河北省承德市平泉县	1996 年 8 月	11886	81.2	2000
河北山海关国家森林公园	河北省秦皇岛市山海关区	1997 年 12 月	4853.3	74.4	210
河北五岳寨国家森林公园	河北省石家庄市灵寿县	2000 年 12 月	4400	98	357
河北白草洼国家森林公园	河北省承德市滦平县	2002 年 12 月	5396		242
河北天生桥国家森林公园	河北省保定市阜平县	2002 年 12 月	11600	80	
河北黄羊山国家森林公园	河北省张家口市涿鹿县	2004 年 12 月	2107	80	1700

续表

名称	地点	设立时间	总面积（公顷）	森林覆盖率（%）	植物种类
河北茅荆坝国家森林公园	河北省承德市隆化县	2004 年 12 月	19400	87	1091
河北响堂山国家森林公园	河北省邯郸市峰峰矿区	2004 年 12 月	6348. 8		
河北野三坡国家森林公园	河北省保定市涞水县	2004 年 12 月	22850		778
河北六里坪国家森林公园	河北省承德市兴隆县	2004 年 12 月	2250	84	
河北白石山国家森林公园	河北省保定市涞源县	2005 年 12 月	3478	82	50
河北易州国家森林公园	河北省保定市易县	2005 年 12 月	8446		
河北古北岳国家森林公园	河北省保定市唐县	2005 年 12 月	4873. 33	56. 6	
河北武安国家森林公园	河北省邯郸市武安市	2005 年 12 月	40500		400
河北前南峪国家森林公园	河北省邢台市邢台县	2006 年 12 月	2600	90. 7	50
河北驼梁山国家森林公园	河北省石家庄市平山县	2006 年 12 月	15870		1873
河北木兰围场国家森林公园	河北省承德市围场满族蒙古族自治县	2008 年 1 月	5351		
河北蝎子沟国家森林公园	河北省邢台市临城县	2008 年 1 月	4634. 15	89	604
河北仙台山国家森林公园	河北省石家庄市井陉县	2008 年 12 月	1522		500
河北丰宁国家森林公园	河北省承德市丰宁满族自治县	2008 年 12 月	8839		793
河北黑龙山国家森林公园	河北省张家口市赤城县	2009 年 12 月	7034. 4	84. 5	754

资料来源：https：//wenku. baidu. com/view/7e7adf27302b3169a45177232f60ddccdb38e674. html。

表 6 –8　河北省省级森林公园一览（截至 2015 年底）

名称	地点	设立时间	总面积（公顷）	森林覆盖率（%）	植物种类
西柏坡省级森林公园	河北省石家庄市平山县	1996 年 6 月 26 日	2173. 33		
南寺掌省级森林公园	河北省石家庄市井陉县	1993 年 7 月 15 日	713. 33		330
藏龙山省级森林公园	河北省石家庄市井陉县	2007 年 12 月 12 日	1000	72. 4	
棋盘山省级森林公园	河北省石家庄市赞皇县	2007 年 3 月 16 日	1050. 38		
坝头省级森林公园	河北省张家口市张北县	1992 年 12 月 17 日	166. 67		
桦皮岭省级森林公园	河北省张家口市张北县	2007 年 12 月 28 日	7860		
泉林省级森林公园	河北省张家口市赤城县	1993 年 3 月 5 日	27000		
和平省级森林公园	河北省张家口市崇礼县	1992 年 12 月 17 日	3953. 33		
官厅省级森林公园	河北省张家口市怀来县	1993 年 3 月 15 日	1800		

续表

名称	地点	设立时间	总面积（公顷）	森林覆盖率（%）	植物种类
金莲山省级森林公园	河北省张家口市沽源县	2006年11月30日	9245	63	
黄金海岸省级森林公园	河北省秦皇岛市昌黎县	1993年3月15日	12966.67		
御带山省级森林公园	河北省唐山市丰润区	1993年12月17日	480		
景忠山省级森林公园	河北省唐山市迁西县	1994年3月23日	241.33		
鹫峰山省级森林公园	河北省唐山市遵化市	2006年11月30日	692		
千顷洼省级森林公园	河北省衡水市阜城县	1992年12月17日	546.67		
佛光山省级森林公园	河北省石家庄市平山县	2011年11月13日	1400		
高山寨省级森林公园	河北省石家庄市平山县	2011年2月25日	1039		
沕沕水省级森林公园	河北省石家庄市平山县	2008年12月16日	1100		
鹤龙山省级森林公园	河北省石家庄市平山县	2012年7月11日	733		
黑山大峡谷省级森林公园	河北省石家庄市平山县	2014年4月14日	1350		
大吾川生态谷省级森林公园	河北省石家庄市平山县	2014年6月3日	789.3		
九陀山省级森林公园	河北省石家庄市平山县	2012年7月11日	1205		
洞阳坡省级森林公园	河北省石家庄市井陉县	2009年7月19日	693.3		
海山岭省级森林公园	河北省石家庄市鹿泉区	2008年12月29日	100		
龙洲湖省级森林公园	河北省石家庄市行唐县	1996年1月18日	2000		
赤之省级森林公园	河北省石家庄市新乐市	1995年4月27日	1333.33		
松鼠岩省级森林公园	河北省石家庄市元氏县	2011年12月31日	867		
封龙山省级森林公园	河北省石家庄市鹿泉区	2009年7月25日	1260		
安家沟省级森林公园	河北省张家口市桥西区	2009年11月4日	700		
石佛山省级森林公园	河北省张家口市下花园区	2011年12月31日	1686.6	93.6	1300
仙那都省级森林公园	河北省张家口市张北县	2008年12月29日	19300		
金阁山省级森林公园	河北省张家口市赤城县	2011年12月31日	1006.3		
水谷峪省级森林公园	河北省张家口市涿鹿县	2012年7月11日	700		
黄龙山省级森林公园	河北省张家口市怀来县	2009年11月4日	800		
飞狐峪省级森林公园	河北省张家口市蔚县	2008年12月16日	11039.2		
大青山省级森林公园	河北省张家口市尚义县	2009年11月4日	2533.3		
云松雾柳省级森林公园	河北省张家口市万全县	2011年12月31日	665		
熊耳山省级森林公园	河北省张家口市怀安县	2009年11月4日	6389		

续表

名称	地点	设立时间	总面积（公顷）	森林覆盖率（%）	植物种类
卧佛山省级森林公园	河北省张家口市宣化区	2009年11月4日	693.3		
隆化县郭家屯省级森林公园	河北省承德市隆化县	2011年6月23日	4000		
雾灵东谷省级森林公园	河北省承德市承德县	2011年6月14日	1071.52		
承德石海省级森林公园	河北省承德市承德县	2000年8月22日	1744.84	83.9	809
双塔山省级森林公园	河北省承德市双滦区	1993年3月15日	3206.67		
松云岭省级森林公园	河北省承德市承德县	1996年2月13日	82.2		
都山省级森林公园	河北省承德市宽城满族自治县	2000年8月22日	1500	94.2	300
三峰山省级森林公园	河北省承德市滦平县	2009年12月2日	3544.29		
祖山省级森林公园	河北省秦皇岛市青龙满族自治县	1993年3月15日	6493.33		
南山省级森林公园	河北省秦皇岛市青龙满族自治县	2012年11月13日	679.8		
渤海省级森林公园	河北省秦皇岛市抚宁区	1993年3月15日	2573.33		
小渤海寨省级森林公园	河北省唐山市遵化市	2009年7月19日	135		
徐流口省级森林公园	河北省唐山市迁安市	2009年12月1日	733.3		
山叶口省级森林公园	河北省唐山市迁安市	2010年9月24日	1240.7		
清苑省级森林公园	河北省保定市清苑区	2008年12月29日	353		
七峪省级森林公园	河北省保定市唐县	2009年12月1日	667		
里老省级森林公园	河北省衡水市故城县	1992年12月17日	400		
景洲省级森林公园	河北省衡水市景县	2009年7月25日	137.8		
天台山省级森林公园	河北省邢台市临城县	1992年12月17日	260		
老爷山省级森林公园	河北省邢台市沙河市	1992年12月17日	1493.33		
快活林省级森林公园	河北省邢台市清河市	1997年8月31日	600		
邢台省级森林公园	河北省邢台市邢台县	2006年12月21日	584.2	80.7	140
紫山省级森林公园	河北省邯郸市邯郸县	2011年12月31日	667		
涉县省级森林公园	河北省邯郸市涉县	2004年1月2日	5276.2		
雾灵山省级森林公园	河北省承德市兴隆县	1993年3月15日	14373.33	76.2	1870
灵山省级森林公园	河北省张家口市涿鹿县	2011年9月1日	4117.98		
小五台山省级森林公园	河北省张家口市蔚县	1993年3月15日	16986.67		

续表

名称	地点	设立时间	总面积（公顷）	森林覆盖率（%）	植物种类
南大天省级森林公园	河北省承德市围场满族蒙古族自治县	1996年10月9日	3421	83.7	
西陵省级森林公园	河北省保定市易县	1997年8月13日	100		
敖包山省级森林公园	河北省承德市围场满族蒙古族自治县	2002年4月30日	6002	92.7	

资料来源：https：//wenku. baidu. com/view/238c3c0a26284b73f242336c/ebq/a37foll324d. html。

截至2015年底，京津冀国家湿地公园共计22处，其中，北京3处，天津2处，河北17处；此外，河北省还有省级湿地公园33处，其中有些湿地公园兼自然保护区“头衔”。湿地公园与森林公园不同，虽然也有许多布局于山区，但在东南部平原同样广泛分布。特别是河北东南部地区，历史上曾为黄泛区，黄河改道南流后，这里因地势低洼，排水不畅，留下大量的池泽湖泊，代表者如大陆泽、白洋淀、边昊泊等。遗留到今天的一些，经过重点保护，建设成为湿地公园（见表6－9、表6－10）。

表6－9　京津冀国家级湿地公园一览（截至2015年底）

名称	地点	设立时间	总面积（公顷）	湿地覆盖率（%）	植物种类
北京野鸭湖国家湿地公园	北京市延庆区	2006年11月28日	6873	57.31	420
房山长沟泉水国家湿地公园	北京市房山区	2014年12月16日	387.5	64.26	
翠湖国家城市湿地公园	北京市海淀区	2005年5月20日	157	33.76	400
武清永定河故道国家湿地公园	天津市武清区	2013年12月31日	249		
宝坻潮白河国家湿地公园	天津市宝坻区	2014年12月18日	5581.9		
坝上闪电河国家湿地公园	河北省张家口市沽源县	2006年11月28日	4119.9	6.61	210
北戴河国家湿地公园	河北省秦皇岛市北戴河区	2011年12月27日	306.7	53.54	

续表

名称	地点	设立时间	总面积（公顷）	湿地覆盖率（%）	植物种类
丰宁海留图国家湿地公园	河北省承德市丰宁满族自治县	2012 年 2 月 23 日	2160.09		202
永年洼国家湿地公园	河北省邯郸市永年县	2013 年 1 月 16 日	1070		
康保康巴诺尔国家湿地公园	河北省张家口市康保县	2012 年 12 月 10 日	368.1	39.7	159
尚义察汗淖尔国家湿地公园	河北省张家口市尚义县	2013 年 1 月 29 日	5400	66.67	161
崇礼清水河源国家湿地公园	河北省张家口市崇礼县	2013 年 12 月 25 日	354.6		
木兰围场小滦河国家湿地公园	河北省承德市围场满族蒙古族自治县	2013 年 12 月 26 日	250.3	73.87	1016
香河潮白河大运河国家湿地公园	河北省廊坊市香河县	2014 年 12 月 16 日	3689.36		257
怀来官厅水库国家湿地公园	河北省张家口市怀来县	2014 年 12 月 16 日	13538.85		
峰峰滏阳河国家湿地公园	河北省邯郸市峰峰矿区	2015 年 12 月 26 日	224.63		
内丘鹊山湖国家湿地公园	河北省邢台市内丘县	2016 年 1 月 7 日	300.16	52.84	
张北黄盖淖国家湿地公园	河北省张家口市张北县	2016 年 1 月 7 日	1191.43		
隆化伊逊河国家湿地公园	河北省承德市隆化县	2015 年 12 月 23 日	604.45		
河北承德双塔山国家湿地公园	河北省承德市双滦区	2015 年 12 月 23 日	548.97		
河北青龙湖国家湿地公园	河北省秦皇岛市青龙满族自治县	2015 年 12 月 23 日	6800		370
河北涉县清漳河国家湿地公园	河北省邯郸市涉县	2015 年 12 月 23 日	814.48		

资料来源：https：//max.book118.com/html/2016/920/25801664.shtm。

表 6－10 河北省省级湿地公园一览（截至 2015 年底）

名称	地点	设立时间	总面积（公顷）	湿地覆盖率（%）	植物种类
河北洋河河谷省级湿地公园	河北省张家口市下花园区	2010 年	1200		
河北沽源葫芦河省级湿地公园	河北省张家口市沽源县	2012 年	6790.47		
河北坝上察汗淖尔省级湿地公园	河北省张家口市尚义县	2012 年	6007		
河北桑洋河省级湿地公园	河北省张家口市涿鹿县	2014 年 12 月 26 日	2626		
河北白河省级湿地公园	河北省张家口市赤城县	2014 年 12 月 26 日	756		
河北张北县三台河省级湿地公园	河北省张家口市张北县	2014 年 12 月 26 日	360.2		
河北张北县大营滩省级湿地公园	河北省张家口市张北县	2014 年 12 月 26 日	260.6		
河北清水河省级湿地公园	河北省张家口市桥西区	2009 年	598.27		
河北丰宁滦河源省级湿地公园	河北省承德市丰宁满族自治县	2010 年	50		
河北丰宁滦河上游省级湿地公园	河北省承德市丰宁满族自治县	2015 年 2 月 5 日	100		
河北承德县滦河老牛河省级湿地公园	河北省承德市承德县	2015 年 2 月 5 日	200		
河北承德县柳河下游省级湿地公园	河北省承德市承德县	2015 年 2 月 5 日	165.57		
河北宽城蟠龙湖省级湿地公园	河北省承德市宽城满族自治县	2015 年 2 月 5 日	69.7		
河北宽城都阴河省级湿地公园	河北省承德市宽城满族自治县	2015 年 2 月 5 日	68.2		
河北平泉县瀑河省级湿地公园	河北省承德市平泉县	2015 年 2 月 5 日	157.41		

续表

名称	地点	设立时间	总面积（公顷）	湿地覆盖率（%）	植物种类
河北承德鹰手营子矿区柳河省级湿地公园	河北省承德市鹰手营子矿区	2015年2月5日	85		
河北承德双桥区武烈河省级湿地公园	河北省承德市双桥区	2015年2月5日	23.3		
河北承德高新技术产业开发区滦河武烈河省级湿地公园	河北省承德市高新区	2015年2月5日	546.61		
河北隆化县伊玛吐河省级湿地公园	河北省承德市隆化县	2015年2月5日	144.7		
河北滦平县潮河上游省级湿地公园	河北省承德市滦平县	2015年2月5日	163.94		
河北滦平县窟窿山水库省级湿地公园	河北省承德市滦平县	2015年2月5日	160.64		
河北滦平县龙潭庙水库省级湿地公园	河北省承德市滦平县	2015年2月5日	60.06		
河北木兰围场钓鱼台水库省级湿地公园	河北省承德市围场满族蒙古族自治县	2015年2月5日	127.8		
河北兴隆县滦河省级湿地公园	河北省承德市兴隆县	2015年2月5日	120.9		
河北文安赵王新河省级湿地公园	河北省廊坊市文安县	2015年2月5日	2880.36		
河北青塔湖省级湿地公园	河北省邯郸市涉县	2009年	120		
河北滏泉湖省级湿地公园	河北省邯郸市磁县	2009年11月	1860		198
河北南宫群英湖省级湿地公园	河北省邢台市南宫市	2007年1月	333.33		
河北卧龙湖省级湿地公园	河北省邢台市内丘县	2014年7月21日	132.8		
河北清凉湾省级湿地公园	河北省石家庄市井陉矿区	2009年	240		

续表

名称	地点	设立时间	总面积（公顷）	湿地覆盖率（%）	植物种类
河北冶河省级湿地公园	河北省石家庄市平山县	2009 年	4576		
河北井陉静港省级湿地公园	河北省石家庄市井陉县	2013 年	373.8	70.68	
河北平山县东胜大吾川省级湿地公园	河北省石家庄市平山县	2015 年	31.5		

资料来源：河北省林业厅。

可以说，京津冀西侧的太行山、北侧的燕山是整个京津冀地区一道连贯的、天然的生态廊道，这条廊道对华北平原北部地区特别是京津城市发展的意义非常重大。在平原区内部，还有一些因湖泊、湿地、海岸形成的生态斑块，它们对调节城市密集区内局地气候、空气质量、水土保持的作用同样不可小觑。

京津冀地区林业资源在全国并不占突出优势，森林面积分别只占全国的0.28%、0.05%、2.12%，森林覆盖率北京最高，达到35.84%，其次是河北（23.41%），均高于全国平均水平（21.63%）。天津因山地少，故森林覆盖率只有9.87%（见表6－11），远低于全国平均水平。但也应该看到，京津两地森林以人工林为主，其中北京的人工林面积占全部森林面积的63.17%，天津这一数字更是高达94.62%，即便是河北也达到50.28%，远远高于全国33.38%的平均水平。这说明近数十年，京津冀地区在人工造林方面做了大量工作。

表6－11　京津冀森林资源情况一览（2014年）

	单位	北京	天津	河北	全国
林业用地面积	万公顷	101.35	15.62	718.08	31259
占全国比重	%	0.32	0.05	2.30	
森林面积	万公顷	58.81	11.16	439.33	20768.73
占全国比重	%	0.28	0.05	2.12	
其中：人工林	万公顷	37.15	10.56	220.9	6933.38
森林覆盖率	%	35.84	9.87	23.41	21.63

续表

	单位	北京	天津	河北	全国
活立木总蓄积量	万立方米	1828.04	453.98	13082.23	1643280.62
占全国比重	%	0.11	0.03	0.80	
林业蓄积量	万立方米	1425.33	374.03	10774.95	1513729.72
占全国比重	%	0.09	0.02	0.71	

资料来源：《中国环境统计年鉴 2014》。

第三篇

战略重点分析

第七章 推进非首都功能疏解

一 核心城市功能疏解探讨

（一）功能疏解的动力机制

大都市的形成演进与工业化、城镇化的发展以及区域产业调整疏解有密切关系。良好的自然条件是大都市形成的前提，城市所在区域的地质、地貌、水文、资源等区位条件奠定了大都市的空间结构和发展基础，对于大都市的形成演进起着重要作用，也使大都市形成了与其资源禀赋相适应的产业体系。区域的交通、通信等基础设施承载了大都市所在区域内城市间的人流、物流、信息流、资金流，是城市间产业分工与协作的载体，一方面促进了城市间人口、资源、生产要素的快速流动与空间上的集聚，另一方面也因此形成了相应的产业集群，使得产业链在区域内的布局得到优化，从而强化了城市间的经济联系。大都市的产业体系形成与演进来源于资源禀赋条件与集聚经济效应，体现在企业与居民集聚与扩散的微观机制、产业分工与专业化共同推动的中观机制和工业化与城市化互动发展的宏观机制三个层面的作用力，以及全球化、信息化、基础设施的改善等外部条件推进城市间各要素的融合。

1. 微观机制——企业与居民的集聚与扩散

德国经济学家克里斯塔勒研究了城市空间结构的形成，认为城市空间结构是人类经济社会活动在地理空间上的映射。城市的演进过程是其城市主体（居民、企业、政府）追求经济收益最大化行为（集聚经济、规模经济、基于要素禀赋而形成的低成本）在地理空间上的体现。[①] 一般情况下，

① 〔德〕克里斯塔勒：《德国南部的中心地原理》，常正文、王兴中等译，商务印书馆，2010。

大都市产业的形成与发展是在市场微观机制的作用下各个经济主体自发、自组织形成的，其中企业和产业都以追求利润最大化为目标，而居民和消费者则以追求效用最大化为目标，二者通过各自追求自身的发展目标产生市场交易行为，通过市场交易及市场选择实现人口和经济活动在地理空间上的集聚与扩散。企业、产业、居民、消费者在地理空间上的集聚与扩散构成了大都市形成和演进的微观机制。企业和产业的集聚、扩散伴随着城市人口的集聚、扩散，影响着城市的市场规模、层次和结构。基于企业区位选择的集聚，一方面可以节约交易成本，提高交易效率，另一方面可以实现集聚经济效应，从而实现规模收益递增。

在企业追求利润最大化或成本最小化的导向下，企业会自动选择利润最大化或成本最小化的区位，从而产生在地理空间上的集聚与扩散，实现空间布局优化。那些因产业链环节比较多而需要与众多上下游相关配套企业合作的产业为了降低交易成本和分享知识带来的溢出效应，一般而言，更倾向于集聚于核心城市，从而产生向核心城市集聚的向心力，这也就是我们所说的“虹吸”效应。而那些需要靠规模经济和资源禀赋降低成本的企业，一般而言，更倾向于向核心城市的周边区域扩散，以寻求生产成本最低、资源禀赋条件最好的区位，这也就是我们常说的“涓滴”效应。“虹吸”效应与“涓滴”效应最终导致区域内形成核心城市的主导产业一般以生产服务业（研发、金融、营销品牌）为主，企业总部一般位于核心城市，核心城市周边地区的主导产业一般以制造、加工为主的产业体系。这样就形成了核心城市与周边地区相互协作、分工合理的城市职能体系，这一方面使得单体城市规模不断扩大，另一方面也使得城市间的经济联系日益密切，城市功能逐渐专业化，核心城市以生产性服务业为主，而周边城市及次中心城市以大规模生产为特征的制造业为主。

2. 中观机制——产业分工与专业化共同推动

产业分工与专业化是大都市形成与演进的重要支撑。企业要追求规模报酬递增，会根据其所生产产品的定位与目标进行区位选择，这就导致企业、产业在空间上向核心城市集聚，从而促使城市群内部各城市间开始形成合理的产业分工体系，进一步推动城市群内总体空间结构的优化。企业或产业在空间上的集聚带来内部规模经济和外部规模经济，从而产生集聚效应。相同专业化的生产者往往拥有相同的禀赋条件，会有相同的区位指向，形成地理上的集中即区域专业化。地理上的集中会形成集聚经济，使得集聚区内各企业共享企业公共服务、技术和知识的溢出效应、劳动力市场的高效率、企业之间的交易网络。随着市场需求增加和市场扩大，会有更多的同类厂商进入，导致产业规模进一步扩大，形成不同产业集聚区，从而形成网络化、专业化的产业组织。随着城市专业化程度的提高，核心城市的产业结构不断升级，并呈现多样化特点，新兴产业更多地集聚于核心城市，外围城市主要依靠规模经济和自身的要素禀赋条件形成产业专业化特点。产业分工与专业化同时也导致产业链条不断拉长，产业链条的每个环节为了追求规模经济和范围经济，又加剧了相关产业的进一步集聚，从而促进都市圈及其核心城市的总体规模不断扩大。

3. 宏观机制——工业化与城市化相互促进

作为现代经济活动的重要空间载体，大都市是工业化和城市化共同作用的结果。工业化促进了社会生产从传统经济（农业、手工业）向现代工业经济（大规模、机械化制造）转变，从而实现产业结构由第一产业为主阶段向第二产业为主阶段迈进，最终实现服务型经济。产业分工与专业化在现代工业经济发展中起着非常重要的作用，产业分工与专业化可以实现城市的专业化和多样化，从而实现大都市区空间结构和职能结构的优化。城市的专业化与多样化又为工业化提供了专业化的人力资源市场和相应的经济社会政策环境。这种工业化与城市化的相互促进，在空间上的体现是核心城市及其所在区域产业的不断调整疏解迫使其产业升级，核心城市核心区的产业不断被更新、更高级的产业所替代，核心城市核心区的原有产业不断向核心城市非核心区及周边区域疏解，形成产业、人才、资源等外溢现象，从而促使大都市圈内产业结构、组织结构以及空间结构的不断变化。工业化推动城市化的发展，城市化又导致城市在空间上的扩张和结构上的升级。随着工业化的纵深推进，各地的人流、物流、信息流、资金流受利益和效率的驱动，不断向城市集聚，城市规模不断扩大。这种城市间的分工与合作最终导致各个城市与总体区域的规模不断扩大，从而形成大规模、高度城市化的区域空间组织，即城市群。城市群对经济活动构成了强大的吸引力，使得各类生产要素能在更大的范围、更大的空间自由流动和有效配置，从而提高资源的总体配置效率，最终实现大都市区或城市群由原先单中心为特征向多中心、网络化为特征的方向转变。

（二）空间演进的基本条件

1. 中心城市科技创新起着引领带动作用

都市圈核心城市不断集聚更新、更高级的产业，其背后是其强大的科学技术研发实力，科技进步推动产业升级，从而推动传统产业向周边疏解和调整，这为城市群或都市圈的演进提供了不竭动力。考察包括伦敦、纽约、东京都市圈在内的世界级都市圈的演进规律可以看出，每一次的技术革命都会将区域经济向前推进一大步，从而推动产业结构不断升级和完善，所形成的新兴产业在此后数十年中都会成为该地区乃至整个国家的经济支柱。都市圈经济作为一个整体本身就是科技进步在现实经济中的体现，都市圈内的产业、行业、技术分工等方面的结构就映射了当前区域内生产力的水平与科技水平。因此，圈域经济结构的变化与发展，是由现实生产力的结构状况决定的，它从总体上制约着社会经济增长过程中的各种结构。因此，科技进步对都市圈或城市群发展具有强大的推动作用。

2. 中心城市要素集散起着推动作用

大都市演进过程中人口、产业的集聚与扩散，伴随着产业结构向高级化发展。中心城市凭借自身优势率先实现产业的优化升级，传统产业从中心城市转移出来。从中心城市转移出来的产业在周边城市仍然有生存空间和发展潜力，而且周边城市由于其土地等要素的价格相对核心城市来说较低，从而可以带来较高的投资收益率，这对转移出来的传统产业来说有较强的吸引力。因此，周边城市通过对核心城市转移出来产业的承接，实现了城市产业结构升级，从而形成核心城市与所在区域产业的合理梯度。产业功能的疏解带动了人口的转移，然而，人口转移是双向的，既有从周边城市向中心城市涌入，也有从中心城市向外分散迁移。从事制造业的劳动者随着工厂向外迁移从市中心迁移到郊区，而从事金融服务业的劳动者更多地向中心城市集中。产业和人口向中心城市集聚推动了产业结构升级，促进了都市圈内部资本、劳动力和技术等结构的优化重组，有助于实现基于资源禀赋的资源优化配置。产业结构升级调整的过程也是都市圈或城市群空间布局优化的过程，可以推动大都市区整体向更高阶段演进。

3. **中心城市产业升级起着核心支撑作用**

从城市群演进规律来看，由单个城市到单核都市圈再到多中心城市群，都是在其核心城市的引领和带动下实现的。核心城市的产业转移和功能疏解，是推动区域产业、城镇、交通、生态等对接整合和优化布局的直接动力。这一过程同时也是核心城市实现其产业升级和阶段跃升的重要过程。都市圈或城市群的核心城市凭借其强大的吸附力，使得区域内要素或资源向核心城市集聚，城市规模快速扩张，导致患上“大城市病”。考察世界城市的发展历程可以发现，核心城市往往在集聚过度产生“城市病”的“倒逼”下开始将产业和功能向周边扩散，从而使核心城市与周边关系发生由“虹吸”到“互动”的根本性转折，而它们也正是在功能疏解、带动周边发展过程中实现自身从制造经济向服务经济、创新经济、信息经济转型，由区域中心城市向世界城市跃升的。核心城市通过其功能或产业的调整疏解使得区域内快速形成若干个次中心城市，即城市副中心。

4. **大都市交通信息网络起着枢纽作用**

完善的交通、信息基础设施网络是都市圈或城市群发展的前提和基础条件，从国外大都市的发展历程来看，都市圈或城市群都拥有完善的综合性、网络化的交通和信息基础设施，都市圈或城市群内核心城市与其内部各城市间都有完善的、便捷的，涵盖高速公路、高速铁路、市内轨道交通、海空港衔接的综合立体现代化、大容量、一站式的交通体系。综合性、网络化的交通与信息基础设施承载了都市圈或城市群内部各城市间的人流、物流、资金流、信息流的传送，大大降低了人流和物流的运输成本，既是都市圈或城市群核心城市发展和产生“极化效应”的重要条件，也是核心城市经济外溢和功能辐射的必要通道，发达的网络能密切各城市之间的联系。发达的交通、信息网强化了核心城市与都市圈或城市群之间经济联系的同时，提高了区域资源的整合效率。

5. **合理的城镇体系提升都市圈的整体实力**

都市圈或城市群发展需要合理的城镇体系作为支撑。都市圈内完善的专业分工体系为其产业结构调整提供了良好的基础条件。依托其区位优势经过漫长的发展演进，都市圈内部形成了一定规模的城市体系和产业结构，在此过程中，中心城市与周边地区通过集聚与扩散相互作用，不断调整各自的职能与产业分工，从区域的整体出发，在科技进步和市场规律的作用下，逐渐形成合理的分工布局，实现了区域布局的最优化，提高了都市圈的整体实力。都市圈内核心城市的强大对都市圈的形成起到至关重要的作用：从发展规模来看，核心城市越强大，其辐射带动能力就越强，其影响范围就越广，那么都市圈的范围也就越大；从结构合理度来看，合理的城镇结构体系、完备的城镇功能体系、合理的城镇分布体系对都市圈或城市群发展也至关重要，结构合理的大、中、小城市相协调的城镇体系与都市圈或城市群的发展质量和强度正相关。城镇等级体系是都市圈不可或缺的基本要素，完善的城镇等级体系有助于优化都市圈的城镇分工体系，实现经济快速、平稳发展。

6. **政府的规划与政策具有重要的导向作用**

在都市圈或城市群发展过程中，政府通过规划引导、税收调节等起到不可或缺的作用。以东京都市圈为例，政府几次科学合理的规划为东京都市圈的形成起到积极的引导作用，使得其演进时间大大缩短，提升了整个都市圈在国际上的竞争力和影响力。都市圈的发展离不开政府的参与。政府在都市圈形成和演进过程中，可以运行行政与管理手段，通过制定政策、规划及相关的法律法规化解都市圈利益相关者之间的利益冲突与矛盾，在都市圈空间布局、产业发展、城市功能划分以及规范竞争秩序等方面发挥重要作用。

二　非首都功能疏解的思路

大都市的形成演进与工业化、城市化的发展以及区域功能及产业调整疏解有密切关系。良好的自然条件是大都市形成的前提，在此基础上大都市还形成了与其资源禀赋和发展阶段相适应的功能和产业体系。核心城市的阶段跃升是大都市圈或城市群经济发展的动力源泉，核心城市功能与产业的调整与疏解对都市圈或城市群的形成与发展起着至关重要的作用。实践证明，核心城市的功能与产业调整疏解能够为自身发展更高一级的功能与产业腾出发展空间，同时其原在核心区域的功能与产业的疏解也能够带动周边区域的快速发展。北京是京津冀的首位城市，在京津冀协同发展中起着核心引领带动作用，但近年来京津冀区域面临严重的大气污染等一系列问题，尤其是北京的“大城市病”（人口超载、交通拥堵、雾霾围城）等现象引起社会各界的高度关注。当前，在新一轮服务业外包的国际背景下，在我国从制造大国向创造大国迈进的过程中，在京津冀区域发展不均衡（存在环首都贫困带）、北京“大城市病”严重的现实情况下，京津冀协同发展及北京非首都功能及产业疏解与调整成为必然趋势，北京“大城市病”根源在于其产业与功能的过度集聚，北京需要通过产业与功能的疏解来缓解自身的“大城市病”，实现在“瘦身”中“强体”，同时带动周边区域快速发展。本课题非首都功能疏解的思路主要包括五个方面。

第一，明确“为什么要疏解”。北京为什么要进行产业及功能的调整与疏解？本研究认为北京现在“大城市病”严重，发展上存在不可持续问题，已经影响到首都功能的正常发挥，这些问题的根源在于其产业及功能的过度集聚。在当前情形下，北京需要进行产业及非首都功能的调整与疏解。这是本章的逻辑起点及研究的出发点。

第二，确定“能不能疏解”。通过对国际大都市阶段跃升的规律进行研究，得出国际大都市也都是在受到严重“大城市病”困扰的情况下，通过产业及功能的调整与疏解实现其阶段跃升和健康发展，并带动周边区域乃至世界其他地方快速崛起的，如伦敦通过几次政府规划调整和财税体制调整实现其低端制造向其他地区转移，从而使其自身从昔日的“雾都”变成现在的“绿城”。这为北京“大城市病”治理以及产业和非首都功能的调整与疏解提供了借鉴。

第三，理清“疏解什么”。北京功能及产业疏解的目标是缓解或根治北京“大城市病”，即解决人口超载、交通拥堵和大气污染等问题，这就要求产业及功能的调整与疏解带动人口向周边区域疏散，带动高排放、高污染、不符合首都功能定位的产业和功能向周边区域进行疏解和改造升级。以产业疏解为例，本课题通过衡量产业聚人、耗能、占地、经济贡献、税收贡献等指标对北京产业进行单项、主成分和产业梯度分析，给出北京能够和需要往外疏解的产业目录。

第四，解决“疏解到哪里去”的问题。北京产业疏解一方面要达到缓解北京“大城市病”的目的，另一方面要确保疏解出去的产业能够落地生根、发展壮大，以避免“雪糕”效应，所以能够承接北京疏解产业的区域应该有相应的资源优势、产业配套和政策环境。本研究通过对天津和河北产业进行区位熵、比较劳动生产率、比较资本产出率等单项指标和产业梯度系数等综合指标的计算与分析，解决北京产业“疏解到哪里去”的问题。

第五，要有疏解的路径和政策保障。本课题主要从GDP分计、税收分享、交通基础设施共建和公共服务共享等方面给出北京和津冀在产业调整疏解过程中的政策保障，确保疏解出去的产业能够顺利存活并发展壮大。

三 北京产业与功能疏解分析

（一）北京产业调整疏解的实证分析

疏解的目的是破解北京“大城市病”。北京当前存在严重“大城市病”，其本质原因是功能在首都核心区的过度集聚。北京只有调整疏解其冗余的功能和产业才能实现在“瘦体”中“强身”，同时带动周边的发展。本课题认为，北京产业调整疏解的基本思路应该是，通过产业或功能的疏解来控制人口总量，从而减少大气污染和缓解交通拥堵。

疏解的重点基于五个维度来考虑。本研究认为北京应该优先疏解集聚大量低端人口、在市中心产生堵点、消耗大量资源和要素、引起污染等的产业。本研究通过梳理分析北京各个产业的人口聚集程度、能源消耗程度、土地占用程度、经济增长贡献度、财政税收贡献度等分项指标，和基于分项指标的主成分分析，以及对京津冀三地的产业梯度等进行定性定量分析，为北京产业的调整和疏解提供决策依据。

将产业存量分为四种类型进行疏解。本研究首先基于单项指标进行综合分析，由于单项指标是就某一方面进行的测度，能够反映基于该指标的北京需要疏解的产业目录，但由于基于单项指标很难做到合理可靠，所以本研究在单项指标基础上进行了综合分析，力图得出从各个方面的指标来看都合理的北京产业疏解目录。基于各个指标的重要程度，结合产业本身的特点，我们把北京需疏解的产业划分为鼓励发展（++）、需要直接疏解淘汰（--）、继续保留但限制规模（+）、限制发展部分疏解且同时升级改造（-）四大类。

1. 基于投入要素的产业实证分析

（1）基于人口聚集程度的实证分析

本研究通过对北京市各产业的就业人口弹性和该产业创造百万元 GDP 所吸纳的就业人口数两个指标进行了分析。北京要通过产业的调整疏解控制人口，优先疏解百万元 GDP 吸纳就业人口数量大的产业，就必须优先疏解就业人口弹性大的产业。

本研究通过 2007～2014 年《北京统计年鉴》和《中国城市统计年鉴》中各行业从业人员和产值相关数据计算出北京各产业就业人口弹性、百万元 GDP 聚集人口数，根据各数据给出北京市基于人口聚集程度的产业发展思路，计算结果具体见表 7－1。

表 7－1 基于人口聚集程度的北京产业发展分析

行业	就业人口弹性	百万元 GDP 聚人	综合	行业	就业人口弹性	百万元 GDP 聚人	综合
建筑业	-	-	-	批发和零售业	-	+	-
交通运输、仓储和邮政业	-	-	-	金融业	-	++	++
				房地产业	-	+	-
有色金属冶炼及压延加工业	-	-	-	食品制造业	--	--	--
				租赁和商务服务业	++	-	-
信息传输、计算机服务和软件业	-	+	+	科学研究、技术服务和地质勘查业	+	+	+
水利、环境和公共设施管理业	+	-	-	木材加工及木、竹、藤、棕、草制品业	-	--	--
居民服务和其他服务业	--	-	-	家具制造业	--	--	--
卫生、社会保障和福利业	+	-	-	石油加工、炼焦及核燃料加工业	+	++	++
文化、体育和娱乐业	+	+	+	化学原料及化学制品制造业	-	-	-
公共管理和社会组织	-	-	-				
煤炭开采和洗选业	-	+	-	黑色金属冶炼及压延加工业	--	--	--
石油和天然气开采业	-	+	-				
黑色金属矿采选业	+	+	+	教育	+	-	-
非金属矿采选业	-	--	--	饮料制造业	-	+	-

续表

行业	就业人口弹性	百万元GDP聚人	综合
农副食品加工业	-	--	--
住宿和餐饮业	-	-	-
仪器仪表及文化、办公用机械制造业	-	-	-
皮革、毛皮、羽毛（绒）及其制品业	--	--	--
铁路、船舶、航空航天和其他运输设备制造业	+	+	+
金属制品、机械和设备修理业	+	-	-
造纸及纸制品业	-	+	-
印刷和记录媒介复制业	+	-	-
文教体育用品制造业	--	--	--
烟草制品业	++		
医药制造业	++	+	+
纺织业	--	--	--
纺织服装、鞋、帽制造业	-	--	--
金属制品业	-	--	--
通用设备制造业	++	+	+
专用设备制造业	++	+	+
化学纤维制造业	+	-	-
橡胶和塑料制品业	--	--	--
非金属矿物制品业	--	-	--
交通运输设备制造业	++	+	+
电气机械及器材制造业	-	+	+
通信设备、计算机及其他电子设备制造业	+	+	+
废弃资源和废旧材料回收加工业	--	--	--
汽车制造业	++	++	++
开采辅助活动	-	+	+
工艺品及其他制造业	+	-	-
电力、热力的生产和供应业	-	+	+
燃气的生产和供应业	-	-	-
水的生产和供应业	-	-	-

注：烟草制品业的就业弹性为“++”，考虑到国家控烟政策的要求，故烟草制品业不作为鼓励发展的行业。

资料来源：根据2007~2014年《中国统计年鉴》《中国城市统计年鉴》计算所得。

本研究认为北京应优先调整疏解就业人口弹性大、百万元GDP聚集人口多的产业，采取分批分步、整体疏解与基于产业链环节的疏解相结合的疏解方式，运用整体搬迁、搬迁升级、就地升级、就地解散和就地淘汰等不同的疏解模式进行疏解。

严格按照各产业就业人口弹性的计算结果，得出北京产业的四大类目录为：鼓励发展（++）的行业有租赁和商务服务业，医药制造业，通用设备制造业，专用设备制造业，汽车制造业，交通运输设备制造业；继续保留但限制规模（+）的行业有科学研究、技术服务和地质勘查业，水利、环境和公共设施管理业，教育，卫生、社会保障和福利业，文化、体育和娱乐业，印刷和记录媒介复制业，石油加工、炼焦及核燃料加工业，黑色金属矿采选业，铁路、船舶、航空航天和其他运输设备制造业，化学纤维制造业，工艺品及其他制造业，金属制品、机械和设备修理业，通信设备、计算机及其他电子设备制造业；限制发展部分疏解且同时升级改造（-）的行业有建筑业，交通运输、仓储和邮政业，信息传输、计算机服务和软件业，批发和零售业，金融业，房地产业，饮料制造业，公共管理和社会组织，煤炭开采和洗选业，非金属矿采选业，石油和天然气开采业，造纸及纸制品业，纺织服装、鞋、帽制造业，木材加工及木、竹、藤、棕、草制品业，化学原料及化学制品制造业，有色金属冶炼及压延加工业，住宿和餐饮业，金属制品业，农副食品加工业，仪器仪表及文化、办公用机械制造业，电力、热力的生产和供应业，电气机械及器材制造业，开采辅助活动，燃气的生产和供应业，水的生产和供应业；需要直接疏解淘汰（--）的行业有食品制造业，居民服务和其他服务业，文教体育用品制造业，纺织业，皮革、毛皮、羽毛（绒）及其制品业，家具制造业，黑色金属冶炼及压延加工业，橡胶和塑料制品业，非金属矿物制品业，废弃资源和废旧材料回收加工业。

从百万元 GDP 聚集人口的数据分析得出，鼓励发展（++）的行业有金融业，石油加工、炼焦及核燃料加工业，汽车制造业；继续保留但限制规模（+）的行业有信息传输、计算机服务和软件业，批发和零售业，房地产业，科学研究、技术服务和地质勘查业，饮料制造业，文化、体育和娱乐业，煤炭开采和洗选业，石油和天然气开采业，造纸及纸制品业，医药制造业，通用设备制造业，专用设备制造业，黑色金属矿采选业，交通运输设备制造业，铁路、船舶、航空航天和其他运输设备制造业，电气机械及器材制造业，开采辅助活动，通信设备、计算机及其他电子设备制造业，电力、热力的生产和供应业；限制发展部分疏解且同时升级改造（-）的行业有建筑业，交通运输、仓储和邮政业，有色金属冶炼及压延加工业，租赁和商务服务业，水利、环境和公共设施管理业，居民服务和其他服务业，教育，卫生、社会保障和福利业，公共管理和社会组织，住宿和餐饮业，印刷和记录媒介复制业，化学纤维制造业，化学原料及化学制品制造业，非金属矿物制品业，仪器仪表及文化、办公用机械制造业，工艺品及其他制造业，金属制品、机械和设备修理业，燃气的生产和供应业，水的生产和供应业；需要直接疏解淘汰（--）的行业有食品制造业，非金属矿采选业，农副食品加工业，文教体育用品制造业，纺织业，纺织服装、鞋、帽制造业，皮革、毛皮、羽毛（绒）及其制品业，橡胶和塑料制品业，家具制造业，木材加工及木、竹、藤、棕、草制品业，黑色金属冶炼及压延加工业，金属制品业，废弃资源和废旧材料回收加工业。

从各行业就业人口弹性和百万元GDP聚集人口数据综合来看，鼓励发展（++）的行业有金融业，石油加工、炼焦及核燃料加工业，汽车制造业；继续保留但限制规模（+）的行业有信息传输、计算机服务和软件业，黑色金属矿采选业，科学研究、技术服务和地质勘查业，文化、体育和娱乐业，医药制造业，通用设备制造业，专用设备制造业，交通运输设备制造业，电气机械及器材制造业，通信设备、计算机及其他电子设备制造业，铁路、船舶、航空航天和其他运输设备制造业，开采辅助活动，电力、热力的生产和供应业；限制发展部分疏解且同时升级改造（-）的行业有建筑业，交通运输、仓储和邮政业，有色金属冶炼及压延加工业，批发和零售业，房地产业，租赁和商务服务业，水利、环境和公共设施管理业，造纸及纸制品业，居民服务和其他服务业，卫生、社会保障和福利业，公共管理和社会组织，煤炭开采和洗选业，石油和天然气开采业，住宿和餐饮业，仪器仪表及文化、办公用机械制造业，印刷和记录媒介复制业，化学原料及化学制品制造业，教育，饮料制造业，化学纤维制造业，水的生产和供应业，工艺品及其他制造业，金属制品、机械和设备修理业，燃气的生产和供应业；需要直接疏解淘汰（--）的行业有食品制造业，非金属矿采选业，农副食品加工业，文教体育用品制造业，纺织业，纺织服装、鞋、帽制造业，皮革、毛皮、羽毛（绒）及其制品业，木材加工及木、竹、藤、棕、草制品业，家具制造业，金属制品业，非金属矿物制品业，橡胶和塑料制品业，黑色金属冶炼及压延加工业，废弃资源和废旧材料回收加工业。

（2）基于能源消耗程度的实证分析

北京要解决大气污染、雾霾围城问题，就必须对能源消耗大的产业进行适度控制。本研究通过行业能源消耗占比、行业能源消耗弹性系数、行业万元 GDP 能耗三大指标对北京产业能耗进行分析，从中找出能耗高需要向外疏解的行业。

本研究通过对 2008～2014 年《北京统计年鉴》中的相关数据进行计算得出各产业能源消耗占总能耗的比重、能源消耗弹性系数和万元 GDP 能耗数据，并在此基础上分析各产业在北京未来的发展思路，结果详见表 7－2。

表 7－2 基于能源消耗程度的北京产业发展分析

行业	能耗占比	能耗弹性系数	万元 GDP 能耗	综合
建筑业	－	－	+	－
交通运输、仓储和邮政业	－－	－	－	－
信息传输、计算机服务和软件业	－	－	++	－
批发和零售业	－	－	－	－
住宿和餐饮业	－	－	－	－
金融业	++	+	++	++
房地产业	－－	－	+	－
租赁和商务服务业	－	+	+	+
科学研究、技术服务和地质勘查业	－	+	++	+
水利、环境和公共设施管理业	+	－	－	－
居民服务和其他服务业	+	－	－	－
教育	－	－	+	－
卫生、社会保障和福利业	+	+	+	+
文化、体育和娱乐业	+	－	+	－
公共管理和社会组织	－	+	－	+
煤炭开采和洗选业	++	－－	+	－
石油和天然气开采业	+	－	+	－
黑色金属矿采选业	－	－－	+	－
非金属矿采选业	++	－	－－	－
开采辅助活动	+		+	+
农副食品加工业	+	－－	－	－
食品制造业	+	－－	－	－
饮料制造业	+	－	－	－
烟草制品业	++	+	++	+
纺织业	+	－	－	－
纺织服装、鞋、帽制造业	+	－	－	－

续表

行　业	能耗占比	能耗弹性系数	万元 GDP 能耗	综合
皮革、毛皮、羽毛（绒）及其制品业	++	--	-	-
木材加工及木、竹、藤、棕、草制品业	++	-	--	--
家具制造业	+	-	-	-
造纸及纸制品业	+	--	-	-
印刷和记录媒介复制业	+	--	-	-
文教体育用品制造业	++	--	-	-
石油加工、炼焦及核燃料加工业	--	--	--	--
化学原料及化学制品制造业	-	--	--	--
医药制造业	+	+	+	+
化学纤维制造业	++	-	-	-
橡胶和塑料制品业	+	--	--	--
非金属矿物制品业	--	--	--	--
黑色金属冶炼及压延加工业	--	--	--	--
有色金属冶炼及压延加工业	+	-	-	-
金属制品业	+	-	+	-
通用设备制造业	+	-	+	-
专用设备制造业	+	+	+	+
汽车制造业	-		++	+
铁路、船舶、航空航天和其他运输设备制造业	+		+	+
交通运输设备制造业	-	+	+	+
电气机械及器材制造业	+	--	+	-
通信设备、计算机及其他电子设备制造业	-	+	+	-
仪器仪表及文化、办公用机械制造业	+	--	+	-
工艺品及其他制造业	+	--	+	-
金属制品、机械和设备修理业	+		-	-
废弃资源和废旧材料回收加工业	++	--	-	--
电力、热力的生产和供应业	--	--	-	--
燃气的生产和供应业	+	--	+	-
水的生产和供应业	+	-	--	--

资料来源：根据 2008 ~2014 年《北京统计年鉴》数据计算所得。

从能源消耗占北京总能耗的比重分析，鼓励发展（++）的行业有金融业，煤炭开采和洗选业，非金属矿采选业，烟草制品业，文教体育用品制造业，化学纤维制造业，皮革、毛皮、羽毛（绒）及其制品业，木材加工及木、竹、藤、棕、草制品业，废弃资源和废旧材料回收加工业；继续保留但限制规模（+）的行业有水利、环境和公共设施管理业，文化、体育和娱乐业，居民服务和其他服务业，卫生、社会保障和福利业，石油和天然气开采业，家具制造业，食品制造业，饮料制造业，开采辅助活动，纺织业，农副食品加工业，纺织服装、鞋、帽制造业，造纸及纸制品业，印刷和记录媒介复制业，橡胶和塑料制品业，有色金属冶炼及压延加工业，金属制品业，医药制造业，通用设备制造业，专用设备制造业，铁路、船舶、航空航天和其他运输设备制造业，电气机械及器材制造业，仪器仪表及文化、办公用机械制造业，金属制品、机械和设备修理业，燃气的生产和供应业，工艺品及其他制造业，水的生产和供应业；限制发展部分疏解同时升级改造（-）的行业有建筑业，教育，信息传输、计算机服务和软件业，批发和零售业，汽车制造业，交通运输设备制造业，公共管理和社会组织，住宿和餐饮业，租赁和商务服务业，科学研究、技术服务和地质勘查业，黑色金属矿采选业，化学原料及化学制品制造业，通信设备、计算机及其他电子设备制造业；需要直接疏解淘汰（--）的行业有交通运输、仓储和邮政业，石油加工、炼焦及核燃料加工业，非金属矿物制品业，房地产业，黑色金属冶炼及压延加工业，电力、热力的生产和供应业。

从能源消耗弹性系数分析北京产业发展思路，继续保留但限制规模（+）的行业有金融业，公共管理和社会组织，烟草制品业，医药制造业，专用设备制造业，交通运输设备制造业，租赁和商务服务业，科学研究、技术服务和地质勘查业，卫生、社会保障和福利业，通信设备、计算机及其他电子设备制造业；限制发展部分疏解且同时升级改造（-）的行业有建筑业，房地产业，纺织业，交通运输、仓储和邮政业，信息传输、计算机服务和软件业，批发和零售业，住宿和餐饮业，水利、环境和公共设施管理业，居民服务和其他服务业，教育，文化、体育和娱乐业，石油和天然气开采业，非金属矿采选业，纺织服装、鞋、帽制造业，饮料制造业，木材加工及木、竹、藤、棕、草制品业，家具制造业，化学纤维制造业，通用设备制造业，有色金属冶炼及压延加工业，金属制品业，水的生产和供应业；需要直接疏解淘汰（--）的行业有煤炭开采和洗选业，黑色金属矿采选业，农副食品加工业，食品制造业，皮革、毛皮、羽毛（绒）及其制品业，造纸及纸制品业，印刷和记录媒介复制业，文教体育用品制造业，石油加工、炼焦及核燃料加工业，化学原料及化学制品制造业，非金属矿物制品业、橡胶和塑料制品业，黑色金属冶炼及压延加工业，电气机械及器材制造业，仪器仪表及文化、办公用机械制造业，工艺品及其他制造业，废弃资源和废旧材料回收加工业，电力、热力的生产和供应业，煤气的生产和供应业。

从万元 GDP 能耗分析北京各行业未来发展思路，鼓励发展（++）的行业有信息传输、计算机服务和软件业，烟草制品业，汽车制造业，金融业，科学研究、技术服务和地质勘查业；继续保留但限制规模（+）的行业有建筑业，房地产业，租赁和商务服务业，教育，卫生、社会保障和福利业，石油和天然气开采业，文化、体育和娱乐业，煤炭开采和洗选业，黑色金属矿采选业，开采辅助活动，金属制品业，医药制造业，通用设备制造业，专用设备制造业，铁路、船舶、航空航天和其他运输设备制造业，交通运输设备制造业，电气机械及器材制造业，通信设备、计算机及其他电子设备制造业，工艺品及其他制造业，仪器仪表及文化、办公用机械制造业，燃气的生产和供应业；限制发展部分疏解且同时升级改造（-）的行业有交通运输、仓储和邮政业，水利、环境和公共设施管理业，批发和零售业，住宿和餐饮业，农副食品加工业，居民服务和其他服务业，公共管理和社会组织，食品制造业，饮料制造业，纺织业，家具制造业，纺织服装、鞋、帽制造业，皮革、毛皮、羽毛（绒）及其制品业，造纸及纸制品业，印刷和记录媒介复制业，文教体育用品制造业，化学纤维制造业，有色金属冶炼及压延加工业，金属制品、机械和设备修理业，废弃资源和废旧材料回收加工业，电力、热力的生产和供应业；需要直接疏解淘汰（--）的行业有非金属矿采选业，木材加工及木、竹、藤、棕、草制品业，石油加工、炼焦及核燃料加工业，化学原料及化学制品制造业，黑色金属冶炼及压延加工业，非金属矿物制品业，橡胶和塑料制品业，水的生产和供应业。

从各行业能源消耗占比、能源消耗弹性系数与万元 GDP 能耗三项指标综合分析北京产业未来发展思路，鼓励发展（++）的行业只有金融业；继续保留但限制规模（+）的行业有租赁和商务服务业，开采辅助活动，科学研究、技术服务和地质勘查业，卫生、社会保障和福利业，烟草制品业，医药制造业，专用设备制造业，汽车制造业，公共管理和社会组织，铁路、船舶、航空航天和其他运输设备制造业，交通运输设备制造业；限制发展部分疏解且同时升级改造（-）的行业有建筑业，批发和零售业，交通运输、仓储和邮政业，教育，煤炭开采和洗选业，信息传输、计算机服务和软件业，住宿和餐饮业，房地产业，水利、环境和公共设施管理业，居民服务和其他服务业，文化、体育和娱乐业，石油和天然气开采业，黑色金属矿采选业，非金属矿采选业，农副食品加工业，造纸及纸制品业，纺织业，饮料制造业，食品制造业，金属制品业，纺织服装、鞋、帽制造业，皮革、毛皮、羽毛（绒）及其制品业，印刷和记录媒介复制业，家具制造业，文体教育用品制造业，化学纤维制造业，有色金属冶炼及压延加工业，通用设备制造业、电气机械及器材制造业，通信设备、计算机及其他电子设备制造业，仪器仪表及文化、办公用机械制造业，工艺品及其他制造业，金属制品、机械和设备修理业，燃气的生产和供应业；需要直接疏解淘汰（--）的行业有非金属矿物制品业，木材加工及木、竹、藤、棕、草制品业，石油加工、炼焦及核燃料加工业，化学原料及化学制品制造业，橡胶和塑料制品业，黑色金属冶炼及压延加工业，电力、热力的生产和供应业，废弃资源和废旧材料回收加工业，水的生产和供应业。

（3）基于土地占用程度的实证分析

由于北京市土地资源越来越稀缺，北京适合发展土地集约高效利用型产业，应对消耗土地资源较大的产业向外疏解。基于这项指标考虑，本章利用单位土地的增加值贡献来衡量土地的利用效率，从而得出从土地角度考虑北京应该向外疏解的产业。

本研究通过对2008~2014年《北京统计年鉴》中行业增加值数据和中国土地市场网各年份行业占地的数据计算得出各行业每公顷土地增加值贡献，在此基础上给出北京产业未来发展思路建议，结果详见表7-3。

表7-3　基于土地占用程度的北京产业发展分析

行　业	每公顷土地增加值贡献	行　业	每公顷土地增加值贡献
建筑业	-	饮料制造业	-
交通运输、仓储和邮政业	--	批发和零售业	++

续表

行　业	每公顷土地增加值贡献	行　业	每公顷土地增加值贡献
信息传输、计算机服务和软件业	++	纺织服装、鞋、帽制造业	--
烟草制品业	--	木材加工及木、竹、藤、棕、草制品业	--
住宿和餐饮业	-	家具制造业	--
金融业	++	造纸及纸制品业	--
房地产业	--	医药制造业	--
租赁和商务服务业	+	印刷和记录媒介复制业	-
科学研究、技术服务和地质勘查业	+	化学原料及化学制品制造业	-
水利、环境和公共设施管理业	-	石油加工、炼焦及核燃料加工业	-
文化、体育和娱乐业	+	化学纤维制造业	--
教育	-	橡胶和塑料制品业	--
卫生、社会保障和福利业	+	金属制品业	--
居民服务和其他服务业	-	通用设备制造业	-
煤炭开采和洗选业	--	专用设备制造业	--
公共管理和社会组织	--	通信设备、计算机及其他电子设备制造业	-
农副食品加工业	-	仪器仪表及文化、办公用机械制造业	--
石油和天然气开采业	--	工艺品及其他制造业	--
燃气的生产和供应业	-	废弃资源和废旧材料回收加工业	--
食品制造业	-	水的生产和供应业	--

资料来源：根据 2008 ~2014 年《北京统计年鉴》和中国土地市场网资料计算所得。

通过对北京诸行业每公顷土地增加值贡献进行分析，北京产业未来的发展思路为：鼓励发展（++）的行业有金融业，信息传输、计算机服务和软件业，批发和零售业；继续保留但限制规模（+）的行业有租赁和商务服务业，文化、体育和娱乐业，科学研究、技术服务和地质勘查业，卫生、社会保障和福利业；限制发展部分疏解且同时升级改造（-）的行业有建筑业，住宿和餐饮业，水利、环境和公共设施管理业，居民服务和其他服务业，教育，农副食品加工业，食品制造业，饮料制造业，印刷和记录媒介复制业，石油加工、炼焦及核燃料加工业，化学原料及化学制品制造业，通用设备制造业，通信设备、计算机及其他电子设备制造业，燃气的生产和供应业；需要直接疏解淘汰（--）的行业有交通运输、仓储和邮政业，煤炭开采和洗选业，房地产业，公共管理和社会组织，石油和天然气开采业，烟草制品业，纺织服装、鞋、帽制造业，造纸及纸制品业，仪器仪表及文化、办公用机械制造业，木材加工及木、竹、藤、棕、草制品业，家具制造业，医药制造业，化学纤维制造业，橡胶和塑料制品业，金属制品业，专用设备制造业，工艺品及其他制造业，废弃资源和废旧材料回收加工业，水的生产和供应业。

（4）基于经济增长贡献度的实证分析

为了避免北京产业调整疏解带来经济大幅度下滑，影响自身可持续发展，北京应调整疏解一些经济增长贡献度较低的产业，而经济增长贡献度较高的产业即使可能会集聚大量的人口或带来空气污染，在短期内仍需要保留，长期则应通过培育新的经济增长点来替代这些产业，从而实现疏解。基于上述原则，本章运用各行业增加值占北京地区生产总值的比重这一指标进行分析。

本研究通过计算 2007 ~ 2014 年《北京统计年鉴》中各行业增加值占北京市地区生产总值的比重，对各行业的经济贡献数据进行分析，给出北京未来产业的发展思路建议，具体见表 7 - 4。

表 7 - 4　基于经济增长贡献度的北京产业发展分析

行　业	行业增加值占地区生产总值比重	行　业	行业增加值占地区生产总值比重
建筑业	+	饮料制造业	--
交通运输、仓储和邮政业	+	批发和零售业	++
信息传输、计算机服务和软件业	++	纺织服装、鞋、帽制造业	--
烟草制品业	--	木材加工及木、竹、藤、棕、草制品业	--
住宿和餐饮业	-	家具制造业	--
金融业	++	造纸及纸制品业	--
房地产业	+	石油加工、炼焦及核燃料加工业	-
租赁和商务服务业	+	印刷和记录媒介复制业	--
科学研究、技术服务和地质勘查业	+	通信设备、计算机及其他电子设备制造业	+

续表

行　业	行业增加值占地区生产总值比重	行　业	行业增加值占地区生产总值比重
水利、环境和公共设施管理业	--	医药制造业	-
居民服务和其他服务业	--	化学纤维制造业	--
教育	-	橡胶和塑料制品业	--
卫生、社会保障和福利业	-	金属制品业	--
文化、体育和娱乐业	-	仪器仪表及文化、办公用机械制造业	--
公共管理和社会组织	+	专用设备制造业	-
煤炭开采和洗选业	--	废弃资源和废旧材料回收加工业	--
石油和天然气开采业	--	通用设备制造业	-
黑色金属矿采选业	--	黑色金属冶炼及压延加工业	--
非金属矿采选业	--	化学原料及化学制品制造业	--
农副食品加工业	--	水的生产和供应业	--
食品制造业	--	燃气的生产和供应业	--
非金属矿物制品业	--	工艺品及其他制造业	--
有色金属冶炼及压延加工业	--	汽车制造业	+
交通运输设备制造业	+	电气机械及器材制造业	-
纺织业	--	皮革、毛皮、羽毛（绒）及其制品业	--
金属制品、机械和设备修理业	--	电力、热力的生产和供应业	+
文体教育用品制造业	--	铁路、船舶、航空航天和其他运输设备制造业	--

资料来源：根据 2007～2014 年《北京统计年鉴》数据计算所得。

通过对各行业增加值占北京地区生产总值的比重进行研究分析，得出北京产业发展思路：鼓励发展（++）的行业有信息传输、计算机服务和软件业，批发和零售业，金融业；继续保留但限制规模（+）的行业有建筑业，房地产业，交通运输、仓储和邮政业，租赁和商务服务业，电力、热力的生产和供应业，科学研究、技术服务和地质勘查业，公共管理和社会组织，汽车制造业，交通运输设备制造业，通信设备、计算机及其他电子设备制造业；限制发展部分疏解且同时升级改造（－）的行业有住宿和餐饮业，教育，卫生、社会保障和福利业，文化、体育和娱乐业，石油加工、炼焦及核燃料加工业，医药制造业，通用设备制造业，专用设备制造业，电气机械及器材制造业；需要直接疏解淘汰（－－）的行业有水利、环境和公共设施管理业，居民服务和其他服务业，煤炭开采和洗选业，黑色金属矿采选业，石油和天然气开采业，非金属矿采选业，农副食品加工业，非金属矿物制品业，纺织业，皮革、毛皮、羽毛（绒）及其制品业，有色金属冶炼及压延加工业，金属制品、机械和设备修理业，家具制造业，食品制造业，饮料制造业，烟草制品业，化学纤维制造业，纺织服装、鞋、帽制造业，金属制品业，橡胶和塑料制品业，木材加工及木、竹、藤、棕、草制品业，造纸及纸制品业，印刷和记录媒介复制业，文体教育用品制造业，化学原料及化学制品制造业，水的生产和供应业，仪器仪表及文化、办公用机械制造业，工艺品及其他制造业，废弃资源和废旧材料回收加工业，黑色金属冶炼及压延加工业，铁路、船舶、航空航天和其他运输设备制造业，燃气的生产和供应业。

（5）基于财政税收贡献度的实证分析

为了避免北京产业调整疏解带来财政税收大幅度下滑，影响政府正常运作和首都经济的可持续发展，从短期来看北京能够疏解的是财政税收贡献度低的产业。基于上述原则，本章运用各行业税收弹性系数和万元 GDP 税收贡献指标进行分析。

本研究通过 2010～2014 年《北京统计年鉴》中各行业的应纳税合计数与各行业增加值的变动情况计算得出北京市各行业税收弹性系数和万元 GDP 税收贡献，并通过对这两项指标的单项和综合分析给出北京未来产业发展思路，具体结果见表 7－5。

表 7－5　基于财政税收贡献度的北京产业发展分析

行　业	税收弹性系数	万元 GDP 税收贡献	综合	行　业	税收弹性系数	万元 GDP 税收贡献	综合
建筑业	－	－	－	文教体育用品制造业	－－	－－	－－
交通运输、仓储和邮政业	－	－－	－	黑色金属冶炼及压延加工业	－－	－	－－
卫生、社会保障和福利业	－	－－	－				

续表

行业	税收弹性系数	万元 GDP 税收贡献	综合
批发和零售业	-	-	-
住宿和餐饮业	-	--	-
金融业	++	++	++
房地产业	+	+	+
租赁和商务服务业	-	-	-
教育	-	--	-
科学研究、技术服务和地质勘查业	-	--	-
水利、环境和公共设施管理业	-	--	--
印刷和记录媒介复制业	-	--	-
专用设备制造业	+	-	-
文化、体育和娱乐业	-	--	-
公共管理和社会组织	-	--	-
煤炭开采和洗选业	--	-	--
石油和天然气开采业	--	--	--
黑色金属矿采选业	--	-	--
非金属矿采选业	--	-	--
开采辅助活动	--	--	--
农副食品加工业	-	-	-
食品制造业	--	+	-
饮料制造业	--	+	-
电气机械及器材制造业	-	-	-
木材加工及木、竹、藤、棕、草制品业	--	--	--
纺织业	-	-	-
纺织服装、鞋、帽制造业	--	--	--
金属制品、机械和设备修理业	--	--	--

行业	税收弹性系数	万元 GDP 税收贡献	综合
化学原料及化学制品制造业	--	--	--
医药制造业	-	-	-
化学纤维制造业	--	-	--
橡胶和塑料制品业	--	--	--
非金属矿物制品业	--	--	--
石油加工、炼焦及核燃料加工业	--	++	+
有色金属冶炼及压延加工业	--	-	-
通用设备制造业	-	-	-
汽车制造业	-	+	-
家具制造业	--	--	--
造纸及纸制品业	--	-	-
交通运输设备制造业	-	-	-
皮革、毛皮、羽毛（绒）及其制品业	--	--	--
通信设备、计算机及其他电子设备制造业	-	--	--
仪器仪表及文化、办公用机械制造业	-	-	-
工艺品及其他制造业	--	--	--
电力、热力的生产和供应业	-	--	-
废弃资源和废旧材料回收加工业	--	-	--
燃气的生产和供应业	-	--	-
水的生产和供应业	--	--	--
信息传输、计算机服务和软件业	-	--	-

续表

行业	税收弹性系数	万元 GDP 税收贡献	综合	行业	税收弹性系数	万元 GDP 税收贡献	综合
金属制品业	--	--	--	铁路、船舶、航空航天和其他运输设备制造业	--	--	--
居民服务和其他服务业	+	--	-				

资料来源：根据 2010～2014 年《北京统计年鉴》数据计算所得。

基于税收弹性系数分析的北京产业发展思路为：鼓励发展（++）的行业只有金融业；继续保留但限制规模（+）的行业有房地产业，居民服务和其他服务业，专用设备制造业；限制发展部分疏解且同时升级改造（-）的行业有建筑业，燃气的生产和供应业，交通运输、仓储和邮政业，仪器仪表及文化、办公用机械制造业，信息传输、计算机服务和软件业，批发和零售业，教育，住宿和餐饮业，租赁和商务服务业，科学研究、技术服务和地质勘查业，水利、环境和公共设施管理业，卫生、社会保障和福利业，公共管理和社会组织，农副食品加工业，纺织业，文化、体育和娱乐业，印刷和记录媒介复制业，医药制造业，通用设备制造业，汽车制造业，交通运输设备制造业，电气机械及器材制造业，通信设备、计算机及其他电子设备制造业，电力、热力的生产和供应业；需要直接疏解淘汰（--）的行业有煤炭开采和洗选业，石油和天然气开采业，开采辅助活动，食品制造业，饮料制造业，皮革、毛皮、羽毛（绒）及其制品业，黑色金属矿采选业，非金属矿采选业，石油加工、炼焦及核燃料加工业，木材加工及木、竹、藤、棕、草制品业，纺织服装、鞋、帽制造业，金属制品、机械和设备修理业，文教体育用品制造业，化学纤维制造业，化学原料及化学制品制造业，橡胶和塑料制品业，金属制品业，非金属矿物制品业，黑色金属冶炼及压延加工业，有色金属冶炼及压延加工业，家具制造业，工艺品及其他制造业，造纸及纸制品业，铁路、船舶、航空航天和其他运输设备制造业，废弃资源和废旧材料回收加工业，水的生产和供应业。

基于万元 GDP 税收贡献分析的北京产业未来发展思路为：鼓励发展（++）的行业有金融业，石油加工、炼焦及核燃料加工业；继续保留但限制发展规模（+）的行业有房地产业，食品制造业，饮料制造业，汽车制造业；限制发展部分疏解且同时升级改造（-）的行业有建筑业，纺织业，批发和零售业，医药制造业，化学纤维制造业，租赁和商务服务业，煤炭开采和洗选业，黑色金属矿采选业，非金属矿采选业，农副食品加工业，黑色金属冶炼及压延加工业，有色金属冶炼及压延加工业，通用设备制造业，专用设备制造业，造纸及纸制品业，交通运输设备制造业、电气机械及器材制造业，仪器仪表及文化、办公用机械制造业，废弃资源和废旧材料回收加工业；需要直接疏解淘汰（--）的行业有交通运输、仓储和邮政业，文教体育用品制造业，化学原料及化学制品制造业，信息传输、计算机服务和软件业，教育，水的生产和供应业，金属制品、机械和设备修理业，科学研究、技术服务和地质勘查业，居民服务和其他服务业，卫生、社会保障和福利业，文化、体育和娱乐业，公共管理和社会组织，石油和天然气开采业，开采辅助活动，皮革、毛皮、羽毛（绒）及其制品业，通信设备、计算机及其他电子设备制造业，木材加工及木、竹、藤、棕、草制品业，纺织服装、鞋、帽制造业，住宿和餐饮业，印刷和记录媒介复制业，金属制品业，非金属矿物制品业，橡胶和塑料制品业，家具制造业，工艺品及其他制造业，铁路、船舶、航空航天和其他运输设备制造业，电力、热力的生产和供应业，水利、环境和公共设施管理业，燃气的生产和供应业。

基于各行业税收弹性系数和万元 GDP 税收贡献综合考虑的北京未来产业发展思路为：鼓励发展（++）的行业只有金融业；继续保留但限制规模（+）的行业有房地产业，石油加工、炼焦及核燃料加工业；限制发展部分疏解且同时升级改造（-）的行业有建筑业，医药制造业，交通运输、仓储和邮政业，信息传输、计算机服务和软件业，通用设备制造业，汽车制造业，交通运输设备制造业，批发和零售业，租赁和商务服务业，教育，科学研究、技术服务和地质勘查业，居民服务和其他服务业，纺织业，卫生、社会保障和福利业，文化、体育和娱乐业，公共管理和社会组织，食品制造业，饮料制造业，印刷和记录媒介复制业，专用设备制造业，农副食品加工业，有色金属冶炼及压延加工业，住宿和餐饮业，造纸及纸制品业，电气机械及器材制造业，仪器仪表及文化、办公用机械制造业，电力、热力、的生产和供应业，燃气的生产和供应业；需要直接疏解淘汰（--）的行业有水利、环境和公共设施管理业，煤炭开采和洗选业，开采辅助活动，石油和天然气开采业，黑色金属矿采选业，非金属矿采选业，皮革、毛皮、羽毛（绒）及其制品业，木材加工及木、竹、藤、棕、草制品业，纺织服装、鞋、帽制造业，金属制品、机械和设备修理业，文体教育用品制造业，化学原料及化学制品制造业，化学纤维制造业，金属制品业，非金属矿物制品业，橡胶和塑料制品业，黑色金属冶炼及压延加工业，通信设备、计算机及其他电子设备制造业，家具制造业，工艺品及其他制造业，废弃资源和废旧材料回收加工业，铁路、船舶、航空航天和其他运输设备制造业，水的生产和供应业。

（6）基于分项指标的综合分析

基于上述分项指标（人口聚集程度、能源消耗程度、土地占用程度、经济增长贡献度和财政税收贡献度）的分析结果，本部分对北京应该调整疏解的产业目录进行综合分析及判断，从而得出北京优先疏解的产业、调整升级的产业和保留发展的产业，同时得出北京产业调整疏解的时序（短期、中期、长期）（见表7－6）。

表7－6　以各项指标为依据的产业发展调整疏解情况

行　业	聚人	耗能	占地	经济贡献	税收贡献	综合
建筑业	－	－	－	＋	－	－
交通运输、仓储和邮政业	－	－	－－	＋	－	－
信息传输、计算机服务和软件业	＋	－	＋＋	＋＋	－	＋＋
批发和零售业	－	－	＋＋	＋＋	－	＋
住宿和餐饮业	－	－	－	－	－	－
金融业	＋＋	＋＋	＋＋	＋＋	＋＋	＋＋
房地产业	－	－	－－	＋	＋	＋
租赁和商务服务业	－	＋	＋	＋	－	＋
科学研究、技术服务和地质勘查业	＋	＋	＋	＋	－	＋
水利、环境和公共设施管理业	－	－	－	－－	－－	－
居民服务和其他服务业	－	－	－	－－	－	－
教育	－	－	－	－	－	－
卫生、社会保障和福利业	－	＋	＋	－	－	－
文化、体育和娱乐业	＋	－	＋	－	－	－
公共管理和社会组织	－	＋	－－	＋	－	－

续表

行 业	聚人	耗能	占地	经济贡献	税收贡献	综合
煤炭开采和洗选业	-	-	--	--	--	--
石油和天然气开采业	-	-	--	--	--	--
黑色金属矿采选业	+	-		--	--	--
非金属矿采选业	--	-		--	--	--
农副食品加工业	--	-	-	--	-	--
开采辅助活动	+	+			--	-
食品制造业	--	-	-	--	-	--
饮料制造业	-	-	-	--	-	--
烟草制品业		+	--	--		--
纺织业	--	-		--	-	--
纺织服装、鞋、帽制造业	--	-	--	--	--	--
皮革、毛皮、羽毛（绒）及其制品业	--	-		--	--	--
木材加工及木、竹、藤、棕、草制品业	--	--	--	--	--	--
家具制造业	--	-	--	--	--	--
造纸及纸制品业	-	-	--	--	-	--
印刷和记录媒介复制业	-	-	-	--	-	-
文教体育用品制造业	--	-		--	--	--
石油加工、炼焦及核燃料加工业	++	--	-	-	+	+
化学原料及化学制品制造业	-	--	-	--	--	--
医药制造业	+	+	--	-	-	+
化学纤维制造业	-	-	--	--	--	--
橡胶和塑料制品业	--	--	--	--	--	--
非金属矿物制品业	--	--		--	--	--
黑色金属冶炼及压延加工业	--	--		--	--	--
有色金属冶炼及压延加工业	-	-		--	-	-
金属制品业	--	-	--	--	--	--
通用设备制造业	+	-	-	-	-	-
专用设备制造业	+	+	--	-	-	-
汽车制造业	++	+		+	-	+
铁路、船舶、航空航天和其他运输设备制造业	+	+		--	--	+

续表

行业	聚人	耗能	占地	经济贡献	税收贡献	综合
交通运输设备制造业	+	+		+	-	+
电气机械及器材制造业	+	-		-	-	-
通信设备、计算机及其他电子设备制造业	+	-	-	+	--	-
仪器仪表及文化、办公用机械制造业	-	-	--	--	-	-
工艺品及其他制造业	-	-	--	--	--	--
金属制品、机械和设备修理业	-	-		--	--	--
废弃资源和废旧材料回收加工业	--	--	--	--	--	--
电力、热力的生产和供应业	+	--		+	-	-
燃气的生产和供应业	-	-	-	--	-	-
水的生产和供应业	-	--	--	--	--	--

资料来源：根据 2007 ~ 2014 年《中国统计年鉴》《中国城市统计年鉴》《北京统计年鉴》数据计算所得。

通过对五项指标的综合分析，从横向来看需要鼓励发展（++）的行业有信息传输、计算机服务和软件业，金融业；需要继续保留但限制规模（+）的行业有批发和零售业，房地产业，租赁和商务服务业，医药制造业，汽车制造业，交通运输设备制造业，科学研究、技术服务和地质勘查业，石油加工、炼焦及核燃料加工业，铁路、船舶、航空航天和其他运输设备制造业；限制发展部分疏解且同时升级改造（-）的行业有建筑业，交通运输、仓储和邮政业，住宿和餐饮业，文化、体育和娱乐业，水利、环境和公共设施管理业，居民服务和其他服务业，教育，通用设备制造业，专用设备制造业，卫生、社会保障和福利业，公共管理和社会组织，开采辅助活动，印刷和记录媒介复制业，有色金属冶炼及压延加工业，电气机械及器材制造业，通信设备、计算机及其他电子设备制造业，仪器仪表及文化、办公用机械制造业，电力、热力的生产和供应业，燃气的生产和供应业；需要直接疏解淘汰（--）的行业有煤炭开采和洗选业，石油和天然气开采业，黑色金属矿采选业，非金属矿采选业，农副食品加工业，食品制造业，饮料制造业，烟草制品业，纺织业，纺织服装、鞋、帽制造业，文教体育用品制造业，家具制造业，皮革、毛皮、羽毛（绒）及其制品业，木材加工及木、竹、藤、棕、草制品业，造纸及纸制品业，化学原料及化学制品制造业，化学纤维制造业，金属制品业，非金属矿物制品业，橡胶和塑料制品业，黑色金属冶炼及压延加工业，工艺品及其他制造业，金属制品、机械和设备修理业，废弃资源和废旧材料回收加工业，水的生产和供应业。

解决北京的“大城市病”亟待人口的疏解和能耗的降低，从纵向（时序）来看，可短期内从人口聚集程度和能源消耗程度两个指标分析北京需要疏解的行业，占用土地和经济、税收是短时间内很难控制和放弃的，可从土地占用程度、经济增长贡献度和财政税收贡献度的角度给出北京市中期应疏解行业，从北京经济社会发展的长远角度，即考虑五项指标给出北京长期产业调整疏解建议。短期向外调整疏解的行业有建筑业，教育，交通运输、仓储和邮政业，住宿和餐饮业，水利、环境和公共设施管理业，居民服务和其他服务业，煤炭开采和洗选业，石油和天然气开采业，非金属矿采选业，农副食品加工业，饮料制造业，纺织业，纺织服装、鞋、帽制造业，食品制造业，家具制造业，皮革、毛皮、羽毛（绒）及其制品业，木材加工及木、竹、藤、棕、草制品业，文教体育用品制造业，造纸及纸制品业，印刷和记录媒介复制业，化学纤维制造业，金属制品业，非金属矿物制品业，橡胶和塑料制品业，黑色金属冶炼及压延加工业，有色金属冶炼及压延加工业，仪器仪表及文化、办公用机械制造业，工艺品及其他制造业，燃气的生产和供应业，水的生产和供应业，废弃资源和废旧材料回收加工业。中期向外调整疏解的行业有卫生、社会保障和福利业，文化、体育和娱乐业，公共管理和社会组织，烟草制品业，黑色金属矿采选业，开采辅助活动，通用设备制造业，专用设备制造业，电气机械及器材制造业，电力、热力的生产和供应业。远期同时考虑这五项指标的需要全部疏解和部分疏解并升级调整的除短期和中期向外调整疏解外的行业有化学原料及化学制品制造业，通信设备、计算机及其他电子设备制造业，金属制品、机械和设备修理业。

2. 基于梯度系数的产业实证分析

本研究的地区产业梯度系数 = 地区区位熵 × 地区比较劳动生产率 × 地区比较资本产出率。本研究通过产业梯度系数分析，试图得出北京需要往外调整与疏解的产业及疏解到哪里，使得产业的疏解和承接能有效衔接，确保疏解出去的产业能够顺利承接并平稳过渡。

《中国统计年鉴2014》中只有2012年第三产业详细行业目录的增加值，没有2013年的数据，而《中国工业统计年鉴2013》中没有第二产业各行业目录下的从业人员统计项目，其又是获取全国工业各行业从业人员情况的唯一途径，所以只能采用2011年北京市三次产业各行业的数据进行分析。其中，农、林、牧、渔业和第三产业各行业的区位熵、比较劳动生产率、比较资本产出率采用的是增加值的数据，工业企业则采用总产值代替增加值来计算①，但数据的替换并不影响结果，因为在计算中采用的北京市数据和中国的数据口径是统一的。根据2011年的各项数据计算的北京市三次产业各行业的产业梯度系数具体见表7－7。

表7－7　2011年北京市三次产业各行业产业梯度系数

行　业	区位熵	比较劳动生产率	比较资本产出率	产业梯度系数
农、林、牧、渔业	0.1	0.3	0.5	0.0
建筑业	0.6	0.9	7.2	3.9
交通运输、仓储和邮政业	1.0	0.4	2.0	0.8
信息传输、计算机服务和软件业	4.4	0.6	2.9	7.7
批发和零售业	1.4	0.5	12.8	9.0
住宿和餐饮业	1.1	0.3	3.9	1.3
金融业	2.6	1.3	1.5	5.1
房地产业	1.2	0.3	1.0	0.4
租赁和商务服务业	3.6	0.6	9.0	19.4
科学研究、技术服务和地质勘查业	4.7	0.9	3.0	12.7
水利、环境和公共设施管理业	1.2	1.0	2.7	3.2
居民服务和其他服务业	0.4	0.1	1.9	0.1
教育	1.2	1.5	1.2	2.2
卫生、社会保障和福利业	1.2	1.2	2.0	2.9
文化、体育和娱乐业	3.3	0.9	6.5	19.3
公共管理和社会组织	0.9	0.9	3.4	2.8

① 由于从2009年起国家统计局改革了规模以上工业增加值计算方法，所以在年鉴或各统计网站上关于工业企业各行业的数据不再公布增加值，而是采用总产值。

续表

行　业	区位熵	比较劳动生产率	比较资本产出率	产业梯度系数
煤炭开采和洗选业	1.4	7.5	4.8	50.4
石油和天然气开采业	0.9	0.6	0.5	0.3
黑色金属矿采选业	1.6	0.8	0.1	0.1
非金属矿采选业	0.0	0.3	0.1	0.0
农副食品加工业	0.4	0.8	0.6	0.2
食品制造业	0.9	0.6	0.5	0.3
饮料制造业	1.0	0.7	0.4	0.3
烟草制品业	0.4	1.4	1.1	0.6
纺织业	0.2	0.8	0.6	0.1
纺织服装、鞋、帽制造业	0.5	0.7	0.6	0.2
皮革、毛皮、羽毛（绒）及其制品业	0.1	1.4	0.6	0.1
木材加工及木、竹、藤、棕、草制品业	0.1	0.6	0.3	0.0
家具制造业	0.7	0.7	0.5	0.2
造纸及纸制品业	0.3	1.3	0.9	0.4
印刷和记录媒介复制业	1.8	0.7	0.5	0.6
文教体育用品制造业	0.2	0.9	0.4	0.1
石油加工、炼焦及核燃料加工业	2.0	1.6	2.4	7.7
化学原料及化学制品制造业	0.4	0.7	0.6	0.2
医药制造业	1.8	0.9	0.7	1.1
化学纤维制造业	0.0	0.2	0.4	0.0
橡胶制品业	0.2	0.4	0.9	0.1
塑料制品业	0.3	1.0	0.6	0.2
非金属矿物制品业	0.6	1.0	0.5	0.3
黑色金属冶炼及压延加工业	0.2	0.6	0.4	0.0
有色金属冶炼及压延加工业	0.2	0.9	1.0	0.2
金属制品业	0.6	0.8	0.5	0.2
通用设备制造业	0.8	1.2	0.6	0.6
专用设备制造业	1.3	0.9	0.5	0.6
交通运输设备制造业	2.3	1.8	1.1	4.6
电气机械及器材制造业	0.9	1.5	0.5	0.7
通信设备、计算机及其他电子设备制造业	1.8	1.9	0.6	2.1

续表

行　业	区位熵	比较劳动生产率	比较资本产出率	产业梯度系数
仪器仪表及文化、办公用机械制造业	1.8	1.2	0.5	1.1
工艺品及其他制造业	1.1	1.8	0.5	1.0
废弃资源和废旧材料回收加工业	0.2	0.7	0.4	0.1
电力、热力的生产和供应业	2.8	1.9	0.4	2.1
燃气的生产和供应业	3.2	1.1	0.7	2.5
水的生产和供应业	2.0	1.2	0.4	1.0

资料来源：根据《中国统计年鉴2012》《北京统计年鉴2012》《中国工业统计年鉴2012》《中国城市统计年鉴2012》数据计算所得。

（1）基于区位熵的实证分析

区域各行业的区位熵表示该行业在该地区发展的相对优势。从表7－7可以看出北京已不具备发展相对优势的行业，即区位熵小于1的行业有建筑业，居民服务和其他服务业，公共管理和社会组织，石油和天然气开采业，非金属矿采选业，农副食品加工业，纺织业，食品制造业，烟草制品业，纺织服装、鞋、帽制造业，通用设备制造业，皮革、毛皮、羽毛（绒）及其制品业，家具制造业，文教体育用品制造业，木材加工及木、竹、藤、棕、草制品业，造纸及纸制品业，化学原料及化学制品制造业，化学纤维制造业，金属制品业，非金属矿物制品业，橡胶制品业，塑料制品业，黑色金属冶炼及压延加工业，有色金属冶炼及压延加工业，电气机械及器材制造业，废弃资源和废旧材料回收加工业。

（2）基于比较劳动生产率的实证分析

比较劳动生产率是反映一个地区相对于全国范围来说，劳动要素、技术要素等要素差别的一个综合指标。[①] 如果比较劳动生产率大于1，就说明该地区该行业的劳动生产率高于全国平均水平，反之，则表示该地区该行业劳动生产率低于全国平均水平。北京劳动生产率低于全国水平的行业，即比较劳动生产率小于1的行业有建筑业，纺织业，交通运输、仓储和邮政业，信息传输、计算机服务和软件业，批发和零售业，住宿和餐饮业，

① 杨猛：《环首都经济圈产业承接力研究——以河北省滦平县为例》，河北工业大学博士学位论文，2013，第88页。

房地产业，租赁和商务服务业，科学研究、技术服务和地质勘查业，居民服务和其他服务业，食品制造业，饮料制造业，文化、体育和娱乐业，公共管理和社会组织，石油和天然气开采业，黑色金属矿采选业，非金属矿采选业，农副食品加工业，家具制造业，纺织服装、鞋、帽制造业，木材加工及木、竹、藤、棕、草制品业，印刷和记录媒介复制业，文教体育用品制造业，化学原料及化学制品制造业，医药制造业，化学纤维制造业，金属制品业，橡胶制品业，黑色金属冶炼及压延加工业，有色金属冶炼及压延加工业，专用设备制造业，废弃资源和废旧材料回收加工业。

（3）基于比较资本产出率的实证分析

比较资本出率反映企业资本的盈利能力，产业总是向盈利空间大的地方转移。[①] 如果比较资本产出率大于1，就表示该地区资本投资的盈利能力高于全国平均水平，反之则低于全国平均水平。在市场机制的作用下，企业会将资本转移到盈利能力大的空间去，实现大规模盈利的目的。就比较资本产出率来看，北京市的劣势产业有石油和天然气采选业，黑色金属矿采选业，食品制造业，饮料制造业，非金属矿采选业，农副食品加工业，纺织业，家具制造业，文教体育用品制造业，纺织服装、鞋、帽制造业，皮革、毛皮、羽毛（绒）及其制品业，水的生产和供应业，木材加工及木、竹、藤、棕、草制品业，造纸及纸制品业，医药制造业，印刷和记录媒介复制业，化学原料及化学制品制造业，化学纤维制造业，金属制品业，非金属矿物制品业，橡胶制品业，塑料制品业，黑色金属冶炼及压延加工业，通用设备制造业，专用设备制造业，电气机械及器材制造业，燃气的生产和供应业，通信设备、计算机及其他电子设备制造业，仪器仪表及文化、办公用机械制造业，工艺品及其他制造业，电力、热力的生产和供应业，废弃资源和废旧材料回收加工业。

（4）基于产业梯度系数的实证分析

地区行业的区位熵、行业比较劳动生产率、行业比较资本产出率和改进的产业梯度系数四项指标均大于或等于1的行业在北京具有绝对优势，应鼓励发展，该类行业有金融业，水利、环境和公共设施管理业，煤炭开

① 杨猛：《环首都经济圈产业承接力研究——以河北省滦平县为例》，河北工业大学博士学位论文，2013，第88页。

采和洗选业，教育，卫生、社会保障和福利业，石油加工、炼焦及核燃料加工业，交通运输设备制造业。产业梯度系数大于或等于1，且前3项有2项数据大于或等于1的行业，在北京的发展具有相对优势，应继续保留但限制规模，该类行业有信息传输、计算机服务和软件业，批发和零售业，住宿和餐饮业，租赁和商务服务业，科学研究、技术服务和地质勘查业，文化、体育和娱乐业，燃气的生产和供应业，通信设备、计算机及其他电子设备制造业，仪器仪表及文化、办公用机械制造业，工艺品及其他制造业，电力、热力的生产和供应业，水的生产和供应业。产业梯度系数大于或等于1，且前3项指标中有1项大于或等于1的行业，应该限制发展部分疏解且同时升级改造，该类行业有建筑业，公共管理和社会组织，医药制造业。产业梯度系数小于1的行业全部疏解淘汰，该类行业有农、林、牧、渔业，交通运输、仓储和邮政业，房地产业，居民服务和其他服务业，石油和天然气开采业，黑色金属矿采选业，非金属矿采选业，农副食品加工业，食品制造业，饮料制造业，烟草制品业，纺织业，纺织服装、鞋、帽制造业，皮革、皮毛、羽毛（绒）及其制品业，木材加工及木、竹、藤、棕、草制品业，家具制造业，造纸及纸制品业，印刷和记录媒介复制业，文体教育用品制造业，化学原料及化学制品制造业，化学纤维制造业，橡胶制品业，塑料制品业，非金属矿物制品业，黑色金属冶炼及压延加工业，有色金属冶炼及压延加工业，金属制品业，通用设备制造业，专用设备制造业，电气机械及器材制造业，废弃资源和废旧材料回收加工业。

3. 基于主成分计算的产业实证分析

当前北京发展处于后工业化时期，人口过度集聚、交通拥堵、环境污染、雾霾围城、房价和地价居高不下的“大城市病”阻碍了北京首都核心功能的发展。以治理“大城市病”为目的，北京需要向外围地区疏解人口和行业，以促进北京社会经济稳步发展。本章主要通过选取北京2012年经济社会发展（行业增加值、营业收入、税收合计、营业净利润、行业从业人员）和环境（能源消耗）、占地等相关指标进行主成分分析，给出北京适宜发展的行业和建议调整疏解的行业目录。其中行业增加值（亿元）、营业收入（亿元）、税收合计（亿元）、营业净利润（亿元）是正向指标，行业从业人员（万人）、能源消耗（万吨标准煤）和占地（公顷）为负向指标，为把负向指标转化成正向指标，对其进行取倒数处理。x_1 表示行业增加值，x_2 代表营业收入，x_3 代表税收合计，x_4 代表营业净利润，x_5 代表行业从业人员年末数，x_6 代表能源消耗，x_7 代表行业占地。

主成分分析要求数据尽可能全面，2012 年北京大部分工业企业各行业的占地数据不能获取，所以工业企业各行业在上述 7 项指标中删除占地指标，另外有 4 个行业（石油和天然气开采业、非金属矿采选业、烟草制品业和化学纤维制造业）的增加值、营业收入、营业净利润的数据不能够取得，所以在分析中将这 4 个行业剔除，只通过前面章节的分析给出这 4 个行业的建议。

工业企业各行业 6 项影响因素降维为 2 个主成分，第一主成分 F_1 的特征根为 $\lambda = 3.687 > 1$（特征根 λ 反映了主成分对原始变量的影响程度，所以如果 $\lambda < 1$ 则不能选作主成分），方差贡献率为 61.453%，这表示第一主成分解释了原始 6 个变量的 61.453%，第一主成分 F_1 充分解释了 6 项影响因素。第二主成分 F_2 的特征值为 $\lambda = 1.851 > 1$，且 F_1、F_2 的方差贡献率累计达到了 92.304%，大于 80%，通过 F_1、F_2 特征根计算各自的贡献率分别为 66.576% 和 33.424%。相应的公式为：

$$F_1 = 0.981x_1 + 0.944x_2 + 0.960x_3 + 0.936x_4 - 0.120x_5 - 0.138x_6$$

$$F_2 = -0.159x_1 - 0.098x_2 - 0.140x_3 - 0.128x_4 + 0.945x_5 + 0.942x_6$$

$$F = 0.66576F_1 + 0.33424F_2$$

根据分析结果，应鼓励发展的第二产业行业有建筑业，电力、热力的生产和供应业，汽车制造业，通信设备、计算机及其他电子设备制造业，石油加工、炼焦及核燃料加工业；继续保留但限制规模的行业有医药制造业，通用设备制造业，专用设备制造业，电气机械及器材制造业，煤炭开采和洗选业；限制发展部分疏解且同时升级改造的行业有黑色金属矿采选业，食品制造业，化学原料及化学制品制造业，非金属矿物制品业，农副食品加工业，金属制品业，开采辅助活动，仪器仪表及文化、办公用机械制造业，铁路、船舶、航空航天和其他运输设备制造业，燃气的生产和供应业，纺织服装、鞋、帽制造业，印刷和记录媒介复制业；需全部淘汰的行业有黑色金属冶炼及压延加工业，有色金属冶炼及压延加工业，橡胶制品业，塑料制品业，造纸及纸制品业，文教体育用品制造业，家具制造业，金属制品、机械和设备修理业，纺织业，水的生产和供应业，皮革、毛皮、羽毛（绒）及其制品业，木材加工及木、竹、藤、棕、草制品业，废弃资源和废旧材料回收加工业。

第三产业的主成分分析因为数据全面，选用了 x_1、x_2、x_3、x_4、x_5、x_6、x_7 七项指标，降维成3个主成分，各主成分特征根 λ 分别为2.881、2.076、1.488，第一主成分 F_1 的方差贡献率为41.158%，解释了原始7个变量的41.158%，F_1、F_2 的累计方差贡献率为70.813%，F_1、F_2、F_3 的累计方差贡献率为92.074%，大于80%。根据特征根计算的主成分 F_1、F_2、F_3 的贡献率分别为0.44701、0.32211、0.23088。相关的公式为：

$$F_1 = 0.820x_1 + 0.425x_2 + 0.985x_3 + 0.974x_4 - 0.262x_5 + 0.178x_6 - 0.091x_7$$

$$F_2 = -0.413x_1 - 0.295x_2 + 0.003x_3 + 0.086x_4 + 0.922x_5 + 0.975x_6 + 0.099x_7$$

$$F_3 = 0.335x_1 + 0.713x_2 + 0.056x_3 - 0.041x_4 - 0.094x_5 + 0.026x_6 + 0.924x_7$$

$$F = 0.44701F_1 + 0.32211F_2 + 0.23088F_3$$

根据分析结果，北京第三产业的调整疏解建议为：鼓励发展的行业有批发和零售业，金融业，租赁和商务服务业，信息传输、计算机服务和软件业，科学研究、技术服务和地质勘查业；继续保留但限制规模的行业有房地产业，交通运输、仓储和邮政业、公共管理和社会组织；限制发展部分疏解且同时升级改造的行业有教育，文化、体育和娱乐业，卫生、社会保障和福利业，住宿和餐饮业；直接疏解淘汰的行业有水利、环境和公共设施管理业，居民服务和其他服务业。

（二）北京产业疏解的承接地分析

1. 基于产业梯度的津冀优势产业分析

北京需要调整疏解出去的产业由区域内哪个城市承接，需要考虑该城市的产业基础及产业配套能力，最终实现北京疏解出去的产业平稳过渡、落地生根、发展壮大。本部分主要分析天津和河北各个产业的比较优势（区位熵、比较劳动生产率、比较资本产出率）和产业梯度系数，目的是为北京需要疏解出去的产业找到理想的承接地。

（1）天津优势产业分析

根据《中国统计年鉴2012》、《中国工业统计年鉴2012》、《中国城市统计年鉴2012》和《天津统计年鉴2012》中行业从业人员、行业增加值、行业总资产和总投资额计算天津三次产业的产业梯度系数，具体数值见表7－8。

表7－8　2011年天津市三次产业的产业梯度系数

行　业	区位熵	比较劳动生产率	比较资本产出率	产业梯度系数
农、林、牧、渔业	0.14	0.01	0.19	0.00
建筑业	0.65	0.37	0.99	0.24
交通运输、仓储和邮政业	1.18	0.59	1.57	1.09
信息传输、计算机服务和软件业	0.74	0.67	0.54	0.27
批发和零售业	1.41	0.21	1.94	0.57
住宿和餐饮业	0.89	0.16	1.46	0.21
金融业	1.27	1.17	0.56	0.83
房地产业	0.64	0.24	0.92	0.14
租赁和商务服务业	1.23	0.31	0.21	0.08
科学研究、技术服务和地质勘查业	2.00	0.64	3.26	4.17
水利、环境和公共设施管理业	1.49	1.14	1.10	1.87
居民服务和其他服务业	1.36	0.05	0.50	0.03
教育	0.72	0.85	0.95	0.58
卫生、社会保障和福利业	0.67	0.67	1.76	0.79
文化、体育和娱乐业	0.80	0.53	0.57	0.24
公共管理和社会组织	0.57	0.83	0.69	0.33
煤炭开采和洗选业	1.30	10.45	1.32	17.93
石油和天然气开采业	5.70	2.25	1.67	21.42
黑色金属矿采选业	0.39	2.01	0.61	0.48
非金属矿采选业	0.12	0.19	0.08	0.00
农副食品加工业	0.47	2.01	0.67	0.63
食品制造业	1.95	1.39	1.17	3.17
饮料制造业	0.52	1.00	0.92	0.48
烟草制品业	0.19	1.05	1.15	0.23
纺织业	0.11	0.70	0.46	0.04
纺织服装、鞋、帽制造业	0.69	0.70	0.52	0.25
皮革、毛皮、羽毛（绒）及其制品业	0.11	0.82	0.67	0.06
木材加工及木、竹、藤、棕、草制品业	0.08	0.65	0.48	0.02
家具制造业	0.43	0.67	0.70	0.20
造纸及纸制品业	0.49	0.84	0.75	0.31

续表

行　业	区位熵	比较劳动生产率	比较资本产出率	产业梯度系数
印刷和记录媒介复制业	0.42	0.70	0.68	0.20
文教体育用品制造业	0.64	1.28	0.95	0.78
石油加工、炼焦及核燃料加工业	1.89	2.66	1.84	9.25
化学原料及化学制品制造业	0.77	1.35	0.76	0.79
医药制造业	0.89	1.03	0.53	0.49
化学纤维制造业	0.06	0.81	1.42	0.07
橡胶制品业	0.70	0.70	0.72	0.35
塑料制品业	0.70	0.98	0.82	0.56
非金属矿物制品业	0.29	1.11	0.69	0.22
黑色金属冶炼及压延加工业	2.22	1.58	0.97	3.40
有色金属冶炼及压延加工业	0.70	2.61	1.97	3.60
金属制品业	1.51	1.27	0.94	1.80
通用设备制造业	0.84	1.11	0.67	0.62
专用设备制造业	0.92	1.01	0.79	0.73
交通运输设备制造业	1.36	1.14	1.19	1.84
电气机械及器材制造业	0.64	1.27	0.80	0.65
通信设备、计算机及其他电子设备制造业	1.30	1.60	1.37	2.85
仪器仪表及文化、办公用机械制造业	0.69	1.01	1.09	0.76
工艺品及其他制造业	0.53	0.92	1.45	0.71
废弃资源和废旧材料回收加工业	2.00	1.02	0.93	1.90
电力、热力的生产和供应业	0.57	1.18	1.01	0.68
燃气的生产和供应业	0.91	0.78	0.46	0.33
水的生产和供应业	1.09	2.24	0.74	1.81

资料来源：笔者计算所得。

从表7-8中的数据我们可以看出，天津区位熵大于或等于1的行业有交通运输、仓储和邮政业，批发和零售业，煤炭开采和洗选业，金融业，租赁和商务服务业，科学研究、技术服务和地质勘查业，食品制造业，交通运输设备制造业，水利、环境和公共设施管理业，居民服务和其他服务业，水的生产和供应业，石油和天然气开采业，石油加工、炼焦及核燃料加工业，黑色金属冶炼与压延加工业，金属制品业，通信设备、计算机及其他电子设备制造业，废弃资源和废旧材料回收加工业。

比较劳动生产率大于或等于1的行业有金融业，黑色金属矿采选业，水利、环境和公共设施管理业，煤炭开采和洗选业，石油和天然气开采业，农副食品加工业，食品制造业，饮料制造业，烟草制品业，文教体育用品制造业，交通运输设备制造业，石油加工、炼焦及核燃料加工业，化学原料及化学制品制造业，医药制造业，金属制品业，非金属矿物制品业，有色金属冶炼及压延加工业，黑色金属冶炼及压延加工业，通用设备制造业，专用设备制造业，电气机械及器材制造业，电力、热力的生产和供应业，通信设备、计算机及其他电子设备制造业，仪器仪表及文化、办公用机械制造业，废弃资源和废旧材料回收加工业，水的生产和供应业。

比较资本产出率大于1的行业有交通运输、仓储和邮政业，批发和零售业，住宿和餐饮业，石油和天然气开采业，科学研究、技术服务和地质勘查业，水利、环境和公共设施管理业，卫生、社会保障和福利业，煤炭开采和洗选业，食品制造业，化学纤维制造业，烟草制品业，石油加工、炼焦及核燃料加工业，有色金属冶炼及压延加工业，交通运输设备制造业，工艺品及其他制造业，通信设备、计算机及其他电子设备制造业，仪器仪表及文化、办公用机械制造业，电力、热力的生产和供应业。

产业梯度系数大于或等于1的行业有交通运输、仓储和邮政业，科学研究、技术服务和地质勘查业，水利、环境和公共设施管理业，煤炭开采和洗选业，石油和天然气开采业，食品制造业，交通运输设备制造业，石油加工、炼焦及核燃料加工业，黑色金属冶炼及压延加工业，有色金属冶炼及压延加工业，金属制品业，通信设备、计算机及其他电子设备制造业，废弃资源和废旧材料回收加工业，水的生产和供应业。

四项指标均大于或等于1的天津优势产业有水利、环境和公共设施管理业，煤炭开采和洗选业，石油和天然气开采业，食品制造业，交通运输设备制造业，石油加工、炼焦及核燃料加工业，通信设备、计算机及其他电子设备制造业。

（2）河北优势产业分析

根据《中国统计年鉴2012》、《中国工业统计年鉴2012》、《中国城市统计年鉴2012》和《河北省经济统计年鉴2012》中行业从业人员、行业增加值、行业总资产和总投资额计算河北三次产业的产业梯度系数，具体数值见表7-9。

表7-9 2011年河北三次产业的产业梯度系数

行业	区位熵	比较劳动生产率	比较资本产出率	产业梯度系数
农、林、牧、渔业	1.18	0.01	0.91	0.01
建筑业	0.82	0.18	3.39	0.50
交通运输、仓储和邮政业	1.76	0.29	1.80	0.92
批发和零售业	0.79	0.09	0.69	0.05
住宿和餐饮业	0.48	0.04	0.76	0.01
金融业	0.58	0.49	0.79	0.22
房地产业	0.66	0.81	0.63	0.34
煤炭开采和洗选业	1.02	1.22	1.08	1.34
石油和天然气开采业	0.50	0.51	0.72	0.18
黑色金属矿采选业	5.91	1.26	1.42	10.57
有色金属矿采选业	0.22	1.06	0.84	0.20
非金属矿采选业	0.60	0.88	0.82	0.43
农副食品加工业	0.84	1.20	1.16	1.17
食品制造业	0.91	1.05	1.25	1.19
饮料制造业	0.64	1.14	1.03	0.75
烟草制品业	0.42	0.69	1.35	0.39
纺织业	0.83	1.05	1.53	1.33
纺织服装、鞋、帽制造业	0.45	1.39	1.43	0.89
皮革、毛皮、羽毛（绒）及其制品业	1.91	1.28	2.11	5.16
木材加工及木、竹、藤、棕、草制品业	0.42	1.41	0.69	0.41
家具制造业	0.64	1.37	0.98	0.86
造纸及纸制品业	0.82	1.17	2.05	1.97
印刷和记录媒介复制业	0.85	1.29	1.33	1.46
文教体育用品制造业	0.29	1.67	1.07	0.52
石油加工、炼焦及核燃料加工业	1.64	1.21	1.32	2.62
化学原料及化学制品制造业	0.65	0.79	1.04	0.53
医药制造业	0.79	0.76	0.74	0.44
化学纤维制造业	0.23	0.38	1.31	0.11
橡胶制品业	1.03	0.95	1.29	1.26
塑料制品业	0.73	1.73	1.34	1.69
非金属矿物制品业	0.89	0.92	0.80	0.66

续表

行　业	区位熵	比较劳动生产率	比较资本产出率	产业梯度系数
黑色金属冶炼及压延加工业	3.81	1.12	1.03	4.40
有色金属冶炼及压延加工业	0.29	0.88	1.17	0.30
金属制品业	1.47	1.51	1.14	2.53
通用设备制造业	0.83	0.97	1.36	1.09
专用设备制造业	0.73	0.90	1.10	0.72
交通运输设备制造业	0.55	0.82	1.03	0.46
电气机械及器材制造业	0.61	1.21	0.73	0.54
通信设备、计算机及其他电子设备制造业	0.10	0.57	0.75	0.04
仪器仪表及文化、办公用机械制造业	0.23	0.86	0.86	0.17
工艺品及其他制造业	0.35	0.74	1.27	0.33
废弃资源和废旧材料回收加工业	0.50	1.12	1.26	0.71
电力、热力的生产和供应业	1.13	0.90	1.55	1.58
燃气的生产和供应业	0.43	0.37	0.64	0.10
水的生产和供应业	0.49	0.51	1.30	0.32

资料来源：笔者计算所得。

从表7－9可以看出，河北区位熵大于或等于1的优势产业有农、林、牧、渔业，交通运输、仓储和邮政业，煤炭开采和洗选业，橡胶制品业，金属制品业，黑色金属矿采选业，皮革、毛皮、羽毛（绒）及其制品业，石油加工、炼焦及核燃料加工业，黑色金属冶炼及压延加工业，电力、热力的生产和供应业。

比较劳动生产率大于或等于1的优势产业有煤炭开采和洗选业，黑色金属矿采选业，有色金属矿采选业，塑料制品业，皮革、毛皮、羽毛（绒）及其制品业，石油加工、炼焦及核燃料加工业，食品制造业，饮料制造业，黑色金属冶炼及压延加工业，纺织业，农副食品加工业，金属制品业，造纸及纸制品业，纺织服装、鞋、帽制造业，木材加工及木、竹、藤、棕、草制品业，家具制造业，文教体育用品制造业，印刷和记录媒介复制业，电气机械及器材制造业，废弃资源和废旧材料回收加工业。

比较资本产出率大于或等于1的优势产业有建筑业，交通运输、仓储和邮政业，煤炭开采和洗选业，黑色金属矿采选业，化学原料及化学制品制造业，化学纤维制造业，农副食品加工业，电力、热力的生产和供应业，食品制造业，饮料制造业，烟草制品业，纺织业，印刷和记录媒介复制业，金属制品业，橡胶制品业，塑料制品业，交通运输设备制造业，文教体育用品制造业，纺织服装、鞋、帽制造业，皮革、毛皮、羽毛（绒）及其制品业，造纸及纸制品业，石油加工、炼焦及核燃料加工业，黑色金属冶炼及压延加工业，有色金属冶炼及压延加工业，通用设备制造业，专用设备制造业，工艺品及其他制造业，废弃资源和废旧材料回收加工业，水的生产和供应业。

产业梯度系数大于或等于 1 的优势产业有煤炭开采和洗选业，黑色金属矿采选业，农副食品加工业，通用设备制造业，食品制造业，纺织业，金属制品业，橡胶制品业，塑料制品业，皮革、毛皮、羽毛（绒）及其制品业，造纸及纸制品业，印刷和记录媒介复制业，石油加工、炼焦及核燃料加工业，黑色金属冶炼及压延加工业，电力、热力的生产和供应业。

4 项指标全部大于或等于 1 的优势产业有煤炭开采和洗选业，黑色金属矿采选业，金属制品业，皮革、毛皮、羽毛（绒）及其制品业，石油加工、炼焦及核燃料加工业，黑色金属冶炼及压延加工业。

2. 基于比较优势的北京产业疏解承接地分析

（1）北京与津冀产业对接的可能性分析

一是北京服务业优势显著，河北缺乏比较优势。根据前面的定性、定量分析，北京、天津和河北服务业的产业梯度系数差异明显，北京在服务业方面具有显著的比较优势，天津次之，河北最差。三地间服务业转移与承接具有现实基础和可能性。北京应该大力提升其服务业的发展水平及质量，调整疏解其不具有比较优势的服务业。具体内容见图 7 - 1。

二是北京第二产业已经缺乏比较优势，天津优势最为明显。从工业行业看，京津冀三地产业梯度系数总体相差不大，天津较好，河北次之，北京最差。其中，北京在第二产业中除建筑业具有明显的比较优势外，其他行业都缺乏比较优势；天津在第二产业中的总体比较优势显著，尤其是在交通运输、仓储和邮政业，建筑业，非金属矿采选业优势突出（见图 7 - 2）。这说明第二产业总体在北京已不具备发展优势，需向天津、河北转移。

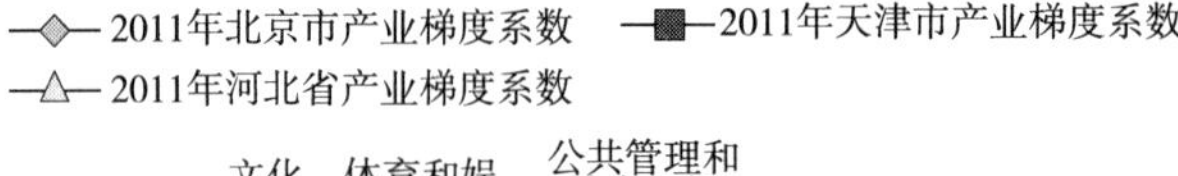

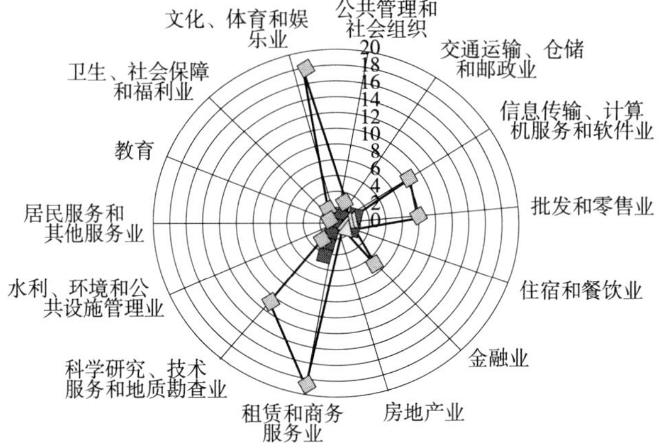

图 7－1　京津冀第三产业的产业梯度系数雷达图

资料来源：根据 2012 年《中国统计年鉴》《中国工业统计年鉴》《中国城市统计年鉴》《河北省经济统计年鉴》数据计算所得。

(2) 北京产业疏解的承接地选择分析

根据前面的数据分析，结合天津和河北的产业优势，针对北京需要调整疏解（疏解升级、全部淘汰）的产业，给出天津、河北的具体承接地。

需向天津疏解的产业有交通运输、仓储和邮政业，居民服务和其他服务业，通信设备、计算机及其他电子设备制造业，水的生产和供应业，石油和天然气开采业，食品制造业，黑色金属冶炼及压延加工业，金属制品业，废弃资源和废旧材料回收加工业。

需向河北疏解的产业有印刷和记录媒介复制业，食品制造业，通用设备制造业，农副食品加工业，纺织业，造纸及纸制品业，皮革、毛皮、羽毛（绒）及其制品业，木材加工及木、竹、藤、棕、草制品业，家具制造业，金属制品业，橡胶制品业，塑料制品业，黑色金属冶炼及压延加工业，黑色金属矿采选业。

天津、河北都能承接，但优先向河北疏解的产业有黑色金属冶炼及压延加工业，金属制品业。

天津、河北都能承接，但优先向天津疏解的产业有食品制造业。

天津、河北都没有承接条件，需向区域外转移或直接淘汰的产业有开

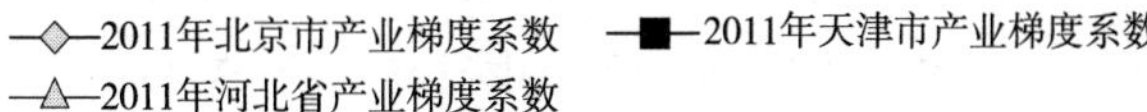

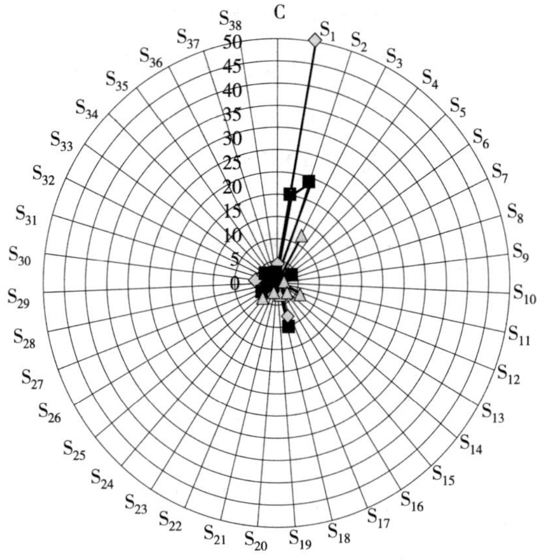

图7－2　京津冀工业行业产业梯度系数雷达图

注：由于工业企业行业较多，为了图片明显，所以用字母代替行业目录，S_1：建筑业；S_2：交通运输、仓储和邮政业；S_3：住宿和餐饮业；S_4：居民服务和其他服务业；S_5：教育；S_6：卫生、社会保障和福利业；S_7：公共管理和社会组织；S_8：开采辅助活动；S_9：印刷和记录媒介复制业；S_{10}：通用设备制造业；S_{11}：专用设备制造业；S_{12}：电气机械及器材制造业；S_{13}：通信设备、计算机及其他电子设备制造业；S_{14}：医药制造业；S_{15}：水的生产和供应业；S_{16}：石油和天然气开采业；S_{17}：黑色金属矿采选业；S_{18}：非金属矿采选业；S_{19}：农副食品加工业；S_{20}：食品制造业；S_{21}：饮料制造业；S_{22}：烟草制品业；S_{23}：纺织业；S_{24}：纺织服装、鞋、帽制造业；S_{25}：皮革、毛皮、羽毛（绒）及其制品业；S_{26}：木材加工及木、竹、藤、棕、草制品业；S_{27}：家具制造业；S_{28}：造纸及纸制品业；S_{29}：文教体育用品制造业；S_{30}：化学原料及化学制品制造业；S_{31}：化学纤维制造业；S_{32}：橡胶和塑料制品业；S_{33}：非金属矿物制品业；S_{34}：黑色金属冶炼及压延加工业；S_{35}：有色金属冶炼及压延加工业；S_{36}：金属制品业；S_{37}：金属制品、机械和设备修理业；S_{38}：废弃资源和废旧材料回收加工业。

资料来源：根据《中国城市统计年鉴2013》数据计算得出。

采辅助活动、文教体育用品制造、化学纤维制造。

需要说明的是，上述北京需疏解产业的承接地分析是基于本章所选取的聚人、耗能、占地、经济贡献、税收贡献等指标得出的，在实际操作过程中产业的疏解与调整还取决于京津冀三地的功能定位和顶层设计、政府间所签署的产业合作协议以及企业自主自愿的选择结果。

(3) 基于河北11个地级市承接条件的产业承接地分析

根据《中国城市统计年鉴2013》《中国统计年鉴2013》《石家庄统计年鉴2013》《邯郸统计年鉴2013》《唐山统计年鉴2013》《保定经济统计年鉴2013》《张家口经济统计年鉴2013》《廊坊经济统计年鉴2013》等统计年鉴中从业人员、行业增加值、行业总资产和总投资额计算河北省11个地级市的区位熵，具体数据见表7-10、表7-11。

表7-10　2012年河北省5个地级市各行业基于就业人口计算的区位熵

行　业	秦皇岛	邢台	承德	沧州	衡水	行　业	秦皇岛	邢台	承德	沧州	衡水
第一产业	0.1	0.1	0.8	0.8	0.2	租赁和商务服务业	0.4	0.2	0.9	0.2	0.2
采矿业	0.1	2.0	1.2	1.2		教育	1.2	1.6	1.7	1.7	2.0
制造业*	0.0	0.8	0.6	0.6	0.7	建筑业	0.7	0.8	0.6	1.1	1.0
电力、热力、燃气及水的生产和供应业	1.8	2.1	1.7	1.8	1.9	科学研究、技术服务和地质勘查业	0.7	0.5	0.7	0.5	0.4
交通运输、仓储和邮政业	2.6	0.5	1.1	0.8	0.9	水利、环境和公共设施管理业	1.2	0.9	1.9	1.2	0.9
信息传输、计算机服务和软件业	0.8	0.6	1.0	0.6	0.8	居民服务和其他服务业	0.1	0.1	0.4	2.0	0.1
批发和零售业	0.5	0.6	0.4	0.7	0.7	住宿和餐饮业	0.8	0.5	0.3	0.4	0.3
金融业	1.5	1.1	1.9	1.4	1.5	房地产业	0.6	0.6	0.3	0.5	0.8
卫生、社会保障和福利业	1.3	1.2	1.6	1.4	1.4	公共管理和社会组织	1.4	1.8	2.0	1.6	1.7
文化、体育和娱乐业	1.6	0.6	1.6	0.8	0.8						

由于统计年鉴数据获取不全面，这5个地级市的制造业没有细分的数据。

资料来源：根据《中国城市统计年鉴2013》数据计算获得。

表7-11　2012年天津、河北省6个地级市细分行业区位熵

行　业	石家庄	张家口	唐山	廊坊	保定	邯郸	天津
第一产业	1.0	1.7	0.9	1.1	1.4	1.3	0.1
建筑业	0.8	1.0	0.6	1.2	1.3	0.7	0.6
交通运输、仓储和邮政业	1.8	2.5	2.8	0.5	0.9	2.1	1.1
信息传输、计算机服务和软件业	0.6	0.5	0.4	0.6	0.6	0.6	0.6

续表

行　业	石家庄	张家口	唐山	廊坊	保定	邯郸	天津
批发和零售业	0.9	0.9	0.7	0.5	0.7	0.6	1.4
住宿和餐饮业	0.8	1.0	0.6	0.8	0.9	0.8	0.9
金融业	0.8	0.6	0.4	0.7	0.5	0.5	1.4
房地产业	0.6	0.6	0.4	1.1	0.6	0.5	0.6
租赁和商务服务业	0.6	0.3	0.3	1.2	0.1	0.4	1.2
科学研究、技术服务和地质勘查业	0.7	0.3	0.1	2.9	1.7	0.2	1.9
水利、环境和公共设施管理业	0.9	0.8	0.5	0.1	0.4	1.0	1.4
居民服务和其他服务业	0.9	1.0	0.6	1.4	0.4	1.6	1.4
教育	0.7	0.9	0.3	0.5	0.8	0.8	0.7
卫生、社会保障和福利业	0.9	0.8	0.4	0.4	0.9	0.7	0.6
文化、体育和娱乐业	1.0	0.3	0.1	0.2	0.3	0.6	0.8
公共管理和社会组织	0.8	1.0	0.4	0.8	0.7	0.6	0.6
煤炭开采和洗选业	0.7	2.1	1.9			2.6	1.5
石油和天然气开采业	0.0						4.6
黑色金属矿采选业	0.9	12.5	1.4		2.4	0.9	0.4
有色金属矿采选业		1.1			0.6		
非金属矿采选业	0.3	1.2	0.8	0.8	0.5	0.0	0.1
开采辅助活动							2.4
农副食品加工业	1.3	0.4	0.2	1.6	0.3	0.9	0.6
食品制造业	1.0	3.2	0.3	1.1	1.3	1.1	2.4
饮料制造业	0.6	1.4	0.2	0.3	0.7	0.4	0.4
烟草制品业	0.9	7.5			0.7		0.2
纺织业	2.2	0.0	0.0	0.2	2.7	1.0	0.1
纺织服装、鞋、帽制造业	1.1	0.0	0.0	0.2	0.9	0.5	0.6
皮革、毛皮、羽毛（绒）及其制品业	7.1	0.1	0.0	0.1	1.7	0.1	0.2
木材加工及木、竹、藤、棕、草制品业	1.2		0.0	1.4	0.2	0.2	0.1
家具制造业	1.0	0.1	0.2	4.3	0.2	0.5	0.5
造纸及纸制品业	0.7	0.5	0.4	2.0	3.5	0.2	0.6
印刷和记录媒介复制业	1.4	0.4	0.2	4.3	1.6	0.2	0.4

续表

行　业	石家庄	张家口	唐山	廊坊	保定	邯郸	天津
文教体育用品制造业		0.0	0.0	0.8	0.4	0.0	0.7
石油加工、炼焦及核燃料加工业	1.1		0.9	0.0	0.7	0.8	1.2
化学原料及化学制品制造业	1.4	0.4	0.3	1.0	0.3	0.2	0.7
医药制造业	3.2	0.1	0.1	0.2	0.5	0.3	0.9
化学纤维制造业	0.8		0.0		0.4	0.4	0.1
橡胶和塑料制品业	1.1	0.0	0.3	0.8	2.0	0.4	0.7
非金属矿物制品业	1.3	0.5	0.9	0.8	0.5	0.7	0.3
黑色金属冶炼及压延加工业	1.4	3.4	6.2	3.9	0.3	7.1	2.1
有色金属冶炼及压延加工业	0.1	0.4	0.0	0.3	1.8	0.1	0.7
金属制品业	1.2	0.4	1.9	1.8	0.9	0.5	1.4
通用设备制造业	0.7	0.3	0.3	1.1	1.1	0.6	0.9
专用设备制造业	0.8	2.5	0.7	1.0	0.5	0.4	1.4
汽车制造业	0.1	0.2	0.1	1.1	3.5	0.1	1.3
铁路、船舶、航空航天和其他运输设备制造业	0.2	0.0	0.8	0.2	0.1	0.2	1.4
电气机械和器材制造业	0.6	0.3	0.2	0.2	1.9	0.3	0.6
通信设备、计算机及其他电子设备制造业	0.2	0.0	0.0	0.5	0.0	0.0	1.4
仪器仪表及文化、办公用机械制造业	0.2		0.1	0.3	0.4	0.2	0.4
其他制造业	0.2		0.0	1.8	0.6		1.1
废弃资源和废旧材料回收加工业	0.6		0.3	1.9	1.9	0.1	2.7
金属制品、机械和设备修理业	3.2	1.2	0.1		0.1	0.1	0.6
电力、热力的生产和供应业	0.9	2.9	1.0	1.1	1.2	1.1	0.5
燃气的生产和供应业	0.3	0.2	0.3	2.3	0.4	0.4	1.0
水的生产和供应业	0.6	1.0	0.4	0.4	0.8	0.3	1.1

资料来源：根据2013年《中国统计年鉴》《石家庄统计年鉴》《邯郸统计年鉴》《唐山统计年鉴》《天津统计年鉴》《保定经济统计年鉴》《张家口经济统计年鉴》《廊坊经济统计年鉴》中2012年数据计算所得。

根据表7-10、表7-11的河北省11个地级市各行业基于从业人员计算的行业区位熵数据分析，我们可以得出河北省可以承接北京需转出的行业的地级市及产业，详见表7－12。

表7－12　河北省11个地级市承接产业目录

地区	行　业
邢台	教育（1.6），卫生、社会保障和福利业（1.2），公共管理和社会组织（1.8）
衡水	教育（2.0），卫生、社会保障和福利业（1.4），公共管理和社会组织（1.7）
沧州	建筑业（1.1），教育（1.7），卫生、社会保障和福利业（1.4），公共管理和社会组织（1.6）
承德	交通运输、仓储和邮政业（1.1），教育（1.7），卫生、社会保障和福利业（1.6），公共管理和社会组织（2.0）
秦皇岛	交通运输、仓储和邮政业（2.6），教育（1.2），卫生、社会保障和福利业（1.3），公共管理和社会组织（1.4）
唐山	交通运输、仓储和邮政业（2.8），黑色金属矿采选业（1.4），黑色金属冶炼及压延加工业（6.2），金属制品业（1.9）
邯郸	交通运输、仓储和邮政业（2.1），食品制造业（1.1），黑色金属冶炼及压延加工业（7.1）
张家口	交通运输、仓储和邮政业（2.5），专用设备制造业（2.5），黑色金属矿采选业（12.5），非金属矿采选业（1.2），食品制造业（3.2），饮料制造业（1.4），烟草制品业（7.5），黑色金属冶炼及压延加工业（3.4），金属制品、机械和设备修理业（1.2）
廊坊	印刷和记录媒介复制业（4.3），通用设备制造业（1.1），农副食品加工业（1.6），食品制造业（1.1），木材加工及木、竹、藤、棕、草制品业（1.4），家具制造业（4.3），造纸及纸制品业（2.0），黑色金属冶炼及压延加工业（3.9），金属制品业（1.8），废弃资源和废旧材料回收加工业（1.9）
保定	建筑业（1.3），印刷和记录媒介复制业（1.6），食品制造业（1.3），通用设备制造业（1.1），电气机械及器材制造业（1.9），黑色金属矿采选业（2.4），纺织业（2.7），皮革、毛皮、羽毛（绒）及其制品业（1.7），造纸及纸制品业（3.5），橡胶和塑料制品业（2.0），废弃资源和废旧材料回收加工业（1.9）
石家庄	交通运输、仓储和邮政业（1.8），印刷和记录媒介复制业（1.4），医药制造业（3.2），农副食品加工业（1.3），纺织业（2.2），纺织服装、鞋、帽制造业（1.1），皮革、毛皮、羽毛（绒）及其制品业（7.1），木材加工及木、竹、藤、棕、草制品业（1.2），化学原料及化学制品制造业（1.4），橡胶和塑料制品业（1.1），非金属矿物制品业（1.3），黑色金属冶炼及压延加工业（1.4），金属制品业（1.2），金属制品、机械和设备修理业（3.2）

注：括号内数据是基于行业从业人员计算的该地区该行业的区位熵，对于有多种承接地的产业，一般选择区位熵较大的地区，也可以根据实际情况选择转移成本最低、区域产业配套设施齐全的区域。

四　北京医疗功能疏解分析

（一）北京医疗功能分布的现状与问题

1. 优质医疗资源空间布局总体不均衡

《2014 年北京市卫生工作统计资料简编》显示，截至 2014 年末，北京市医疗卫生机构数量达到 10265 家（包括 15 家驻京部队医疗机构），编制床位数量达 113653 张，卫生人员 304990 人，卫技人员 242923 人，执业助理医师 89590 人，注册护士 106167 人；全市每千人常住人口医疗机构编制床位数 5.5 张，每千人常住人口医疗机构实有床位数 5.1 张。所有数据与 2013 年相比均有不同程度的增长。在“十二五”期间，北京市从以下四个方面进行了医疗资源的调整，具体表现为：一是三甲医院在郊区办分院；二是民间资本兴建民营医院；三是三甲医院整体搬迁出中心城区；四是三甲医院托管郊区县医院。其中就有同仁医院在亦庄办分院，朝阳医院在石景山办分院，地坛医院整体搬迁到朝阳区北皋地区，天坛医院在南四环花乡的新址也已动工。2015 年 11 月，早已开业的分别位于回龙观和天通苑的北大国际医院和清华长庚医院正式成为医保定点医疗机构。北京市环五环医疗服务圈基本形成。

（1）医疗机构数量和质量分布不均

截至 2014 年末北京市共有医疗机构 10250 家（不包括 15 家驻京部队医疗机构）。其中首都功能核心区有 1196 家，城市功能拓展区有 3136 家，城市发展新区有 3882 家，生态涵养发展区有 2036 家。虽然首都功能核心区医疗机构的绝对数不大，但质量非常好。根据 2015 年的最新统计数据，全市 79 家三级医院中有 35 家集中在三环路以内，有 54 家在五环路以内。其中东城区有 13 家，西城区有 20 家，朝阳区有 13 家，海淀区有 16 家，即 2/3 以上的三级医院集中在东城、西城、朝阳、海淀四个区，郊区县的医疗资源匮乏，医疗水平的增长速度跟不上居住人口的增长速度。此外，截至 2014 年全市三级医院的卫生人员数量达到 149596 人，是一级和二级医院卫生人员数量总和的 1.6 倍。即优质的医疗从业人员也集中在三级医院，以至患者就医选择时也更多地倾向三级医院，导致三级医院超负荷运转。

（2）医疗从业人员数量分布不均

随着北京市人口的逐年增长，全市医疗从业人员数量也相应增加。无论是首都功能核心区、城市功能拓展区、城市发展新区还是生态涵养发展区，医疗机构从业人员数量都逐年上升。虽然每个区医疗从业人员的绝对数量都有上升，但分布是不均衡的，主要表现为卫生技术人员主要集中在首都功能核心区和城市功能拓展区。首都功能核心区和城市功能拓展区的卫生技术从业人员数量远远大于城市发展新区和生态涵养发展区的卫生技术从业人员数量，2014 年前者是后者的 2.49 倍。此外，东城区、西城区和朝阳区执业医师数量占全市规模以上三级医院医师总人数的 68.8%，这三个区的三级医院收入占全市三级医院收入总和的 73.4%，这表明这三个区的三级医院是患者就医最为集中的区域。北京市不同城市功能区卫生技术人员数量分布见表 7－13。

表 7－13　北京市不同城市功能区卫生技术人员数量分布

单位：人

城市功能区	2008 年	2009 年	2010 年	2011 年	2012 年	2013 年	2014 年
首都功能核心区	47122	47869	50544	52128	55353	55940	57419
城市功能拓展区	63732	70018	74505	80131	87156	91006	95660
城市发展新区	27123	29768	32324	35143	38779	41286	45741
生态涵养发展区	11939	12780	13720	14536	14968	15650	15688

资料来源：2008～2014 年《北京市卫生工作统计资料简编》。

（3）医疗机构床位数量分布不均

2008～2014 年，上述首都四个城市功能区医疗机构床位数量逐年稳步上升。2014 年，从床位绝对数来说，生态涵养发展区的床位最少，只有 9134 张；城市功能拓展区最多，有 43914 张，后者是前者的 4.8 倍；城市发展新区有床位 30457 张，首都功能核心区有床位 26284 张（见表 7－14）。由此可见，全市医疗机构床位主要集中在首都功能核心区、城市功能拓展区和城市发展新区。如果从床位在各区县的分布看，以 2014 年为例，延庆县医疗机构的床位最少，只有 982 张，仅占全市总床位数的 0.89%；朝阳区医疗机构床位最多，一共有 19053 张，占全市总床位数的 17.35%，后者是前者的 19.4 倍。

表 7－14　北京市不同城市功能区卫生机构实有床位数分布

单位：张

城市功能区	2008 年	2009 年	2010 年	2011 年	2012 年	2013 年	2014 年
首都功能核心区	22864	22956	23925	23853	24591	25510	26284
城市功能拓展区	33021	36366	36946	37563	39719	41742	43914
城市发展新区	22421	22686	23725	24672	26959	27841	30457
生态涵养发展区	7890	8092	8275	8647	8898	8941	9134

资料来源：2008～2014 年《北京市卫生工作统计资料简编》。

（4）人均医疗资源分布不均

从人均拥有医疗资源数量来看，北京市也存在分布不均匀的情况。以2014 年为例，北京市每千常住人口拥有的医疗机构数量在区县间最多的能差到 6 倍多，每千常住人口拥有医疗机构数量最多的是怀柔区、平谷区和密云县等生态涵养发展区，最少的是海淀区、丰台区和石景山区等城市功能拓展区。另外，每千常住人口拥有卫生人员数量在区县间最多能相差 4.2 倍，其中最低的是通州区，仅为 7.56 人，才占到全市平均水平的 53.3%；最高的是东城区，为 35.39 人，是全市平均水平的 2.5 倍；仅次于东城区的是西城区，为 30.86 人（见表 7－15）。如果以每千常住人口拥有的床位数算，最低的是通州区，仅为 2.37 张，还不到全市平均水平的一半；其次为海淀区，为 3.09 张；最好的还是东城区，为 12 张，是全市平均水平的 2.4 倍；西城区紧随其后，为 11.79 张（见表 7－15），也远远高于其他区县。综上所述，无论是每千常住人口拥有的床位数还是每千常住人口拥有的医疗机构数量，首都功能核心区数量都远远高于城市功能拓展区、城市发展新区和生态涵养发展区。

表 7－15　北京市医疗卫生资源状况

地　　区	每千常住人口					
	编制床位数（张）	实有床位数（张）	卫生人员数（人）	卫技人员数（人）	执业（助理）医师数（人）	注册护士数（人）
首都功能核心区	12.00	11.88	32.72	25.95	9.38	10.74
东城区	12.47	12.00	35.39	27.28	10.38	10.95
西城区	11.67	11.79	30.86	25.02	8.68	10.6

续表

地　　区	每千常住人口					
	编制床位数（张）	实有床位数（张）	卫生人员数（人）	卫技人员数（人）	执业（助理）医师数（人）	注册护士数（人）
城市功能拓展区	4.50	4.16	11.61	9.07	3.42	3.88
朝阳区	5.1	4.86	14.19	10.92	4.23	4.64
丰台区	4.37	4.06	9.48	7.42	2.72	3.19
石景山区	7.37	6.37	13.42	10.94	4.13	4.73
海淀区	3.43	3.09	9.88	7.79	2.88	3.36
城市发展新区	4.42	4.45	8.82	6.68	2.51	2.69
房山区	5.29	5.96	11.97	8.56	3.2	3.45
通州区	3.24	2.37	7.56	5.96	2.24	2.28
顺义区	3.6	3.27	8.67	6.65	2.86	2.39
昌平区	5.84	5.82	8.49	6.32	2.25	2.78
大兴区	3.64	4.32	8.33	6.5	2.38	2.63
生态涵养发展区	4.93	4.80	10.69	8.24	3.39	3.01
怀柔区	4.38	4.19	10.79	8.49	3.69	2.9
平谷区	4.86	4.73	10.95	8.56	3.45	3.32
密云县	3.96	3.55	9.51	7.18	3.29	2.31
延庆县	3.22	3.11	8.5	6.71	2.82	2.31
门头沟区	9	9.34	14.3	10.73	3.66	4.54
全市	5.28	5.1	14.18	11.29	4.16	4.93

资料来源：《2014 年北京市卫生工作统计资料简编》。

2. 北京市优质医疗资源已进入向周边疏解的初级阶段

（1）优质医疗资源已呈现由中心城区向周边疏解的趋势

从 2004～2014 年全市各区县医疗机构数量的变动趋势看，首都功能核心区的医疗机构数量呈下降趋势，从 2004 年的 1818 家下降到 2014 年的 1196 家，下降了 34.21%。城市功能拓展区（朝阳区、海淀区、丰台区、石景山区）医疗机构数量稍有增加，从 2004 年的 2596 家增加到 2014 年的 3136 家，增加了 20.8%。四个城市功能区中医疗机构数量增幅最大的是生态涵养发展区，从 2004 年的 512 家增加到 2014 年的 2036 家，增加了 2.98

倍；其次是城市发展新区，增长了2.72倍。从四个城市功能区医疗机构占全市医疗机构总和的比重看，首都功能核心区和城市功能拓展区的占比呈现下降趋势，城市发展新区的占比则呈大幅上升趋势，生态涵养区的占比也呈不断增长趋势（见表7－16）。

表7－16　北京市各功能区医疗卫生机构分布（2004年与2014年对比）

地　　区	卫生机构（个）		卫生机构比重（%）		增长率（%）
	2004年	2014年	2004年	2014年	2014年较2004年
首都功能核心区	1818	1196	30.46	11.67	－34.21
城市功能拓展区	2596	3136	43.49	30.60	20.80
城市发展新区	1043	3882	17.47	37.87	272.20
生态涵养发展区	512	2036	8.58	19.86	297.66
全北京市	5969	10250	100	100	71.72

资料来源：2004年、2014年《北京市卫生工作统计资料简编》。

（2）优质医疗资源的疏解还处于初级阶段

无论是从卫生技术人员数量变化还是医疗机构床位数量变化来看，首都功能核心区的占比都呈稳步下降趋势，而城市功能拓展区和城市发展新区的占比则呈不断上升趋势，生态涵养发展区的占比总体相对稳定（见表7－17和表7－18）。由此可以得出，北京市的卫生技术人员和医疗机构床位虽然还是主要集中在首都功能核心区和城市功能拓展区，但总体已呈现出向外疏解的趋势。北京市优质医疗资源虽然总体出现向外疏解趋势，但目前还处于初级阶段。以生态涵养发展区为例，虽然近几年来医疗机构数量增幅很大，但医疗从业人员数量和医疗机构床位数量的增幅则很小。这说明生态涵养发展区增加的医疗机构都是从业人员少、没有床位的普通小医院，而不是那些三甲大医院，即优质的医疗资源在生态涵养发展区仍然处于匮乏的状态。其实无论是从国外大城市发展经验还是从利于大医院发展以及利于病人就医、康复的角度看，生态涵养发展区都是很适宜大型医院进驻的区域，所以说，北京市优质医疗资源的疏解工作目前还处于初级阶段，未来还需要加快疏解速度以及在空间上进行更合理的布局。

表 7－17　北京市不同城市功能区卫生技术人员分布占四区总和的比例

单位：%

城市功能区	2008 年	2009 年	2010 年	2011 年	2012 年	2013 年	2014 年
首都功能核心区	31.43	29.84	29.54	28.65	28.20	27.44	26.77
城市功能拓展区	42.51	43.64	43.55	44.04	44.41	44.64	44.60
城市发展新区	18.09	18.55	18.89	19.32	19.76	20.25	21.32
生态涵养发展区	7.96	7.97	8.02	7.99	7.63	7.68	7.31

资料来源：2008～2014 年《北京市卫生工作统计资料简编》。

表 7－18　北京市不同城市功能区卫生机构实有床位数分布占四区总和的比例

单位：%

城市功能区	2008 年	2009 年	2010 年	2011 年	2012 年	2013 年	2014 年
首都功能核心区	26.53	25.48	25.76	25.18	24.55	24.52	23.94
城市功能拓展区	38.31	40.36	39.78	39.65	39.65	40.12	40.00
城市发展新区	26.01	25.18	25.55	26.04	26.91	26.76	27.74
生态涵养发展区	9.15	8.98	8.91	9.13	8.88	8.59	8.32

资料来源：2008～2014 年《北京市卫生工作统计资料简编》。

（3）优质医疗资源服务对象具有区域性和全国性特征

北京由于具有首都属性，对各种资源在全国范围内都产生了“虹吸”效应，对医疗资源自然也不例外。北京作为政治中心，各种权力要素组成的“有形之手”使得各种市场要素自然地向北京集中，使得北京这个城市具有很强的特权属性。例如现有户籍制度就使北京市户口享有其他很多地区户口无法企及的福利，比如子女教育、买房买车等。这就导致无论是医学人才还是最先进最高端的医疗技术和设备，都自然地集中在北京，使北京成为全国最先进最高端的医疗中心，集中了全国最为优质的医疗资源。在还没有实行分级诊疗制度的今天，全国的患者都可以直接来北京看病，即北京市的医疗资源，尤其是优质医疗资源，不仅要服务本地患者，还要面向全国患者，这就导致了“看病难”的问题在北京尤为突出。据统计，2013 年北京市医疗机构总就诊人数中近一半以上是外地患者，日均就诊的外地人数高达 70 万。那些全国知名的三甲医院，如北京儿童医院、天坛医院、协和医院、同仁医院等，外地患者的就诊比例更是高达 70%，北京市优质医疗资源服务对象具有明显的全国性特征。

北京市的优质医疗资源集中在中心城区，使得无论是本地患者（主要是城市发展新区和生态涵养发展区的患者）还是外地患者想看病都得涌入中心城区，巨大的人口流量给城市核心区域的交通、社会治安管理等都带来了极大的压力。所以对这些优质医疗资源进行空间上的重新布局，不仅能方便患者就诊，还可以极大地缓解中心城区的各种“大城市病”问题。

（二）医疗功能分布不合理的深层次原因分析

1. 首都功能定位导致优质医疗资源空间布局不合理

首都属性对北京城市功能的影响，导致优质的医疗资源都集中在城市核心城区。近十年，由于北京人口增长，北京郊区县特别是近郊的房地产开发得到了爆炸式的增长，但除了满足居住功能外，郊区县其他城市功能并没有得到同步的发展，导致北京出现了“睡城”现象，比如回龙观、天通苑、通州等地区。

优质医疗资源集中在北京核心城区，除了历史规划原因外，还因为这些优质医疗资源经过几十年的“虹吸”式发展，已经都成了“庞然大物”。北京那些在全国都享有盛名的三级医院基本都是大学的附属医院，如医科院系统（比如协和医院、医科院肿瘤医院、阜外医院）、北医系统（比如北大医院、人民医院、北医三院）和首医系统（比如同仁医院、宣武医院），这些医院已经形成教学研一条龙的模式；最足以支撑优质医疗资源的是人才，由于北京市集中了全国最优质的教育资源、行政资源以及这些资源所带来的研究环境和竞争环境等，那些顶尖的医学人才也千方百计地要留在北京，并且是留在北京核心位置的核心地段。

如上所述，这些三甲医院都是医科大学的附属医院，医院的行政级别也很高。北京的优质医疗资源还有一大部分是部队医院，如解放军三军和武警部队的总部医院，这些医院都在北京，且一般都集中在所属主管单位的行政机关附近。根据我国的行政管理体制，医院选址由卫生行政主管部门负责。北京各医院归属的卫生主管部门不同，导致各医院的选址无法统一在一个部门的规划下完成，最后导致的结果就是各管各的。而且有权力选址的部门，一定不会主动将医院建在郊区，而是把医院建在城市的核心位置，或是在主管部门附近便于管理和就医，这样医院能得到的资源才会越来越多。因为无法统一规划，优质医疗资源在全市的布局就无法与其他城市功能或是城市规划相匹配，这导致从全市范围看其空间布局极其不合理。这些优质医疗资源每天吸引大量人流且过度集中在核心城区，导致核心城区的交通更加不堪重负。

2. 北京市城市规划和管理能力存在不足

（1）北京市“单中心”城市空间格局并未改变

从进入21世纪开始，北京城区逐年呈迅速扩张趋势，但这种扩张仍然以旧城为中心，形成了三环—四环—五环—六环的“摊大饼”现象。通州区将被建设成为北京行政副中心从传闻到正式对外公布，历经了十几年的时间；昌平、顺义、通州、大兴被定为北京着重发展的新城，但总体只是承接了老城区的人口，而没有更多地承接老城区的城市功能，即北京市总体仍然是“单中心”格局，仍未实现2004年城市总体规划中的“两轴—两带—多中心”格局。

2000年以来，北京市政府延续了20世纪90年代以来进行大规模旧城改造，将老城区人口向新城疏解的模式，但多年的实践效果是北京的“大城市病”越发严重。原因之一是旧城改造后的地块大多成为商业地产，商业地产造就大量就业岗位和吸引大量人流，导致大量被疏解到新城的人口仍然要去老城区上班。原因之二是老城区在疏解人口的同时，并没有疏解相应的城市功能①，也就是说虽然居住功能和公共服务功能都在向外疏解，但居住功能疏解得更快一些，导致居住和公共服务功能空间布局不匹配，公共服务资源缺口较大②。尤其是像医疗、教育等与每个人都密切相关的优质公共资源，仍然集中在首都功能核心区和城市功能拓展区，城市发展新区相对较少。新城的居住人口数量与城市功能不匹配的问题给城市运营带来了极大的压力，首先就是交通拥堵问题。北京是全国通勤时间最长的城市，“睡城”现象不仅消耗大量能源，也使居住在其中的人幸福感降低。

由于北京仍然是“单中心”的格局，最优质的公共资源，包括医疗、教育等资源仍然在向这个“单中心”集聚。因为一种优质的资源不可能独立存在，一定是和其他优质资源互为依存的。比如优质医疗资源，一家高

① 刘峰、黄润龙、丁金宏、段成荣：《特大城市如何调控人口规模?》，《人口研究》2011年第1期。

② 李柏峰：《关于北京优化城市功能布局的对策建议》，《北京市经济管理干部学院学报》2015年第2期。

水平的医疗机构绝不仅仅是一栋楼而已，这栋楼里还包含优秀的卫生技术人员、高端的医疗设备、源源不断的优秀医学毕业生以及使这个医院维持高效运行的管理人员等，除此之外，一个医院的运行还需要便利的交通系统和周围便利的路网建设，以及医院周围各种因医院而存在的服务业。也就是说，只要“单中心”的格局不变，按照市场调节资源配置的模式，优质医疗资源必然集中在首都功能核心区。所以，采用行政手段将优质医疗资源进行空间优化布局才显得非常有必要。

(2) 政府投入偏差拉大了首都功能核心区和城市功能拓展区、城市发展新区的差距

政府的财政投入在一定程度上反映了政府发展城市的方向和重点。虽然北京市在 2004 年的城市总体规划中就提出了“两轴—两带—多中心”的总体格局，但从实际的投入看，首都功能核心区仍然是各项资本投入的中心。[①] 政府在首都功能核心区的财政投入具有示范效应，使得城市功能拓展区和城市发展新区所能获得的投资无论是在数量、规模还是持续时间上相比首都功能核心区来说都是有限的，导致前两者的发展规模难以壮大。特别是从北京市各区县城镇固定资产投资结构来看，城市发展新区的固定资产投资中房地产开发比重达到了 50% ~80%，比重过大。也就是说城市发展新区的主要功能还是集中在居住功能上，其他城市功能没有跟上，比如就业功能，导致了城市发展新区严重的职住分离现象。每天仍然有大量的人口从城市发展新区涌向首都功能核心区，即城市发展新区并没有达到政府预期的承接人口疏解的目标。

将优质医疗资源整体搬迁至城市发展新区或是在郊区县建分院，如果没有政府投入的导向性以及政府的行政指令，医疗机构本身是无法做到主动搬离的。因为医疗机构本身也是个庞大的经济体，经济体是逐利的，是讲究边际效应的，只要不是边际效应趋于减少或为负，医疗机构就不会放弃现有模式。而现有模式恰恰是严重的供小于求，所以政府要做的是不仅仅对优质医疗资源进行重新布局，同时还要培育新区的支柱产业，比如在一些政策方面给予城市发展新区更多的优惠，减少城市发展新区对首都功

---

① 肖周燕、王庆娟：《我国特大城市的功能布局与人口疏解研究——以北京为例》，《人口学刊》2015 年第 1 期。

能核心区的依赖。新区不仅得有产业，还得有各项公共资源，比如最重要的交通、教育以及休闲娱乐等，这样优质医疗资源才能真正扎根新区并发展壮大，优秀的医学人才才能安居乐业。

以上两个原因造成的北京市优质医疗资源过于集中的现状积重难返，如果没有强有力的行政手段介入，是很难将这些优质医疗资源进行重新调整布局的。京津冀协同发展上升为国家战略，就意味着有国家强有力的行政手段作为保障。北京市疏解非首都功能是该战略的重要组成部分，也就意味着有高于北京市行政级别的行政力量来保障并督促疏解任务的完成。

北京市优质医疗资源随着城市扩张以及自身发展需要，有些已从中心城区整体搬迁至郊区或是在郊区办了分院，但这一部分疏解出去的优质医疗资源数量只占到了优质医疗资源总体数量中很小的一部分。大部分优质医疗资源，特别是首都功能核心区即东城区和西城区的优质医疗资源要想被疏解出去，只能依靠更高级别的行政干预。所以，在北京市非首都功能疏解背景下，优质医疗资源的疏解也必将有更强有力的行政手段介入；在疏解过程中，优质医疗资源的空间布局也自然会根据新的城市功能定位得到重新调整。总之，非首都功能的疏解是优化北京市优质医疗资源空间布局的一次重要契机。

（三）医疗功能布局优化的国内外成功做法

1. 分级诊疗

英国、美国和新加坡模式都是“守门人”制度，即都存在分级诊疗。分级诊疗就要求配置不同级别的医疗机构来满足不同阶段的病情需要，这些不同级别的医疗机构在某个区域内都属于一个集团或是联盟。北京也在各个区域相继成立了医疗联合体（以下简称“医联体”），但实践中这些医联体并没有实现当初“大病去医院，小病留在社区”的目的，究其原因，还是没有实行强制的分级诊疗制度，病人还是可以直接选择医院和医生。

2. 联盟医院之间实行统一的管理制度，实现真正联网

香港模式最值得北京借鉴的地方就是联盟医院之间实行统一的管理制度并现实真正联网。北京目前的最大问题就是医院间不联网，导致患者信息等各种数据不能共享以及医保基金管理条块分割。目前国内很多城市对于医疗卫生的改革主要都集中在医疗资源配置和布局这两个方面，北京和

上海对优质医疗资源的整合都实行了托管、兼并、集团化和合作这几种模式，初衷都是想让优质医疗资源更均衡地辐射各个区县。但实践的总体效果不是很理想，大医院依旧人满为患。究其原因，其中最重要的是无法有效调动优质医疗资源下沉的积极性。比如北京的医联体，上级医院不愿意向下转诊病人，上级医院的专家对在下级医院出诊也没有积极性，归根结底还是利益问题，医院之间没有实行统一的人财物管理制度。

国内医药卫生体制改革多年不成功的原因是改革没有触碰体制，即没有打破原有的利益格局，过度市场化了。市场是根据利益来配置资源的，所以才会强者愈强，弱者愈弱。香港在联网医院内实行统一的医护人员薪酬制度，使得在联网医院内可以按需调动医护人员，同时也解决了医护人员到基层医院工作积极性的问题，真正实现了医疗资源的纵向整合。

3. 重视基础医疗服务

以“守门人”制度为基础的分级诊疗体制，是有强大的基础医疗体系，包括社区医疗机构和私人诊所作为保障的。尤其是新加坡模式，在其基础性保健服务中，私立机构占据了近80%的业务量，公立机构才占20%。从这一比例可以看出，新加坡在国家医疗卫生体系中，很重视基础性医疗保健服务。北京市在配置整体医疗资源时，也特别强调了社区卫生机构的功能，这几年也在逐步加强社区卫生服务机构的建设，但目前社区卫生机构还未能真正发挥它应有的功能。究其原因，最重要的是人才问题：我国还没有全科医生的一整套培养体系；在薪酬方面，社区医生的待遇远远不如大医院医生的待遇，因为众所周知的现行以药养医模式，病人少收入自然就少，所以社区医院留不住人才，没有好的医生，病人就不愿意去，政府想通过增加社区医院数量来缓解大医院就诊人数的愿望就会落空。基础医疗服务存在缺位，优质医疗资源才会供不应求。

（四）北京现行医疗功能疏解政策及效果分析

1. 现行政策内容

（1）区域医联体

医联体是指在一个区域内，以一家三级医院为核心医院，跨部门、跨隶属关系，联合多家二级医院和社区医院为合作医院，通过签约组建成一个联合体，以实现小病在社区、大病去医院、康复回社区的就医格局。

2013 年北京市卫生局、发改委、中医管理局、人社局联合印发了《北京市区域医疗联合体系建设试点指导意见》（以下简称《指导意见》），开始全面推进区域医联体的建设。2012 年 11 月，由朝阳医院牵头的首个医联体——北京朝阳医院医疗联盟成立，在这之后，北京友谊医院医疗共同体、北京世纪坛医院医联体相继成立并开始运行。截至 2014 年底，北京已有 30 个医联体相继成立，其中包括 30 家三甲医院即核心医院、297 家合作医院，实现了前述《指导意见》的规划目标。

（2）托管

所谓托管就是托管医院向被托管的医院派院长、中层管理人员以及科室业务骨干，同时对被托管医院运用同本院一样的管理模式进行管理，并统一培训被托管医院的医护人员和管理人员。2013 年，北京中医医院、北京友谊医院分别同顺义区、通州区政府签订了 15 年的托管合同，分别托管顺义区中医医院和通州区新华医院，两家医院被托管后名字改为北京中医医院顺义医院和北京友谊医院新华医院。2015 年，顺义区政府与北京儿童医院签订合作框架协议，北京儿童医院托管顺义区妇幼保健院，顺义区妇幼保健院改名为北京儿童医院顺义妇儿医院。除上述三个案例外，还有广安门中医医院托管大兴区中医医院，东直门医院托管通州区中医医院等。

托管的动力来自托管医院自身发展需要。优质医疗资源一般都在老城区，核心城区寸土寸金，导致三级医院发展空间受到限制；空间的狭小，进一步加剧了优质医疗资源的供需不平衡，导致看病难上加难。托管近郊医院不但缓解了市内三级医院的门诊和住院压力，还有利于郊区患者就近在家门口享受到优质医疗资源，把部分慢性病、常见病的郊区患者留在郊区，让三级医院有时间和空间来承担更多的救治疑难重症和科研教学功能。例如北京中医医院帮助北京中医医院顺义医院加强了一些重点科室的建设，如心血管科、脑病科、脾胃病科、皮肤科等；北京友谊医院也帮助北京友谊医院新华医院建立了泌尿、心血管、消化、口腔、社区五个中心，北京友谊医院的专家也会到北京友谊医院新华医院出诊，同时北京友谊医院新华医院还采用了三级医院的管理模式。

（3）三级医院整体搬迁或建分院

整体搬迁或在郊区建分院，顾名思义就是位于中心城区的三级医院整体搬迁至城外或是在城外建设自己的分院，原有一切格局不变，只是换了个地址或是扩充了自己的运营空间。北京近年来三级医院整体搬迁或在郊区建分院的案例有：地坛医院整体搬迁到朝阳区北皋地区，天坛医院迁至南四环花乡；同仁医院在亦庄办分院，朝阳医院在石景山办分院，积水潭医院在回龙观办分院，北大医院在回龙观办国际分院，清华长庚医院在天通苑建院。至此，北京市环五环医疗服务圈基本形成。除此之外，还有许多规划中要整体搬迁或是建分院的三级医院，如北京口腔医院计划整体搬迁至丰台马家堡地区，北京中医医院计划整体搬迁至朝阳区垡头地区，朝阳医院计划在常营建分院，安贞医院计划在东坝地区建分院，首都儿科研究所计划在通州建分院，北大第一医院计划在大兴办分院，等等。

(4) 医保按医院级别设置不同报销比例

北京市人社局自2010年开始实行社保卡就医实时结算开始，对医疗保险参保人在不同级别医疗机构就诊的报销比例进行了调整，试图引导患者就近选择社区医院看病就医。以北京市城镇职工基本医疗保险门诊报销为例，在职职工在非社区医院就诊的医保内报销比例是70%，在社区医院就诊的医保内报销比例是90%；退休职工70岁以下在非社区医院就诊的医保内报销比例是85%，在社区医院就诊的医保内报销比例是90%，70岁以上在任何医保定点医疗机构就诊的医保内报销比例都是90%。住院报销比例也按照一、二、三级医院区分，越往高级的医院就医报销比例就越低。

2. 现行政策实施效果分析

(1) 总体实施效果不佳

第一，医联体政策效果分析。从2012年首个医联体成立至今，医联体模式在实践中遇到了一系列障碍。其中最大的障碍在于患者抵触向下级医院转诊；同时，转诊的另一障碍是社区医疗机构的床位限制。[①] 以北京朝阳医院医疗联盟为例，其联盟内的七家社区医院不仅只有两家社区医院有病床，而且床位数非常少，这就极大地限制了患者的转诊。再以2014年统计数据为例，2014年全市共实现向上转诊病人1.2万余人，向下转诊病人1400余人。从数据就可以看出，向上转诊的人数远远大于向下转诊的人

① 李瑶：《医联体北京试水升级》，《医药经济报》2013年12月11日，第2版。

数，想把病人从三级医院下沉到二级医院或是社区医院的目的没有实现，而且无论是转诊人数还是三级医院专家到下级医院出诊的人次，相比全市30个医联体全年总就诊人数以及医生出诊次数来说，都是九牛一毛。其次是基层医院的药品限制问题。医院药品目录库是根据医院级别来定的，三级医院的药品可以达到一千多种，而社区医院药品总数最高才六七百种，很多高级别的药品在社区医院都没有。患者如果转入社区医院进行后续治疗，医保规定住院期间只能从所住医院开药，但很多康复期间的高级用药社区医院都没有，这也限制了患者向下转诊。

第二，托管政策效果分析。在现阶段人们卫生医疗知识不够全面和完善的情况下，就医的选择还是依赖于原有的对优质医疗资源的盲目追求。所以，三级医院的品牌还是可以吸引到一些患者的，尤其是这些被托管的医院在硬件条件上也做了相应的改善，但也只限于病情不危重不疑难的患者。而且北京的优质医疗资源面对的患者有一半以上来自全国，外地患者主要是危重和疑难患者，本地患者除去住附近的，其余都是只认品牌的患者。例如北京儿童医院，虽然处在交通最拥堵的西二环，但由于涉及孩子，家长都想一次看好、药到病除，就诊人数只增不减。所以，托管模式也只是疏解了部分在郊区病情并不危重和疑难的患者，对于市内三甲医院源源不断涌入的外地患者，效果很不理想。

第三，三级医院整体搬迁或办分院政策效果分析。在目前人们还没有形成理性的就医观念的情况下，三级医院整体搬迁或是在郊区办分院，比起其他措施，确实能将大量患者吸引到新址就医，但缺点是不容易操作。如前所述，北京市的三甲医院都是“庞然大物”，还隶属于不同的主管部门，各自的行政级别也不一样，而且无论是整体搬迁还是建分院，都涉及大量土地，所以不容易操作。目前北京市已完成的三级医院整体搬迁或是建分院的数量，相比中心城区的三级医院总数来说，只是很小的一部分。大多数需要搬迁或建分院的三级医院目前只处于计划阶段。

第四，医保报销比例引导患者就医选择政策效果分析。政府期望通过经济杠杆促使病人合理分流，但以门诊为例，实际上对于一般过不了每年1800元起付线的在职年轻职工来说，20%的报销比例差距很难吸引他们到社区医院就诊，而且这类人群一般本就就医时间有限，他们当然是希望在最短时间内获得最有效的治疗，所以一般都会选择三级医院。对于就医时间相对较多的退休职工来说，70岁以下在非社区医院医保内报销比例只比社区医院低5%，就更不能将他们完全吸引到社区医院就诊；即便为了就近或是嫌大医院人多而去社区医院，但如前文所述，好多治疗慢性病的好药社区医院都没有，患者只能再跑一趟三级医院开药。如果以住院为例，也是如此。在职职工和退休人员的住院起付线相同。以起付线至3万元区间报销为例，在职职工三级医院医保内报销85%，二级医院报销87%，一级医院报销90%；退休人员三级医院医保内报销91%，二级医院报销92.2%，一级医院报销94%。退休职工这一区间的报销比例差别更小。在不同级别医院医疗水平相差较大、人们健康需求不断提高以及大量高级药品属于自费的情况下，些微的医保报销比例差别不足以将患者引导至二级或是一级医院住院治疗。而且就北京目前情况而言，除了三级医院危重和疑难患者住院一床难求外，大部分在全国范围内知名度不高的三级医院、地理位置不在居民聚集区的二级医院和一级医院，收治的住院病人所患疾病都属于基本可以门诊治疗的疾病。选择这样医院住院的病人也不会在乎些微的报销比例，因为他们去住院基本都属于调理身体，选择医院的因素只在于离家远近和某些医院抛出的“优惠条件”。

（2）实施效果不佳的原因分析

当前医联体模式面临的最大问题是并没有建立起合理的利益分配机制和激励机制，导致参与各方热情不高。还是以北京朝阳医院医疗联盟为例，朝阳医院的专家定期要被派往联盟内的下级医院出诊，但由于朝阳医院医生的人、财、物管理都在本院，所以医生对于去下级医院出诊没有积极性。北京市卫生局最近在研究讨论给予下基层出诊的专家每次500元现金补贴的问题。但是，如果没有长效的利益激励机制，仅靠政府财政补贴也不是长久之计，所以医联体注定只是个松散的联盟，对于优质医疗资源下沉到社区的作用不大。

托管模式的优点是不涉及产权问题，即托管医院和被托管医院还保持原来的产权和隶属关系，操作起来比较方便，有利于资源共享和优质医疗资源下沉。但缺点是，托管医院看重的是占领医疗市场缓解自身运营压力，被托管医院一般积极性不高。

北京市的优质医疗资源服务对象具有全国性的特点，但北京市医保报销政策只针对北京本地医保患者，设置不同级别医院的医保报销比例微小的差别，不仅对本地医保患者影响不大，对外地患者的影响更是微乎其微。通过价格杠杆来分流病人的措施不仅在北京收效甚微，在台湾也被认为效果不佳。台湾地区的政策也是对向级别低的医院转诊的病人给予30～150元台币的费用减免，但实践中，这点费用的减免对于分流病人作用也不大。

3. 优质医疗资源未来布局路径

（1）继续按照环五环医疗服务圈模式疏解优质医疗资源

北京在“十三五”期间，为配合京津冀协同发展，将有更多的非首都功能被疏解到北京市的城市发展新区或是北京周围的天津、河北地区。所以，对于优质医疗资源的疏解，未来必将按照北京市新的城市功能定位继续进行，即未来北京市优质医疗资源的总体布局相比现在会有一个大的改变。

无论是结合北京市非首都功能的疏解，还是根据现行对优质医疗资源配置或布局的政策实施效果来看，在现有医疗卫生体制不能彻底改革的情况下，三级医院的整体搬迁或是建立分院，都是对优质医疗资源最好的疏解办法。比如同仁医院亦庄分院，从2004年建院开始，专家每周都会分别在本院和分院出诊。现在是信息时代，患者就医前就会通过网络了解自己的病情对应的专家，基本能做到专家在哪出诊患者就到哪去挂号。再如积水潭回龙观分院，积水潭本院最著名的是骨科，但由于回龙观地区人口众多，妇产科为适应市场需求而逐渐强大起来，变成回龙观分院的主要科室，有效地疏解了回龙观地区的妇产需求。

（2）疏解的目标应是优化空间布局

“疏解”的着眼点在于将容易造成人口聚集的优质医疗资源从城内移到城外，而“布局”的着眼点在于将优质医疗资源按区域重新配置，既达到人口疏解的目的，又能更好地满足居民的就医需求。所以疏解是手段，优化布局才是目的。北京市的优质医疗资源过度集中在首都功能核心区，是由北京的首都属性以及城市规划造成的，如果只是简单地把这些资源搬离出原有位置，而不是重新规划布局的话，很可能达不到疏解的应有效果或是无法满足首都功能核心区居民的就医需求。所以，疏解非首都功能对于北京市的优质医疗资源布局来说是一次历史契机，只有明确并充分发挥各级医疗资源的功能，让各级医疗机构在某个区域内不重复地协同发展，才能让其中的优质医疗资源回归其本质作用。

五　非首都功能疏解政策建议

对于如何保证被疏解产业顺利输出并在疏解承接地发展壮大，本研究认为应该从增加疏解动力、减少疏解阻力和营造良好疏解环境三个角度入手，积极完善和创新体制机制。本课题具体从 GDP 分计、税收分享、完善交通等基础设施、实现优质公共服务资源共享、加大医疗资源疏解力度等方面提出了相应的对策建议。

（一）建立区域产业疏解的 GDP 分计、税收分享制度

对于北京来说，产业及功能的疏解有利于缓解北京的“大城市病”，但也会导致其自身的经济增速下滑、财政税收流失，这使得北京在其产业及功能疏解方面有畏难情绪，动力不足。为了提升北京疏解产业及功能的动力，也为了更好地实现产业和功能在疏解地的发展，应制定合理的税收政策。本研究认为当产业和功能疏解到承接地的时候，在短期内（如 5 年）北京对疏解出去的产业及功能仍可以采取 GDP 分计、税收分享的办法来获取相应的利益，以提升其疏解动力。如产业或功能疏解出去的第一年该产业或功能带来的 GDP 和税收的 80% 仍计入北京，第二年的 60%、第三年的 40%、第四年的 20% 也同样计入北京的 GDP 和财政税收，从第五年开始北京不再分享该产业或功能的 GDP 和财政税收，该产业带来的 GDP 和税收完全计入承接地。一方面，这种做法可以使北京避免产业或功能疏解带来的 GDP 和财政税收大幅度下滑，从而提升北京产业及功能向外疏解的动力，由于北京产业及功能疏解过程中仍然存在相应的利益，在主观上北京也希望疏解出去的产业和功能能够在承接地顺利存活，在客观上也能提高疏解出去的产业及功能的存活率。另一方面，北京利用这四至五年的时间也能培育新的经济增长点，实现腾笼换鸟。

（二）实施首都功能核心区内新建项目限批制度

严格限制首都功能核心区内新建项目审批，采取惩罚性的税收措施促进疏解。对首都功能进行顶层设计，对不符合北京定位的产业及功能进行

疏解。根据首都功能核心区的具体功能定位、不同产业与核心功能匹配度的高低征收不同税率的税收，对不符合首都功能核心区功能定位的产业实行高税收政策，而对其迁出给予不同程度的税收减免，从而实现区域内产业的空间优化布局。具体来说，本研究认为应在北京六环以内实施总量控制、区域限批，禁止六环内不符合首都功能定位的项目新建或扩建，不再增加不符合首都功能定位的产业资源总量，从而推进首都功能核心区优质资源和产业向周边资源和产业薄弱地区转移。对于仍然滞留在首都功能核心区内又不符合首都功能核心区功能定位的产业和资源采取适当限制发展的措施，如加征 20% 的企业所得税，增加其在首都功能核心区的运营成本，增强其向外疏解的动力和紧迫性，促进其向周边疏解；对于已经向外疏解的产业和功能，应给予土地、税收、进京指标等政策优惠措施。

（三）完善区域基础设施促进产业疏解

完善区域交通基础设施，降低交通成本，提高交通便捷度，促进产业及功能疏解。产业疏解与转移本身难度不大，但留住优秀的人才是关键，产业疏解能否带动相应的人才疏散关键在于承接地是否有完善的交通等基础设施，所以要推动北京产业及功能疏解，交通等基础设施必须先行。目前来看，京津冀交通亟须在顶层设计的基础上，打通大动脉，完善微循环，加强核心城市内轨道交通与市郊铁路建设，实现区域内大中小城市互联互通，形成出行便捷的交通基础设施体系。在产业疏解地与承接地之间，构建“一小时”交通圈、“半小时”通勤圈，实现区域公交“一卡通”、客运服务“一票式”、货运服务“一单制”。完善区域交通基础设施，在本着同城同价的原则对承接地居民收取基础设施、公共服务、交通市政设施服务费用的基础上，使被疏解的企业优秀人才在工作与生活的出行方面感觉在承接地与疏解地一样便捷，并在适当的时候，对承接地各种服务的费用采取更加优惠的政策，以降低承接地居民工作与生活的成本，从而使优秀人才愿意前往承接地就业与生活。

（四）提升区域公共服务水平促进产业疏解

提升与完善区域公共服务（如教育、医疗、社会保障）水平，实现基本公共服务均等化，为产业疏解人员合理流动解决后顾之忧。公共资源均等化才是系统解决城市功能与人口过于集中问题的前提条件和重要基础。众多优秀人才之所以留在北京是因为北京具有很好的医疗、教育资源及完善的社会保障政策。“人往高处走”，要将优秀人才往周边疏解，前提是使优秀人才在承接地也能享受同样优质的公共服务。当前，阻碍产业及功能向周边疏解的重要因素在于疏解后生活便利程度降低、生活成本提高、通勤时间变长，在一定程度上降低了生活质量。因此，政府应加大对产业承接地的财政转移支付力度，提高其公共医疗服务资源和教育资源的优质程度。完善疏解地与承接地之间的“结对子”定向疏解医疗和教育功能的工作机制，推进两地人口疏解与优质公共服务资源疏解对接，以确保在疏解产业和人口的同时，让外迁的产业与人口享受的公共服务的质量和水平不降低。加快推进优质医院办分院、优质学校办分校，加强区域内部优质公共服务资源的均衡配置，建立优质公共服务资源整合与共享的长效机制。在社会保障对接方面，积极探索承接地与疏解地之间在养老、医疗、教育、社会保障等民生领域的合作与对接措施，实现医疗保险异地结算、职工养老保险互联、居民养老保险互通等。

（五）将优质医疗资源疏解至城市发展新区

大型医疗机构相比其他需要被疏解的产业或功能是特殊的，其特殊之处就在于它服务的人群范围。其他产业或功能服务的是特定范围人群，而医疗机构服务的是不特定人群。尤其是北京市的优质医疗资源，不仅服务本地患者，还为全国的患者提供服务，而且优质医疗资源所代表的高端服务业本身也是一个城市综合实力的表现。所以那些优质的医疗资源不应被完全疏解出北京，而应该主要被疏解到交通以及其他公共设施比较完备、产业目前还不够多元的城市发展新区，即大兴、昌平、顺义、通州、房山。如前所述，整体搬迁三级医院还存在很多困难，其原因也是多方面的。但不疏解又达不到疏解人口的目的，所以综合现有条件，本课题认为可以从四个方面来入手。

1. 以三级医院优势科室疏解来代替整体搬迁

北京市更多的是通过三级医院建分院或是托管郊区县医院来实现优质医疗资源的疏解。但三级医院建了分院后，分院和本院都人满为患，许多外地来京就诊的患者都是奔着这些医院的优势科室来的。既然疏解优质医疗资源的目的是疏解功能和人口，在三级医院整体搬迁很困难的情况下，可以将这些优势科室搬离本院，这样就可以达到疏解大部分患者尤其是外地患者的目的。

将优势科室疏解至城市发展新区，一是可以缓解本院拥挤的就诊环境，二是可以给优势科室更广阔的发展空间。比如同仁医院的东区，原本是为了专门给特需门诊和屈光治疗腾出空间，但由于就诊需求巨大，尤其是屈光治疗，每天都有来自全国的近视眼患者要求手术，东区和西区一样拥挤不堪。而且东区与西区就一条马路之隔，并没有完全达到疏解整个同仁医院（本院）患者的目的。所以，应以优势科室疏解来代替整体搬迁，将优势科室疏解至城市发展新区。

2. 首都功能核心区进行优质医疗资源整合，区域医疗机构联网，科室不重复设置

如前所述，将三级医院优势科室疏解至城市发展新区后，原有的三级医院科室还在原址，还是处于集中的状态。比如崇文门东单地区，方圆一公里内就集中了同仁医院、普仁医院、北京医院和协和医院。同仁医院是首都医科大学的附属医院，基本属于专科医院，除眼科和耳鼻喉科外，其他科室很少有人去；普仁医院是二级医院，由东城区卫生局主管，没有实力突出科室；北京医院是中央部委机关定点医院之一；协和医院隶属中国医学科学院，是享誉全国乃至世界的专治疑难病症的综合性医院。其中三个三甲医院，都有悠久的历史，都有地标上的意义，但隶属的主管部门不同，这就导致要想将它们各自的资源进行整合是很困难的。但不整合，就永远解决不了该地区优质医疗资源过于集中而带来的大量人口、交通等压力问题，对于医疗资源本身来说也是种重复建设。

如果将医院都整体搬迁，一是抹掉了这个城市发展的历史见证和这些优质医疗资源的历史底蕴，特别是协和医院的老楼，有很厚重的历史价值；二是给附近居民的就医带来不便，受现有药品、治疗设备目录按照医院级别配备限制的社区卫生服务中心还不能完全满足居民的就医需求。在三级医院优势科室搬迁后，其他科室的资源整合，本课题认为可以学习香港关于区域医疗机构联网的做法，科室不重复设置。医院根据病人病情在联网医院内相互转诊，以提高服务效率；同时联网内医院的大型高端设备也不重复配备，以实现联网医院资源共享，降低运营成本。

资源整合有利于避免资源重复建设。比如协和医院作为全国综合实力最强的医院，除了优势科室外，其他科室也都不逊色于其他医院的优势科室，任何医院在协和医院的附近，都会导致资源重复建设。同时，资源整合还有利于各科室会诊。一种疾病的诊断和治疗通常需要各科室会诊，在医院的优势科室已经外迁的情况下，遇到一些疑难病例时，没有其他科室的配合是无法进行救治的，这时候就需要区域内整合的医疗资源来会诊，这四家医院在方圆一公里内，完全可以实现无缝对接。

3. 优质医疗资源在首都功能核心区只保留门诊和急诊功能

在三甲医院优势科室外迁后，其余科室应该只保留门诊和急诊（留观）功能，而将住院部跟优势科室一起外迁。这样做一是因为住院部容易造成人流聚集；二是因为住院医师跟门诊是分离的，专家门诊出诊和在住院部出诊也是分离的。所以将住院部分离出本院，并不影响医院的日常运转。

4. 专科医院应整体搬迁至城市发展新区

除了地坛医院和天坛医院外，目前北京市很少再有整体搬迁的计划。地坛医院是传染病医院，天坛医院也以神经内、外科为主，虽然在医政范畴不是专科医院，但实际上基本属于专科医院。优质医疗资源中像这样的专科医院还有很多，比如北京儿童医院、首都儿科研究所、医科院肿瘤医院、北京妇产医院、北京口腔医院等，这些医院因为是专科医院，服务人群范围特定而且目前都集中在三环以内，所以应该整体搬迁，这样才能达到疏解就医人口的目的。

（六）继续提升社区卫生服务中心的功能定位并加大医疗资源投入力度

1. 提升功能定位

在疏解北京非首都功能的背景下，北京优质医疗资源还会继续由中心城区向外疏解。由于中心城区人口居住密度高，加上老年人口比例比较大，中心城区的就医需求也很大。所以在优质医疗资源向外疏解后，留下来的缺口应该由社区卫生服务中心补上。当前，北京市社区卫生服务中心的服务模式是“以人的健康为中心，以家庭为单位，以街道为基本范围，集健康教育、预防、保健、康复、计划生育、基本医疗为一体”，即“六位一体”服务模式。但“六个定位”并非同步发展的，从社区卫生服务中心的现状来看，功能主要集中在预防和基本医疗上，即婴幼儿体检、疫苗接种和普通门诊。其他四个功能——健康教育、保健、康复、计划生育还停留在表面形式上，由于条件有限都没有深入开展。婴幼儿体检和疫苗接种基本属于纯国家财政投入项目，技术含量不高，只要基本的硬件条件具备就可以开展，所以预防不是目前提升社区卫生服务中心功能定位的重点。本课题认为，基本医疗服务功能的加强才是目前社区卫生服务中心提升功能定位的重点。

2. 加大医疗资源投入力度

一是加大财政投入力度。在目前以药养医的模式下，社区卫生服务中心由于病人较少、医保费用控制、药品目录限制等，医护人员收入较少，收入少就留不住人。所以首先应该从改革社区医生的薪酬制度入手，吸引人才，否则发展社区卫生就是一句空话。

二是改革药品目录。社区卫生机构目前最主要的功能还是开药，特别是慢性病药品，所以可以从放开一些患者常用的但目前又不属于社区卫生机构的慢性病药品目录做起，真正把开药患者留在社区。

三是加大硬件投入力度。有很多社区中心和社区站的办公条件不好，空间狭小房屋老旧，不仅给就医带来不便，还阻碍了自身发展，很多科室无法设置，很多化验检查无法开展。应加大硬件投入力度，优化就医环境。

四是国家应该创建全科医生培养的规范化程序。现行中、高级医师职称晋升只针对县级以上医院，对社区医生没有相应的选拔机制。全科医护人员的配置和其技术发挥才是加强基本医疗服务的基础。

总之，要想使社区卫生机构发挥其应有职能，就必须真金白银地投入。

（七）政府主管部门应提高对医疗机构的规划和管理能力

优质医疗资源过于集中在中心城区的原因之一是政府的规划和管理能力不足。无论是疏解非首都功能，还是对优质医疗资源进行优化布局，都是政府管理城市出现偏差之后的纠错措施。

1. 改变病人选择医生的就医机制

国外的“守门人”制度，是强制把患者的首次就诊权限制在社区医院或诊所，而我国现有政策都是想通过政策引导将患者尽量留在基层医院，但毕竟只是引导，选择医院和医生的权利仍然在病人手里。所以，要改变优质医疗资源供不应求的现状，可以从改变病人选择医生的就医机制入手。近几年也有学者提出，优质医疗资源短缺只是表面现象，根本原因是病人选择医生的就医机制不合理。[①] 改变病人选择医生的就医机制，一是对病人有利，因为大多数病人对疾病本身还不是太了解，首次就医选择层级低的医疗机构或是普通门诊，病人可以少走弯路；二是对医疗机构有利，按照病情对病人进行分诊，把优质的医疗资源留给真正需要的患者，可以减少对优质医疗资源的浪费。

北京宣武医院就试点了门诊层级就诊制。病人首次到宣武医院不能直接挂专家号，只可以挂普通号，普通号看不了的疾病才推荐病人看专家号。这样做一是给专家免去了很多普通医生就可以做的工作，普通医生直接根据病人的化验检查结果就可以做出诊断；二是给了病人最专业的就医指导，让病人少走弯路。

2. 对现有医联体进行实质整合

目前医联体如果不能像香港那样区域联网内全部医院实行统一的管理制度和薪酬制度，至少要在激励机制或是利益分配机制上进行改革。一是采用合理的利益激励机制。在医联体内部医院各自隶属关系不同、薪酬制度也不同的条件下，用合理的利益激励机制鼓励三级医院专家到下级医院出诊。二是突破医保报销比例限制。北京市医保报销比例是按照医院级别而定的，医联体内部包括不同级别的医院，不但医保报销比例不同，而且除A类医院和专科医院外，要想在其余医院享受医保报销必须在社保经办机构先选定该医院才行。这就给医联体内医院相互转诊带来了困难。目前朝阳区医保中心对北京朝阳医院医疗联盟内医院医保报销给予了特殊对待，即只要由朝阳医院医生开出的转诊单上写明连续治疗，患者在医联体内后续治疗和康复所发生的费用都不再受医保定点限制。但目前这一特殊待遇只针对北京朝阳医院医疗联盟，其他医联体还不能享受这一医保待遇。所以突破医保报销比例限制还应在其他医联体内实现。三是医联体内

---

① 连海安、史少东、范焕琴：《优质医疗资源利用的策略、措施探讨》，《中国农村卫生事业管理》2013年第2期，第134～136页。

部实现联网。联网有利于患者信息共享，也有利于节省医保基金，更重要的是有利于使医联体真正成为一个整体。四是突破药品目录和医保费用总额限制。医联体内不同级别医院的药品目录和医保费用总额不一致，导致某些药品在社区医院没有。要想降低三级医院日均门诊就诊人次，就必须让社区医院突破药品目录和医保费用总额限制。比如患者拿着上级医院的就诊记录和处方单，就可以到社区医院开出相应的药品。

（八）鼓励发展养老机构

养老机构是集老年护理和医疗为一体的机构，优质医疗资源的疏解离不开养老机构的有力补充。目前养老机构仍然供小于求，本课题组认为，政府可以从加大财政投入力度和利用现有资源入手，鼓励发展养老机构。

1. 出台政策支持部分民营医疗机构转型为养老院

以北京市朝阳区为例，部分民营医疗机构的住院床位以收治失能老人为主。目前国家的政策是养老院的看护费用属于自费，养老院的医疗门诊如果属于医保定点的，看病吃药的费用可以走医保报销。失能老人在医院住院，所有费用均可以走医保报销，这就给医保基金的支出开了个很大的口子。在养老院不易被审批的现有条件下，本课题组认为可以充分利用现有条件，出台政策鼓励这些以收治失能老人为主的民营医疗机构逐步转型为养老机构。一是像对公立养老院那样给予这些民营医疗机构财政补贴。这些医疗机构现有的医疗设备和医护人员足以满足养老院的就医需求，而且本身已经是医保定点单位，老人的药品需求可以走医保报销。所以政府可以按人数补贴床位费。除此之外，政府还可以根据民营医疗机构现有的经营条件，对楼房等硬件条件进行补贴，改善居住环境。二是把需要转型为养老院的民营医疗机构门诊和住院分离。这些民营医疗机构的住院部门以收治失能老人为主，可以转型为养老院；由于这些医院地址一般都在居民聚集区，门诊可以满足附近居民的日常就诊需求，所以应予保留。

2. 重新定位二级医疗机构

北京市的三级医院基本垄断了优质医疗资源的市场。一级医院分为两种，一种是社区卫生服务中心，属于公办；另一种是民营私立医院。二级医院隶属各区县卫生行政部门，目前的地位比较尴尬：论综合实力，远低于三级医院；论就医方便程度，公立的二级医院又低于社区卫生服务中心和民营二级医院。目前二级医院数量占全部医疗机构总数量的比重很小。以朝阳区的二级医院为例，本课题组认为可以分两类进行资源整合。一类是真正的专科医院，比如朝阳区第三医院（精神病专科）、北京玛丽妇婴医院（妇产专科），这两家医院一家是公立代表，一家是私立代表，都是专科行业内不可或缺的医疗资源，应该鼓励它们在行业做大做强。另一类是专业特色不突出，综合实力也较弱的医院。比如朝阳区急救中心，大部分床位使用率靠的是其他医院转诊的没有积极治疗意义的老年病人；再如北京桓兴肿瘤医院，靠的是医科院肿瘤医院转诊的晚期肿瘤病人。对于第二类二级医院，可以给予优惠政策，鼓励它们转变成养老机构或康复机构。

3. 鼓励养老机构在生态涵养发展区发展

除了鼓励现有医疗机构转型为养老机构外，还应鼓励新的养老机构在生态涵养发展区发展。北京市的生态涵养发展区是延庆、密云、怀柔、平谷和门头沟，这些地方在北京是公认的环境好、空气好的地方，而且生态涵养发展区目前产业单一，缺乏支柱产业，养老产业在当地的发展还可以促进当地产业多元化。

第八章　推进交通一体化

加快构建快速、便捷、高效、安全、大容量、低成本的现代化交通网络，对推动京津冀协同发展意义重大。构建现代化交通网络，把交通一体化作为先行领域是京津冀协同发展的坚实基础和重要保障。京津冀协同发展旨在发挥区域比较优势和竞争优势、优化产业布局、缩小地区及城乡差距，这样能够从整体上提高区域经济竞争力。交通是为经济服务的，交通运输需求从某种程度上说是一种派生性需求，区域综合交通协调发展是区域社会经济发展到一定阶段的必然要求，是区域经济整体协调发展和区域经济潜力充分发挥的前提和基础。一个区域的优势能否充分发挥，在很大程度上取决于其内部各行业间的联系与比例关系。综合交通运输业既是区域经济合作的重要物质生产行业，也是现代物流供应中的关键环节，有关政府部门必须提供相应的一体化支撑。综合交通运输协调发展体系的建立必将引起城市间关系的重构，增强区域的聚合力，营造良好的投资环境，增强对外资的吸引力。通过城市间的联合与协作，区域大商贸格局基本形成，生产要素流动也更加合理，整体优势得到进一步凸显。区域综合交通运输协调发展是实现区域一体化发展的必由之路。

一　京津冀交通发展现状特征

（一）交通设施发展现状

1. 铁路网络较为发达

京津冀铁路网建设分全国性快速客运通道（高速铁路）、城际快速客运系统（城际铁路）和普通铁路（一般铁路）三个层级展开。至 2013 年底，京津冀城市群铁路营业里程为 8496 公里，铁路网密度为 3.9km/100km^2，约为全国平均水平的3.6倍；运营铁路中，高速铁路和城际铁路营业里程达到1185公里，合计占城市群铁路营业里程的13.9%。[①] 现已形成以北京为核心，以京沪高铁、京广高铁、京哈高铁（在建）和京津城际快速铁路四线为骨架的触角伸展态势。

2. **公路基础设施良好**

京津冀区域内有良好的公路基础设施，目前区域内有35条高速公路和280多条一般国省干线。所有核心城市、节点城市和78%的县市已经通高速公路，所有的县市均已通二级及以上公路，是我国陆路交通网络密度最高的地区之一。2013年末公路通车里程17.4万公里，其中高速公路5610公里。公路网密度、高速公路网密度分别为97.9km/100km^{2}和3.5km/100km^2，是全国平均水平的2.1倍和3.3倍。[②] 区域内高速公路以北京为中心向外围扩展，形成了环状放射路网结构。

3. **港口群基本形成**

目前京津冀区域内已经形成以天津港为枢纽的渤海西岸港口体系，该体系是我国北方广大区域通向世界的主要窗口和海上通道。区域内各港口差异明显：天津港是中国北方最大的综合性枢纽港口，2013年港口货物吞吐量达到50062.89万吨；秦皇岛港是我国北方重要海港，港域深阔，终年不冻，以煤炭运输为主，2013年港口货物吞吐量为27260万吨，已成为世界上最大的煤炭输出港之一；黄骅港位于河北省与山东省交界处，是河北省沿海的地区性重要港口，也是我国的北煤南运输出港之一，2013年港口货物吞吐量为17100万吨；唐山港包括京唐港和曹妃甸港，位于河北省唐山市东南，是地方性港口，2013年港口吞吐量已达到44600万吨。[③]

4. **机场群雏形初现**

以首都国际机场扩建为契机，近年来京津冀区域内民航运输业发展迅猛。目前区域内已建成北京首都国际机场、天津滨海国际机场、石家庄正定国际机场、秦皇岛山海关机场、邯郸机场和唐山三女河机场。2013年，区域内机场旅客吞吐量9926.31万人次，占全国民用航空吞吐量的13.1%。随着北京首都国际机场三期扩建工程完工，北京首都国际机场成

① 资料来源：国家统计局官网数据。

② 资料来源：国家统计局官网数据。

③ 资料来源：国家统计局官网数据。

为世界第二大机场，目前是我国航线最丰富、航班最密集、运量最大的航空港。定期通航航点达到 236 个，其中国内城市 127 个，国际城市达到 109 个，航班起降 56.7 万架次，旅客吞吐量达到 8371 万人次，位列亚洲第一，世界第二。[①]

（二）京津冀城市群综合交通运输特征

1. 北京客运枢纽的地位日益稳固

如表 8 - 1 所示，2004 年到 2013 年京津冀城市群综合交通运输网络完成的客运量从 132313 万人次上升到 153737 万人次，年均增长 1.68%，北京、天津和河北年均增长率分别为 4.13%、18.43% 和 -2.45%。北京客运总量在京津冀城市群中所占份额由 2004 年的 38.1% 上升到 2013 年的 47.2%；铁路、公路客运量所占份额分别由 2004 年的 44.5% 和 35.6% 上升到 2013 年的 49.1% 和 43.7%；随着天津、河北的民航业迅速发展，北京民航客运量所占份额由 2004 年的 94.6% 下降到 2013 年的 84.1%，但客运量绝对数仍是津、冀两地总和的 5 倍还多。

表 8 - 1 京津冀城市群完成的客运量（2004 年、2013 年）

单位：万人次

		北京	天津	河北	京津冀城市群
2004 年	铁路	5437	1499	5270	12206
	公路	41463	2457	72500	116420
	民航	3489	172	26	3687
	合计	50389	4128	77796	132313
2013 年	铁路	11680	3352	8762	23794
	公路	52481	14556	52956	119993
	民航	8371	1004	575	9950
	合计	72532	18912	62293	153737
年均增速（%）	铁路	8.87	9.35	5.81	7.70
	公路	2.65	21.86	-3.43	0.34
	民航	10.21	21.66	41.06	11.66
	合计	4.13	18.43	-2.44	1.68

资料来源：根据国家统计局官网数据计算得出。

① 中国民用航空局发展计划司编《中国民航统计年鉴 2015》，中国民航出版社，2015。

2. 天津正逐步取代北京成为区域货运中心

如表 8-2 所示，2004 年到 2013 年京津冀城市群综合交通运输网络完成的货运量从 153777 万吨增长到 269200 万吨，年均增长 6.42%，北京、天津和河北年均增长率分别为 -2.1%，2.5% 和 9.69%。北京货运总量为负增长，其在京津冀城市群中所占份额由 2004 年的 20.4% 下降到 2013 年的 9.6%；铁路、公路货运量所占份额分别由 2004 年的 7.8% 和 25.4% 下降到 2013 年的 3.4% 和 10.9%。2013 年天津铁路、公路货运量在京津冀城市群中所占的比重均超过北京，尤其是铁路货运的地位大为加强；随着河北港口的发展，天津水运货运量所占份额以及增长率均有所下降。

表 8-2　京津冀城市群完成的货运量（2004 年、2013 年）

单位：万吨

		北京	天津	河北	京津冀城市群
2004 年	铁路	2065	6113	18216	26394
	公路	29256	19650	66227	115133
	水运	0	10474	1700	12174
	民航	67	7	2	76
	合计	31388	36244	86145	153777
2013 年	铁路	1097	8349	22469	31915
	公路	24651	28206	172492	225349
	水运	0	8678	3048	11726
	民航	184	21	5	210
	合计	25932	45254	198014	269200
年均增速（%）	铁路	-6.79	3.52	2.36	2.13
	公路	-1.88	4.10	11.22	7.75
	水运	0.00	-2.07	6.70	-0.42
	民航	11.88	12.98	10.72	11.96
	合计	-2.10	2.50	9.69	6.42

资料来源：根据国家统计局官网数据计算得出。

3. 公路、铁路基础设施建设仍有较大的提升空间

由表 8-3 可以看出，京津冀城市群交通运输基础较好，但与一体化发展尚有一定距离。与长三角城市群相比，京津冀城市群铁路网较为发达，

但是高速铁路的发展大大落后于长三角城市群：2013 年长三角地区高铁总里程达到 2901 公里，密度为 1.38km/100km^2，是京津冀地区的两倍还多；长三角城市群公路网密度、高速公路网密度均高于京津冀城市群。京津冀城市群内，公路、铁路布局主要集中于京津地区，河北地区改善基础设施的空间较大。

表 8－3　2013 年京津冀、长三角城市群铁路、公路密度对比

单位：km/100km^2

	北京	天津	河北	京津冀	长三角
公路网密度	132.15	132.08	92.42	97.96	133.23
高速公路网密度	5.63	9.27	2.98	3.53	4.29
铁路网密度	7.78	8.10	3.31	3.93	2.42
高速铁路网密度	—	—	—	0.62	1.38

资料来源：根据国家统计局官网数据计算得出。

4. 公路运输是城市群内最主要的运输方式

如图 8－1 所示，旅客运输方面，公路客运量占全社会客运量的比例总体呈上升趋势，在 2008 年达到 90.8%，此后略有下降并持续保持在 89% 以上，2013 年大幅下降，跌至 78.9%；铁路客运量和空港旅客吞吐量均呈现上升态势，2004～2013 年，铁路客运量由 9.27% 增长至 15.65%，空港旅客吞吐量由 2.29% 增长至 5.45%。货物运输方面，公路货运量呈现波动上升的趋势，由 2004 年的 86.3% 上升到 2013 年的 89.35%；铁路货运量总体表现为先上升后下降的态势，2008 年一度达到 15.12%，之后下降到 2013 年的 10.6%；空港货运吞吐量变动不大，保持在 0.5% 左右。

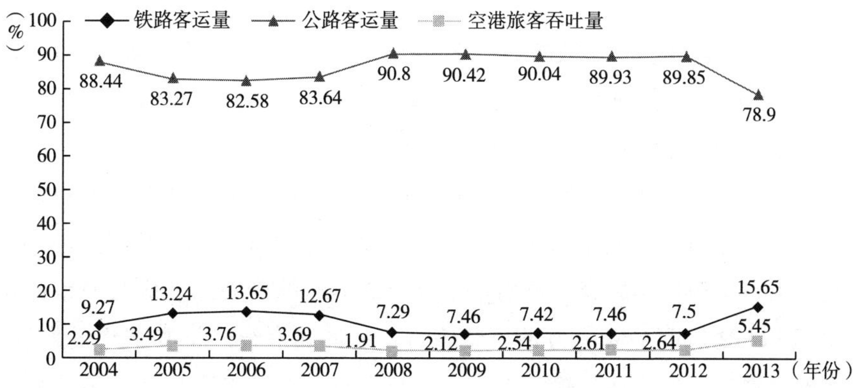

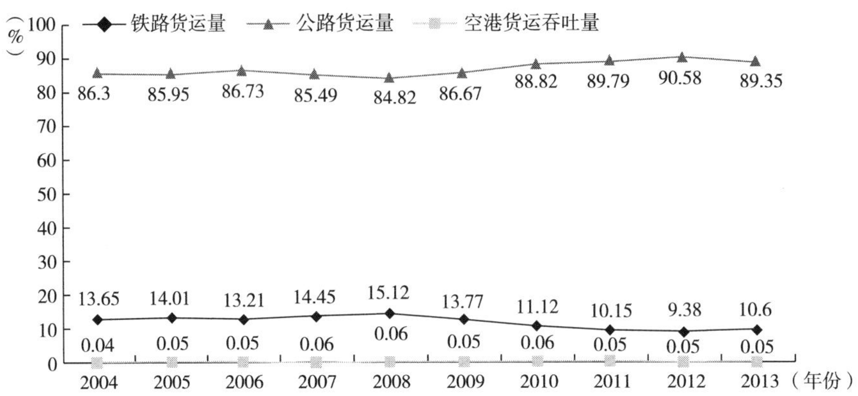

图 8－1　京津冀城市群历年各交通方式客、货运量构成示意

资料来源：根据国家统计局官网数据计算得出。

二　京津冀交通发展综合评价

（一）理论探讨与模型设定

1. 理论探讨

承载力理论起源于工程力学，本意是用于衡量地基强度对建筑物的负荷能力。随着 19 世纪英国工业革命的完成，其逐渐进入生态学研究领域，第二次世界大战后至 20 世纪 80 年代，经历了长期的和平与快速的经济发展，人口和环境承载方面的研究大量涌现，其研究结果认为人类应该约束自己的行为以缓解对环境的压力。20 世纪 80 年代至今，随着可持续发展理论、循环经济理论、生态足迹理论等理论的相继提出，承载力的研究进入了深化和广化阶段。其真正从生态科学、环境科学、物理学、资源科学等拓展出来，进入生态经济学、区域经济学、地球系统科学、社会学等各个领域，成为当今社会评价各种生态、资源、环境可持续发展的较为成熟的方法。

城市群的崛起是进入 21 世纪以来中国区域发展呈现出的新特征，城市群在促进经济增长和推动城市化进程中的作用日益凸显。城市群是相邻城市间依托发达的城际交通设施，产业、空间结构不断深化，经济、社会、文化、人口结构持续融合的产物。综合交通运输的发展也已成为城市群发展中不可或缺的重要驱动力量。交通的发展带动沿线经济和城市的发展，城市的发展产生的旺盛运输需求又进一步促进了交通的发展，这是城市群与城际交通互动发展的一般规律。区域交通运输系统与区域经济社会系统在相互作用、协调发展的过程中形成更大的区域一体化系统。二者的互动关系如图 8 －2 所示，具体表现为：第一，交通运输业为生产要素流动和产业布局调整创造了条件，交通发展水平的持续提升有利于扩大区域内外各种人流、物流、信息流、资金流、技术流活动范围，对经济增长具有明显的正外部性，对降低企业成本和社会成本、促进城市群空间优化发挥了重要的作用，是城市群形成和发展的基础；第二，城市群经济社会的快速发展促进区域产生大量的客货运输需求，这种快速增长的需求不仅是各种交通运输方式发展的原动力，而且是促进交通运输资源整合，形成一体化交通的综合运输体系，高效率、高质量地满足运输市场需求的主要原因。城市间、城市与城镇间以及城镇之间的人流、物流总量规模不断扩大，一方面为交通运输发展提供了运量基础，另一方面也为交通运输发展提供了机遇，促使城际交通在不断满足城市群客、货运需求的过程中实现自身的发展和完善。

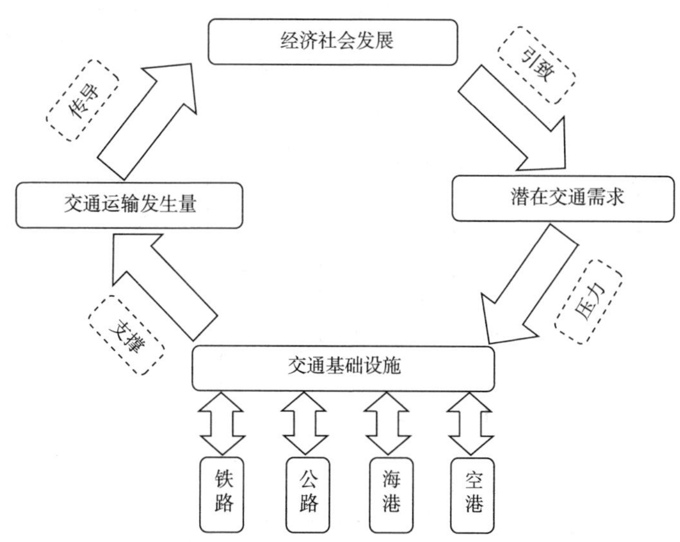

图 8 －2　城市群交通运输与经济发展的互动关系

资料来源：笔者根据研究分析自行构建。

城市间交通基础设施的建设促进了城市的扩张和集聚，是城市群发展必不可少的支撑条件。城市群快速发展所带来的经济产业活动的增加、人口的集聚都将对交通基础设施的承载力提出挑战。基于城市群发展与综合交通运输的互动关系，本研究对城市群综合交通承载力的评价主要从城市群铁路、公路、海港以及空港等四个维度出发，对城市群综合交通的基础设施承载力、经济发展承载力和潜在需求承载力等三个方面进行测度与整合，从而反映综合交通供给对城市群交通需求的适应与承载状态（见图8－3）。其中，城市群综合交通的基础设施承载力用于评价交通运输网络、交通通道或交通枢纽承载交通运输流量的负载能力，可以反映交通运输基础设施的供给能力是否满足运输需求；城市群综合交通的经济发展承载力用于测度交通运输系统与经济社会系统的适应性，可以反映一定时间内交通运输水平能够支持何种规模的经济发展；城市群综合交通的潜在需求承载力用于测量交通运输系统对社会经济系统潜在发生运输量的承载状态，可以体现社会经济系统对交通运输的潜在需求的满足程度。

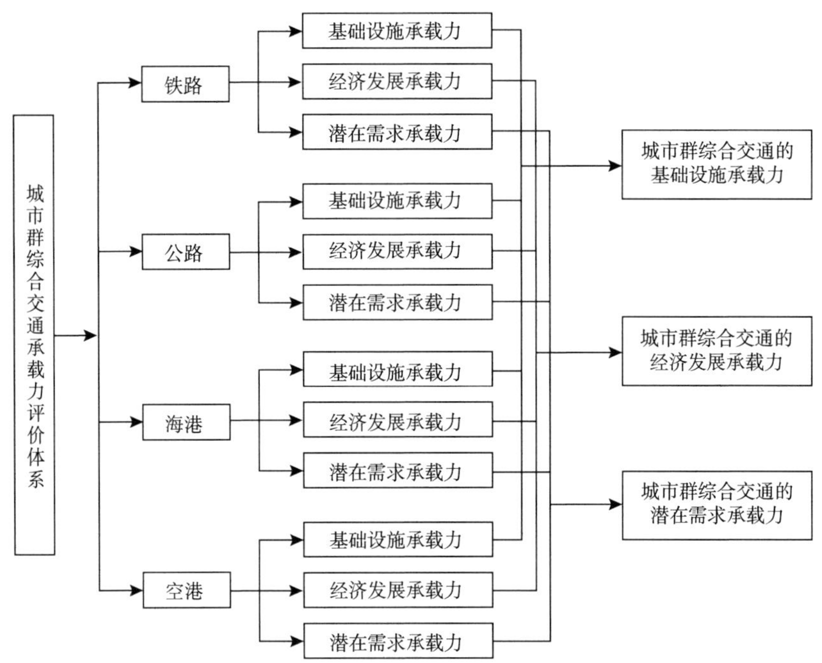

图8－3　城市群综合交通承载力评价体系

资料来源：笔者根据研究分析自行构建。

2. 模型设定

（1）交通的基础设施承载力模型

该模型用于衡量交通运输基础设施的供给能力对运输需求的负载程

度。根据决策分析的需要，将交通运输系统视为一个生产系统并划分成 n 个相对独立、可以测度其投入产出关系的子系统，并识别各种交通基础设施的相关参数。投入向量是交通基础设施相关参数，共有 m 个因素或指标，定义为 $X=[x_1, \cdots, x_m]$；产出向量是交通运输量相关参数，共有 s 个因素或指标，定义为 $Y=[y_1, \cdots, y_s]$。第 j 个子系统的投入、产出向量可分别表示为 $X_j=[x_{1j}, \cdots, x_{mj}]^T>0$ （$j=1, \cdots, n$）和 $Y_j=[y_{1j}, \cdots, y_{sj}]^T>0$ （$j=1, \cdots, n$）。

记 $\lambda_j \geqslant 0$ （$j=1, \cdots, n$）是系统经济技术特性评价的指标权向量，θ_r是第 r 个子系统的基础设施承载力。θ_r由数据包络分析模型（1）式求出：

$$\begin{cases} \max\theta_r \\ \text{s.t. } \sum_{j=1}^{n} x_j\lambda_j \leqslant x_r, \\ \sum_{j=1}^{n} y_j\lambda_j \geqslant \theta_r y_r, \\ \lambda_j \geqslant 0, j=1,2\cdots,n, \theta \in E^1 \end{cases} \tag{1}$$

整个城市群综合交通的基础设施承载力 θ_s可通过（2）式求得：

$$\theta_s = \frac{\sum_{r=1}^{n} \theta_r Y_r}{\sum_{r=1}^{n} Y_r} \tag{2}$$

（2）交通的经济发展承载力模型

该模型用于评价交通基础设施的供给能力对经济发展的适应性。根据决策分析的需要，将交通运输系统细分为 n 个相对独立、可以测度其投入产出关系的子系统，并识别由此交通运输系统支持的经济生产活动，以此确定经济发展相关参数。投入向量是交通基础设施相关参数，共有 m 个因素或指标，定义为 $X=[x_1, \cdots, x_m]$；产出向量由经济发展参数组成，共有 k 个因素或指标，定义为 $Z=[z_1, \cdots, z_k]$。第 j 个子系统的投入、产出向量分为别表示为 $X_j=[x_{1j}, \cdots, x_{mj}]^T>0$ （$j=1, \cdots, n$）和 $Z_j=[z_{1j}, \cdots, z_{kj}]^T>0$ （$j=1, \cdots, n$）。

记 $\lambda_j \geqslant 0$ （$j=1, \cdots, n$）是系统经济技术特性评价的指标权向量，θ_u是第 u 个子系统的经济发展承载力。θ_u由数据包络分析模型（3）式求出：

$$\begin{cases} \max\theta_u \\ \text{s. t. } \sum_{j=1}^{n} x_j\lambda_j \leqslant x_u, \\ \sum_{j=1}^{n} z_j\lambda_j \geqslant \theta_u z_u, \\ \lambda_j \geqslant 0, j = 1,2\cdots,n,\theta \in E^1 \end{cases} \tag{3}$$

整个城市群综合交通的经济发展承载力 θ_e可通过（4）式求得：

$$\theta_e = \frac{\sum_{u=1}^{n} \theta_u Z_u}{\sum_{u=1}^{n} Z_u} \tag{4}$$

（3）交通的潜在需求承载力模型

该模型用于测度交通运输对经济社会系统发展所产生的潜在需求的承载能力。根据决策分析的需要，将交通运输系统视为一个生产系统并细分成 n 个相对独立、可以测度其投入产出关系的子系统。投入向量是产生交通运输需求的动因变量，即经济发展参数，共有 k 个因素或指标，定义为 $Z=[z_1, \cdots, z_k]$；产出向量是交通运输量，共有 s 个因素或指标，定义为 $Y=[y_1, \cdots, y_s]$。第 j 个子系统的投入、产出向量分别表示为 $Z_j=[z_{1j}, \cdots, z_{kj}]^{\mathrm{T}}>0$（$j=1, \cdots, n$）和 $Y_j=[y_{1j}, \cdots, y_{sj}]^{\mathrm{T}}>0$（$j=1, \cdots, n$）。

记 $\lambda_j \geqslant 0$（$j=1, \cdots, n$）是系统经济技术特性评价的指标权向量，θ_t 是第 t 个子系统的潜在需求承载力。θ_t由数据包络分析模型（5）式求出：

$$\begin{cases} \max\theta_t \\ \text{s. t. } \sum_{j=1}^{n} z_j\lambda_j \leqslant z_t, \\ \sum_{j=1}^{n} y_j\lambda_j \geqslant \theta_t y_t, \\ \lambda_j \geqslant 0, j = 1,2\cdots,n,\theta \in E^1 \end{cases} \tag{5}$$

整个城市群综合交通的潜在需求承载力 θ_d可通过（6）式求得：

$$\theta_d = \frac{\sum_{t=1}^{n} \theta_t Y_t}{\sum_{t=1}^{n} Y_t} \tag{6}$$

（二）实证分析

1. 评价体系构建与指标选择

根据城市群综合交通承载力评价体系与承载力模型，结合陆、海、空等不同交通运输方式的特点，以及与其运输能力相关的网络特性、人口规模及经济发展等因素的影响和作用，选择相应的指标，如表8－4所示。

表8－4　城市群综合交通承载力评价指标

目标层	准则层	指标层	
城市群综合交通承载力评价体系A	铁路的基础设施承载力 B_{11}	投入	铁路营业里程（km）C_1
			铁路网密度（$km/10^4km^2$）C_2
		产出	铁路客运量（万人次）C_3
			铁路货运量（10^4t）C_4
			铁路客运周转量（亿人 km）C_5
			铁路货运周转量（亿吨 km）C_6
	铁路的经济发展承载力 B_{12}	投入	铁路营业里程（km）C_1
			铁路网密度（$km/10^4km^2$）C_2
		产出	人均 GDP（元）C_3
			常住人口（万人）C_4
			第一、二产业产值（亿元）C_5
	铁路的潜在需求承载力 B_{13}	投入	人均 GDP（元）C_1
			常住人口（万人）C_2
			第一、二产业产值（亿元）C_3
		产出	铁路客运量（万人次）C_4
			铁路货运量（10^4t）C_5
			铁路客运周转量（亿人 km）C_6
			铁路货运周转量（亿吨 km）C_7
	公路的基础设施承载力 B_{21}	投入	公路里程（km）C_1
			高速公路里程（km）C_2
			一级公路里程（km）C_3
			二级公路里程（km）C_4
		产出	公路客运量（万人次）C_5
			公路货运量（10^4t）C_6
			公路客运周转量（亿人 km）C_7
			公路货运周转量（亿吨 km）C_8

续表

目标层	准则层	指标层	
城市群综合交通承载力评价体系A	公路的经济发展承载力 B_{22}	投入	公路里程（km）C_1
			高速公路里程（km）C_2
			一级公路里程（km）C_3
			二级公路里程（km）C_4
		产出	人均 GDP（元）C_5
			常住人口（万人）C_6
			第一、二产业产值（亿元）C_7
	公路的潜在需求承载力 B_{23}	投入	人均 GDP（元）C_1
			常住人口（万人）C_2
			第一、二产业产值（亿元）C_3
		产出	公路客运量（万人次）C_4
			公路货运量（10^4t）C_5
			公路客运周转量（亿人 km）C_6
			公路货运周转量（亿吨 km）C_7
	海港的基础设施承载力 B_{31}	投入	码头长度（m）C_1
			泊位个数（个）C_2
			万吨级泊位个数（个）C_3
			内河通航里程（km）C_4
		产出	港口货物吞吐量（10^4t）C_5
			水运货运量（10^4t）C_6
			水运货运周转量（亿吨 km）C_7
	海港的经济发展承载力 B_{32}	投入	码头长度（m）C_1
			泊位个数（个）C_2
			万吨级泊位个数（个）C_3
			内河通航里程（km）C_4
		产出	进出口总额（亿美元）C_5
			工业总产值（亿元）C_6
			实际外资利用（万美元）C_7
	海港的潜在需求承载力 B_{33}	投入	进出口总额（亿美元）C_1
			工业总产值（亿元）C_2
			实际外资利用（万美元）C_3

续表

目标层	准则层	指标层	
城市群综合交通承载力评价体系A	海港的潜在需求承载力 B_{33}	产出	港口货物吞吐量（10^4t）C_4
			水运货运量（10^4t）C_5
			水运货运周转量（亿吨 km）C_6
	空港的基础设施承载力 B_{41}	投入	机场跑道面积（10^4m^2）C_1
			停机坪面积（10^4m^2）C_2
			航站楼面积（10^4m^2）C_3
		产出	旅客吞吐量（万人次）C_4
			货邮吞吐量（10^4t）C_5
			起降架次（万架次）C_6
	空港的经济发展承载力 B_{42}	投入	机场跑道面积（10^4m^2）C_1
			停机坪面积（10^4m^2）C_2
			航站楼面积（10^4m^2）C_3
		产出	人均 GDP（元）C_4
			常住人口（万人）C_5
			第三产业产值（亿元）C_6
	空港的潜在需求承载力 B_{43}	投入	人均 GDP（元）C_1
			常住人口（万人）C_2
			第三产业产值（亿元）C_3
		产出	旅客吞吐量（万人次）C_4
			货邮吞吐量（10^4t）C_5
			起降架次（万架次）C_6

资料来源：笔者整理所得。

2. 数据来源与处理

本部分全部基础数据来源于 2005 ~ 2014 年《中国统计年鉴》《中国城市统计年鉴》《北京统计年鉴》《天津统计年鉴》《河北经济年鉴》。由于各指标计量单位不同，用公式（7）对各指标数据进行标准化处理以消除计量单位的影响。

其中 m 为指标组数，p 为每组指标个数，n 为年数，X_{abc}^0 为第 a 组第 b 个指标第 c 年的初始值。指标初始值 X_{abc}^0 标准化后的值 X'_{abc} 为：

$$X'_{abc} = \frac{X_{abc}^0}{X_{ab}}, \overline{X_{ab}} = \frac{1}{n}\sum_{c=1}^{n} X_{abc}^0 (a = 1,2,\cdots,m; b = 1,2,\cdots,p; c = 1,2,\cdots,n) \quad (7)$$

在此基础上根据公式（8）对每组数据标准化处理后的结果进行综合化处理，第 a 组指标第 c 年综合化后的值 X_{ac} 为：

$$X_{ac} = \sum_{b=1}^{p} X'_{abc}(a = 1,2,\cdots,m;b = 1,2,\cdots,p;c = 1,2,\cdots,n) \tag{8}$$

3. 各种交通运输方式承载力实证分析

2004～2013 年京津冀城市群铁路、公路、海港和空港的基础设施承载力、经济发展承载力以及潜在需求承载力的得分和变化趋势如表 8－5 和图 8－4 所示。

（1）铁路发展迅速，随着城市群经济社会的发展，承载能力趋于紧张

如图 8－4 所示，京津冀城市群铁路的基础设施承载力 θ_r 呈现出先上升后下降的态势，由 2004 年的 0.640 上升到 2011 年的 1.000，从 2012 年开始下降，2013 年降至 0.636；铁路的经济发展承载力 θ_u 呈现出较稳健的上升态势，由 2004 年的 0.591 上升到 2013 年的 0.959；铁路的潜在需求承载力 θ_t 则表现为缓慢下行的状态，并在 2013 年出现大幅下降。

表 8－5　2004～2013 年铁路、公路、海港和空港承载力得分

年份	铁路			公路			海港			空港		
	θ_r	θ_u	θ_t	θ_r	θ_u	θ_t	θ_r	θ_u	θ_t	θ_r	θ_u	θ_t
2004	0.640	0.591	1.000	0.832	0.997	0.834	0.926	0.485	1.000	0.707	0.903	0.690
2005	0.683	0.652	0.972	0.712	0.967	0.736	0.922	0.522	0.927	0.792	0.921	0.758
2006	0.713	0.678	0.972	0.532	0.877	0.607	0.904	0.562	0.844	0.996	1.000	0.879
2007	0.784	0.752	0.964	0.560	0.920	0.608	1.000	0.653	0.804	0.762	0.764	0.880
2008	0.838	0.817	0.948	0.688	0.932	0.738	0.920	0.763	0.633	0.612	0.639	0.844
2009	0.904	0.847	0.986	0.780	0.909	0.858	0.716	0.714	0.526	0.676	0.680	0.876
2010	0.998	0.945	0.976	0.843	0.931	0.906	0.734	0.840	0.458	0.682	0.688	0.874
2011	1.000	1.000	0.924	0.936	0.989	0.946	0.746	0.956	0.409	0.720	0.771	0.824
2012	0.976	0.994	0.907	1.000	1.000	1.000	0.657	1.000	0.345	0.764	0.828	0.813
2013	0.636	0.959	0.613	0.877	1.000	0.877	0.542	0.981	0.290	1.000	0.882	1.000

资料来源：笔者根据统计数据计算得出。

这说明随着城市群内铁路路网规模迅速扩大，以北京为中心的放射状路网格局和以城际铁路、高速铁路为主骨架的客运网络已经逐步形成。2013 年铁路运营总里程数达到 8496 公里，路网密度为 393.3km/10^4km^2，

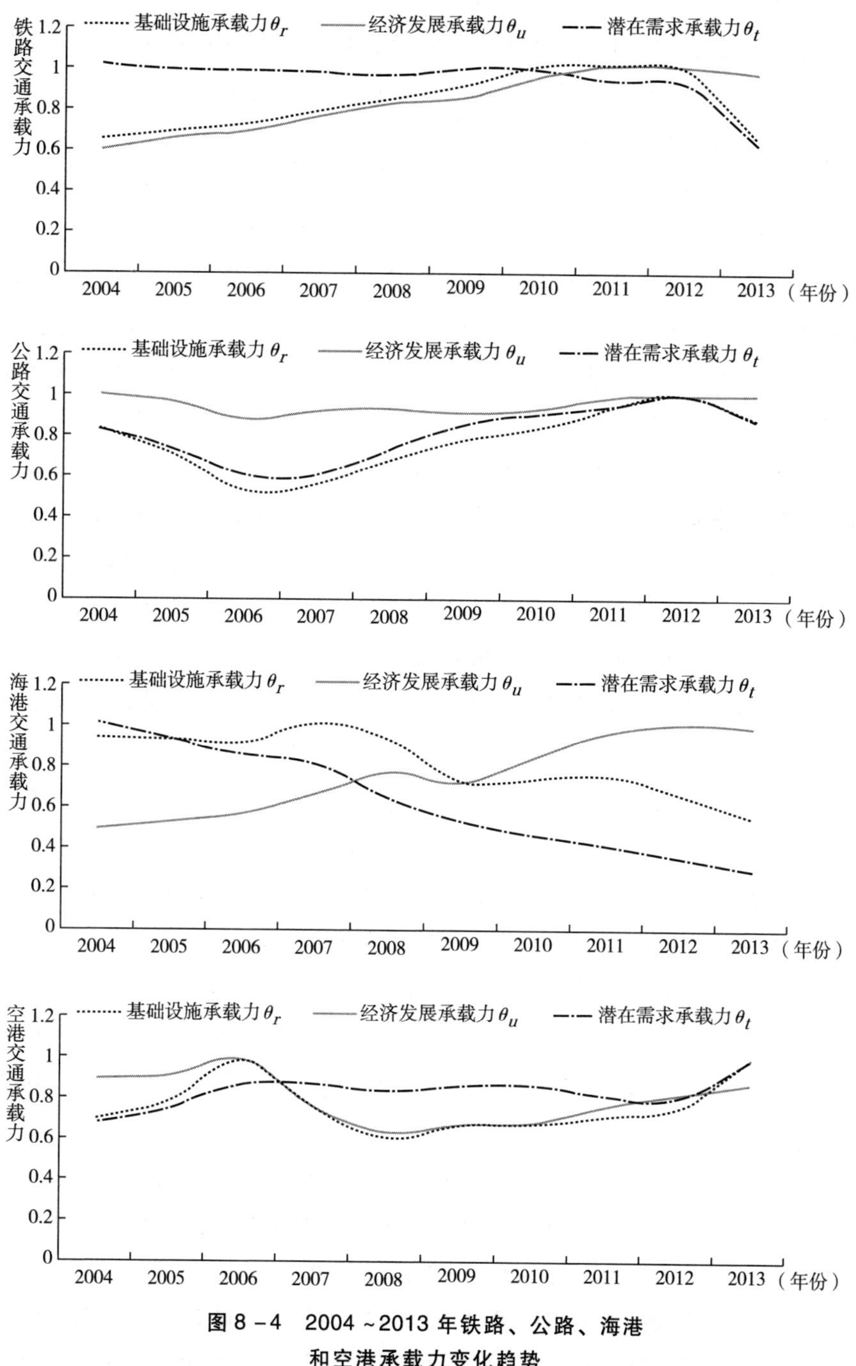

图 8－4　2004～2013 年铁路、公路、海港和空港承载力变化趋势

资料来源：笔者整理得出。

较2004年的6458公里和299 $km/10^4km^2$提高了32%，年均增长3%，承载能力大幅度提升，对城市群经济社会的发展起到日益重要的支撑和促进作用。但随着区域内经济的日趋活跃以及一体化程度的不断加深，客、货运量增长幅度持续加大：城市群客、货运量由2004年的12206万人次和26394万吨增加到2013年的23794万人次和31915万吨，年均增长率分别为7.7%和2.13%。铁路基础设施的发展速度滞后于客运量的增长速度，铁路运输已经逐渐不能承受当前经济发展水平所产生的潜在交通压力，运力饱和的苗头已经显现：既有铁路中，服务于城市间的城际铁路规模较小，除京沪客专、京广客专以及京津城际、津秦城际外，客、货混跑现象普遍，速度较慢；除京津城际、津秦城际外主要为路网干线，以服务中长途旅客为主，公交化程度低，无足够的富余能力服务于短途旅客，在节假日期间问题更为突出；京广、京沪两条铁路所经过城市之间的联系仍不紧密。区域内城际客流主要由高速铁路（客运专线）承担，中心城市与次中心城市间、主要城镇间的客运公交化程度低，对煤炭等大宗物资的运输能力不足，主要疏港铁路长期处于饱和状态。

（2）城市群交通需求过分依赖公路运输，不利于交通运输可持续发展

京津冀城市群公路的基础设施承载力 θ_r先下降，在2006年达到最低点0.532，然后出现显著上升，在2012年达到1.000，之后下降到2013年的0.877；公路的经济发展承载力 θ_u表现为小幅度波动上升的趋势，而且持续保持在高位运行；公路的潜在需求承载力 θ_t的变化趋势几乎与基础设施承载力 θ_r曲线相同，同样表现为先下降后上升再下降。

这说明公路运输的发展对城市群经济发展规模的支撑作用最为显著，由交通运输结构可以看出，2004~2013年公路客、货运输量所占份额持续在78%和74%以上，是城市群内客、货交流最主要的承担方式。2006年后公路升级改造的步伐明显加快：高速公路、一级公路和二级公路的增长迅猛，年均增长率分别为11.2%、9.3%和4.4%，高速公路已经覆盖全部城市，四通八达的公路网络初步形成，在很大程度上改善了原有普通干线公路总量不足、等级低的问题，但与之伴随的是运输需求的快速增长：客、货运量由2006年的84220万人次和124506万吨增加到2013年的119993万人次和225349万吨，年均增长率分别为5.2%和8.8%。公路运输供需矛盾再次显现。由公路的基础设施承载力和潜在需求承载力的变化

趋势趋同可以看出：增加公路的供给一方面可以提升基础设施的承载能力，但另一方面也会刺激潜在需求，导致公路交通需求量逐年上升，对扩大公路的供给形成倒逼。这种“头痛医头，脚痛医脚”的模式对从根本上提升承载能力的作用是有限的，还会加深对公路运输尤其是高等级公路运输的依赖，导致高速公路超载、超限屡禁不止，交通事故频发，交通拥堵严重，同时车辆的增加对城市环境造成严重污染，如噪声、粉尘、废气排放等，所以，增加公路的供给不利于城市群交通可持续发展。

（3）海港间同质化竞争严重，已成为制约港口群整体承载能力提高的瓶颈

京津冀城市群海港的基础设施承载力 θ_r 总体上表现出波动下降的趋势，由2004年的0.926下降到2013年的0.542；海港的经济发展承载力 θ_u 呈现强劲的上升态势，由2004年的0.485上升到2013年的0.981；海港的潜在需求承载力 θ_t 基本处于持续下降的状态，由2004年的1.000下降到2013年的0.290。

这说明同处京津冀城市群的天津港和秦皇岛港、京唐港、曹妃甸港以及黄骅港，作为我国北方沿海煤炭下海主力港以及“三北”地区主要出海口，不仅满足了广大腹地外向型经济发展的需要，对城市群经济社会发展所起的支撑作用也越来越重要。近年来各港口发展建设速度较快，码头总长度由2004年的38210米增加到2013年的69115米，年均增长率为6.8%，泊位个数和万吨级泊位个数由2004年的212个和115个增加到2013年的332个和223个，年均增长率分别为5.1和7.6%。随着港口的建设、既有港口吞吐能力的提高和疏港铁路的完善，港口货运吞吐量由2004年的43134万吨上升到2013年的123931万吨，年均增长率为12.4%。五大港口拥有大致相同的腹地，功能定位有较大程度的重叠，存在严重的同质化发展的问题，已经形成相互竞争的局面。这显然已经成为制约港口群整体承载能力提高的瓶颈，将会导致集群效应难以发挥，整体发展仍然滞后于潜在需求的增长。

（4）空港发展由不平衡向平衡转变，协同效应逐步显现

空港的基础设施承载力 θ_r 呈现波动上升的趋势，由2004年的0.707下降到2008年的0.612，然后持续上升到2013年的1.000；空港的经济发展承载力 θ_u 表现为平衡中有所下降，由2004年的0.903下降到2013年的

0.882；空港的潜在需求承载力 θ_t 总体呈现上升态势，2013 年增长迅速，由 2012 年的 0.813 增长到 1.000。这说明城市群内空港发展极不平衡，航空业务量过度集中于首都国际机场，使其逐渐不堪重负，2008 年首都国际机场 T3 航站楼正式投入运营，状况有所缓解，但由于空域资源紧缺，航班延误严重，空港仍旧面临超负荷运营的压力。随着 2010 年天津滨海机场第二跑道投入使用，唐山三女河机场、张家口机场等区域支线机场的发展壮大，以及高铁和航空合作的深化，机场间功能整合与优势互补取得了重大突破，首都国际机场航空业务量占比由 2004 年的 94.6% 下降到 84.1%，分流效果显著。随着机场周边路网衔接的强化、集疏运通道的建设，机场群协同发展程度不断提高，空港由不平衡极化发展向平衡良性发展转变，这能够较好地满足潜在需求，对经济社会发展的拉动和促进作用也由弱变强。

4. **城市群综合交通承载力分析**

基于对京津冀城市群 2004～2013 年各种运输方式的承载力分析，根据整个城市群综合交通运输系统的基础设施承载力、经济发展承载力和潜在需求承载力的计算公式，得到城市群综合交通运输承载力综合评价如表 8－6 和图 8－5 所示。

表 8－6　2004～2013 年京津冀城市群综合交通承载力得分

年份	城市群综合交通		
	θ_s	θ_e	θ_d
2004	0.779	0.766	0.903
2005	0.775	0.780	0.862
2006	0.787	0.789	0.839
2007	0.794	0.775	0.825
2008	0.774	0.788	0.793
2009	0.782	0.788	0.836
2010	0.834	0.851	0.837
2011	0.875	0.930	0.816
2012	0.890	0.957	0.831
2013	0.810	0.956	0.766

资料来源：笔者根据统计数据计算得出。

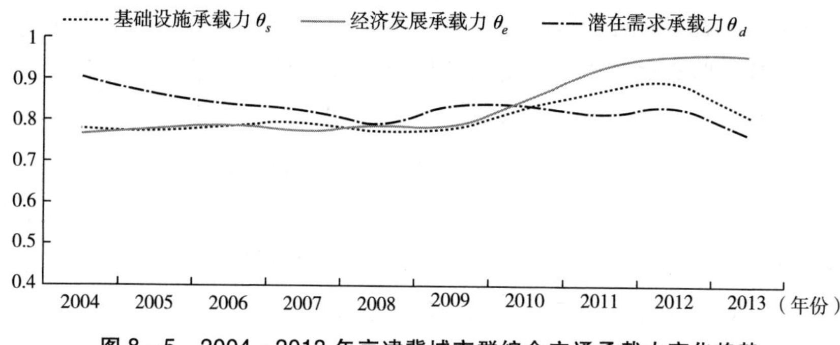

图 8-5　2004～2013 年京津冀城市群综合交通承载力变化趋势

资料来源：笔者根据统计年鉴数据计算得出。

城市群综合交通基础设施承载力 θ_s 总体呈现先上升后下降的变化趋势，由 2004 年的 0.779 小幅度波动上升到 2009 年的 0.782，2009 年到 2012 年上升速度明显加快，由 0.782 上升到 0.890，之后开始下降。这表明整个交通运输系统经过近些年的快速发展，随着交通基础设施的不断完善承载能力日益增强，但在各运输方式协调发展、资源优化配置以及交通供求有效平衡等方面仍有待提高。

综合交通的经济发展承载力 θ_e 整体呈现上升的发展趋势，2009 年前为缓慢上升期，由 2004 年的 0.766 上升到 2009 年的 0.788，2009 后为快速上升期，由 0.788 上升到 2012 年的 0.957，之后略有下降。说明目前城市群综合交通运输系统的运输能力与经济社会发展呈现较好的动态适应过程，交通对支撑经济社会发展的正外部效应释放具有滞后性，需要一定的时间才能逐渐发挥作用。

综合交通的潜在需求承载力 θ_d 总体呈现下降的发展趋势，2004 年到 2008 年为平稳下降期，由 0.903 下降到 0.793，2008 年到 2012 年为波动上升期，由 0.793 上升到 0.831，之后继续下降。这表明城市群综合交通运输系统支撑经济社会产生的潜在交通需求的能力逐渐下降，虽然通过加大交通基础设施建设力度以及加快运输服务能力的提升后承载能力有所扩充，但仍然不能满足日益旺盛的潜在交通需求，供不应求的矛盾开始显现。

（三）结论与启示

根据上面的分析，得出以下结论。第一，从不同运输方式来看，铁路发展迅速，随着城市群经济社会发展，承载能力趋于紧张；城市群交通需求过分依赖公路运输，不利于交通运输可持续发展；海港间同质化竞争严重，已成为制约港口群整体承载能力提高的瓶颈；空港发展由不平衡向平衡转变，协同效应逐步显现。第二，从城市群综合交通来看，综合交通基础设施承载力持续增强，但仍然存在薄弱环节；综合交通运输能力的提高对城市群经济社会发展具有缓慢而显著的支撑和引导作用；潜在运输需求日趋强劲，综合交通运输系统的承载压力逐步增大。

鉴于上述判断，对京津冀城市群综合交通运输发展提出以下四方面建议：第一，充分发挥铁路节能环保、集约土地等方面的优势，加快城际铁路的发展和建设，构建并强化以铁路为主导的绿色低碳综合运输网络，转变过度依赖公路的单一交通运输结构；第二，通过科学界定各个港口间的功能，协调各港口间的分工，强化港口间的合作，形成布局合理、功能完备、辐射力强的现代化综合性港口群体系；第三，空港间应进一步深化错位发展，各有侧重，共同构成面向全球、层次清晰、功能完善的亚太地区国际航空枢纽；第四，交通基础设施对经济社会发展的引导作用具有滞后性，因此在建设的过程中应当适度超前。

三　快速轨道交通的影响分析

随着区域经济一体化程度的不断加深，各地区间的经济联系越来越紧密，城市群成为区域发展的主体形态，在区域协调发展中的地位更加突出。城市群空间调整步伐加快，对交通发展产生了迫切的需求，交通条件的改善是城市群空间延伸和扩展的基础，也是构建城市群空间形态的主要决定因素。不同交通运输方式对运输成本的改善程度不同，对人流、物流和资金流在空间上运动的促进作用不同，对城市群经济地理空间的重塑作用也不相同。城际交通的一体化发展推动了城市群城镇体系的形成和完善，形成了城市群空间发展的骨架，引导着城市群空间拓展的方向。快速轨道交通作为交通一体化的重要内容，是连接中心城市及其周边城市、郊区以适应较长距离出行需求的轨道交通系统。该系统以城际铁路和区域快线为主要形式，国家客运专线也承担了区域内部分城市间通勤客流，也属于快速轨道交通的一部分。因此，研究快速轨道交通对城市群空间结构演进的影响与作用，对进一步构建快速、便捷、大容量、大能力的交通网络服务城市群一体化发展、促进交通经济带的形成意义重大。

（一）节点重要度评价

1. 节点重要度评价指标的建立

节点重要度是综合反映区域内各城市节点经济社会发展水平的重要指标，用于体现交通运输网络代表节点的集散能力。结合京津冀城市群发展现状，借鉴学者已有的研究成果，考虑数据的可信度和可获得性等因素，本研究将节点重要度分解为经济发展指数、社会发展指数和交通发展指数三个要素。其中，经济发展指数衡量节点的经济发展水平、经济结构和劳动生产率；社会发展指数体现节点居民收入、居住、健康保障和文化生活水平；交通发展指数反映节点道路密度、公共交通以及集散水平。在此基础上选取 12 个二级指标，建立了节点重要度评价指标体系，如表 8－7 所示。

表 8－7　节点重要度评价指标体系

目标层（A）	一级指标（B）	二级指标（X）
节点重要度	经济发展指数 B_{11}	X_1：人均 GDP（10^4元）
		X_2：第二产业产值（10^4元）
		X_3：第三产业产值（10^4元）
	社会发展指数 B_{12}	X_4：人口密度（人/km^2）
		X_5：人均城市建设用地（km^2）
		X_6：职工平均工资（元）
		X_7：每万人拥有医生数（人）
		X_8：每百人公共图书馆藏书（册）
	交通发展指数 B_{13}	X_9：城市道路面积（m^2）
		X_{10}：每万人拥有公共汽车数（辆）
		X_{11}：客运量（10^4人次）
		X_{12}：货运量（10^4t）

资料来源：笔者整理归纳所得。

2. 节点重要度的主成分选取

本研究通过主成分分析对节点重要度影响因子进行选择。该方法的基本思想是：一个原始变量可以由少数几个独立的非观测变量来反映，这些潜在变量就是影响因子，能够代替原来众多的可观测变量，从而反映事物的本质。设原始变量为 X_1，X_2，X_3，…，X_m，因子为 C_1，C_2，C_3，…，C_n，则各因子与原始变量之间的关系可以表示为：

$$\begin{cases} X_1 = b_{11}C_1 + b_{12}C_2 + \cdots + b_{1n}C_n + e_1 \\ X_2 = b_{21}C_1 + b_{22}C_2 + \cdots + b_{2n}C_n + e_2 \\ \cdots \\ X_m = b_{m1}C_1 + b_{m2}C_2 + \cdots + b_{mn}C_n + e_m \end{cases}$$

矩阵表达式为：$X = BC + E$

其中，X 为原始变量向量，B 为公因子得分系数矩阵，C 为公因子向量，E 为残差向量。如果残差 E 的影响可以忽略不计，则数学模型可以变为 $X = BC$。

所选指标数据来源于《2014 中国城市统计年鉴》，用 SPSS 22.0 版本软件进行处理。KMO 和 Bartlett 球形检验结果显示 KMO 的值为 0.601，大于 0.500，同时 Bartlett 球形检验统计量为 242.186，相应的概率显著性为 0.000，因此可认为相关系数矩阵与单位阵有显著差异，根据 Kaiser 给出的 KMO 度量标准可知原有变量适合做因子分析。结果如表 8－8 所示。

表 8－8　总方差解释

成分	初始特征值			提取载荷平方和			旋转载荷平方和		
	总计	方差百分比（%）	累计方差贡献率（%）	总计	方差百分比（%）	累计方差贡献率（%）	总计	方差百分比（%）	累计方差贡献率（%）
1	7.991	66.595	66.595	7.991	66.595	66.595	6.659	55.490	55.490
2	1.619	13.495	80.090	1.619	13.495	80.090	2.716	22.630	78.120
3	1.288	10.732	90.822	1.288	10.732	90.822	1.524	12.702	90.822
4	0.455	3.791	94.613						
5	0.406	3.382	97.995						
6	0.154	1.280	99.275						
7	0.054	0.449	99.723						
8	0.018	0.150	99.873						

续表

成分	初始特征值			提取载荷平方和			旋转载荷平方和		
	总计	方差百分比（%）	累计方差贡献率（%）	总计	方差百分比（%）	累计方差贡献率（%）	总计	方差百分比（%）	累计方差贡献率（%）
9	0.008	0.066	99.940						
10	0.006	0.053	99.992						
11	0.001	0.007	99.999						
12	0.000	0.001	100.00						
提取方法：主成分分析									

第一主成分的特征值为7.991，累计方差贡献率为55.490%，前三个主成分的累计方差贡献率达到90.822%而且特征值都大于1。按照累计方差贡献率大于85%、特征值大于1的提取原则，提取前三个主成分作为节点重要度的影响因子，并记为 C_1、C_2和 C_3。

3. **节点重要度的确定**

根据主成分得分系数矩阵和原始指标的标准化值，各主成分得分的表达式可以写成如下形式：

$$C_1 = 0.05ZX_1 - 0.061ZX_2 + 0.148ZX_3 - 0.042ZX_4 + 0.154ZX_5 + 0.153ZX_6 + 0.198ZX_7 + 0.202ZX_8 - 0.083ZX_9 + 0.122ZX_{10} + 0.166ZX_{11} - 0.180ZX_{12}$$

$$C_2 = 0.123ZX_1 + 0.321ZX_2 - 0.014ZX_3 + 0.344ZX_4 - 0.045ZX_5 - 0.045ZX_6 - 0.114ZX_7 - 0.105ZX_8 + 0.150ZX_9 - 0.026ZX_{10} + 0.005ZX_{11} + 0.501ZX_{12}$$

$$C_3 = -0.143ZX_1 - 0.131ZX_2 + 0.014ZX_3 + 0.199ZX_4 - 0.009ZX_5 - 0.028ZX_6 + 0.074ZX_7 + 0.102ZX_8 + 0.360ZX_9 + 0.692ZX_{10} + 0.194ZX_{11} - 0.044ZX_{12}$$

进一步确定主成分权重，即明确各指标层的影响程度。与根据定性经验来判断权重的方法相比，熵值法可以使这一过程定量化，从而提高客观性和准确度。

首先，为避免求熵值时取对数无意义，需对 C_1、C_2 和 C_3 三个主成分进行非负化处理。设第 i 时段节点重要度的第 j 个主成分的值为 C_{ij}，运用公式（1）进行如下处理：

$$C'_{ij} = \frac{C_{ij} - \min(C_{ij})}{\max(C_{ij}) - \min(C_{ij})} + 1 \tag{1}$$

其次，第 i 时段第 j 项主成分的比重运用公式（2）计算得到：

$$P_{ij} = \frac{C'_{ij}}{\sum_{i=1}^{n} C'_{ij}} (i = 1,2,\cdots,n; j = 1,2,\cdots,m) \tag{2}$$

然后，由公式（3）确定各主成分的权重：

$$W_j = \frac{1 - e_j}{m - \sum_{j=1}^{m} e_j} \tag{3}$$

其中第 j 项影响因子的熵值 e_j 由公式（4）得出：

$$e_j = \frac{\sum_{i=1}^{n} p_{ij} \ln(p_{ij})}{\ln(n)} \tag{4}$$

最后，根据公式（5）计算各城市节点重要度的综合得分 S_i，结果如表 8－9 所示。

$$S_i = \sum_{j=1}^{m} w_t p_{ij} (i = 1,2,\cdots,n) \tag{5}$$

表 8－9　各城市节点重要度得分及位序

城　市	C_1	C_2	C_3	S_i	位序
北　京	3. 1921	－0. 18478	0. 38006	9. 50	1
天　津	0. 51905	2. 06764	－0. 86141	8. 61	2
石家庄	－0. 28931	0. 59674	0. 28891	8. 03	6
唐　山	－0. 4388	0. 94878	－1. 74599	6. 99	9
秦皇岛	－0. 11442	－0. 88564	－0. 36169	6. 94	10
邯　郸	－0. 68884	1. 03757	1. 16972	8. 55	3
邢　台	－0. 42066	－0. 34218	0. 06692	7. 32	8
保　定	－0. 52158	0. 28632	1. 1337	8. 21	5
张家口	－0. 25901	－1. 2555	－0. 41307	6. 64	11
承　德	－0. 2101	－1. 33803	－0. 75227	6. 43	13
沧　州	－0. 36694	0. 35371	1. 11288	8. 32	4
廊　坊	－0. 2303	－0. 47263	－1. 27726	6. 59	12
衡　水	－0. 17121	－0. 812	1. 2595	7. 87	7

资料来源：笔者计算得出。

（二）城市联系势能测算

作为一种派生性需求，城市群交通与区域经济社会发展存在紧密联系，同时会对城市群空间结构的形成和发展产生重要影响。空间相互作用引力模型是地理学认识经济活动空间区位以及空间经济联系的一个基本工具。[①] 为充分考虑城市经济结构、规模和社会发展水平的不同对城市联系势能的影响，以及不同交通运输方式对联系势能的作用，本研究用节点重要度来表征城市发展水平，用最短可达时间代替空间距离反映城市间可达性。城市联系势能 E_{ij} 由公式（6）计算得到：

$$E_{ij}=\frac{S_i \cdot S_j}{T_{ij}} \tag{6}$$

S_i 和 S_j 为城市 i 和城市 j 的节点重要度，T_{ij} 为两城市间的最短可达时间。城市间距离来源于《中国高速公路及城乡公路网地图集》中“主要城市间里程表”，高速公路的速度标准定为 100km/h，最短可达时间 T_{ij} 由二者的比值得出。城市间快速轨道交通的最短可达时间 T_{ij} 由中国铁路 12306 官网整理得到。高速公路为主导运输方式下的城市联系势能计算结果如表 8－10 所示，快速轨道交通主导下的城市联系势能如表 8－11 所示。

表 8－10　高速公路主导下城市联系势能

O/D	北京	天津	石家庄	唐山	秦皇岛	邯郸	邢台	保定	张家口	承德	沧州	廊坊
天津	69.89											
石家庄	37.75	15.96										
唐山	28.38	52.79	10.90									
秦皇岛	21.42	21.74	9.52	33.02								
邯郸	17.82	13.37	39.25	8.87	7.23							
邢台	17.26	12.63	48.18	8.23	6.61	118.10						
保定	56.13	27.73	46.44	15.19	15.24	22.15	22.77					
张家口	33.19	19.11	11.32	12.54	9.64	8.98	8.38	16.22				

① Ashish Sen, Tony E. Smith, *Gravity Models of Spatial Interaction Behavior*, NY: Springer, 1995, pp. 11－18.

续表

O/D	北京	天津	石家庄	唐山	秦皇岛	邯郸	邢台	保定	张家口	承德	沧州	廊坊
承　德	23.85	13.70	11.10	23.90	20.37	8.78	8.20	15.99	13.34			
沧　州	37.63	81.40	21.76	25.96	15.56	14.88	14.30	41.90	12.44	10.29		
廊　坊	104.36	91.53	15.34	24.77	13.74	11.55	11.07	28.18	18.54	15.70	36.56	
衡　水	27.29	25.19	47.88	14.03	10.13	22.21	22.95	42.23	11.72	7.28	37.42	14.21

资料来源：笔者根据统计数据计算得出。

表 8－11　快速轨道交通主导下城市联系势能

O/D	北京	天津	石家庄	唐山	秦皇岛	邯郸	邢台	保定	张家口	承德	沧州	廊坊
天　津	148.67											
石家庄	68.29	15.96										
唐　山	50.43	112.85	10.90									
秦皇岛	36.32	50.53	11.12	78.72								
邯　郸	42.77	13.37	108.45	8.87	7.23							
邢　台	38.28	12.63	130.63	8.23	6.61	234.72						
保　定	114.17	27.73	113.05	15.19	14.43	54.71	54.65					
张家口	33.19	19.11	11.32	12.54	9.64	8.98	8.38	16.22				
承　德	23.85	13.70	11.10	23.90	20.37	8.78	8.20	15.99	13.34			
沧　州	92.98	195.35	21.76	44.73	29.36	14.88	14.30	41.90	12.44	10.29		
廊　坊	178.90	200.29	15.34	24.77	13.74	11.55	11.07	28.18	18.54	15.70	94.01	
衡　水	27.29	25.19	47.88	14.03	10.13	22.21	22.95	42.23	11.72	7.28	37.42	14.21

资料来源：笔者根据统计数据计算得出。

北京—天津、北京—廊坊、天津—唐山、北京—保定、天津—廊坊、天津—沧州、石家庄—保定、石家庄—邯郸、石家庄—邢台、邢台—邯郸之间的联系最为紧密。快速轨道交通主导下的城市联系势能与高速公路相比，京津、北京与冀中南、天津与沿海各市的联系势能变化多数达到 2 倍以上，京津对外围城市的辐射能力大为增强，扩散效应开始显现，对京津冀城市群的整体发展产生了重要的推动作用。这说明交通综合实力强劲，地域邻近的城市之间交通联系密切。而位于最南部的衡水、北部的张家口和承德与区域内其他城市联系较弱，这与三市的地理位置偏远有关，另外，其自身的交通网络综合实力较弱，交通发展落后，也是其交通联系度薄弱的重要原因。

（三）不同运输方式对节点中心度的影响

节点重要度可以用于识别网络中每个节点的重要性，但这种测度是绝对的、局部的。该指标无法识别网络中节点是否具有高度连接性，即一个节点对其他节点的相对重要程度。因此，引入“节点中心度”的概念来评价节点城市对网络中其他城市影响能力的大小，其通过网络中一个节点与其他节点联系势能的加总得到，如公式（7）所示：

$$D_i = \sum_{j=1}^{n} E_{ij} \tag{7}$$

基于高速公路的节点中心度和基于快速轨道交通的节点中心度的计算结果如表 8 - 12 所示。

表 8 - 12　节点中心度及位序

城市	节点重要度	位序	基于高速公路的节点中心度	位序	基于快速轨道交通的节点中心度	位序
北　京	9.50	1	474.96	1	855.14	1
天　津	8.61	2	445.04	2	835.38	2
石家庄	8.03	6	315.40	6	565.79	5
唐　山	6.99	9	258.58	10	405.15	9
秦皇岛	6.94	10	184.21	11	288.18	10
邯　郸	8.55	3	293.18	8	536.51	8
邢　台	7.32	8	298.66	7	550.63	6
保　定	8.21	5	350.17	4	538.45	7
张家口	6.64	11	175.41	12	175.41	12
承　德	6.43	13	172.47	13	172.47	13
沧　州	8.32	4	350.10	5	609.41	4
廊　坊	6.59	12	385.54	3	626.29	3
衡　水	7.87	7	282.56	9	282.56	11

资料来源：笔者根据统计数据计算得出。

北京、天津和廊坊在地理上处于京津冀城市群的中心，而且在经济空间结构中也处于核心位置，节点中心度远高于其他城市。引入快速轨道交通前，中心城市对相邻城市的辐射作用较大，但对距离北京、天津较远的城市辐射能力有限。城市群经济空间结构的“中心—岛链”特征非常明显，表现为空间形态上的断裂。引入快速轨道交通后，北京和天津的节点中心度进一步提高，不仅距离北京和天津较近的廊坊和沧州城市联系势能大幅增加，而且北京对距离较远的石家庄、邢台和邯郸的带动作用也更为显著，天津对唐山和秦皇岛的辐射能力也大为加强。城市群经济空间结构已经转变为以京津为中心、石邢邯和唐秦沧为两翼的“两翼齐飞”模式，但两翼间城市如天津—保定、保定—廊坊、石家庄—廊坊等需要依托京津枢纽进行联络。

（四）城市群交通紧凑度和网络集中度计算

城市群交通紧凑度 I 是衡量紧凑度的广义指标之一[①]，可以展现交通网络的特征和分布情况。城市群交通紧凑度与城市群各节点中心度 D_i 的总和正相关，而与各节点间最短可达时间 T_{ij} 的标准差负相关。因为各节点中心度总和越高，空间结构越稳定，发育程度越好；而交通时间距离过长，紧凑度就会下降。因此，城市群交通紧凑度由公式（8）计算得到：

$$I = \frac{n\sum_{i=1}^{n} D_i}{\sum_{i=1}^{n}\sqrt{\frac{\sum_{i=1}^{n}(T_i - \overline{T})^2}{n-1}}} \tag{8}$$

网络集中度是指网络以一个或少数几个个体为中心，其他个体围绕中心发生联系的程度，具体可以从程度集中度 C_D 和中介集中度 C_B 两个维度进行判断。其中程度集中度用于判断网络的结构化程度。程度集中度高的网络具有较强的层级性，表现出一定的机械性；而程度集中度低表明网络中可能具有多个结构中心，以更为有机的方式组织在一起。中介集中度则体现网络中节点间的联系程度。因为网络中并非所有节点之间都存在直接联系，往往存在一些充当中介角色的节点，决定交通流的方向，从而形成控制优势。中介集中度高的网络中存在一些对交通流起到中介和桥梁作用

---

① 方创琳、祈魏锋、宋吉涛：《中国城市群紧凑度的综合测度分析》，《地理学报》2008年第10期。

的枢纽节点；而中介集中度低的网络中这样的节点较少。程度集中度 C_D 和中介集中度 C_B 的计算公式为：

$$C_D = \frac{\sum_{i=1}^{n}(C_{\max} - C_i)}{C_{\max} - C_{\min}} \tag{9}$$

$$C_B = \frac{2\sum_{i=1}^{n}(C_{\max} - C_i)}{(n-1)^2(n-2)} \tag{10}$$

其中，$C_{\max}$和 $C_{\min}$分别表示节点中心度的最大值和最小值，基于高速公路和快速轨道交通的城市群交通紧凑度 I、程度集中度 C_D和中介集中度 C_B 的计算结果如表 8－13 所示。

表 8－13　交通紧凑度、程度集中度和中介集中度

	交通紧凑度 I	程度集中度 C_D	中介集中度 C_B
基于高速公路的城市群网络	440. 13	7. 23	2. 76
基于快速轨道交通的城市群网络	633. 62	6. 85	5. 90

基于快速轨道交通的城市群网络与基于高速公路的城市群网络相比，交通紧凑度和中介集中度较高，而程度集中度较低。这说明基于快速轨道交通的城市群网络通达性更高，区域中心城市与其他城市间的联系更紧密，空间上表现为紧凑性强，并且在网络中存在多个发挥枢纽桥梁作用的节点，组织上更为有机，结构更为稳定。基于高速公路的城市群网络相对比较松散，区域间联系主要依靠少数中心城市，城市群内部城市间交流存在瓶颈，城市群与外部区域交流（东北、内蒙古与黄河、长江以及东南沿海的客、货交流）必须经过北京枢纽或天津枢纽，大量过境运输对核心城市交通体系的顺畅运作产生严重干扰。

（五）结论与启示

根据前面的实证分析，可以得出以下三点主要结论。第一，引入快速轨道交通后，京津、北京与冀中南、天津与沿海各市的联系势能变化多数达到 2 倍以上，京津对外围城市的辐射能力大为增强，扩散效应开始显现，对京津冀城市群的整体发展产生了重要的推动作用。第二，引入快速轨道交通后，北京和天津的节点中心度进一步提高，不仅距离北京和天津较近的廊坊和沧州城市联系势能大幅增加，而且北京对距离较远的石家庄、邢台和邯郸的带动作用也更为显著，天津对唐山和秦皇岛的辐射能力也大为加强。第三，基于快速轨道交通的城市群网络与基于高速公路的城市群网络相比，交通紧凑度和中介集中度更高，而程度集中度较低。

本研究有如下启示。第一，随着北京非首都功能和产业逐步向周边地区疏解，通过快速轨道交通连接的北京周边郊区及城市有望发展成为新的经济增长点。以区域快线为主的快速轨道交通与产业功能疏解同步进行，引导燕郊、三河、固安等京郊地区积极承接北京向外疏解的公共设施，发展以第三产业为主的居住、医疗、商业、服务业等功能。京津“双核心”下资源要素过于集中，土地和劳动力等成本较高，区域快速轨道交通有能力将大城市的资源和劳动密集型产业转移到河北省中小城市，尤其是京沪高铁沿线的廊坊、沧州等具有一定制造业、服务业基础的地区，不仅可以增强北京总体经济竞争力，增加天津滨海新区腹地面积，也可以为廊坊等中小城市带来发展点。而迁移所带来的土地和劳动力成本的节约，能够弥补运输带来的成本增加和造成的时间损失，实现产业合理疏解。张家口、承德长期以来受生态涵养功能限制，与京津石等核心城市经济联系较弱，通过把握申办2022年冬奥会和京沈高铁建设契机，加快京张城际、京沈高铁规划建设，可逐步打造生态旅游、绿色旅游等高附加值、低成本的产业集群，形成城市独特品牌，提高城市影响力。第二，京津冀城镇空间发展基本是以京津为核心形成若干都市区。各城市相邻地区大部分发展相对缓慢，区域城镇发展的差异化显著。京津冀中心城市中北京及天津要实现周边新城合理布局，要求以快速轨道交通联系，以大站直达式区域快线列车连接中心城区与新城，引导人口向新城区疏散，这也是对京津中心城区城市轨道交通的补充和完善。第三，京津保、京津唐、京唐秦三大城市发展轴目前已有京广高铁、京津城际等区域快速轨道交通相连接，对轴线上城市之间起到密切联系作用，但轴线之外地区基本游离于都市区之外。下一步京张城际、京唐秦城际、津保铁路等城际线路的建设，将使区域轨道交通网络进一步完善，沿线中小城市将拉近与中心城市时空距离，有利于城市连绵带的形成，同时等级分明的城市行政概念将被打破，而突破行政辖地障碍有利于促进京津冀同城化进程。

四 交通协同发展的对策建议

（一）建立统一协调、行之有效的管理政策

建立一套统一协调、行之有效的管理政策，对于推动京津冀区域交通一体化发展具有重要作用。应设立能够协调京津冀三地行政管理部门职能的管理机构，加强协调管理，使京津冀三地在交通设施的规划、建设和运营各个方面都能够做到协调配合，摒弃各自为政的旧思维，以推动三地共同协调发展。

一是统筹协调，统一规划。京津冀作为一个整体，快速交通线网规划工作应统一规划，三地统筹协调，以建成能够辐射带动京津冀整体区域的百年工程。要想实现交通一体化，先要实现规划一体化。应打破区域壁垒，共同做好顶层设计，形成三省市间交通运输发展规划“一张图”。如首都第二国际机场（北京大兴国际机场）的选址工作就充分体现了京津冀统筹协调的思路，该机场选址在京津冀三地交界地带，对京津冀三地居民出行和辐射带动三地空港物流经济发展均具有重要意义。因此应摒弃各自为战的旧思维，开展京津冀区域合作，统一进行交通基础设施规划，助力三地统筹协调发展。

二是合力并举，加快建设。应当加强统一领导、三地协调配合，从建立区域互联互通公路网出发，打通京昆、京台、京秦、承平等省际“断头路”，疏解北京过境交通压力，拓展区域对外联系能力。尽快完成跨行政区域交通线路建设，重点建设中心城市间通道和主要港口连接腹地的快速集疏运通道，提高道路等级和网络覆盖面，实现京津冀同标准对接，使行政边界不再成为交通壁垒，为三地居民出行提供便利。

三是联合管理，合作经营。在管理运营模式方面，三地应加强协调合作，统一推出联合管理运营模式，使行政边界不再成为交通运输体系间的藩篱。轨道交通方面，由国家牵头成立专门组织机构，对跨区域轨道交通建设的投融资、收益分配、运营组织等进行一体化管理。公共交通方面，天津、河北各地的公交一卡通应该向北京看齐，采用与之相同的住建部标准，而非三地统一采用另外的交通部标准，这样可以用最少的重复投资和

浪费实现互联互通；除实现公交一卡通跨地域使用外，还可发展多种运输方式间的互联互通，包括城市交通、城际轨道、道路长途客运、水上客运等，真正实现“公交一卡通”和“客运服务一票式”。公路交通方面，应统一协调联网收费，目前ETC联网工程已完成，行政边界收费站未来也可逐步取消。民航方面，应进一步加强开设跨区域机场大巴线路和城市航站楼建设。

（二）加快城市、城际轨道交通建设

一是在首都市域范围内，建设层次清晰、功能明确的轨道交通网络。要妥善处理好区域、城市郊区和城市内部等交通运输网络间的关系，把保证通勤时间作为首要考虑来完善轨道交通线网功能层次结构，满足多层次的出行需求，引导绿色出行。从北京建设第一条地铁以来，轨道交通经过了50多年的发展，虽然已出现多种轨道交通制式的发展趋势，但是地铁仍然占已开通轨道交通线路的80%以上。从长期来看，结合京津冀各城市情况，根据不同区域交通需求特点，因地制宜地选择轨道交通制式，实现多制式协调发展，将是未来发展的新方向。北京市内的轨道交通建议按照以下三个层次展开：在15公里范围内的城市核心区进一步加大对地铁的建设投入力度，发展适合城市地理环境和土地使用状况的不同制式轨道交通，增加线网密度，以适应中心城区高密度、高强度的开发；在15～30公里范围内的近郊区，建设快线地铁以联系中心区轨道交通与市郊铁路；在30～70公里范围内的远郊区加快市郊铁路的规划，以大站快线为主要组织方式，站间距在3～15公里，以开行小编组、高密度的公交化客车为主，同时为适应部分客流量较大的点到点客流需要，也开行部分越行列车，发挥市郊交通网络的衔接作用，满足远郊区居民的交通需求，形成辐射周边的通勤圈，并使城际高速铁路、市内轨道交通和地面公交实现便捷换乘。

二是在城市群范围内，构建以城际快速铁路为主骨架的交通圈。城际快速铁路具有区域性、短距离的特点，采用高密度、小编组、公交化的运输组织模式，与既有客运专线一起作为京津冀区域内承担旅客运输的骨干支撑通道，承担沿线主要中心城镇之间的客流，并兼顾次中心城镇之间的客流，尽可能利用既有线路基础，降低建设和运营成本。因此，在京津冀协同发展的战略指导下，在短期内，应开展京津保区域轨道交通建设，覆

盖京津保中部核心区5万人口以上的城镇，形成中部核心区主要城市间“1小时交通圈”，同时考虑如通州—燕郊、大兴—固安、亦庄—武清等跨区域短途城际铁路项目的建设，形成核心城区与周边重点发展城镇间“半小时通勤圈”；在中长期内，基本覆盖以唐山、秦皇岛、沧州等为中心城市的东部滨海地区和以石家庄、衡水、邯郸等为中心城市的南部功能区10万人口以上城镇，全面建成京津冀城市群轨道交通互联互通网络，形成相邻核心城市“1小时交通圈”和区域核心城市京津石之间“2小时交通圈”。通过打造“轨道上的京津冀”，实现高效率的轨道交通服务，增强京津冀区域内城市间经济产业联系，为城镇体系的空间结构调整和要素流动提供基础支撑，促进人口、经济和社会、环境的协调发展。

三是拓展融资渠道，为城际轨道交通发展提供持续动力。京津冀城际铁路建设应贯彻“谁投资、谁受益”的原则，充分发挥各方积极性，落实支持铁路建设实施土地综合开发、运营补贴等有关政策，建立和完善城际铁路投融资平台，通过多元化投资、市场化运作积极吸引社会资本，使社会资本和政府投资相辅相成，形成推进城际发展的整体合力。建议国家设立专项建设基金，引导和鼓励社会资本参与城际铁路建设；地方政府积极支持对城际铁路沿线车站及周边土地进行综合开发，并研究制定项目建设、运营期相关税收、运营补贴等支持政策，促进项目可持续发展。

（三）整合区域内机场资源，打造亚太地区国际航空枢纽

一是培育层次分明、分工明确的机场体系。首都国际机场和首都第二国际机场应当各有侧重，实现有序分工，紧密配合。首都第二国际机场预期可以实现旅客吞吐量8000万~1亿人次、货运吞吐量500万吨，应当侧重服务于国内航线，开展国内航空运输，发展成为国内航空网络的主枢纽；首都国际机场应侧重于服务国际航线，开展国际航空运输，发展成为亚太地区国际航空枢纽。北京南苑机场应当充分利用好现有资源，发挥好对首都国际机场的重要补充作用，缓解首都国际机场压力。天津滨海机场的功能定位应立足于港口，强化天津大型海陆空综合物流集散基地的建设，使其发展成为国际辅助客运枢纽和中国北方国际航空物流中心，向北方航空货运基地和国内客运干线机场的目标迈进。石家

庄机场的功能定位应当是华北地区航空运输枢纽机场和中型航空运输基地，北京、天津主要备降和分流机场，辐射全省，并以秦皇岛机场、唐山机场和邯郸机场等支线机场作为支撑，积极发展低成本通勤航线和旅游运输业务，共同构成面向全球、层次清晰、功能完善的亚太地区国际航空枢纽。结合长期发展目标，根据区域发展的市场特征、空域条件和发展条件，重新确定重点发展中转业务的枢纽机场并确保完善的综合交通网络与之配套。

二是积极推进空铁联运，促进区域内机场联动发展。高速铁路是京津冀机场群协同发展的重要载体，空铁联运能够发挥“双高”的速度优势，拓展航空运输和铁路运输各自的辐射圈，大幅度提升城市群内各城市间可达性，促进综合交通一体化发展。结合首都第二国际机场的建设，将高速铁路直接引进机场，在连接航站楼和机场火车站之间的通道里设办票柜台，通过铁路系统出售空铁联运票，服务于通过火车进出机场的旅客，可以在很大程度上解决旅客和行李的运送，缓解机场路面交通的压力。在运输通道上，通过建设廊涿城际铁路，连接京沪线、京石双城以及北京新机场，为首都经济圈及天津、石家庄的乘客提供去往北京新机场的便捷通道，同时又使其成为服务于大兴新城和固安、白沟等周边区域的城际铁路线，有利于承接新机场的功能辐射和新航城的开发。

（四）加强海空港间协作，共建国际航运、物流、客运中转枢纽

一是优化结构、明确分工，打造区域港口联盟。应当科学界定各个港口的功能，协调各港口间的分工，强化港口间的合作，形成以天津港为核心，北部的秦皇岛港、唐山港以及南部的黄骅港共同和谐有序发展的港口群格局，构建环渤海现代化港口群。依托北京的服务优势，天津港应积极拓展和延伸港口产业链条，大力发展航运金融、保税物流等航运服务业，发展附加值高的集装箱运输业，建设成为具有全球影响力的现代化国际深水大港和国际集装箱枢纽港；秦皇岛港和唐山港继续发展煤炭、矿石等大宗生产资料运输，黄骅港则着力建设成为集装箱、矿石和液体化工专业大港。在突出自身职能的同时，各港口与天津港开展合作，拓展集装箱、杂货运输和旅游客运业务，形成辐射三北、沟通京津冀鲁豫的出海口。在此

基础上加快推进京津企业物流信息与公共服务信息的有效对接，协调港口运营发展，促进天津港集团与河北港口企业在航线开辟、经营管理等方面的合作。

二是强化铁路集疏运系统，促进各港口的整合与协作。大力发展铁路货运，加强海铁联运系统的建设。构建天津港直通中西部地区的“西煤东运”运输通道，解决天津港东西不畅的问题，充分发挥天津滨海新区作为北方国际航运中心和国际物流中心的作用，发展铁路集装箱运输，降低运输成本，从而减小高速公路的交通压力，整合和优化区域铁路网资源，提高铁路对港口的集疏运能力，促进港口之间的互动发展。

三是构建统一的信息化平台，加强海港和空港间的合作。随着旅客观光、临港产业、临空产业以及基于大通关的现代物流的发展，海港和空港要加强无缝对接，以加强海港与北京、石家庄等内陆无水港城市之间的合作。应在京津冀范围内推进空港和海港间旅客联乘、客票销售、货物联运、班车运输、信息同享等领域的合作，发挥资源优势，推动海港、空港实现更大的发展。在客运合作方面，通过机场旅客巴士、高速铁路连接机场至港口海空联运旅客班车，既可以实现联运旅客方便、快捷的地面运输，也可以满足旅客休闲、观光的需求，通过在机场和港口设置海空联运旅客服务柜台，销售机票和船票，为旅客创造安全、高效、便捷的出行条件；在货运合作方面，通过统一的公共信息网络平台，在口岸运输货物空海联运服务中宣传介绍、公示空海联运服务联系方式，建立信息共享机制，为客户提供空海联运一体化信息服务，并指定业务单位和部门负责空海联运服务业务的推进工作，通过加强沟通与交流、细化工作程序全面推进业务开展。

第九章　推进生态一体化

京津冀区域要基于“扩大环境容量、提高资源环境承载力”的理念，共同打造生态良好、环境优美、绿色低碳的宜居家园。明确城市增长边界和生态红线，构建与京津冀城市群协调融合的绿网和水系。通过共建国家级生态合作示范区，完善多元化生态补偿机制、大气环境联防联控机制、碳排放权及排污权市场运作机制、生态环境危机管理机制等，探索区域生态环境共建共享的新模式。

一　机遇与挑战

2015 年《京津冀协同发展规划纲要》的出台，标志着京津冀协同发展的国家战略进入实质性推进阶段，生态共建成为三个重点之一，也是难点之首。从区域和城市群的视角来审视京津冀地区的生态资源和环境，目前面临的机遇、问题与挑战主要包括以下内容。

（一）重大机遇

1. 生态文明制度体系建设正当时

党的十八届三中全会提出加快生态文明制度建设。建设生态文明，必须建立系统完整的生态文明制度体系，实行最严格的源头保护制度、损害赔偿制度、责任追究制度，完善环境治理和生态修复制度，用制度保护生态环境。要健全自然资源资产产权制度和用途管制制度。对水流、森林、山岭、草原、荒地、滩涂等自然生态空间进行统一确权登记，形成归属清晰、权责明确、监管有效的自然资源资产产权制度。建立空间规划体系，划定生产、生活、生态空间开发管制界限，落实用途管制。健全能源、水、土地节约集约使用制度。健全国家自然资源资产管理体制，统一行使全民所有自然资源资产所有者职责。完善自然资源监管体制，统一行使所有国土空间用途管制职责。

2. 南水北调缓解区域水资源短缺

南水北调中线于2014年正式通水，每年可向北方输送95亿~97亿立方米的水量，远期可达到130亿立方米，已经显著提升京津冀地区沿线城市的供水保证率，从不足75%提高到95%以上。未来京津冀将以水资源水环境承载力为刚性约束，严格控制用水总量和排污总量，统筹水资源调配，构建一体化水资源配置格局，到2020年京津冀区域水资源超载局面将得到基本控制，地下水基本实现采补平衡；到2030年，京津冀水资源承载能力、水生态文明水平将得到进一步提升，一体化协同水治理管控能力增强，应对风险能力和水安全保障程度提高，基本实现水利现代化。

3. 2022年冬奥会与“一带一路”带来的生态新机遇

北京和张家口共同申办2022年冬奥会，标志着新一轮京张合作的开始。立足“首都水源涵养功能区”的定位和冬奥会的特殊要求，京张两市率先在生态建设和环境保护方面进行协同合作，不断加大生态环境建设力度，持续提升生态建设水平，不断积蓄绿色生态资本。以此为蓝本，抓住京津冀协同发展及高速铁路、现代通信、智慧城市等发展机遇，京津冀各地纷纷致力于打造资源节约型与环境友好型生态宜居示范区。“一带一路”倡议的实施，有利于突出生态文明理念，加强生态环境、生物多样性建设和应对气候变化合作，共建绿色丝绸之路。京津冀既是生态文明的试验田和受益者，也是生态环保技术的示范区和输出地，从全球视野加快推进生态文明建设，有利于把绿色发展转化为新的综合实力和竞争新优势。

（二）突出问题

1. 大气污染仍较严重，雾霾治理任重而道远

京津冀地区是我国空气污染最重的区域，已全面亮起红灯，尤其是$PM_{2.5}$污染已成为当地人民群众的“心肺之患”。2014年，京津冀地区二氧化硫（SO_2）、氮氧化物（NO_x）排放量分别为147.8万吨、194.57万吨，占全国的7.5%、9.36%，单位面积排放强度分别是全国平均水平的3.3倍和4.2倍。[①]

---

① 《京津冀划定治霾治水红线》，《21世纪经济报道》2016年1月1日，第1版。

根据环保部2015年5月发布的全国重点区域和74个城市空气质量状况，京津冀地区空气质量最差，平均达标天数比例为27.4%，低于全国32.7个百分点，重度污染以上天数占8.7%，高于全国6.5个百分点。区域内13个城市中，张家口、秦皇岛达标天数比例在50%～80%，而其他城市达标天数比例不足50%，污染较重。京津冀大气污染主要原因之一是区域内集聚了大量的水泥、钢铁、炼油石化等高污染产业和无组织零散高危害产业，它们产生的大气污染物排放量非常巨大。

从省级行政区来看，2013年河北省单位国土面积二氧化硫（SO_2）、氮氧化物（NO_x）排放量约是全国平均水平的3～4倍，在全国31个省（区、市）（港澳台除外，下同）单位面积排放强度由高到低排序中，分别排名第8位和第7位；万元GDP二氧化硫、氮氧化物排放量约是全国平均水平的1.5倍，在全国各省（区、市）由高到低排名中，分别居第10位和第8位。相较于京津地区，除张家口、承德、秦皇岛三市$PM_{2.5}$年均浓度远低于北京和天津外，其他城市均高于京津；万元GDP污染物排放强度方面，河北11个设区市均远高于京津两市（见图9－1、图9－2、图9－3），在清洁能源利用、产业结构调整、企业工艺升级及污染防治技术方面与京津两市相比还有很大差距。

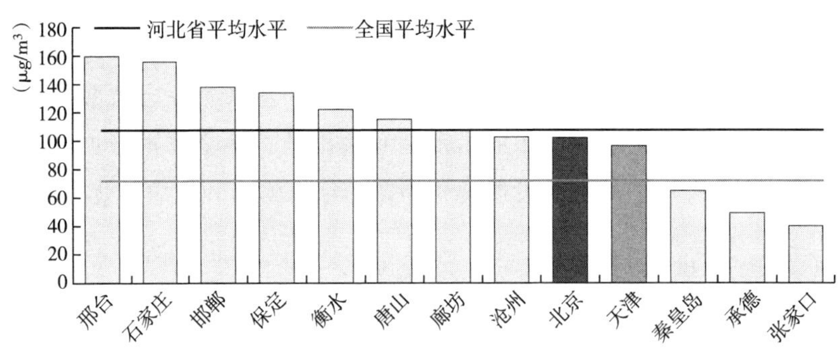

图9－1　京津冀区域$PM_{2.5}$年均浓度对比

资料来源：笔者根据京津冀三省市统计局官网数据绘制。

2. 水资源问题十分突出

（1）大城市水资源严重短缺

京津冀全域属于资源型缺水地区。虽然“引滦入津”“南水北调”等大型水利工程的实施在一定程度上缓解了该地区的饮水问题，但人口的不

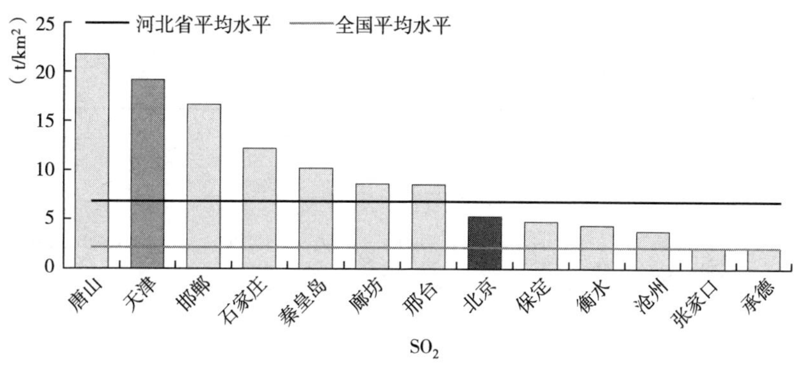

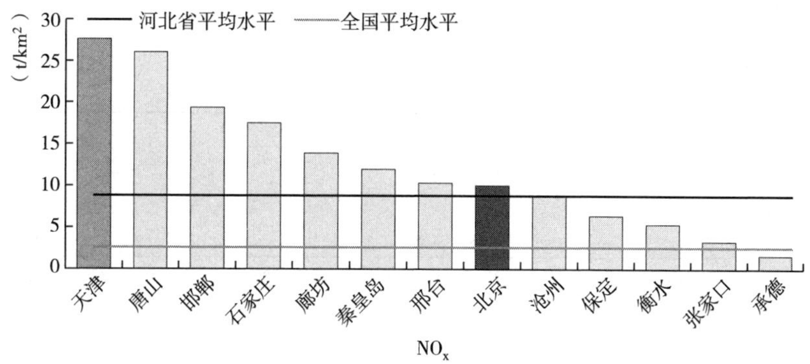

图 9－2　京津冀区域单位国土面积大气污染物排放强度

资料来源：笔者根据京津冀三省市统计局官网数据绘制。

断集聚、经济的快速发展以及对水环境的破坏仍然使这一地区的水资源供给状况日益严峻。京津冀地区水资源总量大体为 170 亿立方米，占全国水资源总量的 0.56%，人均水资源拥有量为 163.75 立方米，远低于联合国规定的人均水资源量 500 立方米的绝对贫水警戒线。2014 年京津冀年均供水量为 278 亿立方米，其中地下水占到 70%，人均水资源量仅为全国平均水平的 1/9，水资源开发程度高达 109%。按照当前用水水平计算，京津冀年生态用水赤字近 90 亿立方米，其中地下水 68 亿立方米，年均挤占河湖生态用水量 15 亿立方米。

京津冀地区尤其是城市地区缺水形势日趋严峻。2011 年北京市水资源总量为 26.8 亿立方米，人均仅为 119 立方米，2013 年夏季市区最高日供水量达到 298 万立方米，接近市区 318 万立方米的日供水能力极限，比例为 1∶1.07，显著低于行业要求的 1∶1.5 的供水安全线，缺口主要依靠从

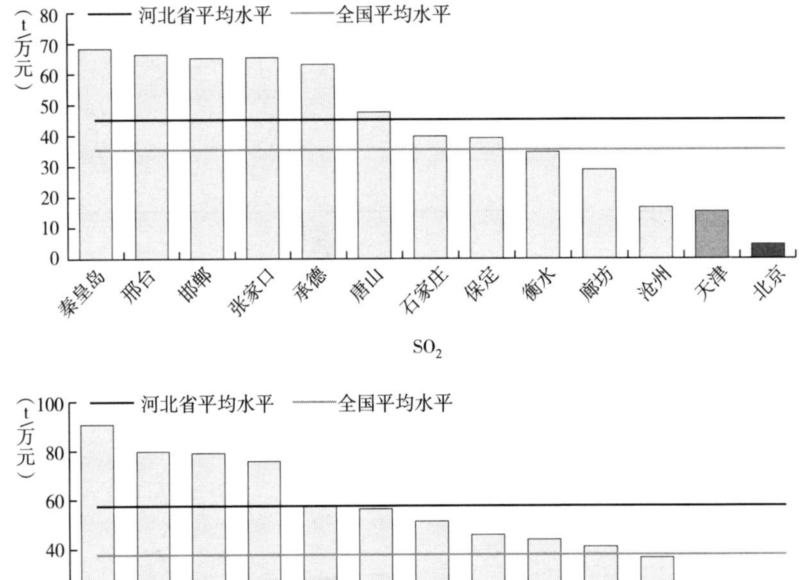

图 9-3 京津冀区域万元 GDP 大气污染物排放强度

资料来源：笔者根据京津冀三省市统计局官网数据计算得出。

周边地区调水和地下水超采弥补；天津市水资源总量为 15.4 亿立方米，人均仅为 116 立方米，主要依靠“引滦入津”工程、“引黄济津”工程的跨区域调水和地下水超采弥补；河北绝大部分地市水资源极为贫乏，人均占有量远低于国际严重缺水标准，并且承担着北京市 81%、天津市 93.7% 的工农业生产和生活用水，加之缺少天然径流，水环境承载力先天不足。[①] 经济快速发展导致水资源过度开发，造成河道径流变化、河口生态恶化、入海水量锐减、地下水位下降、水土流失、湿地萎缩等一系列问题。

（2）水环境质量不容乐观

在水资源短缺的严峻形势下，水环境质量也不容乐观。京津冀地区的

① 《地方主要生态环境问题及对策》，学术杂志，2015 年 9 月 15 日，https://www.zhazhi.com/lunwen/zrkx/sthjlw/100916.html。

重要江河湖泊水功能区水质达标率仅为47%。国控断面中劣Ⅴ类断面比重高于1/3，跨界水体及入海河流污染严重，永定河、大清河等部分河段水质为Ⅴ类和劣Ⅴ类。河北省平原河流大多断流，河流水质总体为中度污染，其中位于岗黄、密云、于桥等大型水库上游的山区河流水质较好，基本可达到水体功能要求；位于海河流域下游的平原河流基本干涸，污染较为严重。跨境断面中，出境断面水质好于入境断面水质，其中入境断面中河南、北京、山东来水水质较差，出境断面中入北京的水质较好。北京市79条河流2095公里河段监测结果显示，有58%的水体受到不同程度污染，城市下游河道多为劣Ⅴ类水体，基本没有生物存活。城市饮用水源也受到污染的威胁，近一半平原区浅层地下水受到不同程度的污染。地下水超采严重，受污染地表水入渗补给影响，局部地区地下水出现重金属超标和有机物污染的现象。湖泊湿地生态功能弱化，白洋淀、衡水湖等水面面积大幅缩减，湿地植被破坏，水体污染严重，水体富营养化现象普遍存在。

（3）水环境污染物排放强度居高不下

2013年，河北省单位国土面积化学需氧量（COD）和氨氮排放量约是全国平均水平的2~3倍，在全国31个省（区、市）单位面积排放强度由高到低排序中，分别排名第10位和第16位；万元GDP化学需氧量排放强度约是全国平均水平的1.15倍，氨氮排放强度略高于全国平均水平，在全国各省（区、市）由高到低排名中，分别居第15位和第22位。单位国土面积水污染物氨氮排放强度方面，河北省11个设区市低于京津两市，尤其是张家口和承德两市，远远低于京津冀其他地区，发展空间较大。但是万元GDP水污染物排放强度方面，河北省11个设区市均远高于京津两市（见图9-4、图9-5）。

3. 生态环境格局失衡

（1）京津周围山区水土流失问题严重

京津冀地区共有水土流失面积17万平方公里，特别是西部和北部的太行山东坡、燕山山地，土层瘠薄，土质疏松，极易产生水土流失，而且造成水库淤积。北京市长期依靠地下水供给，造成水土流失面积达6640平方公里，占山区面积的62%，土壤侵蚀年均1600t/km^2，大量的泥沙随着河流进入平原河道、水库，造成淤积和水体污染。另外，由于地表水源缺乏植被的涵养调节，多雨时易形成山洪、泥石流，干旱年份旱灾严重。

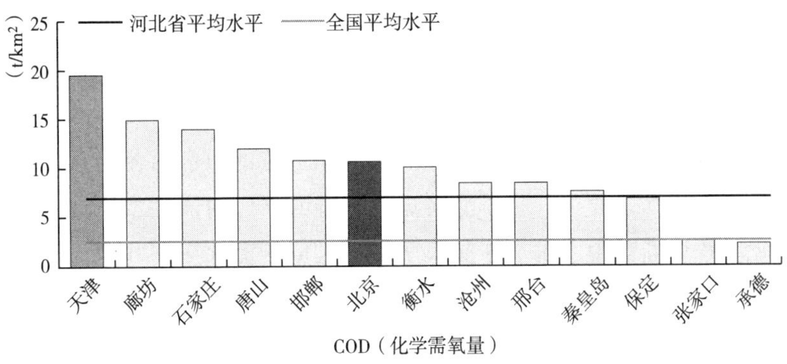

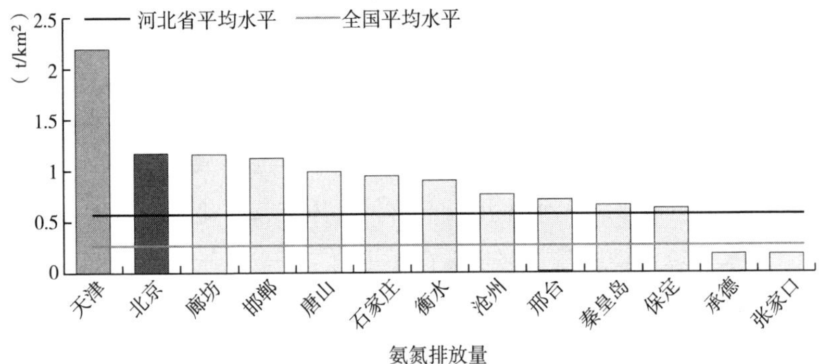

图 9－4　京津冀区域单位国土面积水污染物排放强度

资料来源：笔者根据京津冀三省市统计局官网数据绘制。

（2）城市的无序扩张导致大片生态用地被侵占

城市绿化水平不高，尤其是在河北省，近一半的县（市）森林覆盖率不足 10%，人均林地面积不足全国平均水平的 1/2，全省还有 3.8 万平方公里宜林荒山和低质林地。北京第二道绿化隔离带 40% 面积被破坏，石家庄、保定等许多城市在建设中缺乏绿色隔离空间。交通网络大力发展，隔断了生态廊道，再加上道路两边的绿化不够，生物通道、水系通道、空气交换等都受到了影响，生物多样性变得更单一，人类的居住环境变差。在河北一些地区，农田转化为建设用地的速度依然较快。此外，还存在污染严重导致的农田被废弃的现象。

（3）生态系统脆弱，环境质量总体一般

2000～2010 年河北省耕地、森林、灌丛、草地等生态系统斑块数呈略微增长趋势，平均斑块面积呈略微下降趋势。景观趋于破碎，人类对景观的干扰程度逐渐增加，生态系统脆弱。林地生态系统质量低下，84.62% 的

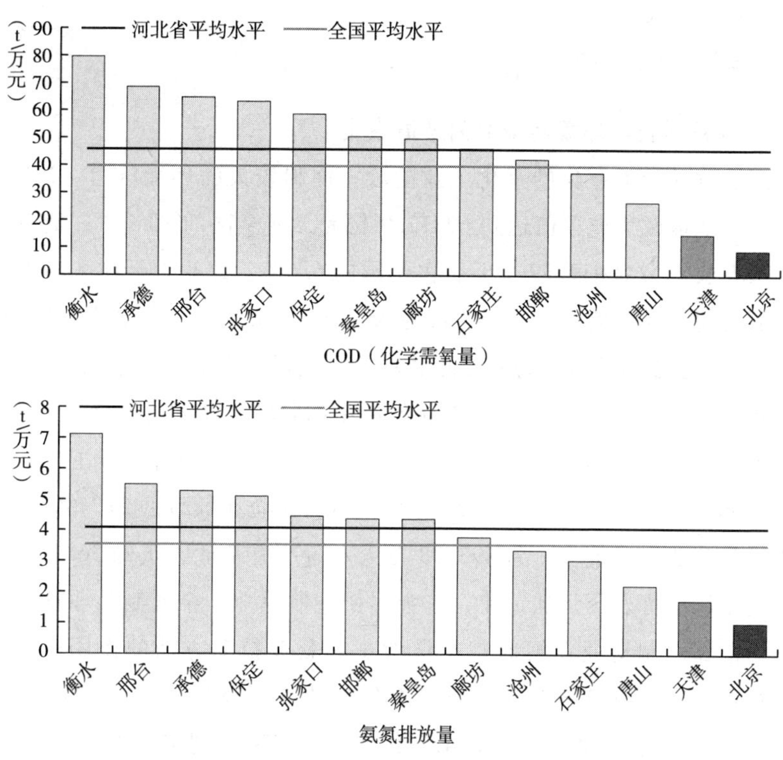

图 9-5　京津冀区域万元 GDP 水污染物排放强度

资料来源：笔者根据京津冀三省市统计局官网数据绘制。

区域防风固沙能力相对较低，承德、张家口两市最为明显，极重度退化的森林面积占全部森林面积的 77.7%，坝上高原的康保、围场北部区域草地退化和土地沙化问题严重。全国土壤污染调查结果显示，河北土壤污染属中度、重度污染，土壤污染面积占耕地总面积的 2.1%，北京中度、重度污染面积占 1.8%，天津中度污染面积占 0.6%。

（4）工农业污染普遍存在

京津冀地区主要污染物排放量大，结构性污染问题突出。河北省化学需氧量、氨氮排放量均占整个海河流域排放量的 40% 以上。其中，造纸、化工、制药、纺织、食品加工制造五个行业化学需氧量和氨氮排放量占全省工业总排放量的 60% 和 70% 以上。农业和农村污染问题突出，由于水资源匮乏，部分地区长期使用污水灌溉农田，造成土壤污染加剧。部分农村地区虽然开展了农村环境综合整治，但大多数地区仍没有生活污水、生活垃圾处理设施，面源污染问题更加突出。

（三）严峻挑战

1. 经济增长与环境污染之间矛盾突出

河北省处于工业化的重化工业阶段，面临较大的环境压力。2015 年，京津冀三地地区生产总值达到 69312.9 亿元，占全国的 10.2%；地方公共财政预算收入为 10039.39 亿元，占全国的 6.6%。北京、天津人均地区生产总值均超 1.6 万美元，而河北仅为 6500 余美元，不足京津的 1/2。京津的经济发展已经分别进入后工业化和工业化后期阶段，但占京津冀地区 86.89% 面积的河北省正处于工业化发展中期阶段，以重化工业为主导的产业结构特征在短期内无法改变。《河北省第三次全国经济普查主要数据公报》显示，全省制造业数目 9.36 万个，占所有企业数目的 21.46%；制造业吸纳的从业人员最多，为 493.98 万人，占所有从业人员的 36.71%，其中黑色金属冶炼及压延加工业、非金属矿物制品业、金属制品业从业人员数位居前三。制造业在河北省经济增长和就业拉动方面的作用巨大。另外，《河北省 2015 年国民经济和社会发展统计公报》显示，河北省 2015 年规模以上工业增加值为 11244.7 亿元，以装备制造业、钢铁工业、石化工业、建材工业、医药工业、纺织服装业为主导产业，其中大部分产业的环境污染和能源消耗问题较为突出（河北省煤炭占一次能源消费比重高达 88.6%）。河北的高污染特性与产业结构特征相依存，在短期内难以改变。

生态性贫困和贫困性生态问题交织。将我国目前的贫困县、生态脆弱区、水源保护区和生态敏感区分布图叠加，京津冀地区是少有的四重耦合区域。环京津生态贫困带地处众多城市上风上水的位置，是京津冀的生态屏障、城市水源地和风沙源重点治理区。在京津极化效应下，环京津生态贫困带又不断受到国家和地方政府对其资源开发和工农业生产的限制，这也是贫困带形成的原因之一。环京津生态贫困带保护生态环境造成的损失基本得不到有效补偿，贫困县生态建设的积极性无法被调动，陷入越垦越穷、越穷越垦的恶性循环，反过来又制约京津的可持续发展。北京多次供水危机和应急调水，天津、唐山频繁出现供水荒，官厅水库失去饮用水质功能等，均与环京津生态贫困带的贫困性生态问题有直接关系。这形成了国家向京津要生态与环京津生态贫困带政府要财政、农民要致富的尖锐矛盾，区域生态环境合作陷入困境。

2. 城镇化快速发展给生态环境带来巨大压力

城镇体系结构失调。京津冀地区城市体系中顶层是北京、天津两个超大城市和特大城市，2012 年，河北省仅有唐山市、石家庄市、邯郸市、秦皇岛市四个城市人口在 100 万人以上，且其中仅有石家庄市人口在 300 万人以上，底层是数量占 95% 的中等城市和小城市。中间层的大城市数量过少，城市体系出现了明显断层，超大城市、特大城市与区域整体合作体系未能建立，人流、物流、资金流、信息流无法在区域间顺畅流通，中间层的大城市无法承接来自顶层的辐射，带动底层发展的能力也较弱。由于人口过度集中，京津的水资源、土地资源、生态承载力均已到达瓶颈，城市公共服务和基础设施不堪重负，各类生态环境问题凸显。

城市建设无序扩张。京津冀地区的城市建设用地面积从 2004 年的 2949 平方公里增加到 2012 年的 3776 平方公里，区域城乡格局逐步由自然景观为主的“农村包围城市”转为以钢筋混凝土为主的“城镇包围农村”。京津冀地区在快速发展的城镇化进程中，由于缺乏严格的资源环境空间管理措施，出现了城镇建设挤占生态空间、工业园区发展成片、污染排放监管不严等现象，引发大气污染、水资源污染和生态失衡等区域性环境问题，不断挑战资源环境承载力底线。

3. 缺乏共建共治机制，生态欠账较多

随着京津冀一体化发展，大气污染、水污染和生态退化与贫困成为最突出的区域性环境问题。党的十八届三中全会提出，建立系统完整的生态文明制度体系，用制度保护生态环境。在这一生态文明建设思想指导下，解决京津冀区域性环境问题需要区域综合管理，但目前在区域层面推行生态环境保护大部制还存在一些困难。京津冀资源环境的综合管理存在各种体制机制上的障碍，尚未形成区域统一的生态环境空间格局、共保共育的生态安全体系和资源环境管理制度。对生态环境破坏严重地区的整治力度不够，对保护生态环境做出牺牲地区的生态补偿体系不完善。虽然京津冀在大气污染防治方面初步建成联防联控机制，但在区域水资源和土壤的污染防治方面仍存在管理和机制空缺。此外，京津冀地区缺乏一个可以增强地方政府互动、决策资源共享和强化三地合作机制的平台，导致地区间的信息交流不畅通和信息延滞。

二 建设重点

通过因地制宜地转变经济发展方式、转变大都市空间管制方式，实现京津冀区域经济与生态空间协调发展。重视流域上下游协调管理、功能区划分、生态补偿，通过建立跨省域的生态保护与环境治理机制，在水源涵养、风沙治理、水环境整治、水土保持、防洪、防灾等方面开展深入合作，构建京津冀一体化的生态安全格局，实现生态共建共享。

（一）生态红线的划定与重点区域环境治理

京津冀地区目前的生态环境问题，在很大程度上是由于各类开发建设活动侵蚀生态空间，造成资源环境承载能力下降。为有效改善首都地区生态环境质量，保障京津冀区域生态安全，必须统一划定生态红线，适度集中生产、生活，扩大生态空间。具体构想是：巩固提升西北部山区生态屏障功能，加强中南部平原地区生态功能区建设，推进沿海生态带建设，依托河湖、洼淀、泛区构建城市间生态过渡带，严格控制过渡带开发建设活动，加大过渡带退耕还林、退田还湖力度，建设都市森林和湿地，扩大环境容量。

在生态红线明确的前提下，进一步加强重点环境区域的治理。虽然当前我国经济发展问题仍然是首要问题，但先破坏再保护的路不能走。要处理好经济发展和环境保护的关系，不能把所有经济资源都投入环境保护当中去，也不能将所有的生态问题放在同一标准下解决。这就要求必须以点带面，把有限的资源投入重点的环境区域和环保项目上去。就京津冀环境状况而言，改善大气环境、水源地保护、风沙防治是与人们密切相关的，应当成为生态共建共享的重点领域。分区建设重点如下。一是巩固提升西北部山区生态屏障功能。以张家口、承德两地沙源、风口和风道防沙治沙为重点，持续实施生态林业和草原恢复工程，加大湿地保护和修复力度，建成集水土保持、水源涵养、防风固沙、林果种植、生物多样性保护于一体的生态功能区。二是建设京津保都市区生态空间。将京津保之间的河湖、洼淀、泛区建成生态卫生隔离区，确保每两个城市间拥有必要的生态廊道。建设首都及环首都宜居生态圈，构建由永定河、潮白河、拒马河、滦河的干流河谷，绿色城镇和西北部生态屏障区组成的环首都圈生态安全体系。在流域上游区域，强化对水源涵养区、水土保持区、饮用水水源保护区、自然保护区及湿地等重要生态功能区的空间管制与生态建设；在流域中游，强化城市复合生态系统与宜居城市建设；在流域下游沿海城市与区域，加强滩涂、海岸线和重要湿地保护，形成“海蓝地绿”的海洋生态带，构建京津冀统一的“山、水、城、田、路”和谐共通生态空间体系。在北京六环和城市外环建设具有较大宽厚度、集中连片的环京森林带，建设一批环京国家森林公园，形成绿屏相连、绿廊相通、绿环相绕、绿心相嵌的生态格局。加强白洋淀生态环境治理，充分发挥其调节京津地区气候、改善生态环境、维护华北地区生态平衡的功能。将保定西部的涞源、易县、涞水、满城四个山区县作为国家重点生态功能区，纳入京津保都市区生态建设体系，巩固和提升其生态功能。三是恢复京津冀平原地区生态功能区。恢复历史时期京津冀平原地区数十个自然洼地，建成集固水、储水、供水、养殖、绿化、观光、旅游等功能于一体的综合性生态功能区。对海滦河平原地区河道进行综合整治，建成集行洪、除涝、供水、绿化、美化、观赏等功能于一体的人工或半人工湿地和水网。四是推进津冀沿海地区生态屏障建设。有效保护沿海湿地、海岸防护林、潟湖、洼地、风景旅游区和自然保护区，控制海岸线开发强度，加强海域环境保护，防治海侵等自然灾害，把津冀沿海地区建设成为集防风固沙、储水调水、造林绿化、污染防治等功能于一体的沿海生态功能区。

（二）全时空大气污染治理网络的构建

基于“扩大区域环境容量、提高区域资源环境承载力”的理念，共同打造生态良好、环境优美、绿色低碳的宜居家园。最具必要性、紧迫性的是治理区域雾霾问题。应当将大气污染联防联控作为协同创新优先领域之一，在大气污染防治、生态防护林建设、节能减排等领域，推进京津冀大气污染的合作治理。通过区域性环保立法、环保技术推广应用、绿色出行与绿色交通体系建立与完善、节能与能源清洁化、生态建设、碳排放权交易、预警等综合措施，实现大气污染联防联控。

不断完善京津冀地区空气污染治理协商制度，采取区域统一的空气污染防治法规、产业准入标准及污染监控网络等方式，形成联防联控合力。

建立区域空气污染信息发布平台与区域大气污染突发状况应急响应预案，加大联防联控力度。采取各省市联合执法行动、统一执法尺度的方式，加大对区域内污染违法行为的查处力度，提高效率。对于腐败行为从严处罚，杜绝地方政府以及排污企业在环境污染方面的寻租行为。同时应根据互利共赢、成本分摊的基本原则，从区域生态补偿、环境责任险、空气质量保障基金等方面建立健全利益补偿机制，从而为联防联控的长期持续开展提供保障。

（三）清洁能源和循环经济的发展

优势互补共同发展清洁能源和循环经济。预计到2050年，京津冀地区年能源消费总量仍将持续增长，依靠以煤炭为主的传统能源难以为继，必须走多元化的能源发展道路。在确保能源供需平衡的前提下，构建以核能、太阳能、风能等新能源为主，外购电力为辅，煤炭、石油和天然气等传统能源为补充的多元化、清洁型能源供给体系。京津冀地区新能源赋存丰富，据统计，仅河北省新能源年可开采量就达1.55亿吨标煤，其中太阳能3000万吨标煤、陆上和近海风能2000万吨标煤、生物质能1500万吨标煤、地热能9000万吨标煤。因此，应在京津冀地区大力开发太阳能、风能等新能源，全面推行太阳能入户、地源热泵、空气源热泵、核堆供热工程，建成分布式能源发展最发达的地区。

京津冀及周边地区集聚了众多的钢铁、水泥、玻璃、发电厂等企业。长期以来，京津冀及周边地区产生了大量的工业固体废物，仅2014年大宗工业固体废物（含废石）就达23.7亿吨，而当年主要再生资源产生量仅为4410万吨。大量的工业固体废物和再生资源为京津冀地区培育资源综合利用产业提供了重要基础。实施京津冀及周边地区工业资源综合利用产业协同发展行动计划，大力推动尾矿、废石、钢渣、煤矸石、粉煤灰等大宗固体废物综合利用产业，以及废金属、废塑料、废橡胶、废弃电器电子产品等再生资源产业，有利于促进资源综合利用产业快速发展。

（四）人口密集区的节水护水

预计到2050年，京津冀地区水资源消费量将进一步扩大，即使考虑南水北调和海水淡化，也仍有较大缺口。京津冀地区须加强需求管理，严格控制用水需求过快增长，合理调整用水结构与格局，使得用水需求与水资源承载能力相适应；以水资源承载能力为基础，按照优先使用外调水、加强污水处理回用及海水利用等非常规水源利用、控制使用地下水、合理利用地表水的原则，合理配置水资源，保障供水安全。

京津等大城市以水源安全保障为主线，以流域综合治理和供排水设施建设为重点，强化雨水收集，全面推进集、蓄、拦、调的水循环利用，坚持“向观念要水、向机制要水、向科技要水”，加快推进“海绵城市”建设进程。处理好节流与开源、保护与利用、防洪减灾与生态环境、城市与农村之间的关系，坚持高效利用的原则，实现节水优先，全面治污，优化配置，循环利用。

河北水资源消费量多年平均为210亿立方米左右，其中70%用于农业，因此应通过适度压缩粮食生产，促进农业节水节地与集约化，减少农业用水，解决水资源的平衡问题，并将置换出来的粮食生产用地改为生态用地，集中生产、生活，扩大生态空间。开展节水示范工程，建立以水资源梯级利用、分质供水和循环利用相结合的高效用水系统。大力推进生活节水、工业节水，建设节水型社会。同时，加快节水用具的推广和普及，加快供水管网改造，降低漏失率。

（五）动态双向生态补偿机制的构建

据《国务院办公厅关于健全生态保护补偿机制的意见》（国办发〔2016〕31号），要实现森林、草原、湿地、荒漠、海洋、水流、耕地等重点领域和禁止开发区域、重点生态功能区等重要区域生态保护补偿全覆盖，补偿水平与经济社会发展状况相适应，健全生态补偿标准动态调整机制。要实现京津冀和谐共通的生态空间体系，京津冀三地的生态合作建设是关键，生态合作建设就是把环境看成一个超越了行政界限的大系统，以“同呼吸，共命运”的责任感和长远意识来共同实现青山绿水的目标。根据“谁受益谁补偿，谁污染谁付费”的原则，应当启动双向生态补偿的实质性工作。例如在水质和空气质量方面，跨界断面水质达标则下游向上游进行补偿；跨界断面水质不达标则向上游征收一定费用，作为水污染治理生态补偿资金。同样，处于上风向地区的空气质量达标，则下风向地区给予上风向地区生态补偿；如果上风向地区的空气质量不达标，则向上风向地区征收一定费用，作为大气污染治理的生态补偿资金。

城市化的快速发展不断冲击现有的生态安全格局，不能以静态的眼光看待生态合作建设，合理确定“补偿”标准，统一标准“门槛”势在必行，这样才可以不断适应资源条件和环境关系的变化。提升补偿标准是解决问题的有效方法，但客观上又不能无限地提高标准和扩大范围，这对下游而言是难以承受的，也是不公平的。应在利益协商过程中以发展的眼光建立起新的平衡，使各方生态利益关系趋于一致，共同受益。以“稻改旱”为例，之前每亩补助使得农民能够从中获益，因此农民愿意种植旱作物，从而保护了上游的水土环境，也使下游能够享受环保红利。但是随着市场环境发生变化，以往较低的补助标准很难弥补农民的种植成本，上游更加倾向于种植收益较高而耗水量较大的农作物，使得原本比较和谐的上下游关系又出现了新的矛盾。京津冀三地排污费收费标准不一，征收标准比例大约为9∶7∶1，差距太大，使得河北成为价格“洼地”，势必驱动一些企业尤其是排污大户向河北转移。如果不统一制定新的标准体系，可能会影响淘汰落后产能和淘汰污染企业整体目标的实现。

三　政策建议

（一）探索成立京津冀生态协同共建管理委员会

生态系统修复维护、资源保护、环境治理等是以自然地域单元为基础的，遵循的是自然规律和自然边界。而生态文明建设涉及生态、地理、社会、经济等学科领域，与国土、市政、水利、环保、林业、规划等部门直接相关。京津冀是一个特殊的地域单元，按照现行行政分割很难统筹各行政部门及各方面的建设。京津冀一体化规划实施的首要问题是先行理顺行政管理关系和体制。可以学习国外跨区域管理模式，建立京津冀生态协同共建管理委员会。

这一机构专门负责生态文明建设规划及与生态文明建设直接相关的专项规划。从京津冀区域整体上编制包含绿色生态空间、其他生态空间及农业空间在内的生态空间规划，统一划分生态用地，依法分类分级确定生态控制线，划分不同类型的生态保育空间，优化京津冀生态保育空间结构，并通过完善相关法律法规和政策制度，实现地域空间的全覆盖生态化管理，为生态文明建设奠定基础。此外，该机构还负责各行政区域规划、土地利用规划、城市规划中的资源利用、环境保护的协调与监管，负责组织修改和完善资源、环境法律法规等。

改革生态环境保护管理体制。建立和完善严格监管所有污染物排放的环境保护管理制度，独立进行环境监管和行政执法。建立陆海统筹的生态系统保护修复和污染防治区域联动机制。健全国有林区经营管理体制，完善集体林权制度改革。及时公布环境信息，健全举报制度，加强社会监督。完善污染物排放许可制，实行企事业单位污染物排放总量控制制度。对造成生态环境损害的责任者严格实行赔偿制度，依法追究刑事责任。

（二）搭建生态补偿资源共享平台，健全生态补偿机制

构建资源共享平台，提升资源节约集约利用效率。资源的约束性是京津冀可持续发展最为重要的障碍，资源的节约利用与保护是生态文明建设的首要任务。在当今知识经济发展条件变化和促进下，以信息技术、生物技术、新能源技术及新材料技术为核心的高新技术不断作用于资源系统，不断深化和拓展资源系统构成要素。当前，可根据资源性质和用途来建立京津冀资源共享平台，尤其是淡水资源、耕地资源、林业资源、矿产资源等应优先进入资源共享平台。在京津冀生态协同共建管理委员会领导下，统一规划、利用及保护，努力提升资源节约集约利用效率，提高京津冀资源承载能力。

加大生态关系研究投入，健全生态补偿机制。系统完善切实可行的生态补偿制度是生态文明建设的关键环节，也是跨行政区域共同推进生态文明建设的重要基础。应进一步深化研究京津冀生态系统演替机理、环境演进趋势等，对其生态供给能力、资源承载动态变化、环境质量改善等有客观准确的认识。组织研究京津冀生态关系，尤其是科学把握行政区域之间、城乡之间、山区平原之间、河流上下游之间的生态关系，明确生态产品供给、生态文化服务、生态危害影响的区域生态意义，对自然资源产品供给、景观生态等进行区域划界，结合生态空间规划，绘制生态服务分类图。组织进行生态服务价值评估，构建京津冀生态服务价值分类体系，结

合既有的生态补偿实践经验及国内外先进经验，建立生态补偿分区分类标准体系。

此外，在生态关系研究基础上，进行产权界定、补偿主体识别、补偿类型划分及补偿方式选择等，建立京津冀全覆盖的分区分类生态补偿体系。在京津冀生态协同共建管理委员会建立基础上，加快完善生态补偿管理体制，协调联合各部门，注重效率与公平，切实将不同方式的补偿落实到发挥不同生态意义的生态区域，保障区域生态建设和环境保护。

（三）构建以生态红线为基础的环境防护安全网

土地和水是京津冀地区最为有限的、共同的资源，其利用必须兼顾短期与长期的需要，兼顾地方局部利益和区域共同利益，实现京津冀土地和水利用的综合平衡与总体管理。以环境容量为前提，大力保护生态环境敏感区与生态服务功能区，明确划定保护地区或限制发展地区，进行区域生态环境建设和流域综合治理。保护农田和林地，发展生态绿地，改善地表覆盖状态。小面积的生态环境好转不足以改变大区域生态环境恶化的趋势，必须从大区域着手，从整体的角度来进行生态安全规划。

实施生态分区与分级管理，建设点、线、面相结合的京津冀一体化生态保护体系。根据综合功能区划确立重点开发区、优化开发区、限制开发区和禁止开发区，实施生态分区与分级管理，严守生态红线。统筹京津冀区域水源保护和风沙治理，在地下水漏斗区和海水入侵区划定地下水源禁采区和限采区，并实施严格保护；加强入海河流小流域综合整治和近岸海域污染防治，推进防护林体系建设，构建由太行山、燕山、滨海湿地、大清河、永定河、潮白河等生态廊道组成的网状生态安全格局。

（四）采取以联防联控为前提的环保治理模式

一是环境污染分区控制。京津冀污染防治应以区域环境容量为依据，以削减污染物排放总量为主线，全面落实排污许可证制度，推行清洁生产，严格按照重点控制区、重点监控区和一般监控区实施环境污染分区控制，建立污染防治协作机制。二是大气污染联防联控。按照统一的区域大气环境质量目标和环境保护要求编制区域环境战略总体规划。研究制定区域负面产业清单，完善区域空气质量预报预警及应急联动控制机制。三是建立区域机动车监管机制。统一排放和油品标准，统一机动车环保标志管理，共同推广新能源汽车，建立区域大气污染防治信息沟通机制，共享大气污染治理的工作信息等。四是统一生态产业进入门槛。发挥京津冀及周边地区节能低碳环保产业联盟的带动作用，努力破除区域行政壁垒，建立统一、开放、竞争、有序的区域节能低碳环保市场，促进人才、资本、信息、技术实现无障碍流动，让市场机制在区域合作中发挥决定性作用。五是采取各省市联合执法行动、统一执法尺度的方式，加大和提高对区域内污染违法行为的查处力度和效率，杜绝地方政府以及排污企业在环境污染方面的寻租行为。六是提高环保违法成本，建立激励机制。落实新环保法按日计罚、查封扣押、限产停产、信息公开的四套具体办法，对污染企业进行重罚，对守法企业有相应激励，杜绝违法成本低、守法成本高的现象发生。

（五）建立以区域环评为依据的综合调控机制

环境评价一体化应包含战略、规划和项目三个层次。一是通过战略环境影响评价为京津冀一体化发展战略提供决策支持。在制定一体化相关政策、计划、规划之前，从整体上评价环境影响，论证环境可行性，为产业布局优化、工业结构调整、城镇体系构建等重大问题提出战略性、前瞻性和综合性的政策建议，使相关决策部门充分觉察一体化进程可能对环境和可持续发展产生的影响，避免或减少决策失误给环境带来的消极影响。二是通过规划环境影响评价对京津冀一体化发展的资源环境承载力进行科学评价。从京津冀发展的根本和全局出发，充分考虑区域生态环境的支撑能力和环保需求，用经济和环保双赢的眼光，分析一体化规划及其替代方案的环境效益，正确选择工业结构、工业技术和排放标准，合理布局工业企业，组建工业生态园区，从源头防治区域性环境问题。三是通过项目环境影响评价对一体化进程中的建设项目可能造成的环境影响进行分析和预测，提出应对不利影响的措施和对策。尤其是对从京津转移出的“三高”产业和新上项目的选址、生产工艺、生产管理、污染治理、施工期的环境保护等方面提出具体建议，控制项目主要污染物在战略环评和区域规划环评下达的指标内，为京津冀一体化发展保驾护航。

第十章　推进产业协同发展

产业协同发展是推进京津冀协同发展中应率先突破的三大重点领域之一，是京津冀协同发展的实体内容和重要支撑。《京津冀协同发展规划纲要》的出台，为推进京津冀产业协同发展指明了方向，明确三省市产业发展定位，加快产业转型升级、产业转移对接、产业互动合作是实现区域产业协同发展的重要举措。厘清现状、找准问题、明确思路、探索路径是本专题研究的重要任务。

一　发展现状

（一）产业集群发展现状

打造世界级产业集群是推进京津冀产业协同发展的核心目标。从京津冀产业集群的发展现状来看，虽然离世界级产业集群还有一定差距，但是三地凭借自身优势和产业特征，已经初步形成各具特色的产业集群，为区域内发展世界级产业集群奠定了基础。

北京：要素向中心城区集聚，高新技术产业与现代服务业集群优势明显。目前，北京市中心城区汇聚了丰富的科技资源、人才资源，生产的产品科技含量高、附加值高，中心城区的服务业发达。由于得天独厚的要素集聚优势，北京初具规模的产业集群内容十分全面，涵盖了文化、金融、科技、商贸等多个领域。其中，主要包括以中关村为依托的高科技产业集群、以 CBD 生产性服务业和金融街金融产业为代表的现代服务业产业集群、以开发区为载体的现代制造业产业集群等。

天津：产业园区实力雄厚，高端制造业竞争优势突出。近年来，天津依靠其港口优势以及倾斜政策带动发展了一批具有较高专业化水平的产业集群，包括航空航天、新能源、生物制药、石油化工、汽车、新材料、电子信息、冶金、环保、知识产业、机械装备制造等领域。以天津滨海新区为龙头，逐步发展成为高端产业的集聚区，并辐射带动周边区县的产业发展。同时天津各区县加快工业园区的建设，为地区产业集群的发展提供了重要载体。其中，天津经济技术开发区汽车产业示范基地、天津滨海新区石油化工产业示范基地、滨海高新区软件和信息服务产业基地、子牙循环经济产业区资源综合利用基地等 8 个产业基地已经建设成为国家新型工业化产业示范基地。未来天津将承担京津冀地区创新成果转化的重要任务，并着力培育一批以高端制造业为主具有科技竞争力的产业集群。

河北：以劳动密集型产业为主，打造特色产业集群将成为重点。河北省产业发展相对滞后，以劳动密集型产业为主形成了“三七三”产业格局，即畜牧、蔬菜、水果三大农业支柱产业，钢铁、装备制造、石油化工、食品、医药、建材、纺织服装七大工业主导产业和电子信息、现代物流、旅游三大新兴支柱产业。相对于京津两地，河北省产业集群起步晚、规模小、技术落后，但是随着政府的重视以及京津产业的转移，河北省内的各类产业集群正在发展壮大。到 2012 年底，全省营业收入 5 亿元以上的产业集群就有 370 多个，仅环北京的市县就拥有 119 个特色产业集群，其他还有邯郸的现代装备制造、煤化工、制管、标准件等创新型、特色型产业集群，秦皇岛的数据产业园，沧州的新型建材产业集群、交通设备制造产业集群等。为促进高新技术集群化发展，2015 年河北省又确定了唐山机器人、石家庄光电、邯郸现代循环煤化工等六个省级创新型产业集群。

（二）高新技术产业发展现状

创新驱动是京津冀产业转型升级的基本方向和强大动力，而区域产业创新关键在于高新技术产业的发展。

从高新技术产业发展水平来看，2009～2013 年，我国高新技术产业的企业数量从 2011 年起有明显的下降，这与高新技术产业的认定标准变化有一定关系，表明国家对高新技术产业的认识在逐步优化和调整。就京津冀地区而言，北京和天津的高新技术企业数量在全国的占比呈逐年下降趋势，北京略高于天津，而河北则呈逐年上升趋势（见表 10－1、图 10－1）。

表 10－1　2009～2013 年京津冀高新技术产业发展状况

类别	地区	2009 年	2010 年	2011 年	2012 年	2013 年
高新技术产业企业数（个）	全国	27218	28189	21682	24636	26894
	北京	1150	1103	737	760	782
	天津	868	817	497	587	585
	河北	424	438	370	433	504
高新技术产业利润总额（亿元）	全国	3278.5	4879.7	5244.9	6186.3	7233.7
	北京	156.5	182.2	228.9	235.6	292.4
	天津	106.1	115.6	165.1	247.7	297.9
	河北	72.4	89.3	83.6	79.7	107.8

资料来源：2010～2014 年《中国高技术产业统计年鉴》。

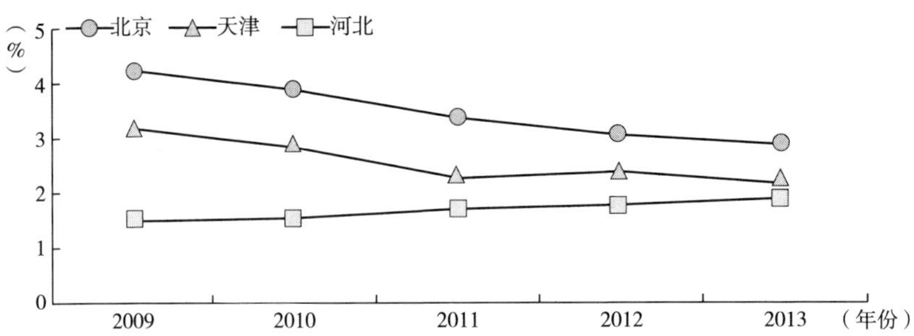

图 10－1　2009～2013 年高新技术产业京津冀地区企业数量占全国的比重

资料来源：笔者根据 2010～2014 年《中国高技术产业统计年鉴》数据计算得出。

就高新技术企业盈利能力来看，2009～2013 年北京地区企业利润占全国的比重与企业数占全国比重之间的比值在波动中上升，且从 2011 年开始超过 1.2，表明北京高新技术企业的盈利能力正逐步提升。天津在同一时期增长迅猛，反映出近年来天津高新技术企业虽然数量增长不多，但整体的盈利能力提升很大，具有较强的发展潜力。河北则恰巧相反，高新技术企业利润的增长幅度落后于企业数量的增长，从长远来看，要避免陷入“重数量轻质量”的发展陷阱之中（见表 10－1、图 10－2）。

就高新技术企业吸纳就业来看，河北省整体水平落后，高新技术产业从业人员占地区从业人员总数的比重不足 0.5%，远远低于全国平均水平。北京则近年来变化不大，均处于在 2.5% 左右，表明北京的高新技术企业人员结构基本趋于稳定。而天津高新技术产业从业人员占比最高，近年来

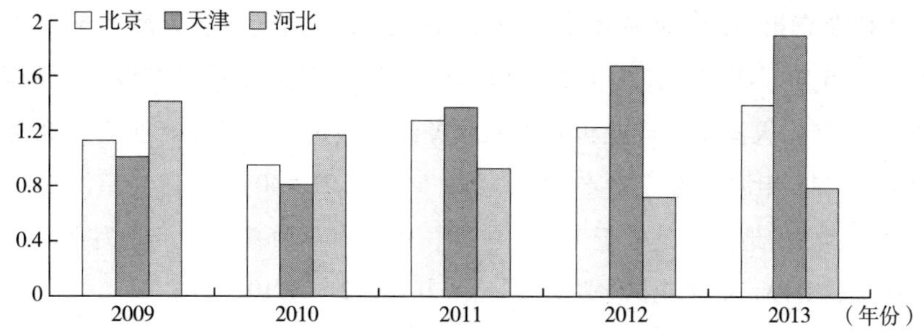

图 10－2　2009～2013 年高新技术产业京津冀地区企业利润占全国的比重与企业数占全国的比重的比值

资料来源：笔者根据 2010～2014 年《中国高技术产业统计年鉴》数据计算得出。

增长较快，天津高新技术产业对人才的吸引力正在逐步增强。且北京和天津均高于全国平均水平（见图 10－3）。

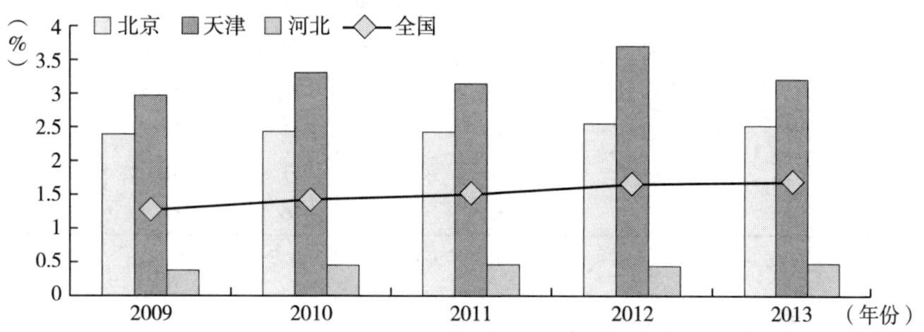

图 10－3　2009～2013 年京津冀高新技术产业从业人员占地区从业人员总数的比重

资料来源：笔者根据 2010～2014 年《中国高技术产业统计年鉴》数据计算得出。

总体来看，京津冀地区，北京高新技术产业发展相对成熟，企业数量与从业人员结构比较稳定，高新技术企业的盈利能力在逐步提升。天津近年来高新技术企业发展迅猛，企业的盈利能力正在快速提升，对人才的吸引能力逐步增强。河北虽然高新技术企业数量占比逐步提升，但是整体水平还比较弱，从业人员数量不足，地区对于高新技术产业人才的吸引力不够。

（三）产业结构发展现状

京津冀地区产业转移与承接以三地间产业结构差异为基础。北京作为全国的政治、经济、文化中心，已经呈现出后工业化阶段的特征，2015 年三次产业比为 0.61∶19.74∶79.65，第三产业比重远远超出全国 50.47% 的平均水平，因此北京第三产业集中度高、竞争力强、发展速度快。天津处于工业化后期，2015 年三次产业比为 1.27∶46.70∶52.03，第二、第三产业发展相当，从 2013 年开始天津第三产业正着力向服务经济迈进，但第二产业仍具规模和竞争力。2015 年河北省三次产业比为 11.54∶48.27∶40.19，作为京津冀产业发展最为落后的地区，其处于工业化中期，仍以农业为基础、工业为重心，第三产业发展缓慢，低于全国平均水平（见表 10－2、图 10－4）。

表 10－2　2011～2015 年京津冀三次产业结构

单位：%

地区	产业类别	2011 年	2012 年	2013 年	2014 年	2015 年
北京	第一产业	0.83	0.83	0.81	0.75	0.61
	第二产业	22.63	22.16	21.68	21.31	19.74
	第三产业	76.54	77.01	77.52	77.95	79.65
天津	第一产业	1.41	1.33	1.30	1.28	1.27
	第二产业	52.43	51.68	50.60	49.38	46.70
	第三产业	46.16	46.99	48.09	49.34	52.03
河北	第一产业	11.85	11.99	11.89	11.72	11.54
	第二产业	53.54	52.69	51.97	51.03	48.27
	第三产业	34.60	35.31	36.14	37.25	40.19

资料来源：2011～2015 年北京、天津、河北《国民经济和社会发展统计公报》。

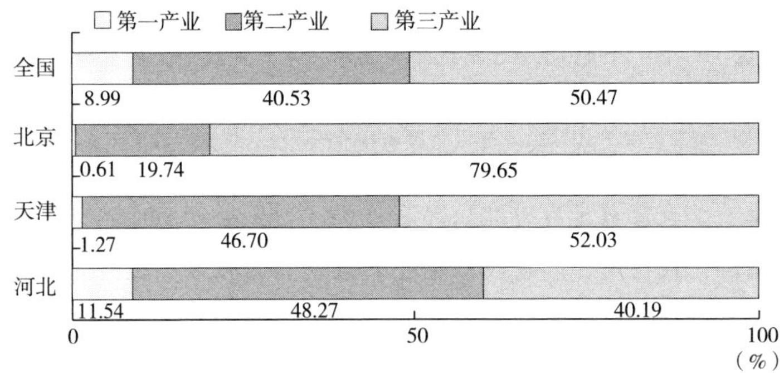

图 10－4　2015 年京津冀地区三次产业结构对比

资料来源：笔者根据 2016 年京津冀三省市统计年鉴数据绘制。

（四）产业协同政策环境现状

区域政策是市场的风向标，也是推动京津冀三地产业互动合作的重要力量。自从 2014 年京津冀协同发展被上升为国家战略，三地之间不断接洽，出台了大量政策以促进京津冀协同发展，其中推动产业协同发展也是政策中的重点。

就2014年来看，京津冀协同发展正式上升为国家战略，该年也成为相应政策规划与实施的起步之年。7月，北京、河北签署了《共同打造曹妃甸协同发展示范区框架协议》《共建北京新机场临空经济合作区协议》《共同推进中关村与河北科技园区合作协议》《共同加快推进市场一体化进程协议》等协议，以园区建设为重点，为京津冀产业协同发展奠定了实体基础。8月，北京、天津签署了《共建滨海—中关村科技园合作框架协议》《关于加强推进市场一体化进程的协议》《关于共同推进天津未来科技城京津合作示范区建设的合作框架协议》等协议，同时京津冀三地签署了《京津冀协同创新发展战略研究和基础研究合作框架协议》。10月，京津冀三地签署了《京津冀智能制造协作一体化发展大联盟框架协议》等，从科技引领、创新驱动等角度为推动京津冀产业协同发展提供了动力。而2015年出台的有关京津冀协同发展的规划与政策多达34项，有关推进区域产业协同发展的政策更加明确具体，同时还涉及交通、公共服务、环境治理等方面，涵盖的领域更加广泛和深入（见表10-3）。

表10-3 2015年出台的有关京津冀协同发展的政策规划

区域合作	《京津冀协同发展规划纲要》 《沿海地区发展规划》 《环渤海地区合作发展纲要》 《津冀沿海港口协同发展规划研究》 《中关村示范区服务京津冀区域创新合作行动计划（2015—2017）》 《京津冀开发区发展报告（2014—2015）》 《京津冀北地区城乡发展规划》 《京津冀文创园区协同发展备忘录》
产业协同	《加快发展现代保险服务业的实施意见》 《京津冀商贸物流发展规划》 《北京（曹妃甸）现代产业发展试验区产业发展规划》 《京津冀协同发展产业转移对接企业税收收入分享办法》 《京津冀农业科技协同创新中心共建协议书》 《关于推进京津冀民航协同发展的意见》 《环首都旅游产业规划》 《京津冀自助旅游发展总体规划》 《京津冀体育协同发展议定书》

续表

交通一体化	《推进京津冀交通一体化率先突破的实施方案》 《京津冀公交等公共服务领域新能源汽车推广工作方案》 《京津冀城际铁路网规划》 《北京、天津、石家庄市市域（郊）铁路网规划》 《北京、天津铁路枢纽总图规划》 《京津冀交通一卡通互联互通实施方案》 《京津冀新能源小客车充电设施协同建设联合行动计划》 《京津冀海关区域通关一体化改革方案》
污染共治	《京津冀及周边地区落实大气污染防治行动计划实施细则》 《京津冀空气重污染预警会商与应急联动工作方案》 《京津冀及周边地区大气污染联防联控 2015 年重点工作》 《京津冀及周边地区秸秆综合利用和禁烧工作方案（2014—2015 年）》 《京津冀及周边地区中国人民抗日战争暨世界反法西斯战争胜利 70 周年纪念活动空气质量保障方案》
法制及公共服务	《关于加强京津冀人大协同立法的若干意见》 《开发性金融支持京津冀协同发展合作备忘录》 《关于建立京津冀政协主席联席会议制度的意见》 《京津冀造血干细胞事业创新发展合作联盟框架协议》

资料来源：笔者整理得出。

二　实证分析

在京津冀协同发展背景下，产业协同是其重要内容和有力支撑，实现区域产业链的合理布局与优化、通过高新技术来改造和提升传统产业是实现京津冀产业转型升级的关键。高新技术产业是产业协同发展过程中实现创新驱动的重要依托和突破口，它的合理布局以及基于产业链区域分工格局的重构，将有助于京津冀三地城市功能定位目标的实现。因此，本章以研究京津冀高新技术产业为重点，通过构建指标体系对其产业链协同度进行测度，以期发现在产业协同合作、产业链接、产业转移对接等方面存在的突出问题，为推动产业协同发展提供客观依据。

（一）指标体系构建

1. 指标体系构建原则

为了计算京津冀高新技术产业链协同度，在建立指标体系的过程中，需要遵循以下原则。系统性原则：高新技术产业链是一个整体系统，在构建指标体系的过程中，需要充分考虑整个产业链上中下游各个环节。科学性原则：数据需要科学有效，能够科学反映高新技术产业链情况。客观性原则：对高新技术产业链进行评价，需要从客观数据出发，避免主观因素对产业链协同评价的影响。易得性原则：从理论上考量高新技术产业链协同情况，有些数据难以获得，本章尽量选取有效性较高、能反映实际问题且可以获取的数据。本章基于以上原则，建立了高新技术产业链评价指标体系。

2. **序参量选取及说明**

根据京津冀地区高新技术产业链的发展现状和基本特点，可以将产业链划分为三个维度，依次是研发环节、生产环节、支撑环节。评价京津冀高新技术产业链协同度，关键是进行序参量的选取，并找到合适的指标用以表征。在建立指标体系过程中，本章充分借鉴国家高新技术产业集群竞争力评价指数（科技部火炬研究中心）、硅谷指数、中关村指数、国家创新能力评价指标体系（中国科学技术发展战略研究院）等指标体系，并结合项玉卿、邢秀青、汪良兵、洪进、赵定涛等人的研究成果①，建立了高新技术产业链协同度评价指标体系（见表 10－4）。

表 10－4　高新技术产业链协同度评价指标体系及说明

系统	子系统	序参量	指标说明
研发环节（R）	技术研发（R_1）	R&D 人员（R_{11}）	反映研发基本情况
		R&D 经费内部支出（R_{12}）	反映产业链上的研发投入
		科技活动经费支出（R_{13}）	反映产业链上的研发投入
	技术扩散（R_2）	专利申请数（R_{21}）	反映科技活动成果
		技术市场合同成交数量（R_{22}）	反映技术市场合同成交情况
		技术市场合同成交金额（R_{23}）	反映技术市场合同成交经济效益
		技术收入（R_{24}）	反映研发环节成果
生产环节（P）	技术应用（P_1）	技术引进经费支出（P_{11}）	反映生产投入
		消化吸收经费支出（P_{12}）	反映生产投入
		购买国内技术经费支出（P_{13}）	反映生产投入

① 项玉卿、邢秀青：《基于协同创新理论的高新技术产业集群创新能力评价指标体系研究》，《产业与科技论坛》2014 年第 18 期；汪良兵、洪进、赵定涛：《中国技术转移体系的演化状态及协同机制研究》，《科研管理》2014 年第 5 期。

续表

系统	子系统	序参量	指标说明
生产环节（P）	技术应用（P_1）	技术改造经费支出（P_{14}）	反映生产投入
		新产品开发经费支出（P_{15}）	反映生产投入
		从业人数（P_{16}）	反映生产环节的基本情况
	生产效果（P_2）	主营业务收入（P_{21}）	反映经常性、主要业务产生的基本收入
		利润（P_{22}）	反映生产环节的盈利情况
		税额（P_{23}）	反映高新技术对国家经济贡献
		出口创汇（P_{24}）	反映出口商品获得的外汇收入
		新产品销售收入（P_{25}）	反映销售新产品获得的收入
		工业增加值（P_{26}）	反映生产过程中的最终成果
支撑环节（S）	经济环境（S_1）	科技投入中政府资金（S_{11}）	反映政策对高新技术的支持力度
		高新技术人均产值（S_{12}）	反映生产环境
		高新技术工业增加值占 GDP 比重（S_{13}）	反映高新技术产业对地方经济发展的贡献程度
		高新技术产业新增固定资产占固定资产比重（S_{14}）	反映当前新增加的固定资产占总资产比重
		全部建成项目交付率（S_{15}）	反映生产过程中建成或投产的项目情况

资料来源：笔者根据相关资料整理得出。

3. 数据的来源与处理

本文基础数据来源于历年《中国统计年鉴》、《中国科技统计年鉴》、《中国高技术产业统计年鉴》、《中国火炬统计年鉴》、《中国第三产业统计年鉴》和《中国区域创新能力报告》等。由于以上数据库更新相对滞后，《中国统计年鉴》最新一期为 2015 年版，其余为 2014 年版，所以本章选取 2009～2013 年五年的数据进行分析。在数据处理方面，针对有些年度指标值的缺失现象，本章采用平滑处理的方法对数据进行了处理。同时，为了避免不同量纲对研究结果的影响，在序参量确定后，对数据进行了标准化处理。标准化处理之后，根据各项指标的增长率，求得指标值对应的上限和下限。

（二）测度结果及基本判断

1. 测度结果

（1）各序参量协同度测定

根据上述模型，对京津冀高新技术产业链的研发环节、生产环节、支撑环节的各序参量协同度进行了测算，得到的结果见表10－5。

表10－5 京津冀高新技术产业链各环节序参量协同度测量结果（2009～2013年）

类别	序参量	2009年	2010年	2011年	2012年	2013年
研发环节	R&D人员	0.267	0.121	0.516	0.684	0.754
	R&D经费内部支出	0.105	0.212	0.421	0.626	0.746
	科技活动经费支出	0.1	0.183	0.611	0.572	0.8
	专利申请数	0.071	0.095	0.199	0.329	0.647
	技术市场合同成交数量	0.189	0.141	0.323	0.638	0.821
	技术市场合同成交金额	0.096	0.28	0.395	0.597	0.732
	技术收入	0.081	0.457	0.477	0.721	0.831
生产环节	技术引进经费支出	0.26	0.32	0.102	0.196	0.542
	消化吸收经费支出	0.104	0.077	0.191	0.308	0.675
	购买国内技术经费支出	0.294	0.132	0.275	0.219	0.625
	技术改造经费支出	0.054	0.231	0.262	0.185	0.599
	新产品开发经费支出	0.074	0.067	0.477	0.771	0.854
	从业人数	0.12	0.283	0.488	0.586	0.774
	主营业务收入	0.129	0.293	0.389	0.602	0.784
	利润	0.075	0.428	0.624	0.63	0.875
	税额	0.108	0.37	0.553	0.622	0.786
	出口创汇	0.085	0.077	0.648	0.607	0.891
	新产品销售收入	0.167	0.127	0.211	0.462	0.832
	工业增加值	0.085	0.112	0.241	0.436	0.723
支撑环节	科技投入中政府资金	0.32	0.11	0.333	0.503	0.617
	高新技术人均产值	0.804	0.323	0.183	0.275	0.462
	高新技术工业增加值占GDP比重	0.902	0.251	0.091	0.089	0.414
	高新技术产业新增固定资产占固定资产比重	0.218	0.424	0.201	0.454	0.654
	全部建成项目交付率	0.815	0.448	0.391	0.282	0.121

资料来源：笔者根据统计数据计算得出。

（2）子系统协同度测定

本课题在对高新技术各序参量协同度进行测定后，对高新技术产业链研发、生产、支撑环节进行了子系统协同度测算，具体结果见表10－6。

表 10－6　京津冀高新技术产业链“研发—生产—支撑”子系统协同度（2009～2013 年）

	2009 年	2010 年	2011 年	2012 年	2013 年
研发系统协同度	0.117	0.187	0.399	0.580	0.759
生产系统协同度	0.114	0.173	0.326	0.422	0.738
支撑系统协同度	0.528	0.279	0.213	0.275	0.393

（3）复合系统协同度测定

通过子系统协同度计算得出复合系统协同度（见表 10－7）。

表 10－7　京津冀高新技术产业链复合系统协同度（2010～2013 年）

年份	复合系统协同度
2010	0.101
2011	0.129
2012	0.103
2013	0.188

2. **基本结论分析**

通过复合系统协同度模型的实证分析，得出以下几个结论。

一是京津冀高新技术产业链各环节自身协同度相对较高，但总体协同度较差。2013 年，京津冀三地研发环节协同度（0.759）和生产环节协同度（0.738）均达到双重互动集聚阶段，支撑环节协同度（0.393）达到基本协作阶段。但是，京津冀高新技术产业链总体协同度（0.188）不高，处于基本协作阶段。

二是北京、天津、河北各自的高新技术产业链各环节协同度较高，但三地高新技术产业链整体协同度偏低。2013 年，北京的研发系统协同度（0.737）、生产系统协同度（0.725）、支撑系统协同度（0.682）较高，但北京的高新技术产业链总体协同度（0.193）偏低；天津除支撑系统协同度（0.396）较低之外，研发系统协同度（0.694）和生产系统协同度（0.699）均较高，但天津高新技术产业链总体协同度（0.144）不足；河北支撑系统协同度（0.736）、生产系统协同度（0.695）、研发系统协同度（0.640）较高，但河北高新技术产业链总体协同度

（0.163）较低。

三是京津冀总体协同度及三地高新技术产业链总体协同度处于成长阶段，但水平较低。2010～2013 年，京津冀高新技术产业链总体协同度落在［0.101，0.188］区间内，而同期北京高新技术产业链总体协同度落在［0.078，0.193］区间内，天津高新技术产业链总体协同度落在［0.055，0.144］区间内，河北高新技术产业链总体协同度落在［0.093，0.163］区间内，处于较低的协调水平。

三　主要问题

根据研究，本课题组认为推进京津冀产业协同发展，主要存在以下障碍和问题。

1. 产业集聚度不够，尚未形成世界级产业集群

世界级的城市群需要有世界级的产业集群做支撑。从产业发展的角度来看，产业集聚与地区经济发展之间具有很强的联动关系，产业集聚促进经济增长，经济增长反过来会加剧产业集聚。目前京津冀三地产业链的空间集聚度不高，三地产业各成体系，缺乏具有国际竞争力的世界级产业集群。主要原因有以下三个。一是传统产业比重大且集聚效应不明显。在京津冀地区固然有一些高新技术产业和规模经济性强的资本技术密集型产业的集聚度比较强，但仍有相当一部分传统产业空间分布分散，导致规模经济效益不明显。二是资本技术密集型产业链衔接不够，碎片化严重。京津冀地区资本技术密集型产业的产业链缺乏整合，自成体系，联系度不高，受到体制、利益、绩效考核等因素影响，区域合作还不能够通过市场完成基于产业链的分工。三是产业园区缺乏整合。工业园区是形成产业集群的有效载体，京津冀地区虽已建成数量众多的工业园区，但布局分散，缺少对其进行整合的科技服务平台、信息共享平台和成果交易平台，尚未形成良好的产业集聚效应，竞争力不强。

2. 产业转型升级过程中尚未形成基于区域创新生态系统的联动机制

创新驱动是京津冀产业转型升级的基本方向和强大动力。从长远看，京津冀区域产业结构的升级优化，必须以创新驱动为根本，以具有自主知识产权的核心技术作为支撑。只有形成可以不断推动产业提高水平和效益的技术创新能力，才能保持区域经济的可持续增长。京津冀地区科技人才高度集聚，具有通过自主创新促进地区产业转型升级的良好基础，但是三地间的创新协同度不足，各自创新，且区域内部创新高地与创新鸿沟并存，区域创新体系尚不完善，协同创新尚缺乏有效的制度保障。北京担负着打造全国科技创新中心进而带动区域创新发展的重要使命，天津和河北面临由要素驱动向创新驱动转型的艰巨任务。

3. 产业转移对接过程中存在产业梯度落差大等障碍

合理的产业梯度是产业转移的基础和必要条件，产业转移的实质就是国家或地区之间基于产业梯度的产业接力过程。但是如果产业梯度的差异和产业发展环境落差太大，就很可能会影响或抑制产业的转移。北京已进入后工业化时代，而河北省正处于工业化中期阶段，发展的落差使河北省在承接产业转移方面处于弱势地位。京津两地的技术水平、产业结构水平都高于河北，并且都面临产业结构的进一步升级，都需要向外转移一些不再具有比较优势的产业。从现有产业承接情况来看，河北所承接的北京产业多数还停留在低层次水平，如第一产业主要围绕北京城市居民的“菜篮子”“米袋子”进行产业合作，第三产业多集中在物流、旅游等传统服务行业，第二产业多集中在技术含量低、附加值低、耗能高的产业，而高新技术产业转移受河北产业配套基础薄弱和缺乏相应的政策环境制约，承接较少，产业集聚缓慢。

4. 产业互动合作过程中尚未形成有效的协调机制

协调机制是协调区域间利益、实现区域资源优化配置的重要依托。目前京津冀地区产业协同发展面临的巨大困境之一，就是尚未形成有效的协调机制。由于行政与市场体制分割，三地产业互动不足，具体表现在：一是以行政主导型经济为主，市场的决定性作用没有得到有效发挥，产业调整无法跳出行政区划界线；二是缺乏必要的市场交易平台，要素市场发育滞后，生产要素在区域内的流动不畅，区域合作还没有上升到产业融合的高度和层次；三是协商机制不健全，现行“分灶吃饭”的财政体制和单一的地方考核制度，使得京津冀三地政府无法在追求地方经济增长目标的同时，从区域发展的长远利益考虑，合理协调产业输出地与承接地间的利益，整个区域的协调机制包括横向协商、纵向协调机制尚未形成。

四 发展思路

（一）战略目标

京津冀产业协同发展，作为重大国家战略——京津冀协同发展的核心内容，不是简单的疏解和承接问题，而是应站在国家和区域发展的高度，以明确的战略目标为导向，通过促进产业协同发展提升地区竞争力，进而将京津冀地区打造成为我国经济增长的第三极。当下京津冀产业协同发展的核心目标是打造立足区域、服务全国、辐射全球的优势产业集聚区和具有国际竞争力的世界级产业集群。要明确三省市产业发展方向，理顺产业发展链条。京津冀三地根据各自的实际情况和资源禀赋，合理定位：北京作为京津冀城市群的核心，要发挥科技创新中心作用，突出“五化”，即高端化、服务化、集聚化、融合化、低碳化，大力发展服务经济、知识经济、绿色经济，加快构建高精尖经济结构；天津要优先发展高端装备、航空航天、生物医药、电子信息等先进制造业和战略新兴产业，大力发展金融、航运物流、服务外包等现代服务业，打造全国先进制造研发基地及生产性服务业集聚区；河北要积极承接产业转移、促进科技成果转化、提升传统优势产业、推动转型升级，大力发展先进制造业、现代服务业和战略性新兴产业，建设新型工业化基地和产业转型升级试验区。

（二）发展思路

根据京津冀区域整体功能定位和三地各自功能定位，综合考虑产业基础、发展条件、资源环境承载能力和比较优势，合理确定各自产业发展定位、产业分工和发展重点，有序疏解北京非首都功能，推动三地产业协同发展，优化升级。

1. 北京——有序疏解、优化结构、科技引领

北京按照“四个中心”的定位，分类疏解退出不符合首都功能定位的产业，强化知识经济、服务经济、绿色经济特征，发展高精尖产业，打造科技创新和成果推广中心，辐射带动京津冀产业结构升级。

有序疏解北京非首都功能，重点是疏解一般性产业特别是高消耗产业，区域性物流基地、区域性专业市场等部分第三产业，部分教育、医疗、培训机构等社会公共服务机构，部分行政性、事业性服务机构和企业总部等。疏解的原则是：坚持政府引导与市场机制相结合；坚持严控增量与疏解存量相结合；坚持统筹谋划与分类施策相结合。强化产业政策调控，实行严于国家标准的产业准入政策，严格执行、不断完善新增产业禁止限制目录，严把产业项目审批准入关。在全市区域内严禁发展一般性制造业和高端制造业中不具备比较优势的生产加工环节，城六区不再新建有生产制造环节的工业项目。就地淘汰一批钢铁、有色金属、建材、化工、纺织印染、机械、印刷、造纸等污染较重、耗能耗水较多的行业和生产工艺，加快完成污染企业退出任务。按照更严格的资源环境标准，支持一批存量企业技改升级。抓住全球新一轮科技革命和“互联网+”融合创新发展的重大机遇，充分发挥北京科教、智力、信息资源富集优势，深入实施《〈中国制造 2025〉北京行动纲要》，坚持高端化、服务化、集聚化、融合化、低碳化的发展方向，转换制造业发展领域、空间与动能，强化以新技术、新工艺、新模式、新业态为主要内容的产业创新，聚焦创新前沿、关键核心、集成服务、设计创意以及名优民生等五类高精尖产品，加快推动“在北京制造”向“由北京创造”转型，使北京真正成为京津冀协同发展的增长引擎、引领中国制造由大变强的先行区域和制造业创新发展的战略高地。

2. 天津——研发转化、先进制造、创新示范

天津围绕全面落实京津冀协同发展这一重大国家战略，构建以服务经济为主体、先进制造业为支撑、都市型农业为补充的现代产业体系，加快建设全国先进制造研发基地和生产性服务业集聚区。落实《中国制造 2025》，引导制造业朝着分工细化、协作紧密方向发展，优先发展高端装备、新一代信息技术、航空航天、生物医药等先进制造业，大力发展现代服务业，推动生产性服务业向专业化和价值链高端延伸，增强对先进制造业全过程服务能力。依托制造业基础雄厚、研发转化能力强的优势，发挥国家自主创新示范区的引领作用，以先进制造为支撑、科技创新为动力、研发转化为先导，突破新技术、发展新产业、引领新制造、培育新业态、创造新模式，承接首都产业转移，支持河北转型升级，构建结构优化、布局合理、特色鲜明的产业体系，打造研发制造能力强大、产业链占据高端、辐射带动作用显著的先进制造研发基地。

3. 河北——区域特色、转型升级、绿色发展

河北要发挥资源禀赋和后发优势，积极承接首都产业功能转移和京津科技成果转化，努力构建一批具有区域特色的产业平台，进一步优化省内产业分工和布局，改造提升钢铁、石化、装备、汽车、建材等优势产业，大力发展战略性新兴产业，加快发展现代服务业，突出打造全国新型工业化重要基地和产业转型升级试验区，建成华北现代制造业基地、北方重要现代服务业基地和现代农业先行区。一是聚焦全国产业转型升级试验区建设，在创新发展、协同发展、转型发展、绿色发展、开放发展等方面，开展区域性和全局性的试点、试验、示范和推广工作。二是聚焦制造业整体水平提升，加快推进制造强省建设步伐。重点是全面落实《河北省人民政府关于深入推进〈中国制造2025〉的实施意见》，实现工业由规模速度型向质量效益型、由产品竞争型向品牌主导型、由河北制造向河北创造的全面转型，跻身中国制造先进行列。

4. 京津冀——明确定位、聚焦重点、加强合作

京津冀三地在明确各自定位的基础上，要加强产业对接协作，推动地区整体实现产业转型升级。重点依托国家级、省级开发区和新型工业化产业示范基地，建设产业集聚和转移承接示范园区。天津和河北加大对北京非首都功能的承接力度，同时加强二者之间的合作。北京与津冀两地在积极探索园区合作共建模式方面已取得初步成效，如中关村海淀园秦皇岛分园利益共享建设模式、北京亦庄·永清高新技术产业园区以协会为主导的合作模式、北京·沧州渤海新区生物医药园的异地监管模式等，今后要以这些模式为典型示范，带动区域产业进行更加全面、深层次的合作。天津和河北合作共建津冀（涉县·天铁）循环经济产业示范区、津冀（芦台·汉沽）协同发展示范区，推动汽车、钢铁、轻工、医药等产业优势互补、联动发展。围绕高端装备、航空航天、汽车、电子信息、生物医药等产业，加强跨区域产业协作，贯通产业上下游，完善产业配套，推进重大产业合作项目建设，引导先进制造业和生产性服务业协同发展。

五　政策建议

（一）以打造世界级产业集群为目标，促进产业集聚与协同发展

京津冀产业协同发展的关键是通过打造世界级的产业集群提升区域竞争力。产业集群的形成过程，是实现产业在空间上集聚优化、在链条上扩展延伸、在分工上层次分明的过程。

在空间集聚方面，产业园区的建设是重点。针对京津冀区域内部发展水平差异较大的特点，三地应共同筹建以园区共建带动区域间生产要素、企业主体、产业链条协同发展的格局。按照“强点、成群、组链、结网成系统”的发展思路，以园区为载体，由关键点引领线，由关键线带动面，由关键面交织成网络，进而在合理的网络结构之下推动产业分布在空间上的集聚优化。

在产业集聚方面，促进科技成果的产业化以及产业的集聚、链接、融合，形成优势产业集聚区。以产业转移为重大契机，充分发挥北京在研发、设计、营销方面的优势，天津在研发转化和高端制造方面的优势，河北在要素和制造方面的优势，做大做强优势产业链条，打造具有世界先进水平的高新技术产业集聚区。

在产业层次方面，促进产学研合作，推动产业集群向创新集群转变。通过京津冀跨区域的联合研发、重大项目科技攻关、园区共建、产业联盟、产业项目合作等形式，将生产要素、创新知识、科学技术串联起来，实现产业链与创新链、价值链的真正融合，增强产业集群的国际竞争力。进一步创造条件、优化环境，降低要素的流动成本和交易成本。北京、天津应该向产业链高端延伸，将产业链中低端配套放在河北，通过构建产业集群延伸产业链条，实现区域产业合作。在总体上做好京津冀三地的产业分布、产业园区、产业基地、科技园区的空间规划布局，明确三地的优势产业，划分产业层次，合理分工，实现资源的最优化配置。

（二）通过构建高新技术产业链，实现京津冀产业转型升级

产业合作是区域经济合作的核心，京津冀产业协同发展是京津冀协同

发展战略的三大重点之一。随着北京率先迈入后工业化社会，其产业的升级和转移，必然带动整个区域的产业整合，为构建高新技术产业链创造契机。京津冀必须抓住新一轮科技革命和国际产业转移的战略机遇，发展战略性新兴产业，抢占科技制高点。一是明确三地产业定位目标，重构区域产业分工格局。北京应强化科技研发环节，打造区域科技创新策源地，抢占高新技术产业链的高端环节，瞄准国际前沿技术和产业发展趋势，继续打造中关村国家自主创新示范区。天津应强化高端制造环节，发挥高端制造的先发优势、资源和空间优势、政策优势，打造区域先进制造研发基地。河北应强化产业配套环节，打造区域产业转型升级试验区，“除旧布新”，即运用高科技改造传统产业；“筑巢引凤”，即承接非首都功能疏解尤其是产业疏解，从而实现与北京的高新技术产业链对接；“借势发展”，即借助区域发展的新增长点，实现京津冀高新技术产业链在河北布局。二是向产业链的高端环节延伸。采取有效措施，从融资、技术、管理、信息等方面帮助京津冀高新技术产业大幅度提升创新能力，使其在发展水平上进入国际研发环节的最前沿，加快培育在全球价值链高端领域的渗透力和竞争力，从而实现京津冀高新技术产业链向高端环节延伸。三是做好高新技术产业链的区域内配套。在产业链构建过程中，政府应充分借鉴硅谷的发展经验，积极完善配套体系，提升产业链完整度。当前京津冀高新技术产业链存在断裂、碎片化现象，其最主要的原因是河北没有充分利用北京尤其是中关村的研发优势，实现北京的高新技术产业链在河北的延伸，导致北京的研发成果更多地去南方实现落地转化。因此，河北做好高新技术产业链的区域内配套，对于打造京津冀高新技术产业链、提高其产业链的竞争力有至关重要的作用。河北要做好区域内高新技术产业链配套，应从三个方面入手：首先，推进传统重化工向现代重化工转型，以中关村技术改造传统产业，实现与中关村高科技形成同一产业链条；其次，河北的现有产业应提升劳动力素质，向劳动、知识、技能相结合的制造业和服务业的方向转型，实现北京的科技成果在河北落地有必要的人力资本来支撑，从而实现北京的科技成果在河北“落地”并“发展”；最后，河北现有加工贸易产业应运用高新技术，由原有加工组装为主向自主研发、设计、制造等高端环节延伸。

（三）改善产业承接地的综合环境，推进产业转移对接

强化梯度发展，“垫高”河北高新技术产业发展水平。京津冀三地产业发展水平差距较大，北京高新技术产业实力远高于天津和河北，河北高新技术产业发展不足是京津冀协同发展的最大短板之一。河北由于面积大、人口多，在承接北京非首都功能方面应选择优势地区和优势园区进行承接，可重点依托的区域为石家庄、唐山、保定、廊坊和邯郸。在注重打造产业轴的同时，还应打造城镇轴和人口集聚轴。京津冀高新技术产业链构建的关键在于“垫高”河北的高新技术产业发展水平，形成区域内合理的梯度差。

提高承接产业转移的能力。承接地从硬环境来说，要进一步加强交通、公共服务等基础设施建设和空气、水、绿化等生态环境改善；从软环境来说，要抓住国家和省简政放权的大好机会，最大限度地释放改革红利，为企业营造经营条件好、服务态度优的环境。合理确定区域内产业准入标准、污染排放标准与违法处罚标准，防止产业转移中的污染转移。在项目审批过程中，采取联合审批，避免出现仅考虑本地发展的短视行为。

创新产业承接模式。北京的科技资源丰富，在承接产业转移时，津冀两地要充分利用北京高新技术产业发展水平高的特点，进行产业合作。如通过“共建园区”共同发展各地特色产业；通过“飞地经济”模式进行资源互补，拉动落后地区经济发展；通过“共建产业化基地”进行股份合作，风险共担、利益共享。通过多种模式创新，进行京津冀地区环境友好型产业转移，逐步突出北京的科技创新中心优势，使河北与天津发展为北京科技成果链条式的转化基地，提升津冀两地的产业整体发展水平，优化产业结构。

完善综合环境，增强集聚优质资源的凝聚能力。一座真正具有魅力的现代化城市，必然是适宜创业、适宜发展、充满机遇的城市。改善基础设施和公共服务环境，应交通先行，“以宜行聚人”；实现产业对接，“以宜业聚人”；加强生态建设，“以宜居聚人”；加强制度建设，“以环境聚人”。河北各地应与京津一道，积极推进区域内基本公共服务等制度规则的对接，推进区域社会政策的一体化，创造有利于人才等要素自由流动的社会政策环境，增强不断集聚优质资源的凝聚力。

（四）建立健全政策协调机制，推动产业互动合作

科学高效的制度安排与协调机制是推进区域协同发展和产业互动合作的根本保障。首先，探索建立横向协商与纵向协调相结合的协调机制。横向协商机制主要表现为地方政府联席会议通过平等的谈判和协商，共谋发展大计，协调各自利益，促进区域协同发展。纵向协调机制主要表现为超越地方行政区划的组织架构（如京津冀协同发展领导小组办公室）对京津冀区域发展进行顶层设计，审议区域内城市的总体规划和重大项目规划，协调区域内的重大利益关系，以维护区域公平，保障区域整体利益和长远发展。这种以省级横向协商机制为基础、纵向协调机制为补充的区域协调模式，具有地方政府与中央政府共同参与、市场协调与政府协调有机结合的体系特征。其次，探索建立税收分享、成本分摊、生态补偿等多种协调机制。按照“优势互补、互利共赢”的原则，针对产业合作、基础设施合作和生态合作等，探索建立税收分享、成本分摊、生态补偿等多种跨界治理的协调机制。再次，推出相关配套，为推进区域协同发展保驾护航。如特殊的首都财政政策、横向的财政转移支付、投融资体制创新、共同发展基金、碳汇市场等。最后，重点培育要素市场，搭建区域平台。完善区域人才市场，促进人才流动；完善区域技术市场，促进技术合作；完善区域资本市场，促进产业对接；完善区域信息共享平台，提高信息利用率。

第十一章　优化城镇布局

《京津冀协同发展规划纲要》明确提出，要打造“一核、双城、三轴、四区、多节点”的空间格局。在充分发挥北京在区域协同发展中的核心引领带动作用、加强京津合作、形成合力的同时，促进人口、产业和功能有序迁移和合理布局，在河北打造若干个区域中心城市和节点城市，从而实现产业布局和城镇布局的优化。本章从分析现状入手，针对主要问题，重点探讨了优化城镇布局，实现城市群由“双核”向“多核”格局转变的主要路径。

一　现状特征

（一）规模结构：郊区化明显，城镇人口分布呈“倒金字塔”型

城镇化呈加速态势，京津两地达到世界发达地区水平。京津冀城市群城镇人口比例不仅高于全国平均水平，近年来增长更是呈现明显加速的态势。从 2000 年到 2014 年，京津冀城市群城镇人口比例平均增速为 3.29%，高于 3.00% 的全国平均增速。而河北省的平均增速达 4.66%，高于北京 0.77% 和天津 0.96% 的平均增速。2014 年京津冀城市群城镇人口比例达 61.25%，高于全国 54.77% 的平均水平，其中，北京和天津已进入高级城镇化阶段，城镇人口比例分别为 86.35% 和 82.27%，超过世界较发达地区人口城市化平均水平（见表 11－1）。

表 11－1　京津冀城镇人口比例发展情况

单位：%

年份	全国	京津冀城市群	北京	天津	河北
2000	36.22	38.92	77.54	71.99	26.08
2005	42.99	49.32	83.62	75.11	37.69

续表

年份	全国	京津冀城市群	北京	天津	河北
2010	48.34	55.69	85.00	78.01	43.74
2012	52.57	58.93	86.20	81.55	46.80
2013	53.73	60.07	86.30	82.01	48.12
2014	54.77	61.25	86.35	82.27	49.33

资料来源：2001 年、2015 年《中国统计年鉴》。

中心城市人口“郊区化”趋势明显，北京远郊区人口增速超过近郊区。根据世界城市化一般规律，城市化人口的比重接近或超过 65% 以后，中心城区的人口开始向郊区扩散。北京 2014 年常住人口达到 2151.6 万人，城市化率达 86.35%。1990～2000 年，近郊区人口增长率为 60.15%，远郊区人口增长相对较缓慢，增长率仅为 12.73%。2000～2014 年，近郊区增长率达到 65.15%，远郊区人口增长率达到 72.75%，远郊区人口增速超过近郊区。从 24 年间的整体变化情况来看，北京市人口空间分布的方向是由内向外，北京西北部的海淀、昌平和西南部的丰台、大兴等区县人口的增长最快，虽然中心城区人口也略有增长，但人口向郊区分散的趋势非常明显。

城市规模“大的过大、小的过小”，缺少“二传手”。从城市规模结构来看，城市规模等级的划分由市区常住人口规模决定，2012 年京津冀城市群中，市区人口超过 1000 万的超大城市有 1 个（北京），500 万～1000 万的特大城市有 1 个（天津），300 万～500 万的Ⅰ型大城市有 1 个（石家庄），100 万～300 万的Ⅱ型大城市有 3 个（唐山、秦皇岛、邯郸），50 万～100 万的中等城市有 7 个（见表 11－2）。从城市人口分布结构来看，2014 年超大城市北京和特大城市天津市区容纳了整个地区市区 57.60% 的人口，远大于其他大城市、中等城市和小城市容纳的市区人口总和。超大城市和特大城市人口过于集中，其他等级城市人口规模偏小，尤其是区域中心城市发育不足，河北缺少能带动周边发展的、成为区域增长第三极的中心城市，人口规模呈“倒金字塔”型。北京和天津集聚力强而承载力弱，而河北中小城市吸纳能力弱而承载能力尚有潜力，这种不合理的城镇体系结构，最终会导致区域发展缺乏支撑力。

表 11 -2　2012 年京津冀 10 万人口以上城市规模分布情况一览

新标准		规模（市区人口）	城市	数量（个）
超大城市		1000 万以上	北京	1
特大城市		500 万 ~1000 万	天津	1
大城市	Ⅰ型大城市	300 万 ~500 万	石家庄	1
	Ⅱ型大城市	100 万 ~300 万	唐山、秦皇岛、邯郸	3
中等城市		50 万 ~100 万	邢台、保定、承德、张家口、沧州、廊坊、衡水	7
小城市	Ⅰ型小城市	20 万 ~50 万	蓟县、任丘、永年、三河、迁安、大名、涿州、丰润	8
	Ⅱ型小城市	20 万以下	静海、定州、高碑店、密云、霸州、魏县、河间、玉田、武安、泊头、赵县、昌黎、临漳、张北、临城（10 万以下略）	40 以上

资料来源：《中国城市统计年鉴 2013》《中国县（市）社会经济统计年鉴 2013》。

京津“双核”效应显著，其他城市总体发育不足。从城市首位度指数（见表 11 -3）来看，京津冀城市群的城市首位度指数一直处于 1.4 ~1.5。首位度指数在 1.0 ~2.0 的城市体系为双极型，特征为首位城市的优势不明显，城市体系和空间结构呈现双极分布。京津冀城市群的城市首位度指数 2000 ~2011 年处于上升态势，从 2012 年到 2014 年有所下降，这一方面说明随着经济快速发展，天津地位在上升，另一方面也说明自 2012 年北京开始调整经济发展格局，疏解其非首都核心功能。2014 年京津冀城市群的各等级规模城市人口比例计算结果表明，北京和天津市区容纳了整个地区市区 57.60% 的人口，远大于大城市和中等城市容纳的市区人口总和（见表 11 -4）。人口分布比较集中，在不同规模城市中的分布差异很大。不仅人口规模分布差异过大，而且经济实力与经济结构也相差很大，结果是大城市和中等城市的发展能力不够，最终导致城市群发展缺乏支撑力。京津冀城市群需要从较低规模等级的城市中培育和发展出新的更高等级的城市，以提高城市体系对区域经济的带动作用，促进区域经济的协调发展。

表 11－3 近年来京津冀城市群的城市首位度指数

年份	城市首位度指数
2000	1.428253
2005	1.443087
2010	1.462984
2011	1.478746
2012	1.464260
2013	1.436821
2014	1.418589

资料来源：笔者根据统计数据计算得来。

表 11－4 2014 年京津冀城市群市区人口和市域人口状况

	全市总人口（万人）	市辖区总人口（万人）	市区人口占市域人口比例（%）
北　京	1333.40	1261.90	94.6
天　津	1016.70	832.80	81.9
石家庄	1024.90	408.00	39.8
唐　山	753.20	329.50	43.7
秦皇岛	295.10	89.60	30.4
邯　郸	1029.50	174.10	16.9
邢　台	772.90	87.70	11.3
保　定	1196.60	110.50	9.2
张家口	468.60	90.70	19.4
承　德	380.70	59.30	15.6
沧　州	768.40	54.40	7.1
廊　坊	450.40	84.30	18.7
衡　水	452.60	54.30	12.0

资料来源：《中国城市统计年鉴 2015》。

河北城镇化率过低，导致京津冀区域整体城镇化水平低于长三角和珠三角。2014 年，北京市、天津市城镇人口比率分别达到 86.35% 和 82.27%，已迈入高度城镇化阶段，而同年河北省的城镇人口比率只有 49.33%（见表 11－1），尚在城市化中期阶段，表明京津冀城市群内部城镇化发展不平衡。2014 年长三角、珠三角的城镇化率分别达到 68.88% 和 88.00%，而京津冀城镇化率只达到 61.25%（见表 11－5），城镇化率分别比长三角和珠三角低7.63个百分点和26.75个百分点，这说明京津冀城市群城镇化整体水平低于长三角和珠三角，还有较大发展空间。但与长三角和珠三角相比，京津冀城市群2000～2014年的城镇化发展较慢，导致城镇化水平在三个增长极中最低。2010年，京津冀城市群城镇化率分别比长三角和珠三角低8.01个百分点和27.01个百分点，主要是由于京津冀城市群区域城镇化发展失衡，京津已处于城市化后期，而河北省尚在城市化中期阶段，造成京津冀城市群总体城镇化水平低于长三角和珠三角。同时，这也说明京津冀城市群的城镇化还有较为广阔的提升空间。

表11－5　京津冀城市群与长三角、珠三角人口城镇化率比较

单位：%

	2000年	2010年	2014年
京津冀城市群	38.92	55.69	61.25
长三角城市群	50.01	63.7	68.88
珠三角城市群	55.66	82.7	88.00

资料来源：笔者根据统计数据计算得来。

（二）空间结构："双核"格局突出，经济联系加强，新城作用开始显现

城市群所形成的经济区是以大中城市为核心，与其紧密相连的广大地区共同组成的经济上紧密联系、生产上互相协作的城市地域综合体。由于地理位置、历史条件、经济基础以及制度等因素的差异，城市群区域内各城市的经济发展水平呈现出复杂的空间结构特征。城市之间复杂的经济联系是空间经济结构得以形成和发展的根本原因，所以分析京津冀城市群在经济上的空间结构特征首先要研究京津冀城市群各城市之间的经济联系。目前，北京、天津和河北省之间已经形成较密切的经济联系。作为农业大省，河北是北京和天津重要的粮食基地，其充足的劳动力资源也为北京、天津提供了丰富的劳动力保障。河北优越的地理位置以及廉价的土地资源也使得接纳北京、天津的产业转移成为可能。另外，京津冀三地交通一体化已为京津冀城市群区域内的经济合作建立了良好的基础。京津冀城市群区域内有35条高速公路和280多条一般国省干线相连，基本形成了覆盖京津两地和河北11个设区市的"三小时都市交通圈"；三省市之间已开通道

路客运班线900多条、营运班车2200多辆。近年来，新一轮京津冀城市群区域格局的重塑已经开始。2013年5月，河北省分别与天津和北京签署了合作框架协议，包括京冀两地将共同推动首都经济圈规划并争取将石家庄、衡水、沧州三市纳入首都经济圈规划布局，河北与天津拓宽金融合作领域等重点内容。此次合作不仅提到了旅游、生态、水资源、交通建设这些常规合作领域，而且提到了金融、人力资源、港口物流等新的合作领域，并提出了一系列具体项目，如北京新机场、首钢在唐项目，支持河北的长城汽车、英利集团在津发展等。京津冀的产业合作也取得明显突破，京冀之间将探索两地飞地经济合作；津冀双方加强产业规划衔接，支持天津企业在河北环津地区建立天津产业转移园区；北京将支持天津武清区打造京津产业新城。未来几年，河北将与京津两地进行更进一步、更深层次的合作，京津冀城市群之间的经济联系也将更为密切和频繁。

城市群“双核”间联系紧密，极化效应依然明显。北京和天津的经济实力和两市之间的经济联系量远大于其他城市，是决定和影响京津冀城市群的增长重心和经济中枢。从经济实力来看，2014年北京和天津两市地区生产总值之和占整个京津冀城市群的55.74%。从经济区位度来看，从2000年到2010年，北京和天津的经济区位度都有较高上升，且远远高于其他城市，距离北京、天津较近的城市有所上升，而较远的城市则有所下降，反映了北京和天津两市的极化效应依然明显，区域内不平衡性还在加剧（见表11-6）。从人均地区生产总值来看，2014年北京和天津人均地区生产总值分别达到99995元和105231元，而河北省人均地区生产总值仅为39984元，不仅远远低于京津两市，甚至低于同期全国平均水平（46629元）。[①] 以上数据皆表明，京津冀城市群“双核”格局显著，内部发展不平衡。

表11-6 2000~2012年京津冀城市群主要城市的经济区位度

单位：%

	2000年	2005年	2010年	2012年
北　京	22.69	23.58	24.93	24.92
天　津	17.39	18.40	20.32	21.15

① 中华人民共和国国家统计局编《中国统计年鉴2015》，中国统计出版社，2015。

续表

	2000 年	2005 年	2010 年	2012 年
廊　坊	13.42	13.22	13.92	13.94
保　定	7.57	6.99	6.37	6.30
邢　台	7.27	6.65	5.59	5.31
邯　郸	6.78	6.39	5.53	5.27
石家庄	6.26	5.66	4.93	4.84
沧　州	6.21	6.78	6.50	6.46
唐　山	5.96	6.22	6.39	6.41
衡　水	2.98	2.72	2.12	2.07
张家口	1.36	1.25	1.27	1.23
承　德	1.25	1.29	1.36	1.35

注：因资料所限，缺秦皇岛数据。

资料来源：笔者根据统计数据计算得出。

区域内经济联系不断增强，但城市间联系度差异较大。通过设计引力模型的方法，计算相关年份的京津冀城市群各城市之间相互的经济联系势能，可以发现京津冀城市群内各城市之间的经济联系量有较大程度提高（见表 11－7、表 11－8、表 11－9、表 11－10）。北京与天津之间的经济联系势能从 2000 年的 207.74 增长到 2012 年的 1989.46，为原来的 9.58 倍；北京和廊坊之间的经济联系势能由 2000 年的 281.08 增长到 2012 年的 2069.63，为原来的 7.36 倍；张家口和秦皇岛之间的经济联系势能由 2000 年的 0.36 增长到 2012 年的 1.87，为原来的 5.19 倍。无论是经济联系势能较高的北京和廊坊，还是经济联系势能较低的张家口和秦皇岛，12 年间的经济联系势能都有 5～8 倍的增长，但前者增长达到的规模是后者的 1106.75 倍，反映了京津冀城市群区域内各城市经济联系势能差距很大，绝非一个等量级。

表 11－7　2000 年京津冀城市群主要城市的经济联系势能

	北京	天津	唐山	秦皇岛	张家口	承德	廊坊	石家庄	邯郸	邢台	保定	沧州
天　津	207.74											
唐　山	48.96	84.44										
秦皇岛	5.40	5.52	10.59									
张家口	21.00	4.89	1.99	0.36								

续表

	北京	天津	唐山	秦皇岛	张家口	承德	廊坊	石家庄	邯郸	邢台	保定	沧州
承　德	13.87	7.77	9.88	1.60	0.77							
廊　坊	281.08	112.70	12.40	1.11	2.21	2.26						
石家庄	27.67	14.46	4.67	0.86	3.73	1.08	4.80					
邯　郸	9.54	6.35	2.35	0.49	1.16	0.50	1.79	30.63				
邢　台	8.74	5.55	1.95	0.39	1.07	0.42	1.62	48.68	154.16			
保　定	85.46	34.54	8.01	1.18	5.75	1.77	15.13	44.37	8.65	9.21		
沧　州	40.05	90.04	12.44	1.46	1.66	1.55	13.10	9.11	4.28	3.78	20.03	
衡　水	13.36	10.54	2.78	0.46	1.03	0.51	2.90	20.27	8.19	8.77	20.28	11.15

资料来源：笔者根据统计数据计算得出。

表 11－8　2005 年京津冀城市群主要城市的经济联系势能

	北京	天津	唐山	秦皇岛	张家口	承德	廊坊	石家庄	邯郸	邢台	保定	沧州
天　津	506.49											
唐　山	116.69	197.37										
秦皇岛	11.90	11.93	22.37									
张家口	44.67	10.20	4.06	0.68								
承　德	32.92	18.08	22.49	3.36	1.56							
廊　坊	619.08	243.40	26.19	2.16	4.16	4.76						
石家庄	60.38	30.96	9.77	1.66	6.97	2.25	9.28					
邯　郸	22.33	14.58	5.27	1.01	2.33	1.13	3.70	62.94				
邢　台	19.00	11.84	4.07	0.75	1.99	0.88	3.12	92.92	315.55			
保　定	183.54	72.73	16.50	2.25	10.57	3.62	28.78	83.65	17.48	17.29		
沧　州	101.47	223.67	30.22	3.27	3.59	3.74	29.39	20.25	10.22	8.38	43.84	
衡　水	29.07	22.48	5.79	0.88	1.91	1.06	5.59	38.71	16.78	16.68	38.10	24.72

资料来源：笔者根据统计数据计算得出。

表 11－9　2010 年京津冀城市群主要城市的经济联系势能

	北京	天津	唐山	秦皇岛	张家口	承德	廊坊	石家庄	邯郸	邢台	保定	沧州
天　津	1396.33											
唐　山	284.45	513.48										
秦皇岛	26.80	28.68	47.57									
张家口	111.61	27.20	9.57	1.48								

续表

	北京	天津	唐山	秦皇岛	张家口	承德	廊坊	石家庄	邯郸	邢台	保定	沧州
承　德	84.36	49.46	54.40	7.52	3.88							
廊　坊	1539.50	645.98	61.46	4.69	9.99	11.75						
石家庄	137.69	75.34	21.02	3.31	15.37	5.08	20.38					
邯　郸	52.77	36.78	11.75	2.08	5.32	2.64	8.43	131.30				
邢　台	41.65	27.69	8.42	1.43	4.23	1.91	6.58	179.80	632.79			
保　定	416.67	176.22	35.34	4.45	23.21	8.16	62.90	167.64	36.30	33.32		
沧　州	232.47	546.90	65.33	6.54	7.95	8.50	64.82	40.96	21.42	16.29	88.27	
衡　水	58.12	47.96	10.92	1.54	3.69	2.10	10.75	68.33	30.69	28.30	66.94	43.84

资料来源：笔者根据统计数据计算得出。

表 11－10　2012 年京津冀城市群主要城市的经济联系势能

	北京	天津	唐山	秦皇岛	张家口	承德	廊坊	石家庄	邯郸	邢台	保定	沧州
天　津	1989.46											
唐　山	378.82	729.17										
秦皇岛	34.48	39.34	60.99									
张家口	146.56	38.09	12.52	1.87								
承　德	112.98	70.63	72.61	9.69	5.10							
廊　坊	2069.63	926.01	82.35	6.07	13.20	15.83						
石家庄	185.08	107.98	28.16	4.28	20.31	6.85	27.56					
邯　郸	69.45	51.61	15.42	2.64	6.88	3.48	11.16	173.83				
邢　台	54.44	38.60	10.97	1.80	5.43	2.50	8.66	236.45	814.77			
保　定	558.72	251.96	47.23	5.75	30.59	10.96	84.86	226.13	47.95	43.71		
沧　州	305.94	767.47	85.69	8.29	10.28	11.21	85.82	54.22	27.76	20.97	116.58	
衡　水	76.83	67.60	14.38	1.96	4.79	2.78	14.30	90.85	39.95	36.60	88.80	57.07

资料来源：笔者根据统计数据计算得出。

京津周边新城人口规模呈增长态势，新城功能逐步显现。在吸纳人口方面，2005～2014 年，北京新城从 2005 年的 584.8 万人上升到 2014 年的 684.9 万人，从 2014 年开始，北京新城的常住人口增长率高于中心城区。天津的新城常住人口规模始终大于中心城区。2007～2014 年，天津中心城区常住人口增长了 15.60%，而新城增长了 39.25%，新城增长幅度是中心城区的两倍多。2005～2014 年，北京的新城外来人口从 126.1 万人上升到

296.9万人，年均增长9.98%，表明北京的新城已经成为吸纳外来常住人口的重要载体。在承接产业方面，新城承接中心城区第二产业效果明显，第三产业还没有出现从中心城区向新城转移的明显态势。在安置就业方面，天津新城对中心城区的就业人口有很强的吸引力。2009～2014年，新城就业人口比重从2009年的39.70%上升到2014年的75.54%，表明天津新城对就业人口有很强的吸引力，较好地起到了“反磁力”基地作用。在发展实力方面，北京新城的地区生产总值占全市地区生产总值的比重由2004年的23.48%上升到2014年的29.23%；天津新城的地区生产总值占全市地区生产总值的比重由2005年的51.25%上升到2014年的53.11%，反映了京津周边新城的经济实力正在快速增强，天津新城的经济实力甚至超过中心城区。

城市群“中心—外围”格局显著，京津两中心城市辐射能力增强。一方面，京津冀城市群内部各城市间的经济联系不断增强，在量上也不断增长。另一方面，京津冀城市群的经济空间结构呈现明显的“中心—外围”特征和空间上的非均衡性。北京、天津和廊坊不仅在地理位置上处于京津冀城市群的中心，而且在经济空间结构中也处于核心位置，它们之间的经济联系量一直远大于其他城市。还需要提出的是，以京津两地为中心的极化效应向外围扩散的趋势显现，可见北京和天津对外围城市的辐射能力有所扩大，在京津冀城市群的整体发展中起到了重要的推动作用。

河北内陆城镇发展约束加剧，沿海城镇引领优势尚未显现。河北省内陆城镇经济发展方式粗放，已受资源环境制约，发展空间有限；而沿海城镇相对于内陆城镇，资源环境承载力尚有较大空间。2012年河北省沿海城镇地区经济总量仅占全省的1/3，而辽宁省沿海经济带经济总量占全省的51%、占东北三省的25%，相比之下，河北省沿海经济带起步较晚，经济实力相对较弱，产业集群的引领作用尚未充分显现。

异地城镇化特征明显，大城市运行与管理面临挑战。由于区域内经济发展不平衡，京津冀城市群存在明显的异地城镇化现象，主要表现为人口由经济发展相对落后的中小城市涌向北京和天津两市。据统计，2005～2009年，河北省向北京输送的劳动力平均每年在100万人左右，向天津输送的劳动力平均每年在60万人左右，且呈逐年增加态势。2010年河北省入京人口为155.9万人，占北京常住外来人口的22.1%。自2010年至

2014 年四年间，北京市户籍人口机械增长总量为 455132 人。其中，由河北省净迁入 80032 人，占四年来北京市户籍人口机械增长总量的 17.58%，且四年间增长比率持续增加。此外，河北籍流动人口占北京市流动人口的 1/5 且呈逐年上升趋势。截至 2014 年初，河北籍在京流动人口数为 182.0 万人，占北京市流动人口总数的 22.69%。2010 年至 2014 年，在京河北籍流动人口占全市流动人口的比重呈持续上升趋势。2010 年河北省输送到天津的人口为 75.5 万人（见表 11－11），占天津市常住外来人口的 25.2%。异地城镇化现象不仅进一步加剧了区域发展的不平衡，在一定程度上也影响了河北省中小城镇城镇化发展的水平，同时，在资源环境、电力交通、市政建设、社会治安等方面给大城市也带来了巨大压力，使大城市的运行与管理面临严峻挑战。

表 11－11　2005～2013 年河北省流入北京、天津人口数

单位：万人

年份	北京	天津
2005	92.6	50.6
2006	105.8	53.7
2007	107.7	60.5
2008	109.2	62.8
2009	131.0	64.0
2010	155.9	75.5
2013	182.0	

资料来源：2005～2009 年数据来自王艳霞、吕宪栋《河北省劳动力向京津转移的现状及对策》，《经济论坛》2010 年第 8 期，第 108～109 页；2010 年数据来自北京、天津第六次人口普查；2013 年数据来源为 http://news.xinhuanet.com/local/2016－06/02/c_129036362.htm。

二　主要问题

2005～2014 年，京津冀城市群在城镇化方面取得了巨大成就。京津冀城市群总体城镇人口比重一直高于同期全国平均水平。同时，京津冀城市群第一产业比重低于全国平均水平，支撑城镇化进程的第二产业和第三产业比重高于全国平均水平，显示出京津冀城市群产业城镇化取得长足的进步。然而，京津冀城市群在城镇化进程中亦出现了许多问题与挑战，主要有以下几个方面。

（一）规模结构：超大城市和特大城市集聚力强与中小城市吸纳力弱并存

京津两个超大城市和特大城市与河北众多中小城市之间存在巨大的经济落差。河北省众多中小城市之所以规模小、实力弱，与河北省的高投入、低产出、粗放式的经济发展方式有关。表 11－12 显示，2014 年京津两市的全社会固定资产投资占京津冀地区的 39.5%，地区生产总值占 55.8%，财政收入占 72.4%；而同期，河北的全社会固定资产投资、地区生产总值以及财政收入占比分别为 60.5%、44.2%和 27.6%。这些数据充分反映了河北省主要依靠的是投资驱动，产出效率较低，财政收入不足，难以对众多中小城市给予强有力的产业支撑和财政支持，导致中小城市公共服务设施不完善，城市对产业、人口以及高端要素的吸纳力不足。从京津两市周边新城的发展来看，也存在城市功能不健全、各功能之间在发展时序上不协调等问题。这些都在一定程度上影响了新城及中小城镇的产业发展、公共服务、吸纳就业、人口集聚等功能的充分发挥。

表 11－12　京津冀三地经济发展实力及发展水平比较（2014 年）

	地区生产总值		全社会固定资产投资		地方财政收入	
	总量（亿元）	比重（%）	总量（亿元）	比重（%）	总量（亿元）	比重（%）
北　京	21330.83	32.1	6924.2	15.7	4027.16	45.4
天　津	15726.93	23.7	10518.2	23.8	2390.35	27.0
河　北	29421.15	44.2	26671.9	60.5	2446.62	27.6
京津冀	66478.91	100	44114.3	100	8864.13	100

资料来源：《中国统计年鉴 2015》。

（二）空间结构：尚未形成多核结构、网络化发展的共赢格局

京津冀城市群城市体系呈现出“双核—岛链”结构。其中，北京、天津作为“双核”，有区域内其他城市没有的政治优势，往往能获得优先发展权。京津两大直辖市之间经济联系非常紧密，而与其他城市联系均相对松散。京津两市在城市群中的空间集聚效应大于扩散效应。京津冀城市群

三地的经济自成体系，行政区经济各自发展、联系松散，尚未形成多核结构、网络化发展的共赢格局。城市体系布局很不合理，远未形成资源共享、优势互补、良性互动的区域经济联合体。比较而言，长三角地区城市体系呈现“单极—扇面”结构。上海作为中国大陆经济发展第一城，极化区中心地位明显，带动了周围苏州、无锡、嘉兴等地的迅速发展。而二级中心城市南京、杭州则在城市体系中起承上启下的作用，进一步对三级城市形成辐射。长三角整个城市体系布局比较合理，城市间互动良好，效益明显。

（三）制度环境：经济发展主要靠政府推动，市场发育不足

与长三角、珠三角城市群相比，京津冀城市群的经济外向度偏低。2014年京津冀城市群出口总额占地区生产总值的比重为15.60%，远远低于长三角和珠三角城市群64.33%和65.71%的水平（见表11－13）。在实际利用外资方面，京津冀城市群略高于珠三角城市群，远低于长三角城市群，只相当于长三角城市群的48.24%。京津冀城市群的市场化程度低于长三角和珠三角城市群，其产业集聚与发展更多的是政府主导下以行政规划的方式形成的，行政色彩较强。而珠三角城市群的产业集聚与发展是改革开放以后以市场为导向形成的；长三角城市群的产业集聚则是随着改革的深化、政府权力的下放形成的，是政府与市场密切结合的产物。

表11－13　2014年三大经济区经济外向度比较

	京津冀城市群				长三角城市群	珠三角城市群
	合计	北京	天津	河北		
出口总额（亿元）	10370.89	4291.72	3620.68	2458.49	67816.27	44480.51
出口总额占地区生产总值的比重（%）	15.60	20.12	23.02	8.36	64.33	65.71
实际利用外资（亿美元）	349.17	90.41	188.67	70.09	723.87	268.71

资料来源：2015年北京市、河北省、上海市、江苏省、浙江省、广东省统计年鉴；天津市相关数据来源于国家统计局网站。

（四）资源环境：人地关系紧张，承载压力巨大

随着京津冀城市群进入高速发展阶段，人口与经济发展受资源环境制

约越来越严重。京津冀城市群受水资源、土地资源严重制约。由于地理原因和气候原因，京津冀城市群历来是我国缺水严重的地区之一。同时，京津冀城市群人口稠密，尤其是北京、天津两市，大量流动人口的涌入造成用水需求不断增长。而水资源的总量急剧减少，加上工业及城镇生活污水的排放，使得该地区地表和地下水污染严重，进一步加剧了水资源供需矛盾。

由于人口密度不断增大，京津冀城市群人均用地面积不断减少，土地资源超载严重。北京市 2014 年常住人口已达 2151.6 万人。人口密度由 1999 年的 766 人/km^2 增加到 2014 年的 812.50 人/km^2，人均用地面积由 1999 年的 1305 平方米减少到 2014 年的 762.73 平方米，北京的土地资源人口承载压力不断加大。天津市 2014 年常住人口为 1517 万人。人口密度由 1995 年的 790 人/km^2 增加到 2014 年的 853.12 人/km^2；人均用地面积持续减少，由 1995 年的 1265 平方米减少到 2014 年的 785.56 平方米，天津人口与土地资源的矛盾也日益突出。河北省土地总面积 186661 平方公里，人口密度由 1990 年的 328 人/km^2 增加到 2012 年的 406.77 人/km^2，人均用地面积也在不断下降，由 1990 年的 3047 平方米减少到 2014 年的 2527.91 平方米。然而，与北京、天津相比，河北省在土地承载力方面尚未受到严重制约，还有较大的利用空间。除此之外，京津冀城市群普遍存在土地利用效率不高、水土流失、土地沙漠化严重等问题。

除了资源制约以外，近年来，京津冀城市群环境污染现象日益引起全社会的广泛关注。京津冀城市群水污染、土地污染严重，进一步加剧了水资源、土地资源供给紧张程度。而严重的大气污染不仅威胁人们的生命健康，更对京津冀城市群的区域形象造成了深刻的负面影响。

三 发展思路

中共中央政治局 2015 年 4 月 30 日召开会议，审议通过《京津冀协同发展规划纲要》。《规划纲要》指出，推动京津冀协同发展是一个重大国家战略，核心是有序疏解北京非首都功能，调整经济结构和空间结构，走出一条内涵集约发展的新路子，探索出一种人口经济密集地区优化开发的模式，促进区域协调发展，形成新增长极，打造以首都为核心的世界级城市群。京津冀地区城镇体系规模结构是否合理、空间结构是否优化，直接影响京津冀城市群战略目标能否实现。

（一）优化城镇空间布局是目标

《规划纲要》指出，京津冀地区未来要建设成为以首都为核心的世界级城市群、创新驱动发展的引领区、体制机制改革的先行区、生态修复和环境改善的示范区。疏解北京非首都功能，优化首都核心功能，强化京津双城联动，近中期通过对北京、天津、石家庄沿线中小城市的改造和建设，提升区域性中心城市功能，培育一批集聚能力较强的重要节点城市，打造现代化新型首都圈，建设以首都为核心、生态环境良好、经济文化发达、社会和谐稳定的世界级城市群。

1. 打造多个区域性中心城市和节点城市

将北京非首都功能疏解与破解“大城市病”、支持河北大城市建设结合起来。发展壮大石家庄、唐山、保定、邯郸城市规模，发挥石家庄、唐山、保定、邯郸区域性中心城市功能，通过提升城市规模将其建设成为区域副中心和河北经济增长极，推动区域由双城联动向多城联动转变；强化张家口、承德、廊坊、秦皇岛、沧州、邢台、衡水等节点城市的支撑作用，进一步提高城市综合承载能力和服务能力，有序推动产业和人口集聚，从根本上缓解北京“大城市病”。

2. 打造“4 + N”产业及人口功能承接平台

将北京非首都功能疏解与产业升级、提升首都国际机能和科技机能、带动区域共赢发展结合起来。依托现有基础，坚持科学布局、相对集中、功能有别、错位发展，重点建设三个开发地区（中关村、天津滨海新区、曹妃甸工业区），打造“4 + N”产业功能承接平台。其中，“4”即搭建4个“产业战略合作功能区”，即天津滨海新区、北京新机场临空经济区、张承生态功能区、曹妃甸协同发展示范区；“N”即以天津滨海—中关村科技园，宁河京津合作示范区，武清京津产业新城，宝坻京津中关村科技新城，沧州、正定、北戴河等一批特色园区，白洋淀科技城为支撑，加强政府引导和支持，充分发挥市场机制作用，形成集聚效应和示范作用，在京津冀地区搭建30多个产业园区合作平台和科技成果转化基地，推动区域内相关产业升级转移。

3. 按照“多点一城、老城重组”思路优化城市空间布局

非首都功能的集中疏解与分散疏解结合。对于行政功能和公共服务功能以及集聚发展要求较高的产业或生产环节，采取集中疏解方式，积极发挥规模效益和集约效益，打造区域中心城市。对于发展要求相对较低的产业和部分公共服务功能，采取分散疏解方式。调整优化空间结构，建设集中承载地和“微中心”，推动形成“多点一城、老城重组”的城市发展格局。

（二）将处理好四大关系贯穿始终

1. 中心城市与所在区域共生互动关系

从都市圈理论与实践来看，中心城市与所在区域存在共生互动关系。中心城市的形成发展离不开所在区域的基础和支撑；中心城市在率先实现由制造经济向服务经济、创新经济转型升级方面发挥着区域核心、科技引领和增长引擎的作用；在中心城市的集聚、扩散和阶段跃升等方面，所在区域为其提供要素、拓展空间和发展平台等重要支撑。京津冀城镇体系的“中心—外围”特征明显。尽管近年来北京采取了一系列产业疏解的措施，但在市场机制的作用下，各种优质要素仍在向京津两大城市集聚，中心与外围经济落差仍在加大。这种区域内发展水平差距过大以及“大的过大、小的过小”的城市规模结构，不但拉低了区域整体发展水平，而且因周边众多中小城市难以有效承接京津疏解功能及人口并快速发展起来，导致超大城市和特大城市的功能和人口难以有效疏解，“大城市病”难以从根本上破除。因此，如何处理好中心城市与所在区域的关系，在中心城市功能疏解过程中带动中小城市发展，进而构建起合理的城镇体系，提升区域的整体发展水平，是当前迫切需要破解的一个重大课题。

2. 北京与天津两大中心城市分工合作关系

京津合作是推进京津冀区域协同发展的核心与关键。第一，“双核心”能否形成合力事关全局。京津各自优势明显。北京的首都优势、总部优势、科技人才优势、全国市场优势以及全国交通枢纽优势等得天独厚，是区域当之无愧的首位城市和核心；天津凭借现代制造优势、海港优势以及科技人才优势等也位居全国前列。但基于现行体制下的利益考量，京津“双核”始终未形成合力，区域龙头作用及其合力优势也远未充分发挥出来。京津“双核心”协调难是影响和制约京津冀区域快速发展的要害所在。第二，京津两市实力水平接近，合作领域更宽，影响更深远。北京与河北的合作，由于经济落差较大，更多的是互补性的资源合作、生态合作以及产业链布局的合作。与京冀合作不同，京津合作，由于经济技术水平接近、产业结构错位、资源禀赋各异，更多的是功能分工、强强联合、优势互补合作，如金融合作、科技合作、物流合作、海空港合作、生产性服务业与现代制造业合作、教育医疗合作等，合作领域更宽，影响更深远。只有处理好京津两市的功能分工、优势互补与有机合作，京津冀协同发展才有可能取得突破性进展。第三，只有京津两市联手，才有可能实现区域发展的战略目标。只有京津两市联起手来，京津冀才有可能实现打造世界级高端服务业基地、中国科技创新能力最强的科技高地、北方国际金融中心、国际航运中心和国际物流中心等战略目标。因此，处理好京津两市的分工合作关系，是推进京津冀协调发展的关键所在。

3. 经济社会生态协调发展关系

京津冀地区作为我国东部的发达地区，发展机会较多。大量流动人口涌入北京、天津两市，使城市和区域的资源环境承载压力越来越大，特别是近年来大气环境污染已经成为制约京津冀区域发展的突出问题（2013 年全国前十大污染城市中有七个城市在京津冀地区），这不仅影响到居民的身体健康与生活质量，也必然影响优质资源向京津冀地区的集聚，甚至会出现高端人才、外资企业、研发机构等逃离外迁的现象，影响京津冀地区的可持续发展。像京津冀这样一个重化工业占有较大比重的地区，在推进区域协同发展进程中，如何逐步化解加快经济发展与资源环境承载压力的矛盾、人民群众改善环境的迫切要求与环境治理长期性的矛盾、发展经济提高收入的迫切要求与淘汰落后产能的矛盾等，是亟待破解的新课题。

4. 市场调节与政府引导的关系

京津冀协同发展既不同于长三角在市场化程度较高的基础上进行合作，又不同于珠三角主要在同一省域范围内进行区域合作，而是在国有企业比重较大、行政干预力量较强、市场发育不足的环境下和现行的财政、税收、行政区划的体制下进行跨省域区域合作，难度很大。因此，能否处理好政府和市场的关系，寻求政府行为和市场功能的最佳结合点，直接影响协同发展能否取得成效。本课题组认为，在实际推进京津冀协同发展的过程中，要明确划分政府和市场的行为边界，如产业协作、企业创新、要素流动、资源配置等经济活动应该更多地由市场来调节，政府主要为其创造良好的环境和条件；在一些市场失灵的领域，如基础设施、公共服务、生态建设等则主要由政府来规划和协调。同时，要处理好地方政府与中央政府的关系，一些具有共同利益并取得共识的重大问题，可以通过地方政府间的平等协商来解决；而那些难以协调又关系区域整体利益的问题，则由中央政府站在国家战略层面进行顶层设计和督导推动。如何探索建立市场调节与政府引导相结合的跨界治理协调机制，以保障区域协同发展，使经济更具活力、社会更加公平、运行更有效率，是亟待解决的重要问题。

（三）实现“五个结合”是取得成效的关键所在

京津冀区域协同发展，必须打破“一亩三分地”的行政藩篱，实现三地“抱团发展”，闯出一条基础设施相连相通、产业发展互补互促、资源要素对接对流、公共服务共建共享、生态环境联防联控的路子来。在城镇体系构建方面，应重点推进北京非首都功能疏解、新城建设、区域副中心建设，打造“一核、双城、三轴、四区、多节点”的空间格局。要取得成效应重点在五个方面下功夫。

一是将北京非首都功能疏解与破解“大城市病”结合起来，与产业升级、提升首都国际机能和科技机能结合起来，与带动区域共赢发展结合起来。

二是将北京非首都功能疏解与支持河北的大城市建设结合起来。把石家庄、保定、唐山、邯郸等建设成为区域副中心，可从根本上缓解北京的人口压力。

三是将北京非首都功能疏解与加快大都市周边的新城建设和河北的中小城市发展结合起来。探讨产城融合、产业转移与公共服务均等化同步推进的路径，使新城及中小城市成为对内承接、对外集聚的“反磁力基地”和新增长点。

四是将北京的部分满足全国需求的教育、医疗等社会公共服务机构向外疏解与完善周边基础设施、公共服务、生态环境结合起来。着力建设环首都绿色生活圈，建设集中连片的环京森林带，向国际一流和谐宜居之都目标迈进。

五是将打造产业轴与城镇轴建设结合起来。通过沿京津、京保石、京唐秦等主要通道，以轴串点、以点带面，推动产业要素沿轴向集聚，在建设产业集聚轴的同时打造城镇集聚轴。

四 政策建议

立足于京津冀地区比较优势和现有基础，按照优势互补、协调发展、强化联动的原则，进一步明确区域内城市功能定位，优化城市群城镇空间布局，调整优化城镇体系，编制统一的京津冀城乡规划。提升京津双城辐射带动作用，推动区域性中心城市组团式发展，增强节点城市要素集聚能力，培育中小城市和特色小城镇，加快形成定位清晰、分工合理、功能完善、生态宜居的城镇体系，走出一条绿色低碳智能的新型城镇化道路。

（一）北京应通过功能疏解发挥其在区域协同发展中的核心引领带动作用

1. 在“瘦身”中“强体”

即通过功能疏解，突破发展瓶颈，更好地发挥首都核心功能。关键要抓好几个结合：一是将功能疏解与破解“大城市病”结合起来，如提高市内轨道交通密度，加快市郊铁路建设，打造“一小时经济圈”；二是将功能疏解与产业转型升级结合起来，腾退空间、集约资源，形成高精尖的经济结构，加快由“在北京制造”向“由北京创造”转型；三是将功能疏解与培育新增长点结合起来，如加快城市副中心建设，在首都周边打造若干个新城，使其成为对内承接、对外集聚的“反磁力基地”和新增长点；四是将功能疏解与优化城镇空间布局结合起来，改变“北强南弱”的空间布局；五是将教育、医疗等社会公共服务功能疏解与产业转移、行政事业机构外迁、交通等基础设施完善、生态环境改善等结合起来。

2. 在“合作”中“增能”

即在与津冀两地合作中拓展发展空间，培育新增长点，提升北京的国际影响力。北京应疏解部分经济功能，如金融功能、物流功能、贸易功能等，让天津和河北去承担。当前，加强金融合作、交通合作、贸易合作、科技合作尤为重要。在金融合作方面，目前我国正在由制造大国迅速崛起为全球投资金融大国，在北方建立一个对外辐射东北亚、对内辐射三北的区域国际金融中心的时机已经成熟。京津两市金融发展各有优势，具备携手探索、共建金融中心的良好基础。这无论对提升北京的国际影响力和控制力，还是对提升天津区域经济中心的服务辐射能力，都具有重要意义。在交通合作方面，要促进北京国际交往中心、国际航空枢纽与天津国际航运中心合作互动。加强京津冀国际机场群合作，使区域内几个机场间如同一个大机场的不同航站楼，形成“分布式大机场”体系。促进空运、海运、公路、铁路等多种运输方式的无缝对接，实现各节点城市城际直通，减少迂回运输、过境交通对北京的干扰，提升区域整体交通承载能力。还应加强国际铁路和公路系统与周边国家主要城市的衔接，形成“12 小时交通圈”，并向西衔接第二欧亚大陆桥。在贸易合作、物流合作方面，应抓住天津获批建设中国自由贸易园区的重大机遇，共建北方国际贸易中心和国际物流中心。

3. 在“输出”中“带动”

即通过产业技术的扩散转移，促进区域产业整合升级和链接融合。应针对京津冀产业发展中的突出问题——三地产业各成体系，产业集聚度不够，产业链不衔接，全球竞争力不足，抓紧制定和完善有利于产业转移承接的配套政策，促进北京科技创新中心与天津、河北现代制造研发转化基地的合作互动，尽快形成基于产业链的合理分工与布局，探索更具活力的科技创新共同体、产业合作共同体等新模式，建设若干科技创新合作示范区和产业合作示范区，共同打造世界级产业集群。

4. 在“整合”中“引领”

在京津冀区域内，已建有众多开发区、高新区和功能区，但大都是各自发展，缺乏相互关联和有效整合，缺乏资源共享的信息平台和市场交易平台，没有形成整体优势和集聚效应。应把中关村自主创新政策延伸到天津和河北，充分发挥北京科技创新优势，尤其是中关村的品牌优势、科技优势、人才优势、政策优势、资本优势、市场优势等，集聚海内外科技资源，释放天津、河北的资源潜能，在更大的区域范围内探索科技引领、资源整合的新模式，打造中关村资本运营的升级版。

（二）强化京津“双核”，打造世界级城市群“双引擎”

1. 京津合作是京津冀协同发展的核心和关键

京津冀城市群的发展目标是打造以首都为核心的世界级城市群。北京的功能定位是全国政治中心、文化中心、国际交往中心、科技创新中心。天津的功能定位是全国先进制造研发基地、北方国际航运核心区、金融创新运营示范区、改革开放先行区。北京与天津，由于经济技术水平接近、产业结构错位、资源禀赋各异，完全能够错位发展和共赢发展，也只有京津联手、共举龙头，才能够把京津冀城市群建设成为无论体量、质量还是水平都能够与长三角、珠三角并驾齐驱并具有国际影响力和控制力的世界级城市群。

2. 京津在空间布局上应采取“相向”发展战略

北京在城镇空间布局上应采取向东、向南发展战略，利用北京党政机关外迁的机遇将通州打造成为行政副中心，利用首都新机场建设的机遇将大兴打造成为临空经济集聚区。天津市在城镇空间布局上应采取向西、向北发展战略，打造“双城双港、相向拓展、一轴两带、南北生态”空间格局，重点打造“一轴两带”：“一轴”指京津发展轴的天津段，依次连接武清区、中心城区、海河中游地区和滨海新区核心区；两带指“东部滨海发展带”和“西部城镇发展带”。通过“一轴两带”战略对接北京城市发展，最终实现京津同城化。

3. 加强京津全方位合作，率先实现同城化发展

京津实现同城化发展条件已经成熟。在京津冀城市群中，北京与天津两市城镇化率均已超过80%，京津两市并肩而立成为区域经济发展的“双核心、双引擎”是不争的事实，也是迈向未来多中心城市群的现实基础；京津两市均已进入中心城市功能疏解、打造周边新城、建设都市圈和城市群的重要阶段，经济科技发展水平以及教育、医疗等社会公共服务水平接近，最有条件率先实现同城化发展。北京和天津是京津冀协同发展的主要引擎，可以通过分工合作、互补合作、强强合作，实现全方位合作。如通过分工合作，共建北方金融中心，北京重点发挥金融总部的监管功能和政策功能，天津重点发挥金融创新运营功能；还可以通

过互补合作，共建科技创新中心、北方国际航运中心和国际航空枢纽；也可以通过强强合作，加强教育合作、医疗合作。京津联手，形成合力，共同引领和带动区域协同发展，谱写社会主义现代化“双城记”。

（三）河北应加强区域中心城市及功能区建设

1. 通过产业轴和城镇轴联动发展，打造区域性中心城市和节点城市

通过非首都功能的承接，采取产城融合、产业转移与公共服务均等化同步推进的路径，发展壮大河北中小城市，使其成为对内承接、对外集聚的“反磁力基地”和新增长点以及宜居宜业之城。将四个产业承接平台与区域中心城市、节点城市建设结合起来，在打造产业轴的同时打造城镇轴，重点发展壮大石家庄、唐山、保定、邯郸城市规模，将石家庄、唐山、保定、邯郸打造成为区域性中心城市，将张家口、承德、廊坊、秦皇岛、沧州、邢台、衡水等打造成为区域节点城市。

2. 根据区域功能定位，打造四大功能区

一是打造环京津核心功能区。环京津核心功能区主要涉及廊坊市、保定市及其所辖县市。应充分利用北京建设世界城市，首都职能转型发展的战略机遇，推动保定和廊坊着力提升非首都功能承接能力，积极打造成承接首都功能扩展和产业转移的重要基地。以打造新区、县城扩容升级作为承接北京非首都功能的切入点，形成“两心”（廊坊、保定中心城市）、“三区”（京东产业协作服务区、京南产业协作服务区、新机场临空产业区）、“六轴”（京津、京唐、京石、京张、京承、京沧等六条区域发展轴）、“多点”的空间布局。二是打造沿海率先发展区。以秦皇岛、沧州、唐山为主，着力建设曹妃甸区、渤海新区、北戴河新区，打造全省开放型经济引领区和战略增长极。利用秦皇岛港、黄骅港、唐山港（京唐港、曹妃甸港）重要出海口的优势，打造对外开放发展新平台。提升唐山、秦皇岛、沧州中心城市功能，重点推动曹妃甸新区和渤海新区建设，打造唐山湾生态城、北戴河新区、黄骅新城三大临港产业集聚区，形成以中心城市和滨海建设为重点的“一带（滨海开发带）三组团（唐山、秦皇岛、沧州）”空间布局。三是打造冀中南功能拓展区。以石家庄、邯郸、邢台、衡水为主体，向京九、京广、石黄、邯黄等交通沿线的中小城市和小城镇进行功能拓展。冀中南功能拓展区应以建设重要的新能源产业、现代服务业、高新技术产业和现代农业示范基地，形成区域性物流、商贸流通、金融服务和科教文化中心城市为目标，形成“一核”（石家庄）、“三心”（邯郸、邢台、衡水）、“三轴”（京九、京广、石黄三条交通复合轴）、“多区”（空港工业园区、东部产业新城、冀南新区、衡水滨湖新区、邢台新区等特色产业园区）的空间布局。四是打造冀西北生态涵养区。以张家口、承德为主体，重点是河北省提出的环首都绿色经济圈所涉及的涿鹿县、怀来县、赤城县、丰宁满族自治县、滦平县、兴隆县等。张承地区是京津冀生态涵养区，是生态文明先行示范区。应推动张家口、承德及太行山区重点加强生态保障、水源涵养、旅游休闲、绿色产品供给等功能，构建绿色生态产业体系，建成全国生态文明先行示范区。

（四）注重开发区建设，带动工业企业向郊区迁移

1. 注重开发区建设，促进区域产业整合升级

京津冀协同发展的目标之一是建设具有国际影响力和竞争力的世界级城市群，而世界级城市群需要有世界级的产业园区和产业集群来支撑。京津冀地区的13个国家级经济技术开发区，不仅是京津冀区域协同发展的科技创新策源地、先导产业集聚区、经济增长火车头，而且在我国由制造大国向创造大国、经济强国转型过程中担负着科技引领、产业支撑、经济引擎的重要使命。注重开发区建设有利于其在推进京津冀协同发展、促进产业转型升级过程中更好地发挥“国家队”作用。

2. 注重开发区建设，完善产业链条，提高产业集聚度和国际竞争力

通过摸清京津冀地区13个国家级经济技术开发区目前的产业发展现状和创新能力，为加快京津冀地区国家级开发区发展探寻有效路径。有必要对京津冀地区13个国家级经济技术开发区的产业规模及水平、产业结构及空间分布、科技创新能力及企业活力等进行纵向分析和横向比较，从中找到差距和问题，从而为建设世界级产业集群提供路径选择。

3. 注重开发区建设，促进产业在区域空间的优化布局

国家级经济技术开发区在国家和区域发展中应担负一定的使命和发挥一定的作用，如资源集聚、科技引领、产业支撑、经济带动和改革开放示范等。京津冀地区13个国家级经济技术开发区的又好又快发展在推进京津冀协同发展和中国由制造大国向经济强国迈进的进程中发挥着重要的作

用。开发区一般地处郊区，因此通过开发区建设能促进产业在区域空间的优化布局。同时，开发区建设能集聚优质资源和完善企业创新创业的综合环境（包括基础设施完备、公共服务完善、生态环境良好、体制政策宽松、市场服务平台和社会文化包容等），从而促进城市的发展，最终实现区域城镇布局优化和产城融合发展。

第十二章　优化公共服务布局

京津冀地区作为我国参与全球竞争、率先实现现代化和正在崛起的巨型都市圈，是我国北方连接“海洋经济”和“大陆经济”的重要枢纽，是中国三大经济区域增长极中极具战略地位的一极。当前，京津冀都市圈正处于创新驱动、经济转型与协同发展的关键时期，但协同发展水平低于其他经济圈。究其原因，在于京津冀地区市场化水平和协同程度偏低，始终没有摆脱“行政区”掣肘，导致逐渐形成结构锁定和利益固化的局面。而造成这一问题的深层根源是三地基本公共服务严重非均等化。促进基本公共服务均等化是疏解北京非首都功能的重要前提和京津冀协同发展的本质要求。目前，北京集中了过多的教育、文化和医疗等公共服务资源，使其拥有河北和天津无法企及的优势，但资源过度集中也使北京人口、交通、环境等问题日益恶化。为此，必须发挥政府引导作用，引入市场机制，推进公共服务空间优化，促进优质公共服务资源整合与合理配置，努力实现公共服务“底线公平”和提高基本公共服务均等化水平。

一　现状特征

公共服务均等化是一个重大的经济社会问题，受到民众的高度关切。公共服务均等化是指在一个国家或地区内，通过统筹规划与政策引导，使处于不同地区或地区内不同区域的居民都能享受到大体相等的基本公共服务。基本公共服务主要涵盖教育、医疗、文化、社保与就业等领域，这些是公共服务中最基础、最核心和最应优先保证的领域。

1. **公共教育资源配置不均，教育发展水平差距显著**

（1）教育资源供求总量和结构失衡

2014 年北京、天津和河北每百万人拥有普通高校（机构）数分别为

4.14 所、3.29 所、1.57 所，表明三地教育资源占有量差距较大，教育资源布局不均衡。从高等学校教师资源占有量看，2013 年北京每百名学生拥有教师 7.89 人，比天津多 1.97 人，比河北多 2.31 人，而河北比同期全国水平少 0.2 人，说明三地教师资源配置不均，供求矛盾突出。从高层次教育培养看，2014 年北京高等学校（机构）在校研究生人数为 27.4 万，而天津、河北分别为 5.06 万、3.78 万（见图 12－1），北京的在校研究生人数是天津的 5.42 倍、河北的 7.25 倍，北京高层次教育水平远高于天津、河北，展现出“一枝独秀”的优势。此外，在基础教育方面，三地也表现出同样的问题。这些都反映出京津冀三地教育服务不平衡现象极为突出，教育资源供求总量失衡和结构失衡并存。

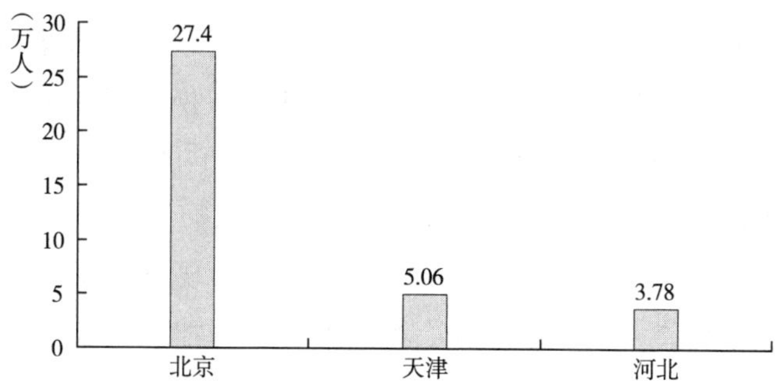

图 12－1　京津冀各地区高等学校（机构）在校研究生人数（2014 年）

资料来源：2015 年《北京统计年鉴》《天津统计年鉴》《河北经济年鉴》。

（2）公共教育支出差距有缩小趋势

2013 年北京、天津人均公共财政教育支出分别为 3305.94 元、3134.81 元，而同期河北仅为 1049.19 元（见图 12－2），低于全国的 1573.10 元，说明三地在公共财政教育支出方面存在明显的梯度，同时也折射出三地的财力、政策以及对教育重视程度的差距。从发展潜力看，2013 年北京、天津、河北公共财政教育支出的增长率分别为 15.58%、25.04%、33.82%（见图 12－2），河北最高，北京最低，反映出河北在教育支出上正努力追赶。从公共教育支出比例看，2013 年河北公共财政教育支出占公共财政支出比例的增长率为 2.70%，高于全国 1.35 个百分点，而同期北京、天津分别低于全国 1.03 个、0.54 个百分点，充分反映出河北在公共教育方面开始“发力”，三地公共教育差距有缩小的趋势。

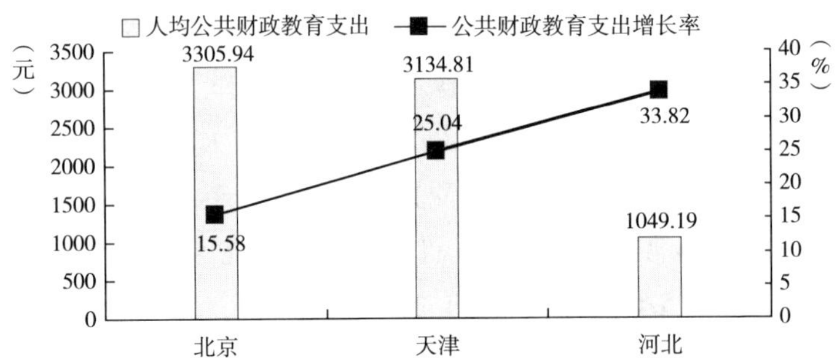

图 12－2　京津冀各地区公共财政教育支出及增长率（2013 年）

资料来源：笔者根据统计数据计算得出。

（3）三地教育质量“梯度差”明显

京津冀地区高校主要分布在京津一线与秦皇岛、唐山、保定、石家庄一线，高校区内分布不均，高等教育的“稀薄区”与“密集区”共存。从教育层次与类型看，北京集中 26 所“211”高校，而天津、河北分别为 3 所、1 所。2014 年京津地区本科高校集中了区内本科高校总数的 65%，河北地区专科高校集中了区内专科高校总数的 59%，表明京津的优质教育资源极为丰富，而河北相对落后，也体现出三地教育质量存在较大的差异。2013 年北京、天津、河北专任教师拥有高级职称的比例分别为 58.3%、46.4%、42.7%（见图 12－3），表明三地教师专业素质、教育水平也存在明显的差距。同时，河北在教育理念、教学方式等方面也比较落后，一些地方仍没有脱离应试教育的模式，北京、天津则更加注重综合教育。教育存在巨大的“梯度差”，进而形成“马太效应”，加剧了公共服务供需的“紧平衡”状态，阻碍了教育资源的跨区流动与有效衔接。

2. 医疗卫生资源呈“断崖”式分布，医保体系对接不畅

（1）公共医疗资源供需矛盾“趋紧”

2014 年北京市常住人口每千人拥有执业医师 3.7 人、护士 4.2 人、床位 5.0 张，天津拥有执业医师 2.3 人、护士 2.1 人、床位 4.1 张，河北最低，仅拥有执业医师 2.1 人、护士 1.7 人、床位 3.5 张（见图 12－4），和京津两市相比，河北医疗资源供需非常紧张，京津冀医疗服务呈“断崖”式分布。2014 年河北每百万人口拥有三级医院数仅为 0.9 家，只占北京的 29%、天津的 36%，三地优质医疗资源差距明显，而北京和天津“剪刀

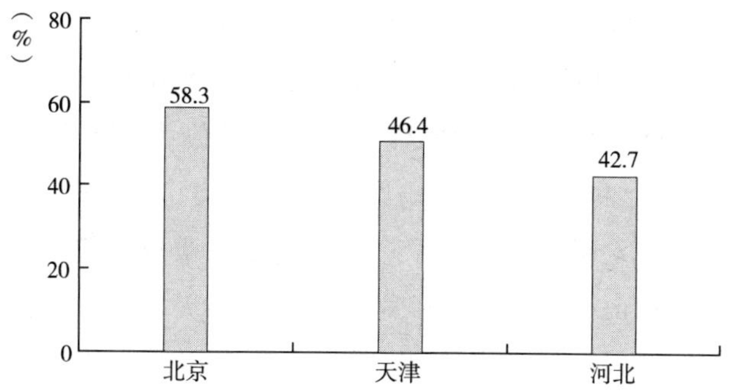

图 12-3　京津冀各地区专任教师拥有高级职称的比例（2013 年）

资料来源：京津冀三地统计局数据。

差”较小。由于河北优质医疗资源薄弱，很多病人不愿在本地看病，直接上京津两市，造成两地大医院人满为患。2014 年北京医疗机构为全社会提供 2.21 亿人次的门诊服务，超过 300 万次的车辆服务，其中，二级以上医疗机构门诊总量中，外地患者占近 34%，而外地入京就医人口中，河北占 1/3。2013 年北京人均卫生费用支出居全国之首，为 4841.29 元，天津为 3034.87 元，而河北仅为 1461.53 元，远低于京津两市。北京、天津集聚了大量的医院和医师，医疗费用支出力度较大，河北医疗服务水平较低，三地医疗服务水平“鸿沟”依然巨大，供需矛盾“趋紧”。

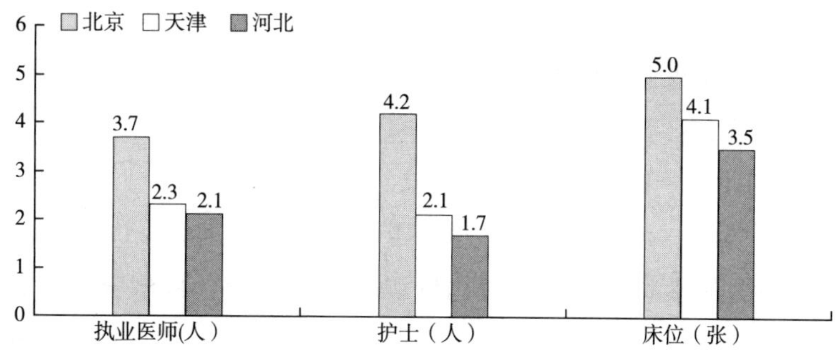

图 12-4　京津冀各地区每千人拥有执业医师、护士、床位的数量（2014 年）

资料来源：《中国统计年鉴 2015》。

（2）医保同城化亟待突破

目前，京津冀三方医保合作已进入“步伐加快、协作推进”阶段，但由于三地医保待遇差距过大，无法异地结算和待遇互认，阻碍了医保同城化进程。2013 年天津、河北城镇职工医保支出分别为 123.4 亿元、143.3

亿元，远低于北京的381.9亿元，若按人均计算差距更大。三地医保缴纳基数及报销起付线也存在较大差别，河北省内各城市的标准也不一样，2013年北京市单位和个人人均医保缴费基数分别为6267.6元和1289.52元，天津为4224元和844.8元，石家庄仅为3513.2元和702.64元（见图12－5），河北其他地级市则更低，三地之间医保缴费基数相差较大，直接影响了地区间医保衔接程度。京津冀三地尚未实现统一的医保标准，医疗资源流转程度低、报销制度不对接、异地就医有“保”难“报”的现象极为突出。

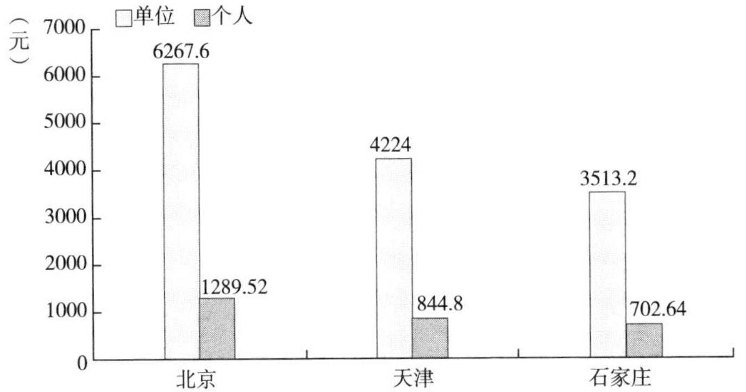

图12－5　北京、天津、石家庄单位和个人人均医保缴费基数（2013年）

资料来源：京津冀三地统计局数据。

3. 公共文化事业发展不平衡，相互之间衔接程度低

（1）公共文化事业发展不平衡

2013年北京、天津、河北人均拥有公共图书馆藏书量分别为0.98册、1.00册、0.26册，河北不仅与京津差距较大，也低于全国0.29册的平均水平，反映出京津冀地区公共文化资源布局不均衡。从出版物发行机构看，2013年北京每万人拥有出版物发行机构4.37处，为三地中最高，河北最低，仅为0.99处，三地差异较大。2014年北京每百万人拥有表演艺术团体机构数为14.31个，天津为3.46个，河北在三地中最低，为1.38个，仅占北京的9.6%。2013年河北博物馆文物藏品为27.20万件，天津为68.85万件，北京高达114.23万件，占三地总和的比例分别为12.94%、32.74%和54.32%（见图12－6），北京高于河北和天津总和。总体上讲，京津冀三地公共文化资源配置不均衡，文化事业发展不平衡，文化服务供需失衡。

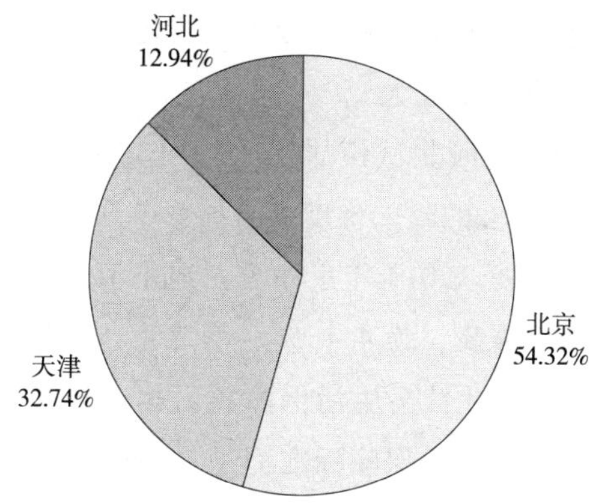

图 12－6 京津冀各地区博物馆文物藏品分布比例（2013 年）

资料来源：《中国统计年鉴 2014》。

（2）文化产业发展自成体系

由于文化资源禀赋、区域规划不同，京津冀三地的文化产业发展自成体系，文化资源配置失衡，严重制约着三地文化产业协同发展。2013 年北京拥有 98351 个文化及相关企业单位，而天津、河北分别为 20127 个、28884 个（见图 12－7），三地文化发展水平落差较大。北京文化产业发展厚重且强势，文化产业起步较早，门类齐全，发展较快，产业总体实力较强；天津正积极构建公共文化服务体系，制定文化创意产业发展规划和相应的扶持政策，酝酿、建成一批文化创新产业园区和产业基地；相比而言，河北文化产业发展较为落后。同时，各地在文化产业项目策划和文化产品研制、开发、销售上，也较少考虑与另外两地的有效衔接，没有形成区域整体的文化凝聚力和竞争力。

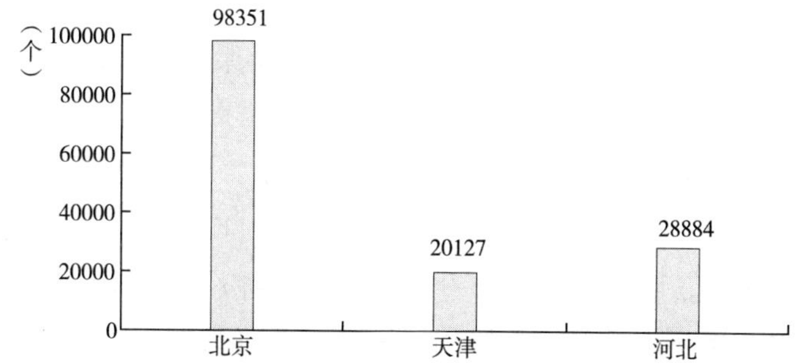

图 12－7 京津冀各地区拥有的文化及相关企业单位数（2013 年）

资料来源：京津冀三地统计局数据。

4. 社会保障标准落差较大，缺乏社保一体化的配套体系

(1) 生活保障标准差距较大

2014 年北京、天津、河北城镇居民人均可支配收入分别为 43910 元、31506 元、24141 元，巨大的收入梯度差直接影响居民的生活水平，也制约着区域社保一体化的发展。2014 年京津冀三地中河北最低生活保障人数占常住人口总人数的比例最高，为 4.13%，而北京、天津相对较低，分别为 0.65%、1.67%，表明河北社会生活保障压力相对较大。无论从城市还是从农村看，北京人均最低生活保障标准都是最高的，2014 年北京城市和农村人均最低生活保障标准分别为 650 元和 560 元，而天津为 640 元和 440 元，河北最低，为 500 元和 225 元（见图 12－8），三地生活保障标准差距较大，导致相互之间无法流转。此外，三地生活保障支出也存在较大差异，从侧面也反映出三地的财力水平及公共服务的供给能力不均衡。

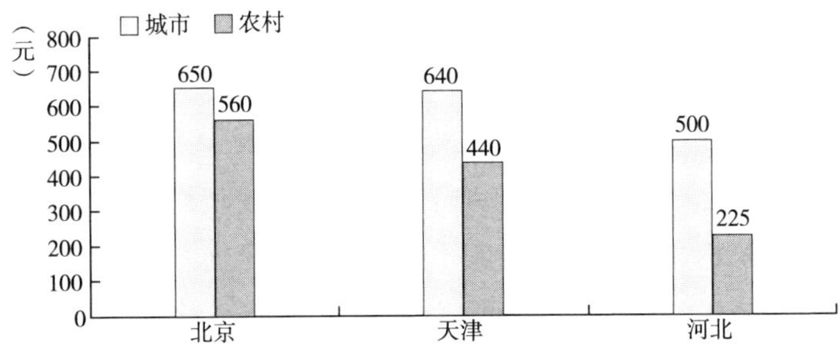

图 12－8　京津冀各地区人均最低生活保障标准（2014 年）

资料来源：2015 年《北京统计年鉴》《天津统计年鉴》《河北经济年鉴》。

(2) 社会保险参保比例严重失衡

社会保险的主要项目包括养老保险、医疗保险、失业保险、工伤保险、生育保险。2014 年北京城镇基本养老保险参保人数占常住人口总人数的比例最高，为 64.7%，天津、河北分别低于北京 27.7 个、47.6 个百分点，表明北京养老压力大，天津、河北相对较小。从医疗保险看，2014 年北京、天津城镇基本医疗保险人数占常住人口总人数的比例分别为 66.5%、34.6%，而河北仅为 23.0%。从失业保险看，2013 年北京参加失业保险人数占常住人口总人数的比例为 49.1%（见图 12－9），其参保比例分别是天津、河北的 2.5 倍、7.1 倍。此外，在工伤保险和生育保险方面，北京的参保比例在三地中仍旧是最高的，表明北京的社保体系相对完

善，覆盖面较广。三地社会保险参保比例严重失衡，又未建立统一的社保结算平台和互相匹配的政策措施，导致区域社会保险发展极不平衡。

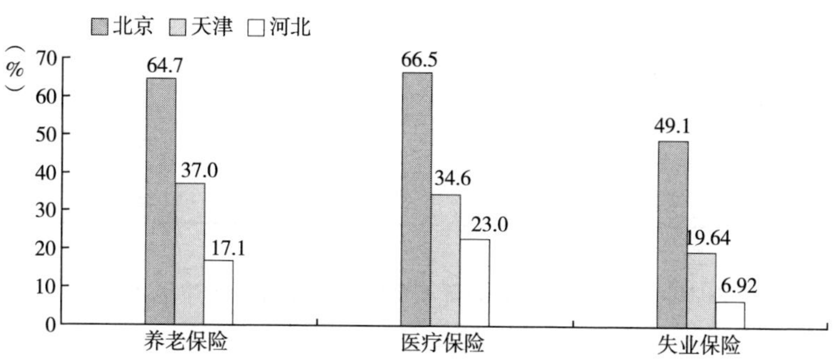

图 12－9　京津冀各地区社会保险参保比例（2014 年）

资料来源：笔者根据统计数据计算得出。

（3）住房保障供需失配特征明显

由于北京、天津过度集中了优质的公共服务资源，人口大量涌入，住房供需失配问题较为突出。2014 年北京、天津城镇居民人均住房建筑面积分别为 31.54 平方米、28.13 平方米，而河北高于京津二市，达到 32.51 平方米，京津两地住房较为紧张。2014 年全国房价收入比为 7.1，天津、河北房价收入比分别为 9.6、6.7，而北京高达 14.5（见图 12－10），远超出合理区间，反映出北京住房成本较高、压力较大，北京购房难、购房贵等问题极为严重。近年来，京津冀地区加大了保障性住房建设力度，但北京保障性住房土地供应问题十分严峻。由于保障性住房多是面向本地户籍家庭，对外来人口占 1/3 的北京来讲，住房供需矛盾极为突出。同时，三地之间的住房保障政策不对接，保障性住房无法异地流转，在京津冀区域内无法实现保障性住房人群和保障性住房资源有效匹配。

（4）就业协作机制不健全

2013 年北京、天津、河北城镇登记失业率分别为 1.2%、3.6%、3.7%，北京城镇登记失业率最低，天津、河北大体持平。2012 年北京、天津领取失业金的人数分别为 2.26 万、1.97 万，而河北为 7.89 万，三地之间差距仍旧明显。由于北京非首都功能疏解及产业结构升级，一部分产业将逐步转移到天津、河北等地，可能会造成北京一部分人员失业。同时，各地的就业保障政策落差较大，缺乏统一的就业协作机制和配套政

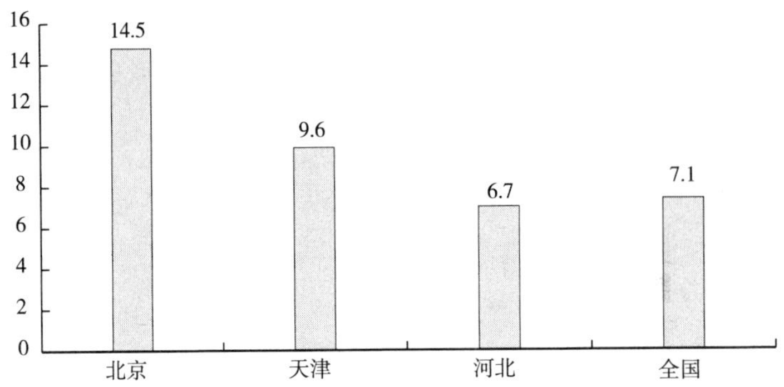

图 12-10 京津冀各地区和全国房价收入比（2014 年）

资料来源：国家统计局数据。

策，可能会造成京津冀地区就业结构发生变化，局部地区、部分行业在一定时期的就业压力将会增加。

二 症结障碍

由于京津冀区域内公共优质资源配置失衡，相互之间不能有效对接与转移，这导致公共服务供需矛盾突出，非均等化明显。影响京津冀基本公共服务均等化的因素众多，不仅包括经济基础、社会环境、历史习惯等，还有深刻的体制政策的限制。

1. 三地经济发展水平和财力差距过大

受我国现行财政体制的制约，公共服务的供给多由地方财政资源的投入和分配决定。由于政府公共财政支出比例一般较低，供给过程中会出现供给不足和供给不均问题，在某种程度上会影响区域基本公共服务均等化水平。实际上，在供给不足的情况下，政府某种行为也会导致供给不均。供给不足前提下的供给不均会加剧基本公共服务非均等化程度。2014 年北京、天津两市人均地区生产总值逼近 10 万元，而河北仅为 3.85 万元，三地经济发展差距很大。从公共财政支出看，2014 年河北人均公共财政支出为 0.63 万元，京津两市分别是河北的 3.32 倍、2.97 倍。京津冀三地资源禀赋和发展起点不同，北京、天津两市经济发达，财力雄厚，城镇化水平较高，政府有较强的能力提供公共服务；河北经济实力相对较弱，仍处于城市发展中期阶段，财力有限，对基本公共服务的供应能力相对较弱。三地经济发展水平和财政支出能力的巨大差距，直接影响各地基本公共服务供给的数量和质量。基本公共服务供给的失衡，又进一步阻碍了京津冀地区整体基本公共服务的均等化进程。

2. 各级政府事权与财权不匹配

国外很多国家都以立法的形式明确各级政府事权、财权及其界限，较好地体现基本公共服务事权和财权的匹配，而我国各级政府还存在事权和财权不相称的现象。在我国，中央与地方对基本公共服务支出比例分配存在失衡现象。中央拥有大部分的财权而对基本公共服务所承担的责任较少，相反，地方政府缺乏足够的财权却承担大部分的基本公共服务责任，这造成中央与地方的财权和事权不统一。责权不一增加了地方供给基本公共服务的难度，影响了地方之间公共服务的均等化水平。这种财政分权体制，不仅影响政府支出结构，也会造成基本公共服务供给不足，客观上还会造成区域内公共服务供给不均。京津冀三地也面临同样的问题，各地公共服务自成体系，供给标准不统一，缺乏保障区域间各政府事权和财权匹配的制度安排，三地之间横向财政转移支付制度不健全，无法较好地实现互联互通，加深了区域间、城乡间的基本公共服务非均等化程度。目前，我国财政纵向支付转移在中央和地方之间起到了一定的平衡作用，但中央在平衡地区之间财政的差距上所起的作用不甚明显。

3. 公共服务供给单一与市场化不足

长期以来，我国公共服务基本上由政府主导，政府负责公共服务的投入、建设、分配，集决策者、提供者和监督者于一身，但其对公众的需求偏好了解不深。这种单一供给模式和治理机制会造成上级决策与基层执行、集中供给与多元化需求的矛盾，削弱公共服务均等化的理念，可能导致基本公共服务总体不足与局部浪费并存的局面。此外，该模式排斥其他社会组织和市场力量的介入，影响基本公共服务供给的多元化。公共服务具有非排他性，政府单一供给公共服务时，容易忽视公众偏好，也可能因缺乏竞争机制而降低公共服务供给的效率和质量，而以价格机制为核心的市场也不能使公共服务的生产和供给实现最优，在提供公共服务时会出现市场失灵。目前，京津冀公共服务供给仍旧比较单一，市场化水平不足，而区域经济社会多元化发展的趋势明显，公众对公共服务的需求越来越旺盛，必然会产生不同的公共服务需求层次和公众偏好差异，增加均等化需求整合的难度，这也对政府能力提出了更高要求。因此，建立多元化的公共服务供给机制不仅可以解决政府失灵和市场失灵的问题，也可以解决公共服务非均等化的问题。

4. 制度缺失与法律保障不到位

服务型政府的建设和基本公共服务均等化需要制度与法律来保障。西方发达国家公共服务均等化水平高，主要是由于西方发达国家的公共服务均等化法律制度比较完善，如德国有相对完备的公共服务均等化的制度体系。京津冀基本公共服务均等化也存在制度缺失与立法不足的现象。各地区尚未出台关于基本公共服务均等化的法规，也未制定具有区域基本公共服务均等化约束性的法律体系，仅有少数政策性文件。这使得区内公民平等地享有公共服务的权利得不到有效保护，部分地区政府在公共服务提供中的机会主义行为倾向比较明显，也使得地区之间公共服务不能相互衔接与匹配。未来，构建京津冀基本公共服务均等化的制度安排与法律体系，推进公共服务政策制定与实施的民主化、科学化，增加公共财政开支透明度，提高服务对象的知情权、参与权，对推进京津冀基本公共服务均等化尤为重要。

5. 缺乏统筹规划与绩效评估体系

目前，京津冀地区在推进基本公共服务均等化方面缺乏统一的规划和标准，仍未确立区域公共服务的总体布局和推进目标，也未建立公共服务的共建共享机制，各地区之间缺乏有效的衔接和流转，缺乏相应的配套措施和体制机制。基本公共服务均等化的绩效评估体系主要包括政府自身的绩效评估体系和公众对政府公共服务的评价体系。至今京津冀地区仍未建立完善的区域公共服务均等化的绩效评估体系，缺乏相应的激励和约束机制，无法将基本公共服务均等化纳入政府绩效考核体系。政府自身的绩效评估体系往往从自身预期出发，没有把公众对政府公共服务的满意度作为考核政府绩效的标准。公众对政府公共服务的评价体系也未建立，缺乏相应的行政问责制、听证制度等。此外，公众对公共服务评价能力比较低，缺乏公共服务评价的方法与技能。三地各自的绩效考核政策也不协调，都是基于各自的发展状况进行评价，而不是从区域整体角度出发进行评价。

三　发展目标

针对京津冀基本公共服务均等化的现状特征及症结障碍，应坚持“基本公共服务均等化、社会政策一体化”的理念，明确基本公共服务的发展目标与总体思路，促进基本公共服务均等化水平明显提高。

1. 发展目标——实现基本公共服务均等化和协同化

坚持“统筹规划、共建共享、有序推进”的原则，尽快建立京津冀公共服务一体化的制度框架和配套措施，促进公共服务资源在区域内合理布局，逐步缩小教育、医疗卫生、文化体育、社会保障等基本公共服务的地域差距。到2030年，京津冀区域公共服务一体化格局基本形成，最终实现基本公共服务均等化和协同化。

2. 总体思路——完善制度、有序对接、先行示范

坚持“数量均等化先行、质量均等化跟进”的理念，借助政府、市场和社会的力量，以基本公共服务均等化为目标、以均等化体系建设为重点、以法律制度为保障、以公共财政制度安排为支点，扎实推进地区间、城市间、不同群体间均等地享有应有的公共服务。第一，建立京津冀基本公共服务均等化的制度框架。建立与完善基本公共服务均等化的公共财政制度和法律制度，构建区域公共服务一体化的供给机制、共享机制、标准机制和流转机制，为京津冀基本公共服务均等化提供完善的制度保障。第二，稳步推进区域基本公共服务有序对接与协同发展。积极推进地区间公共服务开展多层次的合作，在区域内促进公共服务资源互通互融、信息互联互享、待遇互认互准，实现教育均衡协作、医疗整合对接、文化联动融合、社保异地结算等，逐步形成京津冀公共服务的协同管理机制。第三，在综合示范区内率先实现突破。在区域内选取专题推进项目、改革示范区或试点城市，率先实现社会政策对接，制定统一的区域基本公共服务标准，创立基本公共服务一体化专项资金，尽快实现基本公共服务均等化，并总结试点经验，不断推广。

四 战略重点

依据京津冀基本公共服务均等化的突出问题与发展目标，应重点从公共教育、社会保障、公共文化、医疗服务、就业与人口转移等公共服务均等化方面率先突破。

1. 优化教育资源配置，促进区域教育均衡发展

优化区域内教育资源配置，创新教育发展模式和治理结构，建立有效的教育均衡协作机制，最终实现京津冀教育均等化的发展目标。第一，促进教育资源优化配置。优先实现教育资源和经费均衡配置，推进教育结构多层次均衡发展，构建一体化的教育服务体系，促进基础教育内核性资源供给的共享，以先进带后进，以共赢促提升。促进区域内高等教育资源共享与融合，探索高校、科研机构与企业“三位一体”的协同发展模式，实现跨地区的产教研的深度融合，强化研究成果的转化与应用。第二，建立新型区域教育公共服务体系。明确中央及三地政府的教育治理角色与相互关系，突破传统的行政区划“各自为政”的教育运作方式，强化各地区的教育协作能力。整合并重构三地教育服务体系，促进京津两市优质教育资源向河北等地转移，加强区域产学研一体化建设，注重人才培养和科学研究与产业链发展的“接轨”。建立以北京为龙头、天津为纽带、河北为教育实验基地的联合办学模式，促进优势互补，以培养高素质学生。第三，构建京津冀地区教育均衡发展的治理机制。协同构建权属明确、责任清晰、合作高效以及政府、学校、社会组织和公民共同参与的京津冀区域教育治理机制。协同处理好区域功能疏解和产业转移带来的跨区人口迁移与优质教育布局相协调的问题，建立动态教育治理机制。推进教育资源合理流转与学分互转制度建设，提高区域教育的灵活性。

2. 加强医疗资源的整合与对接，组建跨区域合作的医联体

统筹调整区域医疗资源空间布局，通过医院共建、技术合作、人才交流、整合对接等方式，推进区域医疗卫生联动协作。第一，拆分和重组京津冀地区超大型医院。拆分大型公立医院，充分发挥与挖掘医院在技术、人才、品牌等方面的优势，重新组建新的独立医院，释放优质资源的潜力，调整医院的布局与结构，实现京津冀医疗服务均衡发展。在医院重组时，应注重市场机制及社会资本的引入，促进医疗机构多层次发展，逐渐破除大型医院的垄断地位。第二，开展多渠道的合作办医和人才交流。鼓励与支持北京大医院通过共建方式在天津、河北开设分院，加强软硬件并重建设，尤其是在学科建设层面加强合作与交流。通过引入科学的管理方式实现基层医院的医疗资源优化整合与高效运作，积极吸引大医院的优秀专家来定期指导或帮扶，建立合作互动的良性机制。建立人才培训和交流机制，通过人才交流、联合培养、技术协作等方式，缩小地区间技术力量的过大差距。第三，组建跨区域合作的医联体。加强区域医疗资源的整合与对接，组建跨区域合作的医联体，鼓励医疗机构广泛合作，推进公立医院与民营医院形成合力，共建新医院与联合成立医院联盟，促进区域优质医疗资源共享，实现管理与技术的提升。加快医保支付制度和价格机制改革，发展远程医疗网络，逐步实现三级医院和市县两级医院全覆盖。

3. 统筹区域文化发展布局，建立现代公共文化服务体系

完善区域公共文化服务体系，促进区域文化资源整合，实现同城谋划、联动合作、均衡发展。第一，推进文化资源优化布局与要素顺畅流动。充分发挥三地文化资源的比较优势，统筹规划京津冀文化发展，促进区域文化资源互通互融及要素流动整合，加强文化商务、文化科技、文化旅游、文化金融等领域的沟通与衔接，加快形成京津冀文化合作共赢与公共文化均等化发展的新机制。第二，促进文化产业协作与对接。明确各地文化产业发展导向及优势，推进区域间文化产业合理布局，理顺文化产业发展链条，重点加强动漫游戏、艺术品产业、广告会展等领域的深度对接和项目合作。共同打造文化产品综合展示交易平台，在企业融资、市场拓展、交易授权、信息共享等方面促进三地文化企业的交流对接。推进演艺文化交流与融合，整合艺术创作力量，挖掘区域特色文化资源，建立互通互联的演艺信息共享平台。第三，加强现代文化服务体系建设。加大公共文化设施建设的力度，共同完善公共文化服务网络，缩小三地公共文化设施水平。运用信息化、数字化手段推进公共图书馆资源共享，加快文化信息共享工程建设，推进文化资源共享。突破地域限制，统一政府购买公共文化服务的标准和政策，消除歧视和地方保护，对符合条件的文化单位一视同仁。

4. 促进社会保障标准统一与待遇互认，采用渐进模式推动社会保障均等化

实现“人人公平享有”的社会保障体系是我国社会保障建设的核心理念。坚持“广覆盖、保基本、多层次、可持续”的导向，促进区域社会保障均等化发展。第一，促进区域间社会保障待遇趋同。积极探索京津冀地区养老、医疗、社会保险等领域的协作模式，推进社会保障标准对接与统一，促进公共服务共建共享。加快要素合理流动，推进京津冀社会保障待遇趋同、衔接有序、管理统一，使人们享受的基本社会保障服务水平不因异地流动而改变，最终实现区域社会保障服务一体化发展。第二，推进社会保险异地结算。加快三地社会保险制度改革，促进社会保险缴纳基数统一，健全利益共享机制，统一社会保险标准，推进养老、失业、医疗、就业、工伤等保险方面的务实合作，研究制定医疗保险异地结算、职工养老保险互联、住房公积金异地支取的政策措施，逐步形成京津冀社会保障协同发展。第三，采用渐进模式推动社会保障均等化。由于京津冀的地区差异、城乡差异难以在短时间内改变，且人口流动频繁、京津老龄化严重等问题突出，建立统一的社会保障体系只能是一个长期的目标。短期内应采用“渐进”的分阶段发展模式，集中资源和精力实现社会保障体系中的医疗、养老和低保等全覆盖与均等化，构建维护社会最低线的社会保障体系。

五　政策建议

实现基本公共服务均等化是区域社会发展过程中的必由之路，也是推进京津冀协同发展与完善社会公共治理的重要引擎。

1. 健全公共服务法律体系，为基本公共服务均等化提供法治保障

基本公共服务均等化不仅需要有力的政治支持，更需要具有约束性的法治保障。第一，制定京津冀地区统一的基本公共服务均等化法律法规。三地共同编制关于基本公共服务均等化的法律法规，如制定京津冀地区统一的“基本公共服务法”或“基本公共服务均等化法”，在法治框架内解决各地之间公共服务水平差异的问题，有效保障各地民众均等地享有基本公共服务的权益。第二，制定一系列关于基本公共服务均等化的法律细则或条例。在核心法律规范的统领下，制定一些涉及基本公共服务标准、服务类型、供给模式、准入标准、政府责任、公众参与、监管机制等的具有可行性的法律细则或条例，做到有法可依、有章可循。

2. 完善公共财政制度，实现基本公共服务政府事权和财权匹配

设计科学合理的公共财政制度是推进基本公共服务均等化的基础和前提。第一，着力优化三地政府财政支出结构。以基本公共服务均等化为导向，降低在经济建设上的财政投入比重，逐渐增加在公共服务领域的财政投入比重，尤其应加大对河北农村及落后偏远地区的基本公共服务投入力度，使新增教育、卫生、文化等事业经费主要用于农村，建立稳定的公共财政投入增长机制。第二，合理划分政府基本公共服务均等化的事权和财权。进一步健全中央政府与三地政府、三地政府与其内部各级政府之间在基本公共服务方面的事权和财权的分配制度，形成事权与财力相匹配的体制机制，依据各类公共服务不同的特征和属性，划分各级政府应承担的责任。第三，完善基本公共服务均等化的财政转移支付制度。纵向转移与横向转移并重，逐步完善公共财政转移制度。建议加大中央对地方一般性财政转移支付力度，增加公共服务的专项拨款，逐步取消税收返还，增强地方政府提供公共产品的能力。探索京津冀三地之间公共财政横向转移支付制度，加大京津两市对河北在基本公共服务建设方面的财政支持力度。

3. 推进公共服务市场化改革，提升公共服务的市场化效率与质量

随着社会主义市场经济体制的建立和完善，公共服务市场化改革是必然趋势。第一，健全基本公共服务的供给机制。通过市场化改革改进公共产品供给机制，引导私人企业、非营利组织、公共组织等参与公共服务的供给，建立京津冀地区政府与市场共同参与的公共服务供给机制，提高和实现公共服务供给的灵活性和多元化。第二，提升政府供给公共服务的效率。鼓励三地政府在公共管理方面革新，重视公共服务的成本和绩效分析，创新公共服务供给模式，通过招投标、特许经营、合同承包、税收优惠等形式推进公共服务市场化改革，提高公共服务的效率与质量。第三，注重公众的需求和偏好。改变“政府本位”的公共服务供给观念，更加注重公众的需求和偏好，建立公众对公共服务需求的沟通机制，让公众参与公共服务决策的制定和评价，优先对基本公共服务进行均等化供给。

4. 加强统筹规划，促进地区间公共服务制度对接与信息共享

推进区域公共服务制度对接是实现基本公共服务均等化的关键环节。第一，促进三地基本公共服务制度衔接。在允许存在制度差异的情况下，推进三地公共服务制度对接，实现区域间公共服务政策、措施、推进方式相互衔接，使居民都能享受标准统一的基本公共服务，努力实现“底线公平”。第二，加强公共服务统筹协调与政策对接。成立京津冀地区专门的领导小组，实现区域公共服务决策指挥协调统一，组织各牵头部门和责任单位制定专项工作推进方案，加强三地在财税分享、公共服务建设和配套政策方面的对接，明确产权分割和利益归属。第三，探索建立跨区域的信息共享平台。以服务对象的需求为核心，建立京津冀公共服务信息平台，整合各类公共服务信息，促进区域内信息共享与对接，探索建立京津冀信息互联、跨区域、跨机构的信息共享机制和公众满意的信息反馈机制。

5. 构建公共服务均等化的考核体系，强化政府的权责

完善的基本公共服务绩效考核体系可以对政府起到约束和激励的作用。第一，完善基本公共服务均等化的考核体系。按照科学性、均衡性、可持续性的原则，设计京津冀基本公共服务均等化的考核体系，采取硬性指标和软性指标相结合的方法，指标设计上应做到指标概念清晰、指标分值权重合理、完整全面、突出重点等。第二，构建基本公共服务均等化的标准机制。制定全面统一的基本公共服务均等化的参考标准，确定京津冀基本公共服务均等化的范围、标准、种类，以及人员、财力、设施的投入标准，建立公共服务标准的动态调整机制。第三，强化政府基本公共服务均等化的权责。通过完善绩效考核机制、评价问责机制、监督检测机制等，强化政府履行基本公共服务均等化的职责，将基本公共服务均等化纳入领导干部政绩考评范畴，以此来规范政府的行为目标与行为方式。

6. 通过综合试点改革，逐步缩小区域间基本公共服务的差距

推进基本公共服务均等化是一项长期而复杂的系统工程。京津冀地区短期内不具备整体推进的条件，可通过试点区域率先突破做好示范带动。第一，建立基本公共服务综合改革示范区。选择京津冀科技、产业、生态合作示范区或三地接壤且发展基础较好的地区做试点，设立统一的基本公共服务政策体系、服务标准和服务类型，率先实现社会政策对接和基本公共服务均等化。第二，设立基本公共服务重点示范项目。把基本公共服务均等化中的重点项目或三地发展差异较大的项目优先纳入保障范围，选择民众最期待、现实最紧迫的项目优先推进，明确重点项目的推进目标和方式。第三，建立综合改革试点市或县。在京津冀区域内选择发展潜力大或对外交流便捷的市或县确定为综合改革试点，试点市或县要先行先试，有重点、分阶段地推进。

第四篇

体制机制分析

第十三章　完善体制机制

本课题前面探讨了交通、生态、产业、城镇、公共服务等京津冀协同发展重点领域的发展战略，但要实现这些战略，体制机制创新是关键。本章从协同理论研究入手，提出并构建以动力机制为主、以保障机制为辅的区域协同发展机制，针对京津冀协同发展中存在的体制机制方面的障碍和问题，提出相应的对策建议。

一　动力机制分析

本部分从分析京津冀协同发展的动力源和动力反馈入手，提出可从政策引导、创新驱动、基础支撑和文化推动四个方面分析京津冀协同发展的动力机制。

（一）动力源及动力反馈机制分析

1. 内部动力源分析

要想让京津冀三地四方（中央、北京、天津、河北）都能长期地、积极地进行协同发展，前提是参与的四方均能在协同发展中获利，或获利方对受损方进行补偿后双方仍然能获利，这样京津冀协同发展才能在自耦合作用机制下顺利进行。因此京津冀协同发展的根本动力在于三地能够实现利益最大化，即获得协同价值，这是京津冀协同发展的内部动力。本章考虑到系统的层次性，将北京、天津、河北参与协同发展的动力界定为内部动力，将中央参与协同发展的动力界定为外部动力，只有内部动力不足时，外部动力（中央）才会介入并推动京津冀协同发展。

（1）北京动力源分析——解决自身的“大城市病”

北京市参与京津冀协同发展的动力来自解决自身的“大城市病”，核心举措是非首都功能疏解。北京“大城市病”单靠自身难以改善，必须依靠区域协同发展才能解决。北京由于历史、政治等方面的影响，集聚了过多的非首都功能，过多的功能会集聚过多的人口和产业，人口的过度集聚又会产生交通拥堵、资源紧缺、环境污染等社会问题，故而功能的过度集聚是造成北京“大城市病”的深层次原因。以交通为例，2014 年末北京机动车保有量为 559.1 万辆，工作日早、晚高峰路网平均时速低于 28 公里，人均通勤时间居全国首位。因此，北京应通过疏解非首都功能，带动产业和人口的疏解，以解决“大城市病”问题。促进京津冀协同发展，使不同规模城市间形成合理的分工和分布格局，建立均衡的区域综合运输网络，形成区域相互衔接的产业发展链条，有利于疏解北京非首都功能，解决“大城市病”。

（2）天津动力源分析——现行发展模式难以维系，需加快转型升级

天津当前的发展模式难以维系。自 2006 年滨海新区上升为国家发展战略以来，天津经济发展十分迅速，但这种依靠大项目和投资拉动经济增长的模式难以持续，也与我国“大众创业、万众创新”的创新驱动发展模式不相吻合，经济面临转型升级压力。且天津的产业结构以制造业为主，但由于科技创新能力不足，“制造”多、“创造”少，制造业水平处于世界生产价值链的低端位置，在生态环境持续恶化的今天，这种发展模式很难维持。参与京津冀协同发展给天津经济转型升级带来契机。天津可借助北京高新技术研发能力，推动其战略性新兴产业和高新技术产业的发展，与北京在高端制造业、金融、商贸、港口物流等方面进行对接，推动其产业高端化发展，从而实现工业转型升级，将天津打造为先进制造业研发基地，发展经济的同时实现环境的可持续发展。同时，天津还可以将其制造业低端环节转移到河北，为其未来经济发展腾出空间。

（3）河北动力源分析——为自己赢得发展机会

在京津冀区域内，河北与北京、天津的经济发展差距较大，公共服务水平落差大。在经济发展方面，2014 年河北人均地区生产总值仅为北京的 40% 和天津的 38%，人均财政收入分别只有北京、天津的 1/6 和 1/5，人均财政支出分别只有北京、天津的 30% 和 33%；在公共服务水平方面，2014 年河北每千人口拥有医疗机构床位数和执业（助理）医师数分别约为北京的 1/3 和 2/3，平均受教育年限比京津两地少 2 ~ 3 年。同时，环京津

地区贫困问题突出，截至 2012 年 3 月，河北仍有 39 个国家级扶贫开发重点县，其中环首都贫困县有 9 个。河北在区域内相对处于劣势地位，很难争取到国家级资源和大项目，又缺乏北京和天津的主动帮助和带动，这导致河北一直缺乏发展机会，只能依靠自身的资源（劳动力、煤炭、铁矿石等）发展出不同于京津两地的产业体系，如污染型的重化工业（钢铁、水泥等）和低档次的加工制造业，结果带来大量污染物的排放，影响了区域空气质量。河北应实施三大战略，借势发展。一是“除旧布新”，即运用高新技术改造传统产业。二是“筑巢引凤”，即承接北京疏解的非首都功能尤其是产业，从而实现与北京在高新技术产业链上的对接。三是“借势发展”，即借助区域发展的新增长点，实现京津冀高新技术产业链在河北布局。

2. 外部动力源分析

（1）中央将京津冀协同发展上升为国家战略

中央多次就京津冀的发展战略进行部署，特别是 2014 年习近平总书记的“2·26”讲话，使得京津冀协同发展上升为国家战略。根据《京津冀协同发展规划纲要》，未来京津冀地区将打造成为以首都为核心的世界级城市群、区域整体协同发展改革引领区、全国创新驱动经济增长新引擎和生态修复环境改善示范区。在党中央和国务院的强力推动下，在现行的政绩考核体制下，京津冀三地不得不打破“一亩三分地”的思维定式，进行协同发展。

（2）区域环境质量持续恶化，“倒逼”区域协同发展

大气污染严重，雾霾天气频发，2014 年中国空气最差十城中，京津冀地区占据八席，2014 年 $PM_{2.5}$ 年均浓度 93μg/m^3，超过国家标准 1.66 倍。2014 年北京人均水资源仅 100 立方米，只有全国平均水平的 1/20，远远低于国际公认的 500 立方米极度缺水警戒线。区域环境质量持续恶化，倒逼三地改变原有的各自为政的发展模式，进行协同发展。

3. 政府、企业和居民动力反馈机制分析

根据自耦合原理建立的动力驱动机制，主要包括效用分析和偏差分析，其主体功能是对区域协同发展活动的效用进行分析，当效用与预期出现偏差时对偏差原因进行分析，将分析结果反馈给区域发展主体，为发展主体进一步参与协同发展活动提供决策依据。因此，动力驱动机制也可以

理解为主要针对协同发展动力方面的反馈机制。在京津冀协同发展活动中，可以将协同发展的主体分为京津冀三地的政府、企业和居民个人。

（1）三地政府参与协同发展的目的是实现经济增长、充分就业和税收增加

三地政府参与协同发展是为了增加就业和税收收入，提高政府绩效，实现经济社会健康稳定发展。京津冀三地政府参与协同发展的效果评估和偏差分析，有专门的政府机构如各级发改委等进行分析和研究，并且有高校和研究机构等智库参与课题研究，政府根据反馈，实现制度的自我完善。

（2）企业参与协同发展的目的是实现利润最大化

企业参与协同发展活动的目的是通过增加企业收入、减少企业成本实现利润最大化，其效用评估和偏差分析由企业各部门自主完成，形成分析报告，上报董事会等决策层，实现自我反馈。

（3）居民参与协同发展的目的是提高收入水平和生活质量

居民参与协同发展活动的目的是提高收入水平和生活质量，其效用评估较为简单，由居民个人自我掌握、自我评估。

（二）政策引导方面的动力机制分析

京津冀协同发展动力机制中的政策引导是以政策鼓励的方式改变京津冀三地过去不合理的分配机制，使得区域发展的利益实现更合理的分配，将北京的部分利益转移给河北，增加河北利益的同时减少北京过多利益追求所产生的高额社会和环境成本，实现协同价值。

1. 经济协同发展的政策引导分析——产业、市场等方面

京津冀协同发展涵盖多个领域，主要包括经济协同发展、社会协同发展和环境协同发展。其中，经济协同发展主要包括产业协同发展、市场协同发展和空间协同发展。由于空间协同发展是要缩小地区间的经济发展水平差距，实现区域经济均衡协同发展，产业协同发展和市场协同发展达到一定的水平就能实现空间协同发展，故本部分只就产业协同发展和市场协同发展方面的政策引导加以分析。

（1）产业协同发展方面的政策引导分析

一是产业协同发展政策推动力度不足。产业协同发展是要在整体上整

合区域产业，形成各地区产业结构特色明显、区域分工合理、优势互补、错位发展的格局。当前，京津冀产业协同发展主要依靠北京的产业疏解和转移等带动实现。《京津冀协同发展规划纲要》规定，当前北京需要转移的产业主要是一般性产业特别是高消耗产业和区域性物流基地、区域性专业市场等部分第三产业。对于以上两种产业类型，河北比北京拥有更丰富的资源如矿产资源、水资源、土地资源、劳动力资源等，产业本身具有升级的需求。《京津冀协同发展规划纲要》的出台，对推动京津冀区域产业转移升级具有重大的引领作用，特别是2015年北京市出台的《新增产业的禁止和限制目录》，明确规定了北京禁止新增和限制发展的产业内容，这将有效推动京津冀区域产业转移。

二是推动产业协同发展的财税优惠政策还需加强和完善。在产业发展进程中，推动产业自发转移升级的小涨落是存在的，但是由于产业转移和企业迁移会产生费用，从协同发展方面看，可以理解为协同成本，协同成本的存在减少了协同价值，当协同价值小于预期价值时，协同行为就无法延续。此时若没有外界力量的引导，企业自身产生的涨落平息，就无法形成大涨落。对于具有自主经营性质的企业来说，仅依靠行政规划的手段是无法实现企业迁移的，需要在政府税收优惠、资金扶持等政策的指导下依靠市场的手段来实现。但是，当前京津冀区域内具体的有关产业转移和企业迁移活动的税收优惠政策和财政鼓励政策尚未制定落实。

（2）市场协同发展方面的政策引导分析

一是推动京津冀区域人力资源市场一体化政策不断落实完善。市场协同发展是要形成统一开放、竞争有序的市场体系，实现商品和要素的自由流动。当前，京津冀市场协同发展面临的难题是如何实现要素市场的一体化。根据役使原理，在经济发展要素中，人力资源要素相较于资本要素和技术要素，显然属于起决定作用的“慢变量”，在要素市场一体化的过程中较难完成却又至关重要。因此，在要素市场一体化建设中，就需要尽快推进京津冀区域人力资源市场一体化建设。当前，京津冀三地政府已充分意识到这一问题的重要性，三地人社部门分别签署了《加强人才工作合作协议》《推动人力资源和社会保障工作协同发展合作协议》，并且就互认人力资源市场从业人员资格证书一事进行了协商沟通并达成了共识，促进了京津冀区域内人力资源服务业的协同发展。

二是推动京津冀区域金融市场一体化政策不断深化落实。金融市场一体化建设能够为企业的跨区域投资提供资金的支持和便利，对京津冀区域协同发展至关重要。早在十几年前，京津冀三地就对金融市场一体化有所谋划，出台了一些指导性的政策。例如，2008 年 4 月北京市发布了《关于促进首都金融业发展的意见》，提出要建立京津冀金融合作机制，为金融机构跨区域发展提供服务；《河北省“十二五”规划纲要》明确提出推进京津冀金融一体化进程，打造区域金融合作共同体。当前，在京津冀协同发展与金融市场一体化建设的大背景下，很多银行开始探索京津冀区域内金融投资、支付清算、异地存储、信用担保等业务同城化，显著降低了跨行政区划金融交易成本。但是，许多有影响力的大型国有银行、商业银行没有参与到业务中来，同时在金融产品创新和金融租赁等业务方面尚未涉及。因此，当前金融市场一体化的政策尚需进一步深化落实。

2. 社会协同发展的政策引导分析——交通、医疗、教育等方面

社会协同发展，主要体现在两个方面：一是交通一体化；二是缩小区域内不同地区间教育、医疗等基本公共服务差距，不断提高居民生活质量和生活水平。

（1）交通一体化方面的政策引导分析

一是推动京津冀交通一体化的政策不断完善。首先，《京津冀协同发展规划纲要》将推动交通一体化发展作为要率先取得突破的重点领域，对京津冀交通一体化发展做了较为全面的规划。在区域交通网络的构建方面，提出建设高效密集轨道交通网，完善便捷通畅公路交通网，构建现代化的津冀港口群，打造国际一流的航空枢纽，构建以轨道交通为骨干的多节点、网络化、全覆盖的交通网络，还提出发展公交优先的城市交通，提升交通智能化管理水平，提升区域一体化运输服务水平，发展安全绿色可持续交通，并给出了较明确的发展措施，具有积极的引领指导作用。其次，2015 年 12 月，《京津冀协同发展交通一体化规划》出台，对未来京津冀交通进行了总体布局，明确了交通一体化的主要任务——构建“四纵四横一环”主骨架。最后，2015 年 6 月 1 日，京津冀三地共同组织制定、分别发布了第一项区域协同地方标准——《电子不停车收费系统路侧单元应用技术规范》。在此标准的示范作用下，将制定更全面的标准，这表明京津冀交通政策趋于协同化、标准化。

二是主要依靠政府投资，社会资金参与跨区域交通基础设施建设的政策尚未出台。2015 年，京津冀三地继续加大交通领域投资力度，在一批重点项目建设带动下，京津冀基础设施投资实现较快增长。2015 年，北京完成基础设施投资 2174.5 亿元，天津为 2634.2 亿元，河北最多，为 5769.8 亿元，同比分别增长 7.7%、20% 和 15.1%。[①] 但是，这些投资多是政府投资，没有充分利用社会投资。要增加社会在基础设施方面的投资，就需要政府制定较为完善的政策，鼓励社会资金投入，引导投入方向。当前，京津冀三地政府都出台了有关政府与社会资金合作的政策规划，如河北省于 2014 年 12 月 17 日发布的《河北省人民政府关于推广政府和社会资本合作（PPP）模式的实施意见》，天津市于 2015 年 5 月 21 日发布的《天津市推进政府和社会资本合作指导意见》，北京市于 2015 年 3 月 20 日发布的《北京市人民政府关于创新重点领域投融资机制鼓励社会投资的实施意见》和 11 月 3 日发布的《北京市人民政府办公厅关于在公共服务领域推广政府和社会资本合作模式的实施意见》等。但三地政府的 PPP 项目范围不同，在交通设施建设方面，仅天津市涉及铁路等交通项目。同时，京津冀跨区域交通基础设施建设方面尚未出台 PPP 项目方面的政策。

（2）教育、医疗卫生等公共服务方面的政策引导分析

一是依靠政府主导投资的政策，拉大了三地公共服务基础设施的差距。由于教育、医疗卫生等公共服务的公益性特征，此类公共服务基础设施的建设大多依靠政府部门进行投资。一方面，京津冀三地经济发展的巨大差距，导致三地的财政收入差距较明显，以 2015 年三省市的一般公共预算收入为例，北京为 4724 亿元，天津为 2667 亿元，河北为 2649 亿元；另一方面，税收与税源相分离的总部经济等税收政策持续存在，在京津冀地区，北京的企业总部众多，世界 500 强企业有 48 家落户北京，而河北和天津集聚了众多的分支机构，总部经济的税收政策使得税收从经济实力较弱的天津和河北流向北京，这不仅扭曲了市场经济活动的激励机制，还导致了京津冀区域间财力的不平衡。财政收入的差距拉大了三地的财政支出差距，公共服务基础设施资金投入不足，会进一步拉大公共服务基础设施存

---

① 中华人民共和国国家统计局编《中国统计年鉴 2016》，中国统计出版社，2016。

量和增量上的差距。要改善这一现状，就需要政府制定多元化的融资政策引导社会资金投入教育、医疗卫生等公共服务基础设施的建设中来。当前，京津冀三地引导社会投融资政策都已初步设立，但是在其 PPP 项目中，有关医疗、教育等公共服务设施建设方面，北京涉及教育、文化体育、医疗等多个方面，天津涉及健康等方面，而河北更注重利用 PPP 模式改良地方债务管理，公共服务基础设施建设方面的投入严重不足。同时，现阶段几乎所有的 PPP 项目都处于“立项”环节，京津冀三地政府的 PPP 模式实施意见在该环节提出的项目筛选、管理已经有较为系统的思路，但对投融资机制、回报模式、退出机制等在未来仍需要进行统筹安排。特别是京津冀三地间的跨区域基础设施和公共服务方面的建设，由于缺乏引导社会资金投入的投融资政策，建设较为困难，影响协同效果。

二是与公共服务基础设施相配套的教育资源、医疗卫生资源、文化资源共享政策尚未成形。教育、医疗卫生、文化资源共享包括人才资源共享和要素资源共享，如教育方面的教学科研资源共享、文化方面的文献资料资源共享等。在实现京津冀基本公共服务均等化方面，相较于基础设施的建设和配置，配套的人才资源补充是起决定作用的“慢变量”，根据役使原理，要实现基本公共服务均等化，人才资源的建设和合理配置是重点。因此，津冀两地制定能够吸引人才资源的政策是政策建设的重要方面。与此同时，资源共享也是解决京津冀三地公共服务差距问题的重要途径，但是推动公共服务资源共享的政策尚未出台。

3. 环境协同发展的政策引导分析——大气、水资源、固体废物等方面

资源环境协同发展在于提高区域整体资源利用率，治理大气环境污染，改善区域生态环境，逐步形成人与自然和谐相处的良好局面。

（1）区域环境污染防治条例等政策比较完善

在国家层面，2012 年 9 月，《重点区域大气污染防治“十二五”规划》出台，在全国划定了 13 个大气污染防治重点区域，其中，京津冀三地同属一个防治区域。2013 年 9 月国务院印发了《大气污染防治行动计划》，要求京津冀区域到 2014 年完成域、省、市级重污染天气监测预警系统建设。当月，环保部、国家发改委等 6 部门联合印发《京津冀及周边地区落实大气污染防治行动计划实施细则》，明确提出建立健全区域协作机制。在京津冀区域层面，为治理环境污染，北京、天津和河北三地在国家环境保护和环境污染防治相关法规的基础上，制定了各自的《大气污染防治条例》《水污染防治条例》《固体废物污染环境防治条例》等。京津冀及周边地区已经建立水污染防治上下游联合协作、跨界断面水质检查、空气质量预报预警、水污染事故会商及应急联动处理、机动车排放污染控制、联动执法等工作制度。

（2）促进环境协同发展的内部驱动政策较为缺乏

环境作为公共物品，其排他性的特点决定了环境污染治理的主体是政府，而政府参与环境治理的动力是政绩。2010 年北京市出台的《北京市水污染防治条例》就规定了北京将水污染治理纳入各区县政府的政绩考核之中。《北京市水环境区域补偿办法（试行）》规定，污水治理年度任务考核以市政府确定的区县政府年度工作任务目标为考核标准。这些政策的制定在很大程度上提高了北京市各区县政府防治污染的积极性，北京的水污染得到了有效控制，水质得到不断改善。在京津冀三地水污染治理中，按役使原理，河北是“慢变量”，河北污染治理程度决定了整个京津冀区域的环境防治情况。但是河北尚未出台将环境治理作为政绩考核标准的政策。从 2013 年单位 GDP 能耗来看，北京为 0.44 吨标准煤/万元，而河北为 0.91 吨标准煤/万元，约为北京的 2 倍多，由此可见河北的经济发展主要依赖能源的消耗，仍处于资源粗放利用的经济发展阶段。资源粗放利用的经济发展模式，必然导致资源浪费和环境污染问题。但是由于关系到就业和税收等问题，大量污染严重的企业仍在继续生产，政府在防治环境污染方面缺乏利益驱动。

（3）已制定的跨区域环境治理政策没有得到有效落实

由于技术和资金投入等方面的差距，京津冀三地的环境治理能力差距巨大。从环境治理方面的指标来看，2012 年北京的生活垃圾无害化处理率为 99.1%，河北为 81.4%，与北京相比存在一定的差距，而北京的工业固体废物综合利用率为 78.99%，而河北仅为 38.09%（见表 13-1），仅占北京的 48.22%。由于跨区域环境治理的政策特别是大气污染治理政策并没有落到实处，在河北缺乏环境治理的内在动力时，北京、天津两地对河北的监督作用这一外部作用也没有得到有效发挥，河北环境治理仍然困难重重。

表 13－1　2012 年京津冀区域资源环境发展水平

指标		北京	天津	河北
资源指标	人均水资源量（立方米）	193.2	238.0	324.2
	人均耕地面积（平方米）	104.42	266.64	816.7
	单位 GDP 能耗（吨标准煤/万元）	0.44	0.67	0.91
环境指标	森林覆盖率（%）	31.72	8.24	22.29
	城市污水处理率（%）	83.2	88.2	94.3
	生活垃圾无害化处理率（%）	99.1	99.8	81.4
	工业固体废物综合利用率（%）	78.99	99.78	38.09

资料来源：根据《北京统计年鉴 2013》《天津统计年鉴 2013》《河北经济年鉴 2013》《中国能源统计年鉴 2013》《中国环境统计年鉴 2013》数据计算得出。

（4）缺乏推动水权、碳排放权和污染权交易等市场化运作的政策

京津冀三地目前的一体化水平远低于长三角和珠三角的深层次原因在于本地区的市场化程度和水平偏低，具体表现在环境污染治理和生态环境保护方面，就是尚未形成基于区域的水权交易、碳排放权交易、污染权交易等市场化运作机制。生态环境建设仅靠政府间的财政政策和对口支援是远远不够的，需要企业的积极广泛参与。企业是经济利益的忠实追求者，要提高其参与环境保护的积极性，就需要相关的政策将环保与企业的利益挂钩，即建立资源有偿使用的市场化运作机制。2013 年北京发布了《北京市发展和改革委员会关于开展碳排放权交易试点工作的通知》，但是推动碳排放权交易的政策尚未在整个京津冀区域内构建落实，促进水权和污染权交易的市场化政策尚未建立。

（三）创新驱动方面的动力机制分析

在京津冀区域发展过程中，京津两地通过“虹吸效应”大量汲取了河北的发展资源以促进自身发展，但是反哺河北的“溢出效应”效果并不明显，造成三地经济社会发展严重不均衡。创新驱动不同于传统的动力机制，它是通过技术的创新增加协同发展的利益，促进京津冀三地发展的同时，又不会使其他参与方的利益受损。

1. 创新驱动的动力机制尚不完善

在京津冀协同发展的大背景下，京津冀三地的科技合作日趋紧密，创

新驱动凸显出来。根据《京津冀发展报告（2016）——协同发展指数研究》可得出结论：京津冀三地新旧驱动力处于“换挡期”。[①] 北京传统驱动力在减弱，创新驱动特征明显。北京的传统驱动力指数得分从2004年的0.985下降到2013年的0.8034，而2013年北京创新驱动力指数得分为0.939，远高于其传统驱动力指数得分。天津、河北仍以传统驱动为主，但创新驱动正在形成：天津创新驱动力指数由2004年的0.1895上升到2013年的0.2867，河北创新驱动力指数由2004年的0.2041上升到2013年的0.4534。2014年京津冀三地共同签署了《京津冀国际科技合作框架协议》《京津冀协同创新发展战略研究和基础研究合作框架协议》，重点聚焦科技协同创新和打造创新共同体等方面。2015年12月18日，京津冀技术转移协同创新联盟成立，首批成员单位102家，涉及新一代信息技术、新材料、节能环保、生物医药、现代农业、高端装备制造等战略性新兴产业，还包括提供知识产权、投融资、创新创业等服务的相关社会组织及众创空间。截至2015年12月，京津冀三地各类技术转移机构已超过200家，其中国家技术转移示范机构83家（北京59家、天津11家、河北13家），占全国的18.2%。截至2014年10月，北京中关村产业园区已有400多家企业在河北设立1000多家分支机构。

2. 创新驱动的动力机制问题分析

（1）区域创新资源配置不均衡现象严重

一个区域的创新资源主要包括创新要素（包括创新投入和创新产出）和创新主体两个方面。[②] 在创新投入方面，从R&D投入强度看，2013年北京、天津、河北三地分别达到6.08%、3.00%、1.12%，差距显著。要想实现技术创新，人才是关键，重大科技基础设施配备也必不可少。京津冀三地的科技人才、科技仪器设备配置分布严重不均，以科技人才数为例，2013年北京市R&D人员为334194人，而河北为89987人，仅相当于北京的26.9%。在创新产出方面，北京的专利授权量、专利密度都远远高于天津和河北。在创新主体方面，不论是高校和科研机构的知识创新能力还是

① 文魁、祝尔娟等：《京津冀发展报告（2016）——协同发展指数研究》，社会科学文献出版社，2016，第18～19页。

② 马树强、金浩、刘兵、张贵主编《河北省经济发展报告（2015）——京津冀协同发展与河北战略》，社会科学文献出版社，2015。

企业的技术创新能力，京津冀三地差距都十分大。以京津冀高等院校为例，京津冀三地的高等院校在层次、规模、经费投入、成果转化率等方面差距明显。根据《京津冀发展报告（2016）——协同发展指数研究》得出，北京企业创新力最强，天津其次，河北较差。[①] 在京津冀44个市区县中，企业创新指数前10名如下：北京占7位（且占据前2名），分别是海淀区（第1名）、朝阳区（第2名）、西城区（第4名）、丰台区（第6名）、东城区（第8名）、开发区（第9名）、昌平区（第10名）；天津占3位，分别是滨海新区（第3名）、武清区（第5名）和西青区（第7名）；河北为零。在后10名中：天津占5位，分别是宁河区（倒数第3名）、和平区（倒数第4名）、静海区（倒数第5名）、河北区（倒数第6名）、河东区（倒数第10名）；河北占4位，分别是承德市（倒数第1名）、张家口市（倒数第2名）、秦皇岛市（倒数第7名）、衡水市（倒数第8名）；北京占1位，即延庆区（倒数第9名）。

（2）创新资源共享机制尚未建立，共享程度不足

在京津冀三地创新资源配置严重不均的情况下，除了要培育和壮大科技创新主体、增加创新投入外，实现京津冀三地创新资源共享也是解决这一问题的重要途径。但是，当前京津冀区域尚未建立完善的创新资源共享机制，没有形成区域科技人才制度衔接，没有建立京津冀大型仪器设备共享、科技情报资源共享等创新资源共享平台，无法实现科技人才、科技资源及科研成果在区域内的共享，在一定程度上阻碍了科技创新带动区域发展的进程。

（3）创新链与产业链对接融合不充分

创新成果区域内转化生产力的能力不足，创新链与产业链对接融合不充分。北京作为全国的科技创新中心，每年有众多的专利成果生成和技术合同签订，但由于京津冀区域内技术交易市场不健全、科技孵化能力不足，这些技术合同多流向珠三角等地，未能在本区域内孵化落地。2014年北京市技术合同数为67278项，流向外省市总数的为37212项，其中，流向津冀两地的仅3475项，虽然较2011年增长了22.3%，但是仅占流向外

① 文魁、祝尔娟等：《京津冀发展报告（2016）——协同发展指数研究》，社会科学文献出版社，2016，第156页。

省市总数的 9.3%；技术合同成交额为 3136 亿元，而流向外省市的为 1615.9 亿元，其中，流向津冀两地的成交额仅 83.1 亿元，虽然较 2011 年增长了 25.0%，但是仅占流向外省市总额的 5.1%。①

（四）基础支撑方面的动力机制分析

1. 交通基础设施支撑方面的动力机制分析

近年来，京津冀地区交通基础设施在总量上实现了快速提升，结构和空间布局上实现了不断优化，为京津冀协同发展战略的实施和区域内要素自由流动提供了良好的条件。

（1）京津冀区域内轨道交通建设取得突破性进展

在市郊铁路方面，2015 年 4 月，津蓟铁路市郊客运列车正式通车；在城际铁路方面，开通了两条城际线路，分别是京蓟城际铁路和京津城际的延长线，设立了天津滨海新区于家堡站；在高铁方面，津保铁路、张唐铁路和张大高铁都已开通。

（2）京津冀区域内“断头路”不断打通

在京津冀交通一体化进程中，三地总投资近 1000 亿元，支持 28 个重点公路项目建设。在“十三五”期间，京津冀之间高速公路“断头路”全部消除，国高网首都放射线京内路段全部打通，“四横、四纵、一环”的京津冀路网格局初步形成。

（3）京津冀区域公共交通不断创新和尝试

2015 年 12 月 25 日，北京、天津、石家庄、邯郸、保定、沧州和承德率先实现一卡通。“一卡走遍京津冀”的出行模式初步形成，使用京津冀互通卡可在三地十余个城市的公交、地铁上刷卡乘车并享受当地乘车优惠政策。

2. 社会设施支撑方面的动力机制分析

本部分从教育设施和医疗设施两个方面来考察京津冀地区的社会设施支撑对区域协同发展战略所产生的动力机制，具体判断有以下几点。

（1）财政支出的差距导致教育、医疗等基础设施配置不均衡

为分析京津冀三地教育、医疗等公共服务水平，本章选取普通中学平

---

① 数据来源于《北京统计年鉴 2015》。

均每一专任教师负担学生数、每万人拥有医院床位数及每千户籍人口执业（助理）医师数等较具有代表性的指标来说明三地教育、医疗公共服务的差距水平。2013 年，北京普通中学平均每一专任教师负担学生数较河北少 2.63 人，每千户籍人口执业（助理）医师数较河北多 2.38 人。从表 13－2 中可以看出，不论是基础教育的水平还是医疗资源的充裕方面，北京与河北的差距都十分明显。这一差距表明京津冀三地的公共服务水平差距较大，巨大的公共服务差距不利于人口等生产要素的合理流动。京津冀三地公共服务配置差距较大的重要原因在于财政支出方面的差距较大，不论是一般公共预算支出还是一般公共服务支出、教育支出、医疗卫生与计划生育支出，北京人均值与天津的人均值差距均较小，而河北相较于京津两地差距巨大。如以 2014 年京津冀三地的教育方面的人均财政支出值为例，北京为 3448.83 元，天津为 3408.54 元，河北为 1176.73 元（见表 13－3），仅相当于北京的 34.12%。

表 13－2　2013 年京津冀基础设施指标分析

指　标	北京	天津	河北
普通中学平均每一专任教师负担学生数（人）	9.5	10.49	12.13
每万人拥有医院床位数（张）	58.04	36.07	41.40
每千户籍人口执业（助理）医师数（人）	6.52	3.20	4.14

资料来源：根据《北京统计年鉴 2014》《天津统计年鉴 2014》《河北经济年鉴 2014》数据计算得出。

表 13－3　2014 年京津冀人均财政支出情况

单位：元

指　标	北京	天津	河北
一般公共预算支出	21029.33	19018.2	6334.59
一般公共服务支出	1265.24	1042.19	645.46
教育支出	3448.83	3408.54	1176.73
医疗卫生与计划生育支出	1497.91	1063.61	605.10

资料来源：根据《北京统计年鉴 2015》《天津统计年鉴 2015》《河北经济年鉴 2015》数据计算得出。

（2）促进教育、医疗卫生资源共享的制度尚未建立

在北京非首都功能疏解过程中，北京的部分高校和医院通过整体搬迁

或设立分校、分院等形式，带动河北地区高等教育的发展和医疗水平的提高。但是要带动河北落后地区医疗事业发展，加强医疗卫生联动协作是解决问题的关键所在。加强医疗卫生联动，在政策方面以下两点是关键：一是建立健全区域内双向转诊、检查结果互认和医疗保险异地结算制度，二是制定执业医师多点执业和医疗人才流动政策。2014 年 6 月，北京卫计委印发了《北京市医师多点执业管理办法》，对北京市医师多点执业的执业注册与监督管理做出相关规定，有利于医疗人才在北京市的有效流动。但是，当前北京市域范围内的双向转诊和检查结果互认制度尚不健全，要在京津冀区域内实现更是任重而道远。

（3）教育、医疗等公共服务共享平台尚未建立

要提高区域内公共服务整体水平，不仅需要通过对公共服务提供能力差的地区进行投资支持在基础设施配置的增量上下功夫，还需要通过盘活存量来提高现有公共服务设施的利用率。众所周知，建设共享平台是共享公共服务设施的有效手段。但是京津冀区域的公共服务共享平台建设尚处于务虚阶段。特别是高校的优质教育资源共享平台、医疗卫生信息共享平台等公共服务项目属于公益项目，仅依靠社会力量是无法建立的，需要政府相关部门主导，并提供资金支持，同时需创新投融资体制机制，鼓励社会资本积极参与。

3. 产业设施支撑方面的动力机制分析

京津冀区域产业园区不断建设发展，为产业转移提供良好的承接基础。当前天津、河北等地有许多以不同产业为主导的产业园区，如主体产业为汽车产业的天津武清汽车产业园、以高端装备制造为主体产业的天津北辰经济技术开发区和河北曹妃甸协同发展示范区等（见表 13 - 4）。这些产业园区基础设施配置较为完善，存在一定的入驻空间，并且这些工业园区还在准备二期、三期的开发建设。同时，还有一些专业性的产业园区也在规划建设中，这些产业园区的建设为承接北京的产业转移提供了良好的基础。以河北唐山高新技术产业开发区为例，其不仅建立了外商投资企业合法权益保护中心、企业管理服务中心、人力资源开发服务中心和生产力促进中心等促进企业发展的配套设施，并且规划建设了高校园区和集休闲、娱乐、健身于一体的会展广场等基础设施配套。位于河北沧州临港经济技术开发区的沧州渤海新区生物医药产业园基础设施较为完善，具备工

业蒸汽、工业气体供应及危险废物处理能力，有承接北京医药制造产业的基础条件。

表 13－4 津冀产业园区分布

产业类型	天津		河北	
汽车	1	天津武清汽车产业园	1	河北沧州经济开发区
高端装备制造	3	天津北辰经济技术开发区 天津华明高新技术产业区 天津临港经济区	4	河北曹妃甸协同发展示范区 河北石家庄经济技术开发区 河北张家口西山高新技术产业开发区 河北秦皇岛经济技术开发区
航空航天	2	天津东丽航空产业区 天津空港经济区	1	河北固安新兴产业示范区
生物医药			3	河北沧州临港经济技术开发区 河北石家庄高新技术产业开发区 河北衡水经济开发区
电子信息	2	天津经济技术开发区 天津西青经济技术开发区	1	河北正定高新技术产业开发区
软件及信息服务	1	天津滨海高新技术产业开发区	2	河北廊坊经济技术开发区 河北承德高新技术产业开发区
新能源			2	河北保定高新技术产业开发区 河北邢台经济开发区
新材料	2	天津武清京津科技谷产业园 天津专用汽车产业园	2	河北唐山高新技术产业开发区 河北邯郸经济技术开发区
节能环保	2	天津子牙循环经济产业区 天津宝坻经济开发区	1	河北邯郸冀南新区

资料来源：工信部《京津冀产业协同发展指引手册》，内部资料，2016。

（五）文化推动方面的动力机制分析

1. 文化推动的动力机制现状分析——协同发展文化尚未形成

一方面，京津冀三地文化同源，有利于协同文化的产生。早在隋唐时期，京津冀区域就是我国人类活动和繁衍的重要区域之一；金元以来，北京的全国政治文化中心地位、天津的北方门户地位和河北的京畿重要腹地地位逐渐被确立；清朝期间，北京、天津同属于河北，是一个一体化区域。京津冀历史渊源深厚，三地同属于京畿文化，一脉相承的文化有利于协同文化的产生。另一方面，文化的形成并非一蹴而就的，虽然随着当前政府协同发展规划政策的不断出台和媒体的各种宣传，人们的协同发展意识不断加强，但协同发展还没有上升到文化层次，京津冀协同发展文化尚未形成。

2. 文化推动的动力机制问题分析——推动协同文化形成的工作需加强

在对动力源的分析中，我们认识到协同文化作为一种积极的意识形态，能够指导区域发展主体的行为和价值取向。根据役使原理，协同文化的形成能够使协同发展成为各主体的自觉行为。一旦协同文化产生，就能够引导发展主体更主动地参与到协同发展活动中来。在对协同价值的关注方面，也更注重区域整体的价值最大化，而不是发展个体的利益最大化；更加注重社会效益和生态效益，而不仅仅是追求经济效益。协同文化的产生，不仅需要政府、媒体对协同发展政策进行倡导和宣传，而且需要通过引导大众媒体做一系列京津冀协同发展的专题报道，如产业专题，报道参与产业转移的重点企业前后净利润的变化、企业发展前景等；城市专题，报道城市的发展变化、交通的改善情况、迁移人口的收入对比等。当前，这些宣传活动还没有做到位，不仅没有对企业和居民参与协同发展形成驱动作用，而且不利于协同意识的培养和协同文化的形成。

二 保障机制分析

本部分重点研究协同发展的保障机制，提出保障机制包括信息传导机制、组织协调机制和利益保障机制，并分析目前京津冀协同发展的保障机制存在的问题及症结。

（一）信息传导机制分析

1. 现有信息共享平台缺乏整合

构建基于第三方的信息传导模式，离不开信息共享平台的建设。随着京津冀协同发展的不断推进，众多的信息共享平台纷纷亮相，如京津冀企信平台、京津冀技术交易平台、京津冀旅游投融资服务平台以及京津冀招商网等网络信息平台。这些信息共享平台大多由企业单独建立或科研机构与企业共同建设而成，虽然平台多种多样，但是平台设立的目的是获利，主体功能都是为繁荣市场经济服务。在市场经济方面，在市场机制的作用下，依靠企业的力量，构建各类促进市场经济健康运行的信息共享平台，符合市场运行规律。与此相比，由政府设立的信息共享平台，如京津冀三地都拥有本地区的人才就业信息网站，其目的是为就业服务，对促进就业、人才招聘等方面的作用较大。但随着京津冀协同发展进程加快，这些信息共享平台存在信息分散、信息混乱的现象。要改变这一局面，需要由政府出面，出台相应的法律法规规范信息共享平台建设，设立统一标准对相关信息共享平台进行整合，以便于平台的管理，保证平台信息的传递和反馈作用的有效发挥。

2. 现有信息共享平台功能发挥不足

建设信息共享平台，不仅是为了通过收集信息，将信息进行检测和整合，然后传递给信息使用者，还要将信息的使用情况反馈回来，以保证信息共享平台的进一步完善和发展。同时对于一些社会问题的有效反馈，还要整理成报告，反馈给政策制定者，为相关政策的制定服务。当前的信息共享平台在信息反馈方面效果不显著。《京津冀协同发展规划纲要》要求，在经济发展、社会和谐和生态环境保护领域，就产业升级发展、就业、医疗教育水平和环境污染治理情况制定详细的测评指标，由各地区的统计、环保等相关部门做相应的数据收集工作，将收集的数据交由京津冀协同发展研究机构做测评，评估协同发展活动对三地经济社会发展水平的影响，并与期望目标相比较，寻找出现偏差的原因制成报告，并将报告提交政策制定部门，形成反馈作用。

3. 现有信息反馈机制有待改善

现有信息反馈不足，难以实现信息对称。当前有关京津冀协同发展方面的信息反馈侧重宏观经济发展和社会运行，主要服务对象为政府部门。以北京市统计信息网站为例，其对 2015 年以来京津冀区域经济运行情况和产业生态交通协同发展取得的新进展给予了数据化展示，如在产业对接方面，北京全年关停退出污染企业 326 户，拆并疏解商品交易市场 57 家，天津全年承接非首都功能项目 860 个，河北在 2015 年 1～10 月引进京津项目 3621 个，资金 2748 亿元，分别占全省的 39.6% 和 47.3%；在节能减排和环境建设方面，2015 年，三地规模以上工业综合能源消费量分别下降

7.3%、5.2%和1.9%，规模以上工业万元增加值能耗分别下降8.2%、13.2%和6%。同时，空气质量有所改善，京津冀全年$PM_{2.5}$平均浓度下降10.4%。许多高校、研究机构等智库，也对协同发展的效果做了许多研究，但是当前的这些效果监测主要是为政府部门绩效评估和制定决策服务的。京津冀协同发展是整个社会的事，不仅包括政府相关部门，还包括企业、居民个人和各界社会团体等，因此，也需要制定针对这些区域发展主体的信息反馈机制，让社会发展主体了解京津冀协同发展的现状和协同价值，这样才能得到社会各界的大力支持。同时，随着京津冀协同发展的推进，需要对其进展和存在的主要问题进行实时监测，以便及时发现问题，并采取相应的政策措施解决问题。

（二）组织协调机制分析

1. 组织协调机构不断完善

虽然在地域范围上，京津冀三地是一个区域整体，但三地隶属于不同的行政单位管辖，这就使得在区域协同发展的过程中内部的自行协调难度较大。京津冀在未来的发展过程中将会涉及跨区域治理的一系列问题，如产业空间布局不合理问题、跨区域空气污染联合治理问题、水资源利用与污染防治问题等。2014年下半年，国务院成立京津冀协同发展领导小组以及相应办公室，表明京津冀协同发展总协调机构已经成立。张高丽副总理多次主持召开京津冀协同发展领导小组会议、专题会议，指导了《京津冀协同发展规划纲要》的制定，充分发挥了顶层设计的作用。完整的组织协调机构体系，不仅包括决策层，还包括咨询层、执行层和仲裁层。当前京津冀决策层以及执行层已经非常完善，主要问题在于咨询层需进一步完善和仲裁层尚未设立。咨询层虽然有京津冀协同发展专家咨询委员会和许多高校、研究院等智库存在，但目前缺乏行之有效的协调机制，并且尚未成立常设性的京津冀协同发展研究院。仲裁层是为解决协同发展中的矛盾而设立的，需要中央的支持。

2. 法律法规及规划陆续出台

2015年上半年，《京津冀协同发展规划纲要》出台，对京津冀协同发展起到了纲领性的指导作用。随后2015年12月《京津冀协同发展交通一体化规划》出台，推动了京津冀交通一体化的进程。与此同时，作为京津冀协同发展需率先突破的重点领域的产业升级转移、生态环境保护方面的专项规划陆续出台。随着京津冀三地政府对协同发展认识不断加强，就一些跨区域治理问题进行过多次协商和互访，并达成共识，法律法规体系建设不断完善。如发布推动京津冀人力资源市场一体化建设的《加强人才工作合作协议》《推动人力资源和社会保障工作协同发展合作协议》等。

（三）利益保障机制分析

1. 生态补偿机制雏形已现，但生态资源价值化任重而道远

近年来，京津冀三地不断对生态补偿机制的构建进行尝试，特别是针对水资源的生态补偿机制不断完善。自2006年起，北京每年安排落实2000万元生态补偿专项基金，主要用于承德市滦平县和丰宁满族自治县的水资源保护项目。自2008年4月起，河北省运用财政和环保两种手段，率先在子牙河水系实施跨界断面水质目标考核生态补偿机制，即“河流水质超标，扣缴上游财政资金，补偿下游地区损失”。自2009年4月起，河北省政府在全省七大水系56条主要河流实行跨界断面水质目标考核生态补偿金扣缴政策。2014年以来跨界流域生态补偿机制也屡有突破，特别是2016年1月29日出台的《天津市水污染防治条例》规定，天津市推动与河北省建立引滦水环境补偿机制，促进水污染治理，保障水环境质量。

生态补偿机制雏形显现，但是我们也应该意识到当前的一些生态补偿机制并没有在制度上得以确立，其补偿金额和补偿标准具有随意性，无法保障生态补偿机制持续发挥作用，同时仅仅通过生态补偿无法实现生态涵养区的经济持续发展，生态资源的价值化即生态资本化才是解决生态涵养区经济社会发展的根本出路，应将生态涵养区的树木吸收二氧化碳量和释放氧气量折算为生态资产，在生态交易市场上进行交易，通过市场机制作用来保证生态涵养区的经济利益。但是在京津冀区域内有关生态资本化的政策尚未开始制定实施，实现生态资源价值化的生态补偿之路任重而道远。

2. 利益分享机制有待完善，成本分摊机制尚未落实

在利益分享机制方面，2014年10月京津冀三地在廊坊市签署了《京津冀协同发展税收合作框架协议》，根据协议三地将建立税收利益协调机制。协议提出，各方要积极参与京津冀协同发展税收合作，协调区域税收

利益，全面优化三地在税收征管、税收执法、纳税服务、税收科研等方面的合作。要统一执行口径和管理标准，建立三地互认的政策管理制度，统筹税收政策措施等。2015 年 6 月，财政部和国家税务总局印发了《京津冀协同发展产业转移对接企业税收收入分享办法》，规定了转移产业的税收分享方案和保障措施，但存在分享范围窄、分享方式单一等问题。例如，由迁出地区政府主导迁移、迁出前三年内年均缴纳“三税”大于或等于 2000 万元的企业才纳入分享范围，而属于市场行为的企业自由迁移，不纳入分享范围；在税收分享方式方面，以迁出地区分享“三税”达到企业迁移前三年缴纳的“三税”总和为上限，达到分享上限后，迁出地区不再分享，且分享比率仅迁入地区和迁出地区按 50% ：50% 比例分享这一种类型。不仅税收分享政策方面的制度需要不断完善，在税收分享政策的落实方面，其制度也亟待完善。

在成本分摊机制方面，由于尚未形成京津冀协同发展基础设施投融资机制，当前在基础设施建设方面，主要采用就具体项目投资进行协商的方式。京津冀区域尚未建立横向成本分摊机制，如没有为保障产业、人口转移而需要在承接地进行基础设施建设的成本分摊机制，大型的、跨行政区的公共基础设施建设也没有相应的公共建设资金来源及相应的成本分摊机制。

三　制度完善与创新

（一）创新财政税收制度

应构建特殊区域的特殊财政制度，建立纵向和横向财政转移支付机制，实现区域内各类主体功能区的协同发展。

一是设立首都财政，可以优先考虑北京核心区（东城、西城）按照事权与财权相匹配的原则，以首都财政的形式由中央财政给予拨付，用于支持首都核心功能正常运作。

二是设立首都圈财政，通过征收碳排放税、燃油消费税等环境税收，设立首都圈财政，用于京津冀区域内生态涵养区的生态保护、发展生态友好型产业和三地跨界的道路建设等。

三是建立域内横向财政转移支付制度，由重点开发和优化调整地区向限制开发和禁止开发地区进行横向财政转移支付。为实现京津冀区域税收与税源的一致性，建立地方政府之间的税收横向分享制度；按照三地对产业的边际贡献系数比例，在省际产业转移时，探索并建立地区间税收分享和产值分计制度。

四是建立纵向财政转移支付制度，并努力实现转移支付制度法制化、公平化和透明化。在纵向转移方面，需加大对乡镇地区基础设施和公共产品投入等一般性转移支付的比例，夯实协同发展的基础。

五是通过调整财政税收制度促进区内产业升级。后经济危机时代，发达国家掀起了新一轮服务外包浪潮。服务外包和业务分离也是我国制造企业内部服务业务比重越来越高趋势下的内在要求，我国应适时调整现行分税制和降低服务外包的税收水平，将大型知识型服务行业的部分税收划为地方税，激活我国地方政府对外承接和发展服务外包的积极性，同时也能鼓励制造企业内部服务外部化，实现服务专业化，从而促进我国从制造大国向投资大国、服务大国转型，从而促进区域产业向低排放、服务化方向升级。

（二）创新政绩考核制度

一是构建基于功能分区的政绩考核制度。建议将京津冀区域作为一个整体，根据京津冀不同地区的发展现状、资源环境禀赋和发展潜力，进行主体功能区（优化开发、重点开发、限制开发、禁止开发）划分，逐步形成区域主体功能清晰、人口资源环境相协调、发展导向明确、开发秩序规范的区域发展格局。确定各个功能区的发展定位、发展目标、发展原则、发展任务、发展重点和保障措施，分类指导区域发展，出台各类主体功能区适宜发展和不宜发展的产业目录，在此基础上，构建基于功能分区的政绩考核制度。

二是构建基于综合指标体系和多元评估主体的政绩考核制度。区域发展应因地制宜地制定其产业、财政、金融、土地、人口、资源、环境等政策，改变单纯以地区生产总值增长为指标考核地方发展成效并决定官员升迁的状况。京津冀区域的政绩考核制度应在其主体功能区划分的基础上进行调整和完善，通过合理的区域功能分工、各司其职，实现京津冀区域快速发展和可持续发展。评估主体也应该多元化，除上级政府外，还应吸纳专家智囊、企业、社会组织、民众等主体。

（三）创新投融资体制

一是建立京津冀共同发展基金。由三地联合出资，用于区域跨界重大基础设施建设补助、生态治理、区域信息共享平台建设等公共服务领域，对跨界重大项目的实施给予资金支持，重点支持限制开发区域、禁止开发区域的公共服务设施建设和生态环境保护，支持重点开发区域的基础设施建设。

二是设立京津冀开发银行，用于支持京津冀协同发展。积极利用债券市场等多渠道募集资金。鼓励京津冀三地共同出资设立京津冀产业结构调整基金。深化区域内各类资本市场分工协作，推动京津冀建立统一的抵押质押制度，推进京津冀支付清算、异地存储、信用担保等业务同城化，显著降低跨行政区金融交易成本。

三是建立多元化可持续融资保障机制。鼓励商业银行、保险等社会资金参与区域内大型跨界基础设施建设、大型公共服务设施建设等；实施对邮电通信、交通运输、能源和原材料等基础设施行业的所得税进行减免、加速折旧及再投资退税等，促进区域基础设施完善；支持民企、外资等各类市场主体以 BT、BOT 等投融资形式建设基础设施，发展民营医院、民营学校。

四是建立与区域协同发展相适应的新型金融机制。建立京津冀地区统一的金融体系是适应区域经济一体化的当务之急。三地金融机构应从全局出发，打破行政壁垒，实现多业务、多方面、多层次的深入合作，建立统一的协调机制。发展互联网金融等新型金融，吸纳民间资本，为当地企业发展提供充足资金，使筹资方式由银行贷款走向发行债券或小额借贷、众筹等方式。

（四）创新问题区域的援助政策

按照问题区域性质和严重性，将京津冀二市一省中的环首都贫困区、工业衰退区、首都非核心功能疏解区等作为区域援助对象，构建相应的援助机制与政策。

一是针对环首都贫困区的援助政策。如建立横向财政转移支付制度，加大纵向财政转移支付力度；通过发行长期建设国债以及财政参股等方式加大政府投资。

二是针对工业衰退区的援助政策。建立衰退产业援助基金，通过加速折旧、财政贴息、税前列支等手段，促进企业技术创新和产业升级。

三是针对首都非核心功能疏解区的援助政策。针对首都非核心功能疏解、产业转移给北京带来的就业岗位和财政税收等减少的压力，探讨给予北京相应的扶植政策。

（五）完善区域法律制度

一是京津冀地区实施总体控规立法，如探索京津冀基础设施、产业布局、重大项目、生态保护、城乡发展等一体化规划的立法，使其对整个区域内各主体都具有法律效力。

二是探索建立以人为本的区域立法公众参与制度。

三是建立京津冀食品安全、药品安全、安全生产、环境执法的合作机制。

四　机制构建与创新

（一）探索建立以横向协商为基础、纵向协调为补充的区域协调组织框架

建立以“京津冀地方首长联席会议制”为主导的横向协商机制，通过平等协商，最大化满足各自利益诉求，促进区域协作与共赢发展。联席会议主席可由北京市市长、天津市市长、河北省省长轮流担任。在“京津冀协同发展领导小组”基础上，进一步建立由中央牵头组建的“京津冀区域发展委员会”的纵向协调机制，通过顶层设计，协调重大项目和重大矛盾，创造公平的发展环境，兼顾区域整体利益和长远发展。这种以横向协商为基础、纵向协调为补充的区域协调模式，具有地方政府与中央政府共同参与、自主性与权威性有机结合、公平与效率兼顾的体制特征。横向协商体现了地方政府间的平等性和自主性，纵向协调体现了中央政府的权威

性和整体性。为了保证区域决策的科学性与实施的有效性，除了设置上述两层决策机构以外，还应设立“京津冀发改委主任会议制”（执行层）、京津冀专业委员会咨询机构以及京津冀发展研究院（咨询层），非营利机构和社会公众的诉求和意愿可通过咨询层来体现和表达。决策层、咨询层、执行层的职能机构，有利于形成相互支持、相互制约关系，以保证决策的科学性、规划的权威性和执行的有效性（见图13－1）。

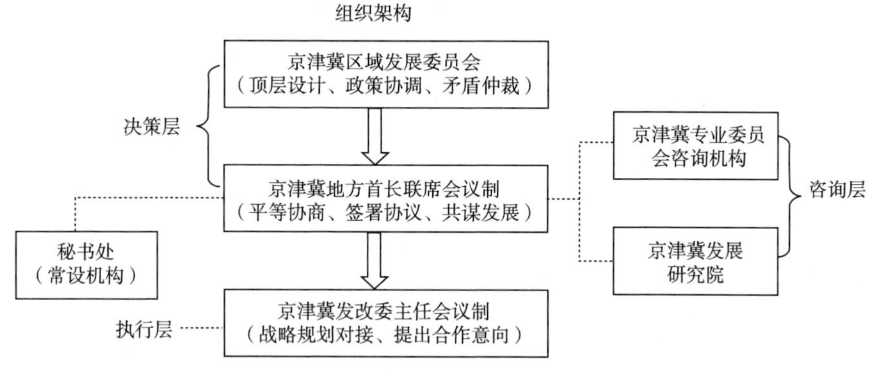

图13－1　京津冀协调机构的组织架构

资料来源：笔者归纳所得。

（二）探索和完善税收分享、成本分摊和生态补偿等多层次、多形式的协调机制

应区分合作项目的性质，建立不同的区域协调机制，如税收分享机制、成本分摊机制和生态补偿机制等。税收分享机制是以市场为主导的机制，对应的是营利性的私人产品，如基于省际产业转移、企业间产业合作、建立命运共同体的利益分享机制。成本分摊机制是半政府、半市场的机制，对应的是半公共产品，如基于省际（跨界）基础设施共建，地方政府应依据基础设施对本地区的外部性弹性系数横向分摊成本。生态补偿机制是以政府为主导的机制，对应的是公共产品，如要求生态受益省市通过财政横向转移支付补偿利益受损省市（见图13－2）。

（三）构建区域内优质资源共享机制

一是树立优质资源共享的理念。京津冀的优质资源和项目众多，如北

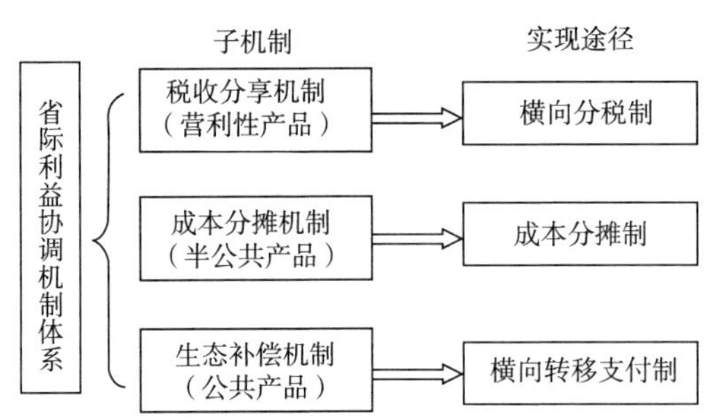

图 13－2　省际利益协调机制体系框架

资料来源：笔者归纳所得。

京中关村国家自主创新示范基地的政策资源、天津滨海新区先行先试的政策资源、天津自贸区的政策资源、首都第二机场的资源、北京—张家口联合申办冬奥会的资源等，在协同发展背景下，应树立这些资源不仅仅为北京、天津、河北所有，而应该为区域内共有的共享理念。

二是发挥中关村整合资源能力，打造中关村资本运营的升级版。应把中关村自主创新政策延伸到天津和河北，充分发挥北京科技创新优势，尤其是中关村的品牌优势、科技优势、人才优势、政策优势、资本优势、市场优势等，集聚海内外科技资源，释放天津、河北的资源潜能，在更大的区域范围内探索科技引领、资源整合的新模式，打造中关村资本运营的升级版。

三是抓住天津获批建设中国自由贸易试验区的重大机遇，采取京津冀三地共建模式，共同打造北方国际贸易中心和国际物流中心。结合北京、河北区位、产业等特点，将天津滨海新区可复制、可推广的政策延伸至北京及河北曹妃甸、黄骅等地区。在符合全国总量控制目标的前提下，支持河北具备条件的地区按程序申请设立综合保税区。加快转变外贸发展方式，积极培育外贸转型升级基地，加强优势产品出口基地建设，打造出口产品设计中心，推进加工贸易企业向全球贸易价值链高端延伸。

四是整合京津冀三地科技创新资源。建立科研机构和大学院所间的科研资源（科技人才、科技文献、科研数据、仪器设备、试验基地等）共享机制，为科技创新创造良好的科研条件；整合科研专家资源，构筑科研专家信息资源共享平台，推动科研专家的服务合作、知识创新活动。

（四）创新区域生态补偿机制

一是推进区域生态资源价值化和创新生态资源税收制度。由于区域环境资源的公共性及其所有权与使用权的模糊性，各类生态环境资源在使用上具有任意性，往往是无偿使用和破坏性使用。因此，必须对生态环境所做贡献进行核算，对保护生态环境者给予补偿，对破坏生态环境者予以惩罚，以避免“公地的悲剧”。京津冀在生态协同创新上，应着力推进生态环境资源的价值化和税收等方面的制度创新。

二是设立京津冀生态补偿专项资金，建立区域生态环境共建共享机制。国际经验表明，资源环境的“倒逼”、可持续发展理念、低碳绿色发展方式、科技革命和生态环境的共建共享制度安排是实现由环境恶化到生态良好转变的基本条件。通过财政横向转移支付、开设环境税收、设立京津冀生态补偿共同基金，开展基于水质和生态保护的流域下游对上游的补偿，开展基于主体功能区划分的重点开发地区、优化开发地区对限制开发地区、生态涵养地区的补偿，建立区域生态环境的共建共享机制。

三是构建有重点、多层次的补偿体系，综合运用政府和市场两种手段实施生态补偿。加大对京津冀重点生态功能区的生态补偿，明确生态补偿重点领域和范围。当前，对于京津冀生态环境建设来说，构建政府引导与市场运作相结合的制度体系尤为重要。政府在战略推动、规划引领、监测监管、政策调控等方面的主导作用不可替代。京津冀三地政府应加大均衡性转移支付力度并对环境保护政策实施所形成的增支减收给予补偿，通过实施生态保护项目、财政补贴、财政转移支付（纵向、横向）和税收差异化等方式，对生态涵养区的生态进行补偿。市场手段如生态资源有偿使用、排放权交易、专项基金、税收奖惩、政府购买等，是实现区域生态补偿的基本方式和有效路径，应强调生态环境成本内部化（通过提高私人成本，让私人成本与社会成本相一致）和运用市场机制实施生态环境保护（通过排放权和排污权商品化模式，让公众和企业参与，实现减排的目的）。

四是探索开发权的有偿转让机制。结合京津冀实际，探索开发权从禁止开发地区、生态涵养区向重点开发地区和优化开发地区的有偿转让制度。

五是申请建设国家级生态合作示范区。建议将河北的承德和张家口、北京北部和西部、天津北部划定为整个京津冀的生态涵养区，共同申请国家级生态合作示范区。

（五）完善区域要素自由流动的市场机制

创新人力资源自由流动的市场机制。一是建立统一的京津冀人力资源市场，促进人才流动。搭建区域人力资源信息共享与服务平台，推进政府购买人力资源服务。通过整合现有各个层次的劳动力市场、建立高层次人才信息库、统一劳动力市场信息服务平台等手段，采用“不求为我所有，但求为我所用”的人才使用理念，以讲学、技术入股、从事咨询、兼职等人才柔性流动和人才租赁方式实现区域人才流动和共享。二是促进产业链区域内合理布局，为人才流动提供平台。结合产业升级转移需要，积极创造就业岗位，促进人岗、技岗更好适配。在促进京津冀劳动力流动过程中，将产业结构调整作为基础，促进产业链在区域内合理布局，从而调整就业结构，促进劳动力合理流动。三是建立区域统一的人才服务保障体系，降低人才流动风险。建立区域内各地相互衔接的劳动用工政策和人才政策，推进专业技术资格和职业资格互认，共建共享公共就业实训基地，促进人力资源合理流动和有效配置，建立区域内劳动保障监察协作机制，为专业技术人员流动提供便利；创新人才共享方式如人才租赁、人事代理，完善区域人才服务体系；采取区域内户籍、档案和社保等相互认证制度，稳步推进教育、医疗等社会公共服务均等化。

创新区域资本自由流动的市场机制。资本以金融资本、产业资本、财政资本三种形式存在，并以金融机构、企业、银行为载体。有效促进这三种资本在区域内流动，不仅需要依托市场规律来实现，更需要政府的宏观调控，改革那些阻碍资本流动的体制机制。金融资本和财政资本在本书前面部分已经阐述，在这里不再赘述。在产业资本方面，应创新外资的使用形式和层次。目前京津冀三地引进外资的结构差别较大，北京的外资使用范围较宽、层次较高，主要集中在第三产业，且比重逐年增长；天津借助其北方海港优势，吸纳了包括大型制造业和基础建筑业在内的大型外资企业；河北省引进的外资主要分布在制造业、交通运输业、邮政业、房地产业及农林牧渔业。三地应根据各自发展需要，合理调整引进外资企业的结构和方式：北京作为首都，需加强总部经济，应引进高新技术产业、现代服务业和投资型企业；天津应优化外资结构，引进世界500强企业，增加服务业的比重，发展金融、保险等高端服务业，重点发展航空、新能源、海洋等新型产业；河北省应重点改善投资环境，引进创新型技术产业，推动产业升级和经济发展方式的转型。

创新区域技术自由流动的市场机制。知识产权作为重要的生产要素和创新成果，如果能在更大范围内实现转移和转化，对促进区域协同发展具有重要意义。一是应加强顶层设计。中国对知识产权的管理，尤其是对产权交易的管理职能很分散，例如技术专利转让由知识产权局分管，商标交易由工商局分管，著作权交易由版权局分管。也就是说，京津冀区域知识产权交易至少由三个或者三个以上的政府部门管理，导致政出多门、效率低，急需顶层设计。二是构建区域产权交易联盟。在知识产权交易中，有很多难点，如知识产权的价值评估。京津冀三地的知识产权应按同一标准进行评估，在同一标准的市场进行交易，从而打造区域产权交易联盟。三是区域联合执法，对侵权产业链进行整体打击。实施区域内知识产权保护的联合执法制度，将原先对销售、运输、制造等环节的单独执法有机串联起来，对侵权产业链进行整体打击。四是合作打造统一的区域知识产权互联网展示、交易平台。应在京津冀地区构建一个基于互联网的知识产权交易方面的集成展示平台和知识产权竞价系统，提高技术交易效率。五是规划成立知识产权实物展示中心。在知识产权的集中需求地，规划成立知识产权实物展示中心，将区域内其他地区知识产权产品集中到需求地展示，促进区域内的知识产权交易。

创新区域信息自由流动的市场机制。以网络互联为平台、以信息互通为纽带、以维护网络安全为保障，建设一体化网络基础设施。鼓励和推动电信企业推出京津冀一体化资费方案。加快实施“宽带中国”战略，大幅提高互联网网速，在京津冀地区统筹规划部署新一代宽带无线移动通信网，大力推动下一代互联网建设，推动北京互联网国际出入口优化扩容，实质性推进三网融合进程。整合区域信息资源，研究建立区域大数据中心。

第五篇

典型案例分析

第十四章　三种协同模式

根据《京津冀协同发展规划纲要》，打造以首都为核心的世界级城市群、全国创新驱动经济增长新引擎、区域整体协同发展改革引领区和生态修复环境改善示范区是京津冀协同发展战略的四大目标。要实现京津冀协同发展目标，最重要的是妥善处理好四大关系，即市场与政府的关系、京津双城联动的关系、核心城市与所在区域的关系、经济社会与生态协调发展的关系。这四大关系的处理不仅需要我们解放思想、开拓创新，更需要我们对过去成功实践经验进行总结，这就要求我们将过去成功的典型案例从实践上升为理论，从局部上升为整体，即对典型案例进行归纳总结，以更好地指导京津冀协同发展战略，从而为协同发展目标的实现提供战略支撑。本研究将现有京津冀协同发展的典型经验总结为三个模式，即集成创新模式、开放市场模式和异地升级模式。

一　集成创新模式——以中关村国家自主创新示范区为例

集成创新模式是在统筹区域内部生产要素禀赋的前提下，综合利用制度、技术、管理等手段，发挥区域内的比较优势，选择、集成和优化各创新要素和生产环节，形成具有集约化、高效化和技术密集等特点的区域经济内生增长机制。这一模式在中关村的发展历程中表现得尤为突出。2015年，中关村国家自主创新示范区（以下简称“中关村示范区”）高新技术企业实现总收入4.08万亿元，同比增长13.2%，总收入占全国高新区的1/7。根据2016年1～3月规模以上企业数据，中关村示范区实现总收入8326.6亿元，同比增长15.4%；工业总产值1928.7亿元，占北京市的50.1%；中关村示范区企业申请专利13114件，同比增长14.6%，占全市专利申请量的34.1%。企业获得专利授权8416件，同比增长8.0%，占全市专利授权量的35.1%。截至2016年3月底，中关村示范区企业拥有有效发明专利51625件，占北京市企业同期有效发明专利量的63.8%。

（一）模式分析

北京未来要建设成为全国科技创新中心、京津冀乃至全国重要的创新策源地，而在此发展战略中，中关村示范区是重中之重和关键所在，是北京构建“高精尖”经济体系的主阵地和排头兵。近年来，中关村示范区依托“一区十六园”的优势资源和要素禀赋，不断提高技术标准，推动技术与产业融合，打造信息产业、大数据、智能硬件三大优势产业集群，重点培育了科技金融、创新创业服务、创意文化等高端服务业，实现了产业向科技文化融合、高新技术引领、绿色生态驱动的创新型产业转型发展态势。

1. 依托优势资源，凝聚创新力量

中关村示范区在北京已经形成“一区十六园”的发展格局。依据北京各功能区的发展目标，结合园区所在区域的发展基础和优势资源，本研究将中关村十六园分为四个类型，即首都功能核心区型、城市功能拓展区型、城市发展新区型、生态涵养发展区型，并总结出不同的集成创新模式。首都功能核心区型以互联网金融为特色，形成了以现代服务业为主体，以设计服务、出版创意、科技金融、智慧产业为主要特色的产业格局，互联网金融和文创产业快速崛起。城市功能拓展区型以科技创新策源地为特色，形成了科技与现代服务融合发展的高端服务业体系，该分园科技创新实力雄厚，是北京构建“高精尖”产业体系的关键。百度、搜狐等277家软件企业总部和全球研发中心在此集聚，现已形成大数据、文化创意、现代商务、软件和信息等高端服务业和以石墨烯为代表的新材料产业。城市发展新区型以新兴产业集群为特色，形成了现代观光农业、生物医药、电子信息、高端装备制造、节能环保等产业类型。生态涵养发展区型以科技研发与现代制造融合为特色，如纳米技术推动的新材料和新工艺等现代制造业快速发展。

2. 形成“一链三带多社区”的协同创新载体

根据《中关村京津冀协同创新共同体建设行动计划（2016—2018）》，

三地将推动各类创新主体合力建设以科技创新园区链为骨干、以协同发展产业带为依托、以创新社区为支撑的“一链三带多社区”协同创新的载体。“一链”指开展跨区域园区链建设试点。中关村联合津冀，共建天津滨海—中关村科技园、延庆—张家口绿色冬奥零排放试验区及能源互联网产业示范区、石家庄（正定）集成电路产业基地、京津中关村科技城（宝坻）等，开展各具特色的创新园区试点，探索跨区域科技创新园区链建设模式及合作机制。“三带”指产业跨区域优化布局轴带。中关村将重点沿京津—张承廊布局京津冀大数据走廊，沿京保石布局集成电路、智能硬件和生物医药产业带，沿京唐秦布局节能环保、智能制造和新材料产业带。通过市场机制跨区域布局协同发展产业带，培育战略性新兴产业集群。“多社区”指实施创新社区共建。在天津滨海新区、宝坻和河北石家庄、保定等区位优势明显、创新资源密集、特色产业突出的地区，打造具备完善的创新教育、技术研发、技术转移、创业孵化、科技金融及居住配套等综合服务功能的创新社区，推动形成新的类中关村创新创业生态系统。截至 2014 年 10 月，中关村领军企业已在河北设立分支机构 1029 家，在天津设立分支机构 503 家。而随着中关村经济结构进一步趋向“高精尖”，包括津冀在内的京外企业，也纷纷在中关村以及各个分园内设立研发机构、总部等以促进技术外溢。

（二）经验借鉴

1. 改革创新，带动区域资源整合

作为科技体制机制改革的试验田和先行区，中关村示范区肩负着京津冀地区乃至全国科技体制机制先行先试、改革创新的重任。其主要通过以下两种方式对体制机制进行改革创新，实现资源整合。

一是搭建首都创新资源整合平台。平台着眼于中关村的重大科技创新成果在京津冀三地转化。通过下设的人才工作组、规划建设工作组和政策先行先试工作组等，同时独创了部市会商、军地会商、央地会商等工作机制，为涉及重大创新项目的有关部委进行信息沟通搭建起交流服务的平台，有效整合了中央和地方创新资源，为中关村的发展提供了强有力的组织保障，为重大创新项目实施起到重大的推动作用。

二是构建产学政研创新共同体。核心区（海淀园）凭借密集的科技、

智力、人才和信息资源（包括清华大学、北京大学等高等院校39所，国家工程中心41个，重点实验室42个，国家级企业技术中心10家等），发挥着科技在京津冀协同创新进程中的引领辐射作用，构建起科研机构、高等院校、企业、高端人才、社会组织和政府“六位一体”的协同创新体系。在财政支持方面，设立财政专项基金。北京市委、市政府建立了全市每年100亿元的产业化重大项目资金统筹机制，探索股权投资、知识产权共享等支持方式，支持中关村的创新成果在“一区十六园”开花结果，更好地发挥科技创新的辐射外溢效应。在政策保障方面，完善项目实施和人才激励机制。建立了包括北京市重点科技成果转化和产业化项目资金统筹工作机制、核心人才的股权激励机制，以及项目发现、筛选、落地和后续服务的机制。在创新资本合作模式方面，吸纳社会资本助力科研成果产业化。中关村管委会联合中科院等科研院所，与中关村发展集团、中关村创业投资公司、新沃资本等共同出资，成立成果转移转化基金，旨在通过政府资金的引导，发挥市场机制的作用，带动社会资本支持科研院所科技成果产业化。在创新创业孵化方面，建立成果孵化平台和孵化服务模式。一方面，通过孵化平台，三地的企业可以共享中关村的创新信息、创新成果，满足企业成果孵化需求，同时也为三地科研院所和企业建立起技术转移的长效机制。另一方面，通过建立市场化运营机制，涌现出创新工场、车库咖啡、3W咖啡、亚杰商会、清华科技园、联想之星、石景山青年创业园等新型创业孵化服务模式，引领全国创业孵化机构从提供办公环境等基础服务向提供种子基金、创业导师、专业技术平台等增值服务演进。特别是3W咖啡模式在中关村取得成功后，已走出北京，向其他城市发展。

2. 政策护航，保障创新成果三地共享

中关村的创新支持政策遵循“统筹一致、灵活多元”的原则。在“统筹一致”方面，中关村“一区十六园”和各地分别建设的合作科技园区同享中关村在创新、人才、土地、税收等方面的优惠政策；在“灵活多元”方面，各园区在相关法律法规的监督下，依据各园区的发展禀赋和当地的需求，制定灵活多元的激励措施。这就提升了中关村各个分园在吸引中小企业入园发展时的灵活性，同时可以充分吸引有潜力的科技型中小企业入园发展。

一是财政支持，为科研单位、成果产业化以及创业提供充足的资金扶持。近年来，从国家层面到北京市政府层面，再到合作共建的中关村示范区内部，都出台了一系列支持和促进中关村科技创新的政策。在支持科研单位方面，“京校十条”等相关政策中提出，对通过认定的市级和国家级工程技术研究中心，分别给予50万元、100万元的资金支持；对与大学、科研机构合作，租用实验室开展技术研究、新产品开发的企业，由企业提出申请，经专家评定通过后给予50%的租金补贴，最高不超过50万元。在促进成果产业化方面，武清京津科技谷园区提出多项优惠政策，如：在生产力促进中心、加速器建设方面，对于经专家评审并通过市级立项的生产力促进中心，给予其100万~400万元资金支持。在促进科技型中小企业创新创业方面，武清京津科技谷园区对初创期、成长期实体科技型中小企业以科技项目的方式给予10万~60万元支持；帮助成长期、壮大期科技型中小企业争取市级周转资金；对经专家委员会评审后符合资助条件并需要资金支持的企业，给予100万~500万元的支持，重大项目可获得500万元以上的资金支持。这些资金由北京市财政资金和中关村的社会创业孵化资本共同支持，既鼓励了企业与大学、科研机构合作建立工程技术研究中心和企业实验室，共同提高企业持续创新发展能力和成果转化能力，同时又充分扩展资金来源，提高社会资本参与的积极性，推动了资本到创新主体（科研院所和企业）再到成果转化的市场化运作模式的形成。

二是人才扶持，将中关村示范区率先建成国家级人才特区。不断创新人才激励政策，吸引各类人才集聚中关村，是其形成创新策源地的根本保障。根据统计数据，2016年1~3月，中关村期末从业人员共计197.7万人，其中研发人员49.2万人，占从业人员总数的24.9%。在股权激励政策方面，形成了科技成果入股、科技成果折股、股权奖励、股权出售、股票期权、分红激励、科技成果收益分成等七种激励方式，大大提高企业运营自由度和创业积极性。在人才特区政策方面，通过股权奖励、海外人员创业税收减免等政策，吸引高层次人才。在新型产业组织改革试点方面，打造中关村产业技术联盟，搭建起技术交易、技术服务、技术共享平台。在科技企业培育方面，中关村“瞪羚计划”和“十百千工程”等积极培育中小企业。将高校实施科技成果转化给予科技人员奖励比例下限由20%提高至70%。

三是创业服务，给予贷款、基金、培训等众多优惠和孵化扶持。在金融支持政策方面，对于园区内在技术改造、新产品开发及固定资产投资有贷款需求的科技型中小企业，经提出申请并经专家评审通过后，一次性给予利息总额50%的贴息支持，最高不超过20万元。在促进中小企业上市融资方面，筛选一批上市后备企业进行重点辅导和培育，加大培训、推动、宣传力度。企业申请上市前，经园区科企服务部备案但未能成功上市的，对所发生的上市财务费用，给予一定比例资金补助，最高不超过150万元。在学生创业方面，给予在中关村科技企业孵化器或大学生创业基地创业的学生房租减免、创业辅导等支持。设立学生创业项目天使投资配套支持资金，高等学校教师作为天使投资人投资的学生科技创业项目，可按照教师实际投资额度的50%申请政府股权投资的配套支持。

四是支持科技型中小企业发展。对新引进并通过认定的科技型中小企业，由企业提出申请，经专家评审通过后给予5万～10万元资金奖励。设立科技型中小企业专利资助资金。对正常申请并经专家审定后的企业发明专利申请给予每项3000元资助，实用新型专利申请给予每项1500元资助，外观设计专利申请给予每项200元资助，对企业当年授权的发明专利给予1万元的奖励。

二　开放市场模式——以天津自由贸易试验区为例

《京津冀协同发展规划纲要》中将天津的城市功能定位确定为全国先进制造研发基地、北方国际航运核心区、金融创新运营示范区和改革开放先行区。为实现上述目标，一方面，要充分利用得天独厚的滨海天然优势、特殊的水陆交通枢纽地位、雄厚的工业基础和科研力量，将天津建设成以高新技术产业和现代制造业为主的现代制造和研发转化基地；另一方面，要解放思想，勇于开拓创新，不断创新体制机制，为全国先进制造研发基地、北方国际航运核心区目标的实现提供人才、资金、技术等方面的制度保障。天津自由贸易试验区（以下简称“天津自贸区”）的设立有利于将天津打造为改革开放先行区和金融创新运营示范区。

截至2016年9月，天津自贸区新增市场主体24321户，注册资本达到7875.97亿元。其中新增内资企业21323户，注册资本达5118.07亿元；新增外商投资企业1349户，注册资本达2756.15亿元；新增个体工商户

1649 户，申报资金 1.75 亿元。在新增市场主体中，注册资本超 10 亿元的有 150 户，超亿元的有 1670 户。2016 年 1 ~9 月，在天津自贸区的三个片区中，滨海新区中心商务区固定资产投资总额 230.6 亿元，同比增长 32.1%，增幅是天津港保税区的 1.3 倍、东疆保税港区的 4 倍，滨海新区中心商务区建设正呈现蓬勃发展态势；天津港保税区实际利用外资金额 15.1 亿美元，是东疆保税港区的 3 倍、滨海新区中心商务区的近 15 倍，其开放度在天津自贸区中处于领先地位。

（一）发展特征①

天津自贸区是中央在天津设立的区域性自由贸易园区。它是中国大陆北方第一个自由贸易区，也是继中国（上海）自由贸易试验区之后，中央设立的第二批自由贸易试验区之一。天津自贸区的战略定位是，以制度创新为核心任务，以可复制可推广为基本要求，努力成为京津冀协同发展高水平对外开放平台、中国改革开放先行区和制度创新试验田、面向世界的高水平自由贸易园区。总体目标是，经过三至五年的改革探索，将天津自贸区建设成为贸易自由、投资便利、高端产业集聚、金融服务完善、法制环境规范、监管高效便捷、辐射带动效应明显的国际一流自由贸易园区。作为中国北方第一个自由贸易试验区，天津自贸区不仅仅是强调投资与贸易便利化的经济活动区，更是中国经济金融体制改革的先行者。

在功能分区方面，三个片区各有侧重、互无重叠。天津自贸区总面积 119.9 平方公里，涵盖东疆保税港区、天津港保税区和滨海新区中心商务区三个片区。

东疆保税港区以打造北方国际航运中心和国际物流中心为重点，将着力发展航运物流、国际贸易、融资租赁等现代服务业。区内拥有国际船舶登记制度、国际航运税收政策、航运金融、租赁业务等 4 大类 22 项创新试点政策；截至 2016 年 6 月，东疆共注册企业 4692 家，其中 97% 的企业完成纳税登记。

天津港保税区以打造先进制造中心和科技研发转化中心为重点，着力发展航空航天、装备制造、新一代信息技术等高端制造业和研发设计、航

① 资料来源：本部分数据及规划等内容参考天津自贸区官方网站的公开资料。

空物流等生产性服务业，形成了民用航空、装备制造、电子信息、生物医药、快速消费品和现代服务业等优势产业集群。

滨海新区中心商务片区是天津金融改革创新集聚区，也是滨海新区城市核心区。将重点发展以金融创新为主的现代服务业，是国内少数拥有金融"全牌照"区域。2016年上半年，滨海新区中心商务区新增市场主体3121家，超过2015年同期的1.3倍，合计注册资金超过980亿元，滨海新区中心商务区市场主体已经突破1.4万家，初步打造创新金融、国际贸易与跨境电子商务、科技互联网三大特色产业集群。金融业支柱性地位进一步显现。

在扩大投资领域开放方面，天津自贸区放宽外资准入限制，进一步改革外商投资管理模式，实行准入前国民待遇加负面清单管理模式，扩大服务业和先进制造业开放领域。集装箱专用码头、内河航运航电枢纽、车用发动机、城市快速轨道交通等投资项目的外资准入条件可由天津自贸区在相关法规的约束下自行控制。目前，天津自贸区放宽外资准入限制已经在全国推行实施，通过深化简政放权、放管结合、优化服务等改革，营造内外资企业一视同仁、公平竞争的营商环境。2016年10月的政府常务会议提出："今后举办外商投资企业，凡不涉及2015年版《外商投资产业指导目录》中禁止类、限制类和鼓励类中有股权、高管要求的规定等准入特别管理措施的，企业设立及变更一律由审批改为备案，且备案不作为办理工商、外汇登记等手续的前置条件。采取这一改革措施，外商投资企业设立及变更审批将减少95%以上。"这充分说明天津自贸区作为改革开放先行区的示范效应已初见成效。

在创新金融运营机制方面，金融工具和金融交易模式不断创新。为打造国家金融创新运营示范区，天津自贸区推进利率市场化、人民币资本项目可兑换、人民币跨境使用、外汇管理等方面的改革。推动金融服务业对符合条件的民营资本和外资金融机构全面开放。实施租赁业政策创新，发挥改革引领作用，形成与国际接轨的租赁业发展政策环境。建立健全金融风险防控体系。针对大型跨国公司，鼓励其进行资金的集中营运管理，将企业的境内外资金进行最大限度的有效调配。截至2016年，北京已经有40余家央企将其金融板块的业务设立在天津自贸区内，类型涉及供应链管理、并购、海外直投、基金等多种业务形式，新设立的机构已经近100家。

天津自贸区已成为在京央企延伸业务板块、拓展新业务的集聚区。

在政策扶持方面，多项资金支持政策助力企业融资。天津自贸区创新推出促进产业发展的“一中心、一基金”政策。“一中心”，即对区内投资担保中心一次性增资至45亿元。增资后的担保中心承担区内中小微企业贷款风险补偿机制职能，对全市、新区贷款风险补偿机制工作形成补充。一是加大力度解决企业融资难问题。区内补偿机制初定风险代偿比例为担保中心承担80%，合作的金融机构承担20%。二是解决企业融资贵问题。担保中心对企业贷款按照年利率1%～3%进行贴息，进一步降低企业融资成本。三是搭建区域企业信用平台，所有进行风险代偿的企业，都要求在第三方评级机构进行评级，建立区内企业信用数据库。“一基金”，即由担保中心为有限合伙人发起设立面向高端制造业、现代服务业、科技创新产业等高端产业的发展引导基金，初始规模为32亿元，按照“政府引导、市场运作、防范风险、滚动发展”的原则进行运作管理。以财政资金为引导，积极吸引社会资本进入。基金采取市场化运作、专家化管理模式，充分发挥金融机构资金、产品、网络优势，为产业集聚、升级打造全方位、专业化、低成本的金融服务支持方案。天津自贸区的设立，不仅能为企业提供更多的优惠政策，更为企业提供了一个更广阔且具有创新发展性质的投资平台。

（二）经验借鉴

金融作为三地协同发展的重要突破口，应从顶层设计开始加以重视，建立起中央—地方协调一致的发展架构，为金融协同发展提供组织和政策保障。以天津自贸区为试点，建立京津冀三地金融创新改革示范区，从金融角度推动京津冀地区市场决定资源配置的开放模式。

1. 整合三地金融资源，完善金融市场化运行体系

天津自贸区内完全放开的市场化制度优势，为企业投资提供了更为宽松的环境，提高了企业开展事务的便捷性。在京津冀这个发展水平具有明显梯度差的区域，资本自然会流向京津等资本回报率较高的地区。为了促进资本流动相对均衡，可以建立京津冀区域性金融机构（银行），组建区域性金融控股公司并设立分公司，实现京津冀多元化金融业务和金融资源有效整合和区域金融联合。积极引入信托公司和私募基金等金融投资机构，建立京津冀地区保险、基金公司的一体化服务，促进投资市场化进程。为北京非首都功能疏解中劳动密集型企业疏解提供具有一致性的金融资金投放保障，为天津的离岸人民币从天津入口流向京津冀乃至全国提供离岸金融试点服务，为河北装备制造业和石化工业转型升级提供金融资金扶持。

2. 创新金融运营模式，使跨境金融交易更为便捷

金融机构在天津自贸区内设立分支机构，使得金融结汇手续更为简化，方便了贸易企业在区内办理金融业务。天津自贸区内已有包括中国银行、中国工商银行等在内的十几家银行设立的自贸区分行。自贸区内的商贸企业可通过金融国际化提高其运营效率。金融国际化即借助自贸区的整合，在一定额度内做资本结汇，产品卖出后，能够便捷地在区内进行应收账款的结汇工作。即区内的贷款，特别是境外人民币贷款，需要在两岸设立资金池，以便资金境外的募集与境内的使用等都可在区内快速方便地完成。通过改革，提高了企业从事跨境金融业务的便捷度，如：天津自贸区大力支持设立外资银行与中外合资银行，允许在自贸区内建立面向国际的交易平台，鼓励金融改革和支持金融产品创新；支持股权托管交易机构建立综合金融服务平台，鼓励开展人民币跨境再保险业务等。

3. 建立网上平台，提高行政审批效率

天津自贸区的改革试点重要任务是提高审批效率。在贸易方面，天津自贸区对区内企业实行“一线放开，二线管住”的政策，即境外和区内的货物可自由进出，但货物在进出自贸区时需要进行报关等必要的相关手续。此制度的实施，有效简化了区外企业从事跨境商贸的程序。天津自贸区在充分利用先进的信息技术的基础上，建立起一套完整的网上办公系统平台，实现了无纸化办公，与此同时，把原先的海关监管、检测检疫、跨境支付、出口退税部门的串联办公关系改为关联办公关系，把从结汇到退税所需中间环节的时间从原来的一个月缩短到三天，大大提高了工作效率、简化了流程、降低了成本。为此，有必要将此举措推广到京津冀协同发展的其他领域，如金融投资、贷款、企业业务等。

三　异地升级模式——以沧州渤海新区为例

渤海新区位于河北省沧州境内，北依京津，南望齐鲁，东临渤海，西辐内地，下辖“一市四区”（黄骅市、港城区、中捷产业园区、南大港产业园区和沧州临港经济技术开发区），总面积达 2400 平方公里。渤海新区具有良好的区位优势。依托国内年吞吐量居前十的天然优良海港——黄骅港，具有港口区位优势；区内多条铁路贯通，集货运与客运、航空运输与海洋运输于一体，具有交通优势；土地承载空间大，可广泛承接北京的非首都功能。“十二五”期间完成固定资产投资 3400 亿元，主要投资于基础设施建设、港口建设、招商引资和完善配套服务等环节。渤海新区已经成为河北省集全省优势资源打造的重要经济增长极。

（一）模式分析

自 2007 年成立至今，渤海新区通过与北汽集团、北京大兴生物医药基地以及众多知名科研机构合作，利用当地资源，吸引外来企业，整合生产要素，延长产业链条，初步形成了以石油化工、冶金装备、港口物流传统产业为基础，以汽车、生物医药、新能源、新材料等新兴优势产业为支撑的临港产业体系。

产业梯度转移推动沧州汽车产业链异地升级。渤海新区汽车产业以北汽集团黄骅分公司为龙头，引进配套企业，延伸产业链条，促进汽车产业发展。截至 2015 年，北汽集团黄骅分公司已完成冲压、焊装、涂装、总装四大工艺相关辅助功能的建设，形成了年生产 15 万辆整车的生产能力，预计 2020 年产值将达 1000 亿元，其中整车产值达 600 亿元，汽车零部件产值 300 亿元，物流产值 100 亿元。同时，北汽集团 50 万辆微车项目落户黄骅，渤海新区吸引韩国世源集团等众多国外知名的汽车制造企业投资建厂，合作承建汽车模具、车身冲压和部件研发设计及加工环节，为北汽集团黄骅分公司的整车制造提供汽车零部件等环节的生产制造及配套服务，共同构成汽车产业链。北汽集团打造的华北（黄骅）汽车产业基地，正在促进渤海新区汽车产业从单一零部件加工向整车生产、由制造向研发设计等高端环节转变。通过引进技术含量和发展水平较高的高梯度地区的产业，整合低梯度地区具有比较优势的生产要素，一方面降低了高梯度地区的生产成本，另一方面实现了低梯度地区产业链的异地升级和集群化发展。

异地监管与合作模式促进生物医药产业集群化发展。生物医药产业是国家鼓励发展的战略性新兴产业，然而受环境、资源、土地指标等因素的制约，北京生物医药产业的生产环节接近饱和，成为亟待疏解的产业之一。在京津冀协同发展背景下，渤海新区与北京大兴生物医药基地合作，共建“北京·沧州渤海新区生物医药产业园”，共同推进京冀生物医药产业协同创新，打造京冀生物医药区域合作示范新区。截至2015年4月，北京共投资61亿元，首批22家企业集中签约入驻，首批10家生物医药企业已开工建设，其中涉及一些有实力、有创新力的企业，如在中国心脑血管药物方面处于领先地位的北京四环制药、主营业务收入跻身“全国百强”的北京泰德制药、拥有新和成集团强大技术支撑的北京万生药业、隶属于中科院的北京协和制药和北京九和药业等。这些企业外迁落户渤海新区，并不是简单平移式搬迁，而是在原有产业规模基础上，进行优化改造，确保产品实现高品质、高科技含量和高附加值生产，实现了企业的转型升级和创新发展。

民企与国企合作助力石油化工产业升级。河北鑫海化工集团有限公司拥有500万吨每年进口原油资质，通过与中石油、中海油、中石化建立密切的合作关系，不断延长产业链并实现转型升级。在生产装置技术方面，引进300万吨每年和350万吨每年重交沥青装置、160万吨每年蜡油加氢裂化装置等众多先进的技术装置，提升石油冶炼、加工的效率和质量；在配套系统建设方面，建立了80万吨储油罐区、供电、管道运输、装运、安全消防等配套公用系统，提高了储油和运输能力；在成品油销售方面，与中石油等大型国有企业签订互供原油、成品油合作协议，通过合资合作方式建立加油站零售网络。鑫海集团通过与国企合作实现了石油产品生产、加工、研发、储运、物流、销售等环节的贯通，在延长产业链的同时带动了河北化工企业的共同发展，是典型的龙头企业带动产业链发展的模式。目前，鑫海集团与荷兰壳牌、美国KBR等国外企业合作，深入研发先进的石油冶炼装置，并开展废料处理和海水淡化项目，带动相关产业集群的发展。

（二）经验借鉴

异地升级模式主要适用于经济和技术存在梯度差异的不同地区间，属于垂直型区域经济合作范畴。目前，京津冀三地经济发展水平落差明显，各地的经济功能定位和发展目标各异，特别是北京和河北在区域经济合作方面非常适合采用异地升级模式。北京土地、人才、管理等要素成本不断上升，必然导致要素密集型产业由于缺乏竞争优势而外迁。一方面，通过产业转移和技术外溢，可以有效带动津冀产业的转型升级，优化三地的产业空间布局和要素资源配置。另一方面，这也是北京疏解非首都功能的有效途径。两方面的共同作用，有效地促进了产业异地升级模式的实现。但产业的异地升级一定要建立科学合理的保障机制。由于存在经济梯度差，如果将产业单纯地迁出并落户河北发展，没有相应的配套服务政策机制保障，必将导致企业外迁过程中的“业走人留”现象，企业很难在承接地落地生根、发展壮大。所以在一定时间内，要建立共建共管的机制，引导企业过渡发展。通过分析渤海新区的异地升级模式，我们将其机制建设经验梳理为以下几个方面。

一是对迁出的产业按照“共建、共管、共享”原则进行建设和管理。具体举例来说，“北京・沧州渤海新区生物医药产业园”通过“组团入驻、统一规划”的方式，引导医药企业进行产业布局，共同打造京冀生物医药区域合作示范新区。在园区规划和顶层设计方面，北京、河北共建医药合作领导小组，建立高层领导联席制度，定期召开联席会议，就一些重大事项进行协商、审议、确定；成立“北京市食品药品监督管理局直属沧州渤海新区・北京生物医药产业园分局”，具体负责对入园的北京企业进行集中监管和药品质量监管；河北方面组织专门力量，采取“一对一”分包，对所有入园的北京医药企业实行“一站式”服务，确保项目要件齐备后30天内办完所有手续，充分满足企业在迁入地投资发展需求。

二是在配套服务机制方面给予从北京外迁入园的企业多项优惠政策。通过实现监管延伸，既能够解决企业新产品落地转化和规模化生产难题，又能够使企业继续享受北京科技资源优势，保留“北京品牌”的品牌效应和首都市场；对随企业迁移的劳动者保留其同等收入，给予在迁入地购房、子女上学等方面的优惠政策待遇。以政策优惠吸引众多劳动者迁移是解决劳动者就业和存续企业活力的重要途径。

三是在地方利益分配方面，建立税收按比例分享机制。采取总公司注册在北京、分公司注册在渤海新区的方式，既保证北京方面能够通过总公司的税收保证其财政收入，又能实现分公司产生的税收和收益最大限度地向渤海新区倾斜。比如北汽的分公司在迁入河北时，两地政府就税收利益分配问题达成了共识：近期北京与河北各获得企业税收的50%，远期税收分享比例将根据企业运行的实际情况进行调整。这样既有利于保障北京的财政收入，也提高了河北承接的积极性。

综上所述，产业异地升级模式的最大特点是迁入地出台多元化的优惠政策，吸引产业来此发展。京津冀地区的经济技术存在明显梯度差异，天津、河北的产业迁入地应在共建共管、配套服务、税收分配等方面建立完善的机制，做好劳动者和企业的配套服务，包括：给予企业税收优惠，对员工落户、购房、子女上学等提供便利条件；减少行政审批，简化办事程序，提高服务效率；搭建产业转移促进平台，举办各类大型投资贸易会展活动，促进信息共享；搭建技术产权交易平台；等等。

参考文献

[1] 吴良镛等:《京津冀地区城乡空间发展规划研究》，清华大学出版社，2002。

[2] 吴良镛等:《京津冀地区城乡空间发展规划研究二期报告》，清华大学出版社，2006。

[3] 吴良镛等:《京津冀地区城乡空间发展规划研究三期报告》，清华大学出版社，2013。

[4] 吴良镛、吴唯佳等:《“北京2049”空间发展战略研究》，清华大学出版社，2012。

[5] 吴良镛:《北京规划建设的整体思考》，《北京规划建设》1996年第3期。

[6] 陆大道、樊杰主编《2050：中国的区域发展（中国至2050年区域科技发展路线图研究报告)》，科学出版社，2009。

[7] 杨开忠:《迈向空间一体化——中国市场经济与区域发展战略》，四川人民出版社，1993。

[8] 杨开忠主编《改革开放以来中国区域发展的理论与实践》，科学出版社，2010。

[9] 杨开忠:《环渤海地区运筹“京畿圈战略”》，《北京规划建设》2004年第4期。

[10] 杨开忠:《我国首都圈发展的几个重大问题》，《社会科学论坛》(学术研究卷) 2008年第2期。

[11] 方创琳:《中国新型城镇化发展报告》，科学出版社，2014。

[12] 方创琳等:《中国创新型城市发展报告》，科学出版社，2013。

[13] 方创琳、姚士谋等:《2010中国城市群发展报告》，科学出版社，2011。

[14] 魏后凯等: 《中国区域政策——评价与展望》，经济管理出版

社，2011。

[15] 魏后凯主编《走中国特色的新型城镇化道路》，社会科学文献出版社，2014。

[16] 魏后凯等：《中国区域协调发展研究》，中国社会科学出版社，2012。

[17] 魏后凯：《重塑京津冀发展空间格局》，《经济日报》2014 年 6 月 6 日，第 7 版。

[18] 樊杰主编《京津冀都市圈区域综合规划研究》，科学出版社，2008。

[19] 樊杰：《我国主体功能区划的科学基础》，《地理学报》2007 年第 4 期。

[20] 樊杰、李文彦、武伟：《论大渤海地区整体开发的战略重点》，《地理学报》1994 年第 3 期。

[21] 住房和城乡建设部城乡规划司、中国城市规划设计研究院编著《京津冀城镇群协调发展规划（2008—2020)》，商务印书馆，2013。

[22] 肖金成等：《京津冀区域合作论——天津滨海新区与京津冀产业联系及合作研究》，经济科学出版社，2010。

[23] 肖金成、党国英：《城镇化战略》，学习出版社、海南出版社，2014。

[24] 肖金成、袁朱等编著《中国十大城市群》，经济科学出版社，2009。

[25] 肖金成、刘保奎：《首都经济圈规划与京津冀经济一体化》，《全球化》2013 年第 3 期。

[26] 孙久文：《中国区域经济发展报告：中国区域经济发展趋势与城镇化进程中的问题》，中国人民大学出版社，2014。

[27] 孙久文等：《京津冀都市圈区域合作与北京国际化大都市发展研究》，知识产权出版社，2009。

[28] 孙久文、原倩：《京津冀协同发展的路径选择》，《经济日报》2014 年 6 月 4 日，第 7 版。

[29] 孙久文：《首都经济圈区域经济关系与合作途径》，《领导之友》2004 年第 3 期。

[30] 孙久文、邓慧慧：《京津冀区域趋同的实证分析》，《地理与地理信息科学》2006 年第 5 期。

[31] 孙久文：《北京参与京津冀区域合作的主要途径探索》，《河北工业大学学报》（社会科学版）2013 年第 1 期。

[32] 李国平主编《京津冀区域发展报告（2014）》，科学出版社，2014。
[33] 李国平、陈红霞等：《协调发展与区域治理：京津冀地区的实践》，北京大学出版社，2012。
[34] 李国平等：《首都圈结构、分工与营建战略》，中国城市出版社，2004。
[35] 吴殿廷等：《中国特色世界城市建设研究》，东南大学出版社，2013。
[36] 周立群等：《京津冀都市圈的崛起与中国经济发展》，经济科学出版社，2012。
[37] 周立群、丁锟华：《滨海新区与京津冀都市圈的崛起》，《天津师范大学学报》（社会科学版）2007 年第 1 期。
[38] 张贵、周立群：《创新京津合作模式　鼎力打造“第三极”》，《天津经济》2004 年第 5 期。
[39] 文魁、祝尔娟主编《京津冀区域一体化发展报告（2012）》，社会科学文献出版社，2012。
[40] 文魁、祝尔娟等：《京津冀发展报告（2013）：承载力测度与对策》，社会科学文献出版社，2013。
[41] 文魁、祝尔娟主编《京津冀发展报告（2014）：城市群空间优化与质量提升》，社会科学文献出版社，2014。
[42] 文魁、祝尔娟主编《京津冀发展报告（2015）：协同创新研究》，社会科学文献出版社，2015。
[43] 文魁、祝尔娟等：《京津冀发展报告（2016）：协同发展指数研究》，社会科学文献出版社，2016。
[44] 祝尔娟、叶堂林等：《北京建设世界城市与京津冀一体化发展》，社会科学文献出版社，2014。
[45] 祝尔娟、叶堂林、王成刚：《京津冀协同发展的最新进展——基于全国海量企业的大数据分析》，《人民论坛》2015 年第 27 期。
[46] 赵弘：《北京大城市病治理与京津冀协同发展》，《经济与管理》2014 年第 3 期。
[47] 赵弘：《首都经济圈建设的战略重点探析》，《中关村》2014 年第 3 期。
[48] 曹保刚主编《京津冀协同发展研究》，河北大学出版社，2009。
[49] 倪鹏飞：《中国城市竞争力报告 No. 11 · 新基准：建设可持续竞争力

理想城市》，社会科学文献出版社，2013。

[50] 连玉明：《重新认识世界城市》，当代中国出版社，2013。

[51] 卢映川、杨可：《北京参与环渤海区域经济开发合作的对策研究》，《首都经济》2000年第1期。

[52] 宋迎昌、胡序威：《北京市城市发展的宏观背景分析》，《城市发展研究》1997年第1期。

[53] 徐国弟：《京津冀城市群体发展战略定位构想》，《城市发展研究》1994年第2期。

[54] 马红瀚、周立群：《北京世界城市建设对河北的影响研究》，《现代管理科学》2012年第10期。

[55] 胡梅娟、张洪河、孙晓胜：《京三角合作历程》，《瞭望新闻周刊》2006年第32期。

[56] 孙虎军：《环渤海区域合作发展的过去、现在和未来》，《环渤海经济瞭望》2009年第9期。

[57] 胡兆量：《北京城市发展规模的思考和再认识》，《城市与区域规划研究》2011年第2期。

[58] 张凯：《京津冀地区产业协调发展研究》，博士学位论文，华中科技大学经济学院，2007。

[59] 冯玫、刘瑶：《京津冀特色产业发展与区域交通一体化建设》，《河北师范大学学报》（哲学社会科学版）2011年第3期。

[60] 蒋冰蕾、段进宇、吴唯佳、于涛方：《外聚内疏：首都区域空间交通战略研究》，《北京规划建设》2012年第5期。

[61] 陈丙欣、叶裕民：《京津冀都市区空间演化轨迹及影响因素分析》，《城市发展研究》2008年第1期。

[62] 张云、武义青：《首都经济圈生态经济合作的突出问题与政策建议》，《石家庄经济学院学报》2012年第2期。

[63] A. D. May, "Integrated Transport Strategies: A New Approach to Urban Transport Policy Formulation in the UK," *Transport Reviews*, 1991, 11 (3).

[64] M. Janic, "Integrated Transport System in the European Union: An Overview of Some Recent Developments," *Transport Reviews*, 2001, 21 (4).

[65] E. Talen, "The Social Equity of Urban Service Distribution: An Exploration of Park Access in Pueblo, Colorado, and Macon, Georgia," *Urban Geography*, 1997, 18 (6).

[66] R. Hurch, J. Marston, "Measuring Accessibility for People with Disability," *Geographical Analysis*, 2003, 35 (1).

[67] A. T. Murray, R. Davis, R. J. Stimson, L. Fereira, "Public Transport Access," *Transportation Research D*, 1998, 3 (3): 319 -328.

[68] S. C. Wirasinghe, N. S. Ghoneim, "Spacing of Bus - Stops for Many to Many Travel Demand," *Transportation Science*, 1981, 15 (3): 210 -221.

[69] D. O'Sullivan, A. Morrison, J. Shearer, "Using Desktop GIS for the Investigation of Accessibility by Public Transport: An Isochrone Approach," *International Journal of Geographical Information Science*, 2000, 14 (1).

[70] D. R. Ingram, "The Concept of Accessibility: A Search for an Operational Form," *Regional Studies*, 1971, 5 (2): 101 -107.

[71] R. S. Baxter, G. Leniz, "The Measurement of Relative Accessibility," *Regional Studies*, 04 Feb 2007: 15 -26.

[72] E. J. Taaffe, H. L. Gauthier, *Geography of Transportation*, Englewood Cliffs, NJ: Prentice -Hall, 1973.

[73] K. Lee, H. Y. Lee, "A New Algorithm for Graph -Theoretic Nodal Accessibility Measurement," *Geographical Analysis*, 1998, 30 (1).

附录　阶段性成果目录

一　专著（9部）

序号	名称	出版社	出版时间	作者
1	京津冀发展报告（2016）——协同发展指数研究	社会科学文献出版社	2016年4月	文魁、祝尔娟等著
2	京津冀发展报告（2015）——协同创新研究	社会科学文献出版社	2015年4月	文魁、祝尔娟等编
3	北京建设世界城市与京津冀一体化发展	社会科学文献出版社	2014年8月	祝尔娟、叶堂林等著
4	首席专家论京津冀协同发展的战略重点	首都经济贸易大学出版社	2015年12月	文魁、祝尔娟等编著
5	京津冀协同发展的基础与路径	首都经济贸易大学出版社	2015年10月	叶堂林、祝尔娟等著
6	提升天津滨海新区国际化水平研究	社会科学文献出版社	2015年2月	祝尔娟、叶堂林等著
7	首都发展研究报告（2013）——发展战略及产业研究	首都经济贸易大学出版社	2015年10月	祝尔娟、叶堂林编著
8	首都发展研究报告（2014）——京津冀协同发展	首都经济贸易大学出版社	2015年10月	祝尔娟、戚晓旭编著
9	小城镇建设：规划与管理	中国时代经济出版社	2015年5月	叶堂林著

二　论文（56 篇，其中权威期刊 8 篇、核心期刊 34 篇）

序号	题目	刊物	发表时间	作者
1	京津冀协同发展的最新进展——基于全国海量企业的大数据分析	《人民论坛》	2015 年第 27 期	祝尔娟
2	推动京津冀协同发展	《改革》	2015 年第 8 期	祝尔娟
3	京津冀企业发展指数测度与分析	《中国流通经济》	2016 年第 8 期	卢　燕 祝尔娟 叶堂林
4	京津冀地区创新能力的大数据分析	《光明日报》（理论版）	2016 年 5 月 25 日	戚晓旭 祝尔娟
5	京津冀产业协同发展的新进展和新动向	《经济日报》（理论版）	2016 年 5 月 12 日	祝尔娟 叶堂林
6	京津冀发展中几个值得关注的趋势	《北京日报》（理论周刊）	2016 年 5 月 30 日	叶堂林 戚晓旭 何晶彦
7	京津冀协同发展指数研究	《河北大学学报》（哲学社会科学版）	2016 年第 3 期	祝尔娟 何晶彦
8	京津冀产业协同发展的最新进展	北京市社科规划办《成果要报》	2016 年第 4 期	祝尔娟 李　钰
9	扎实推进京津冀协同发展	《经济日报》（理论版）	2014 年 4 月 1 日	祝尔娟
10	推进京津冀区域协同发展的思路与重点	《经济与管理》	2014 年第 3 期	祝尔娟
11	北京在推进京津冀协同发展中应发挥核心引领带动作用	《中国流通经济》	2014 年第 12 期	祝尔娟
12	从大数据看北京对津冀投资情况及相关对策建议	《人民论坛》	2015 年第 9 期	祝尔娟
13	解决大城市病　创造新均衡	《中国教育报》	2015 年 8 月 31 日	祝尔娟
14	推进京津冀区域协同发展的战略思考	《前线》	2015 年第 5 期	祝尔娟 文　魁
15	生态环境共建共享的国际经验	《人民论坛》	2015 年第 6 期	叶堂林

续表

序号	题目	刊物	发表时间	作者
16	从大数据看北京企业疏解的工作重点	北京市社科规划办《成果要报》	2016 年第 1 期	叶堂林 祝尔娟
17	促进北京在京津冀协调发展中发挥核心引领带动作用的四点建议	北京市社科规划办《成果要报》	2015 年第 1 期	叶堂林 祝尔娟
18	找准京津冀协同发展的切入点	《经济日报》（区域版）	2014 年 6 月 5 日	叶堂林 祝尔娟
19	找准京津冀协同发展的利益契合点	《北京日报》（理论版）	2014 年 6 月 9 日	叶堂林
20	京津冀快速崛起的合作方略	《人民论坛》	2014 年第 12 期	叶堂林 祝尔娟
21	特大城市产业升级与城市空间结构演变理论探讨	《商业时代》	2014 年第 13 期	叶堂林 林　琳
22	新时期京津冀区域经济发展战略研究	《区域经济评论》	2014 年第 1 期	叶堂林
23	如何绘就一张能干到底的蓝图？	《北京观察》	2015 年第 6 期	文　魁
24	北京“十三五”与国家大战略	《北京观察》	2015 年第 8 期	文　魁
25	“十三五”：毕其功之役	《前线》	2015 年第 11 期	文　魁
26	一场关系发展全局的深刻变革	《北京日报》（理论版）	2015 年 11 月 30 日	文　魁
27	京津冀一体化发展方略	《城市》	2014 年第 12 期	文　魁
28	京津冀大棋局——京津冀协同发展的战略思考	《经济与管理》	2014 年第 6 期	文　魁
29	首都功能疏解与区域协同发展	《城市管理与科技》	2014 年第 4 期	文　魁
30	降低城市风险需加强空间安全规划	《中国减灾》	2016 年第 9 期	张贵祥 曹　毅
31	京津冀生态建设的内涵、思路与重点研究	《中共石家庄市委党校学报》	2016 年第 8 期	曹　毅 张贵祥
32	京津冀城市群内城市发展质量	《经济地理》	2015 年第 5 期	张贵祥 李　磊
33	家庭结构变迁视角下都市圈养老一体化模式分析——以京津冀地区为例	《商业经济研究》	2015 年第 6 期	张贵祥 马艳林 李艳杰

续表

序号	题目	刊物	发表时间	作者
34	京津冀都市圈经济增长与生态环境关系研究	《生态经济》	2014 年第 9 期	张贵祥 李　磊
35	京津冀区域金融一体化进程的测度与评价	《广东社会科学》	2015 年第 5 期	邬晓霞 李　青
36	京津冀区域劳动力市场一体化程度的实证研究	《经济研究参考》	2015 年第 28 期	邬晓霞 任　静 高　见
37	京津冀区域商品市场一体化进程的测度与评价：1985～2012	《兰州商学院学报》	2014 年第 5 期	邬晓霞 贾　彤 高　见
38	略论 CBD 对促进京津冀世界级城市群建设的作用	《城市》	2014 年第 12 期	邬晓霞 单菁菁 张　杰
39	京津冀区域协同创新能力测度与评价——基于复合系统协同度模型	《科技管理研究》	2015 年第 24 期	鲁继通
40	京津冀基本公共服务均等化：症结障碍与对策措施	《地方财政研究》	2015 年第 9 期	鲁继通
41	技术创新、FDI 与京津冀城镇化的动态关系——基于 VAR 模型的实证分析	《广东行政学院学报》	2015 年第 4 期	鲁继通
42	京津冀都市圈人口变动与城市化的空间发展态势——基于 ROXY 指数分析	《工业技术经济》	2015 年第 4 期	鲁继通
43	以协同创新促京津冀协同发展——在交通、产业、生态三大领域率先突破	《河北学刊》	2016 年第 2 期	鲁继通 祝尔娟
44	促进京津冀城市群空间优化与质量提升的战略思考	《首都经济贸易大学学报》	2014 年第 4 期	鲁继通 祝尔娟
45	FDI、R&D、消费与环渤海区域经济增长的实证研究——基于 1998～2013 年面板数据	《工业技术经济》	2014 年第 11 期	鲁继通

续表

序号	题目	刊物	发表时间	作者
46	区位选择、双边匹配与化解产能过剩的机制设计	《改革》	2015 年第 9 期	齐子翔 于瀚辰
47	北京城乡人口流动状态预测研究——一个新方法	《经济体制改革》	2015 年第 2 期	齐子翔 吕永强
48	府际关系背景的利益协调与均衡：观察京津冀	《改革》	2014 年第 2 期	齐子翔
49	我国省际基础设施共建成本分摊机制研究——以首都第二国际机场建设为例	《经济体制改革》	2014 年第 4 期	齐子翔
50	京津冀产业区际转移利益协调机制研究	《工业技术经济》	2014 年第 10 期	齐子翔
51	京津冀交通协调发展评价与对策	《中国流通经济》	2015 年第 11 期	齐　喆 吴殿廷
52	快速轨道交通对城市群空间分布的影响研究——以京津冀为例	《工业技术经济》	2015 年第 11 期	齐　喆 张梦心 贾　搏
53	区域差异视角下流通产业发展环境评价实证分析	《商业经济研究》	2015 年第 22 期	毛文富
54	京津冀发展的综合实力分析与对策建议	《商业经济研究》	2015 年第 21 期	毛文富
55	以金融手段促进中小企业创新创业若干问题研究	《中国经贸》	2015 年第 13 期	何晶彦
56	城市群发展状态的测度研究——以京津冀城市群为例	《工业技术经济》	2014 年第 9 期	祝　辉 张晋晋 安树伟

三　领导批示（12 项，其中国家领导人批示 4 项，省部级领导人批示 5 项）

序号	题目	刊物（发表时间）	领导批示	作者
1	对京津冀 44 个市区县企业协同发展情况的调查	《人民日报内参》2016 第 574 期 ~ 第 575 期	获国务院副总理张高丽批示	叶堂林 祝尔娟
2	从大数据看北京对津冀投资情况及相关对策建议	《人民日报内参》2015 年 10 月 22 日普刊 1384、1385 期	获国务院副总理张高丽批示	叶堂林 祝尔娟
3	完善治理机制推进京津冀生态环境共建	《人民日报内参》2015 年 1 月 8 日普刊第 28 期	获国务院副总理张高丽批示	叶堂林 祝尔娟
4	对推进京津冀协同发展情况的调查与思考	《人民日报内参》2014 年 7 月 31 日特刊第 38 期 ~ 特刊第 43 期	获国务院副总理张高丽批示	叶堂林 祝尔娟
5	促进北京在京津冀协调发展中发挥核心引领带动作用的四点建议	北京市社科规划办《成果要报》2015 年第 1 期	获北京市委书记郭金龙重要批示	叶堂林 祝尔娟
6	完善治理机制是实现京津冀生态环境共建共享的关键	北京市社科规划办《成果要报》2015 年第 11 期	获北京市委书记郭金龙重要批示	叶堂林 祝尔娟
7	京津冀与长三角、珠三角企业发展对比研究及政策建议	北京市社科规划办《成果要报》2016 年第 24 期	获时任北京市市长王安顺批示	叶堂林 祝尔娟
8	理论界对推进京津冀协同发展的六点建议	天津市委办公厅《决策参考》2014 年 10 月	获时任天津市委书记孙春兰批示	祝尔娟
9	京津冀协同发展研究的历史、现状与趋势	北京社科联成果 2015 年 3 月	获北京市人大常委会副主任牛有成批示	祝尔娟 叶堂林
10	保定市在京津冀协同发展中如何抓住战略机遇、加快发展	保定市委研究室《决策咨询专报》2015 年第 2 期	获保定市委书记聂瑞平重要批示	祝尔娟
11	京津冀协同发展“五大指数”值得关注	保定市委研究室《决策咨询专报》2016 年 6 月第 7 期	获保定市委书记聂瑞平、市长马誉峰批示	祝尔娟

续表

序号	题目	刊物（发表时间）	领导批示	作者
12	京津冀综合承载力的测度与对策建议	中国社会科学院《要报》2013 年 4 月	被国务院办公厅采用	文　魁 祝尔娟

四　获奖成果（4 项）

序号	奖项名称	等级	获奖成果名称	获奖人	获奖时间
1	北京市哲学社会科学优秀科研成果二等奖	省部级	《北京建设世界城市与京津冀一体化发展》	祝尔娟 叶堂林 张贵祥等	2016
2	全国第五届“优秀皮书报告”一等奖	省部级	京津冀蓝皮书（2013）总报告《京津冀承载力的基本现状与发展对策》	文　魁 祝尔娟 张贵祥 叶堂林 吴庆玲	2014
3	全国第六届“优秀皮书奖”一等奖	省部级	京津冀蓝皮书《京津冀发展报告（2014）——城市群空间优化与质量提升》	文　魁 祝尔娟 叶堂林 张贵祥	2015
4	全国第七届“优秀皮书奖”二等奖	省部级	京津冀蓝皮书《京津冀发展报告（2015）——协同创新研究》	文　魁 祝尔娟 叶堂林 张贵祥	2016

图书在版编目（CIP）数据

京津冀协同发展的战略重点研究 / 叶堂林等著. --
北京：社会科学文献出版社，2021.2
（京津冀协同发展研究丛书）
ISBN 978-7-5201-7845-7

Ⅰ.①京… Ⅱ.①叶… Ⅲ.①区域经济发展-协调发展-研究-华北地区 Ⅳ.①F127.2

中国版本图书馆 CIP 数据核字（2021）第 022041 号

·京津冀协同发展研究丛书·
京津冀协同发展的战略重点研究

著　　者 / 叶堂林　祝尔娟 等

出 版 人 / 王利民
组稿编辑 / 恽　薇
责任编辑 / 冯咏梅
文稿编辑 / 程丽霞

出　　版 / 社会科学文献出版社·经济与管理分社（010）59367226
地址：北京市北三环中路甲 29 号院华龙大厦　邮编：100029
网址：www.ssap.com.cn
发　　行 / 市场营销中心（010）59367081　59367083
印　　装 / 三河市龙林印务有限公司

规　　格 / 开 本：787mm × 1092mm　1/16
印 张：24.5　字 数：392 千字
版　　次 / 2021 年 2 月第 1 版　2021 年 2 月第 1 次印刷
书　　号 / ISBN 978-7-5201-7845-7
定　　价 / 168.00 元

本书如有印装质量问题，请与读者服务中心（010-59367028）联系